Merlene

Christina Feldman & Jack Kornfield
Geschichten des Herzens

Christina Feldman & Jack Kornfield

Geschichten des Herzens

Gesamtausgabe

arbor

Arbor Verlag
Freiamt im Schwarzwald

Geschichten des Herzens ist die erweiterte und überarbeitete Version des Buches *Das strahlende Herz der erwachten Liebe.*

Originaltitel:
„Soul Food“
Übersetzung aus dem Amerikanischen:
Karin Hein
Bearbeitung: Lienhard Valentin
Titelfoto: Art Photo Archiv Klaus Ender
Titelgestaltung: Robert Cathomas
gedruckt auf chlor- und säurefreiem Papier
Druck und Verarbeitung: Kösel, Kempten

ISBN 3–924195–37-4

Für unsere Kinder:
Caroline Waterman Kornfield
Sara Lichen Rusling
Aaron Sean Rusling
und das Kind des Geistes
in einem jeden von uns

Inhalt

DRITTER TEIL

UNSERE WAHRHEIT LEBEN

Das Universum ist aus Geschichten gemacht, nicht aus Atomen.

Muriel Rukeyser

Vorwort

von Jon Kabat-Zinn

Unser ganzes Leben besteht letztlich aus Geschichten. Trotzdem scheint sich uns der Sinn unserer eigenen Geschichte oft zu entziehen. Meist haben wir nur einen vagen Eindruck von ihrer Einzigartigkeit. Vielleicht wäre es durchaus die Mühe wert, hin und wieder über unseren Lebensweg zu meditieren, uns von Zeit zu Zeit Fragen zu stellen wie „Wer bin ich?", „Wohin gehe ich?", „Was ist der Pfad meines Herzens?" und dann achtsam zu lauschen, was aus der Stille und dem Schweigen auftaucht. Das Leben von jedem einzelnen von uns ist eine einzigartige Geschichte, in der viele große und kleine Episoden, Handlungsstränge und Situationen miteinander verwoben sind. Haben wir zumindest eine Ahnung von unserer eigenen Geschichte, können wir in unserem Leben in stärkerem Maße die Rolle des Gestalters übernehmen, statt daß wir zu Opfern der Umstände werden. Und manchmal können uns Geschichten aus einer anderen Zeit oder einer anderen Kultur inspirieren und uns helfen, unseren eigenen Geschichtenteppich weiterzuweben.

Geschichten sind so alt wie der menschliche Geist selbst. Man könnte sogar behaupten, daß sich die Sprache entwickelt hat, damit Menschen einander ihre Geschichten erzählen konnten. Wir organisieren unsere Gedanken häufig in Form von Geschichten, weil es uns dann leichter fällt, sie im Gedächtnis zu behalten, sie anderen mitzuteilen und so die Überlieferung und den Erfahrungsschatz der Gemeinschaft, in der wir leben, weiterzugeben. Was ein Stück weiter unten auf der Straße geschehen ist, ist eine Geschichte, aber auch wie man herausfindet, wo es sich lohnt, nach schmackhaften Wurzeln zu graben, ist eine Geschichte. Die Kultur selbst ist eine Geschichte. Und auch die Historie ist natürlich eine Geschichte. Genau genommen sind Kultur und Historie nicht *eine*, sondern *viele* Geschichten. Und selbst ein und dieselbe Geschichte ist, wenn sie gut ist, bei jedem erneuten Erzählen anders. Denn Geschichten sind Spiegelungen des Geistes selbst, und ebenso wie die Oberfläche des Meeres verändert sich auch der Geist ständig. Wenn eine Geschichte gut ist, verschmelzen Erzähler, Zuhörer und Geschichte zu einem untrennbaren Ganzen. In solchen Augenblicken entsteht eine Art Zauber, und die Geschichte entfaltet ihre ureigene Wirkung. Der Geist verlangsamt seine Aktivität, er öffnet sich, und die Geschichte ergreift den Zuhörer und erreicht sein Herz. Vielleicht war die Magie der Geschichten in alten Zeiten noch stärker, als sie abends am Feuer erzählt wurden, wenn die Dunkelheit von der Welt Besitz ergriffen und die Menschen ihr Tagwerk beendet hatten und sich in die Welt der Imagination begaben, wobei sich ihr Geist in einem Zustand ruhiger Empfänglichkeit befand.

Alle große Literatur will uns Geschichten erzählen. Das gilt für die Odyssee, für Ilias, Hamlet und König Lear, Die Göttliche Komödie, Beowulf, Aeneas, Huckleberry Finn und all die anderen großen Werke der Weltliteratur. Auch jedes große Gedicht erzählt uns eine Geschichte, läßt im Geiste ein Bild entstehen, lädt zur Kreation vieler weiterer Bilder ein, entflammt Leidenschaft und Resonanz im Zuhörer und nährt, verwandelt und bereichert auf diese Weise die Welt.

Auch die Lebensgeschichten der Religionsstifter und die Botschaften aller Religionen der Welt leben in Geschichten weiter. Die Bibel ist eine phantastische Sammlung von Geschichten. Das Leben Jesu ist eine Geschichte. Seine Lehren werden alle in Form von Geschichten wiedergegeben. Ebenso verhält es sich mit dem Leben Buddhas und Mohammeds, mit dem Ramayana, der Bhagavad Gita und dem Gilgamesh-Epos: Sie alle sind Geschichten.

Die ganze Wissenschaft ist nichts anderes als eine Geschichte. Die Wissenschaft versucht, die Geschichte der Natur zu ergründen. Was versucht das Universum uns zu sagen? Wie können wir ihm besser zuhören, die Schleier der äußeren Erscheinung durchschauen und neue Ebenen der Ordnung und Verbundenheit erkennen? Wir haben die Geschichte des Urknalls, die Geschichte der Doppelhelix, die Geschichte von Gregor

Mendel, der im Klostergarten Erbsen züchtete, die Geschichte von Marie Curie und der Entdeckung des Radiums, die Geschichte der Evolution, der Kosmologie, des Universums und des Sonnensystems. Wir organisieren unser Verstehen in Form von Geschichten. Das haben wir Menschen zu allen Zeiten getan, und wir werden es auch in Zukunft tun.

Die in diesem Buch gesammelten Geschichten sind Lehrgeschichten im höchsten Sinne. Zwei der erfahrensten und einfühlsamsten buddhistischen Meditationslehrer der Welt, Jack Kornfield und Christina Feldman, stellen sie uns mit ihren einleitenden Kommentaren vor. Jack und Christina haben viele dieser Geschichten im Laufe der Jahre benutzt, um Menschen zu inspirieren, um ihnen neue, ungewohnte Denkweisen zu vermitteln und um sie aufzuwecken. Oft erzählen sie sie während längerer Meditationsveranstaltungen am Ende eines ausgefüllten Tages im Rahmen eines abendlichen Vortrags. Die Teilnehmer erforschen während solcher Zeiten der Einkehr Tag um Tag intensiv die Stille in Geist und Körper, sie verweilen über lange Zeiträume in Schweigen und entwickeln jenes verfeinerte Gewahrsein, das *Achtsamkeit* genannt wird, eine Form der Aufmerksamkeit von Augenblick zu Augenblick, die das Geschehen wahrnimmt, ohne darauf zu reagieren oder es zu beurteilen.

In derartigen Situationen ist der Geist in besonderem Maße bereit, solche Geschichten aufzunehmen, so daß sie direkt ins Herz der Zuhörer gelangen können und ihnen helfen, sich noch mehr zu öffnen. Die Geschichten erreichen unmittelbar ihren Geist, und sie helfen ihnen, gewisse Aspekte ihrer selbst besser zu sehen und zu verstehen. Doch ob wir uns nun in einer solchen besonderen Situation befinden oder nicht, ob wir formell meditieren oder nicht, Geschichten wie die in diesem Buch enthaltenen können uns in jedem Fall helfen, uns selbst besser kennenzulernen und die besten Qualitäten unseres Geistes und unseres Herzens zu kultivieren. Sie fungieren als Spiegel, in die zu schauen wir eingeladen werden, als Spiegel der Imagination, der Weisheit und des Mitgefühls, die das Beste in uns zum Vorschein bringen und die wahrhaft unsere Seele nähren.

Christina und Jack haben uns in diesem Buch ihre Lieblingsgeschichten zugänglich gemacht. Sie haben sorgsam wundervolle Lehrgeschichten aus allen spirituellen Traditionen der Welt zusammengestellt. Einige dieser Geschichten sind sehr kurz, sozusagen Schnappschüsse eines Aspektes der Weisheit. Andere sind länger und ausführlicher. Doch ob lang oder kurz, sie alle enthalten reiche Nahrung für Herz und Geist.

Und wenn Sie regelmäßig meditieren, kann es der Weiterentwicklung und Vertiefung Ihrer Praxis sehr förderlich sein, wenn Sie immer wieder einmal Ihre Lieblingsgeschichten lesen oder auch gelegentlich eine andere, die sie noch nicht kennen. Sie können die Auswahl dem Zufall überlassen oder eine Geschichte zu einer bestimmten Thematik suchen. Sie können sich aber auch vorstellen, daß eine bestimmte Geschichte darauf wartet, von Ihnen gewählt zu werden. In jedem Fall werden diese Gaben Ihre Praxis ebenso durch ihre Leichtigkeit wie durch ihre Weisheit und Klarheit bereichern.

Viele der hier vorgestellten Geschichten zählen zu meinen Favoriten, und zu einigen habe ich seit Jahren eine ganz persönliche Beziehung. Manche habe ich zum ersten Mal von Jack oder Christina gehört. Wahrscheinlich werden Sie feststellen, daß bestimmte Geschichten Ihnen an bestimmten Punkten in Ihrem Leben mehr sagen als in anderen Situationen. Eine Geschichte in dieser Sammlung, die ich ganz besonders schätze, ist Helen Lukes Schilderung der letzten Reise des Odysseus. Sie schrieb sie, als sie Ende Achtzig war, und sie ist in ihrem wundervollen Buch *Old Age* enthalten. Eine andere Geschichte, die mir besonders am Herzen liegt, ist die Zen-Geschichte über den Samurai, der den Unterschied zwischen Himmel und Hölle herausfinden will und dem dieser auf eine besonders eigenwillige Weise gezeigt wird.

Doch sind alle im vorliegenden Buch enthaltenen Geschichten Juwelen, ob sie nun aus der Tradition des Zen, der Chassiden, der Christen, der Sufis oder der Indianer stammen. Es sind Diamanten der Weisheit aus allen Traditionen und allen Zeitaltern, die wir im Laufe unseres Lebens von Zeit zu Zeit mit Ehrerbietung und Respekt in die Hand nehmen und an deren Ausstrahlung wir hin und wieder vielleicht auch andere teilhaben lassen.

Geschichten sind wie scheue Lebewesen. Man muß sanft und respektvoll mit ihnen umgehen und sollte sie nicht durch zu häufiges Erzählen überstrapazieren. Sie alle verdienen Ehrerbietung. Sie sollten auf angemessene Weise und zum richtigen Zeitpunkt benutzt und anschließend wieder weggepackt werden, so daß wir sie im Bedarfsfall wieder hervorholen und auf sie zurückgreifen können. Geschichten sind wie ein Rezeptbuch kostbarer Arzneien, eine Schatzkammer der Weisheit. Sie sind nicht nur Nahrung, sondern auch Medizin für die Seele. Man kann über sie nachdenken, über sie meditieren und sich ihnen immer wieder in stiller Kontemplation zuwenden.

Wenn wir sie anderen Menschen vorlesen, bieten sie uns Gelegenheit für bedeutsame Blicke und Pausen, für Veränderungen der Tonlage, für das Erheben und Absenken der Stimme, für die Feier der Worte sowie all dessen, was sie vermitteln und worauf sie verweisen, und für die Anwendung unserer Fähigkeit, uns mit sprachlichen Mitteln auszudrücken. Wenn Sie Geschichten auf diese Weise erzählen, werden Sie noch tiefer mit ihnen vertraut, und Sie werden entdecken, was sie wirklich bedeuten.

Geschichten des Herzens bietet uns ein köstliches Mahl. Dieses Buch wird das Leben vieler Menschen in unermeßlichem Maße bereichern.

JON KABAT-ZINN, Februar 1996
Center for Mindfulness in Medicine, Health Care and Society
University of Massachusetts Medical Center
Worcester, Massachusetts

Einführung

LANGE vor der Entstehung formaler Religionen war das Geschichtenerzählen ein Mittel zur Weitergabe und Bewahrung uralter Weisheit. In den Erzählungen fanden Legenden, historische Geschichte und tiefe Lebenswahrheiten ihren Ausdruck. Die Geschichten führten ihre Hörer in eine Welt des Zaubers und des Geheimnisvollen, in die Möglichkeit des Andersseins. Geschichten faszinierten und besänftigten das erschöpfte Gemüt am Ende eines anstrengenden Tages. Und Geschichten sind seit alters her das traditionelle Medium des Lehrens und Lernens.

Große Meister wie Jesus und Buddha gaben hervorragende Beispiele, und die Schamanen und Ältesten vieler Traditionen haben bei Lagerfeuern und Stammestreffen ihre Weisheit in Geschichten eingefangen, die ihre Hörer noch heute weltweit mit Bildern und Symbolen in die tieferen Visionen des Lebens eintauchen lassen.

Dieses Buch ist eine Sammlung solcher Weisheitsgeschichten, zusammengestellt aus vielen Kulturen und Jahrhunderten, aus den großen Traditionen des Ostens und Westens, aus christlichen, buddhistischen, Sufi-, Zen-, chassidischen, Hindu-, indianischen, afrikanischen und anderen Quellen. Jede Geschichte lebt aus der Herzensfülle und Inspiration dieser Traditionen.

Ein wesentliches und zugleich erfrischendes Element dieser Geschichten ist ihr Humor. Wenn wir uns auf den Weg der spirituellen Praxis begeben, scheint oft nur noch wenig Raum für Heiterkeit und Lachen zu bleiben. Die Aufgabe, unsere Herzen von Angst, Unverständnis oder

Selbstsucht zu befreien, kann so ein tiefgreifendes und feierliches Unternehmen sein. Dann empfinden wir das spirituelle Leben zuweilen als eine trockene, ernste Welt ohne Leichtigkeit und Humor. Manche von uns nähern sich dem spirituellen Weg sogar wie einer bitteren Medizin. Wir sind zwar überzeugt, daß sie uns guttut und heilt, doch niemand kann uns einreden, daß sie tatsächlich gut schmeckt. Bei all unserer Ernsthaftigkeit und Anstrengung scheint Lachen fast schon ein Sakrileg zu sein.

Wie es in der Vergangenheit immer war, gibt es auch in der Gegenwart einen Platz für solche Geschichten auf unserem eigenen spirituellen Weg, einen Platz für Humor als kleinen Spritzer Champagner in unseren ganzen Ernst.

Wenn wir den Geschichten anderer zuhören und für ihre Botschaft offen sind, können wir einen Lichtstrahl in unser Verstehen bringen. Die Geschichten verbinden uns mit den anderen, Männern und Frauen, Tieren und Engeln, Wesen aller Zeiten und Kulturen. In den Geschichten über andere sehen wir uns selbst in anderer Form gespiegelt. Wir lernen, über unsere eigenen Absurditäten und Umwege, in die wir uns verlieren, zu lachen und eine neue Perspektive zu finden. Eine gute Geschichte schlägt eine Brücke von unserem persönlichen zum universellen Leben, verbindet unser eigenes Leben mit den Mustern und Wundern des Ganzen.

Die Geschichten der spirituellen Reisen anderer geben uns Nahrung, offenbaren tiefgreifende psychologische und geistige Wirklichkeiten, erleuchten die unvermeidlichen Schwierigkeiten und Erkenntnisse all derer, die auf dem Weg sind wie wir. Die Geschichten zeigen einen Weg, werfen ein Licht auf unseren Pfad, lehren uns, wie man schaut, erinnern uns an die großartigen Möglichkeiten im Menschen. Wir werden eingeladen, zu lachen, aufzuwachen, uns auf der Reise mit anderen zusammenzutun. Ihre Geschichten sind unsere Geschichten – sie haben die Macht, uns zu berühren, zu bewegen und zu inspirieren.

Die Geschichten in diesem Buch sind in drei Abschnitte gegliedert, die verschiedene Aspekte der spirituellen Reise hervorheben.

Der erste Teil – Das Öffnen der inneren Tür – hat als Schwerpunkt das Aufdämmern der inneren Vision, die uns inspiriert, uns auf den spirituellen Weg zu begeben. Die Möglichkeiten unseres eigenen Lebens und Herzens werden durch unsere Lebenserfahrung und Beispiele großer und einfacher Menschen wachgerufen. Wir erhaschen einen Blick von der Transformation, die durch die Kraft unseres eigenen Mitgefühls, Mutes, unserer Integrität und Aufmerksamkeit möglich wird.

Im zweiten Teil – Den Weg finden – werden uns die Täler und Höhen gezeigt, denen wir begegnen, wenn wir uns auf die Reise gemacht haben. Diese Geschichten helfen uns, Weisheit von Torheit zu unterscheiden, falsche Ideale von der offenkundigen Wahrheit, und zeigen uns den Weg zu Mitgefühl, Weisheit und Erwachen.

Im dritten Teil lernen wir, was es heißt, Integrität und Mitgefühl in unserem Leben zu verkörpern, und wie wir die Welt um uns herum durch die einfache Liebe und Weisheit berühren können, die aus unserer eigenen Erfahrung entsteht.

Wer in diesem Buch liest, mache sich am besten leer und empfänglich, so als ob er sich zu den Füßen eines wahren Meisters oder an einem der alten Lagerfeuer niedergelassen habe. Dieses Buch ist aus vielen Jahren eigener spiritueller Praxis gewachsen, aus unseren Wanderungen, Schwierigkeiten, unserem Verstehen und Lehren. In uns sind große Liebe und Achtung für diese Geschichten der Weisheit gewachsen. Sie mit anderen zu teilen, bedeutet für uns auch, unser Herz und unsere Weisheit zu teilen. Mögen sie Verstehen und Freude bringen.

CHRISTINA FELDMANN
UND JACK KORNFIELD

ERSTER TEIL

DAS ÖFFNEN DER INNEREN TÜR

Einführung Teil I – Das Öffnen der inneren Tür

Die unschätzbare Gabe einer Geschichte liegt in ihrer Kraft, in unserer Vorstellung einen Funken zu entfachen. Eine große Geschichte ist imstande, die Begrenzungen unserer privaten Welten mit ihren Kümmernissen und Freuden zu überschreiten und uns die Universalität menschlichen Erlebens zu eröffnen. Durch Geschichten lernen wir, daß Schmerz und Freude, Kummer und Liebe, Opfer und Mut nicht Eigentum einer bestimmten Zeit oder Kultur, nicht Segen oder Fluch bestimmter Einzelner sind. Geschichten erinnern uns, wie zeitlos und allgemeingültig die Suche nach Frieden und Freiheit ist, nach einem Leben in Liebe und Mut, frei von Konflikten und Schmerz.

Erzählungen aus Märchen und Mythologie regen unsere Vorstellungskraft ebenso an wie die großer Persönlichkeiten, die die Welt um sich herum durch ihre Weisheit und Liebe verändert haben. Wir empfangen Inspiration aus den Geschichten spiritueller Führer, die inmitten von Haß und Gewalt einen Weg des Friedens lehren. Ebenso bewegt uns die Geschichte eines Kindes, das einer lebensbedrohenden Krankheit dankbar begegnet, oder die Geschichte eines verarmten Flüchtlings, der seinem Unterdrücker vergeben kann.

Eine unschätzbare Botschaft solch zeitloser Geschichten liegt in ihrer Fähigkeit, uns unser eigenes Leben, unsere eigenen Geschichten ganz neu betrachten zu lassen. Große Geschichten lehren uns, nicht zu verzweifeln, nicht in Gram oder Hoffnungslosigkeit zu versinken, und sie erinnern uns auf klare und inspirierende Art an unsere Möglichkeiten, an unser eigenes Potential. Die Geschichten, die von anderen handeln, dienen uns als Beispiel und Vorbild, und sie lehren uns, daß die Möglichkeit zu großem Mut, Liebe und Mitgefühl Teil unserer eigenen Geschichte sein kann.

Die Kraft zu Transformation und Liebe war nie nur Domäne oder Besitz heiliger oder besonderer Wesen. Mut und Mitgefühl sind keine Schätze der Vorherbestimmung, die nur einer auserwählten Minderheit vorbehalten sind. Das Herz der Liebe, Vergebung und Dankbarkeit liegt in jedem von uns. Die Geschichten, denen wir zuhören, erwecken in uns die Sehnsucht, sie in unserem Leben zu verwirklichen und erinnern uns daran, daß jeder von uns das Potential hat, als voll empfindendes, verbundenes und freies menschliches Wesen zu leben.

I

Außergewöhnliche Möglichkeiten und Herzensgröße

Wir beginnen mit Geschichten über große Triumphe und Offenbarungen nicht deshalb, weil sie unmöglich, sondern weil sie möglich sind. Sie vermitteln die Macht der Liebe, des Glaubens und des Mutes. Sie sprechen von der Fähigkeit tiefen Mitgefühls und Integrität, die Herzen anderer zu berühren und die Welt zu transformieren. Wenn wir die Geschichten auf weise Art lesen, werden wir aus ihren Botschaften keine Heiligen oder Ideale kreieren, sondern herausfinden wollen, ob derselbe Glaube, Mut und dieselbe Weisheit in unseren eigenem Herzen zu finden ist und wie wir selbst unsere eigenen Geschichten leben können.

Wir würden uns keinen Gefallen tun, wenn wir Weisheit und Beispiel der Geschichten als Maßstab zur Beurteilung unserer eigenen Unvollkommenheit und Mängel benutzen wollten. Vielmehr können die Geschichten uns inspirieren, über unsere anscheinenden Schwächen und Zweifel hinauszusehen, die große Stärke und Liebe wertzuschätzen, die in uns liegen. Jeder von uns ist aufgerufen, auf Not, Elend und Verlust zu antworten. Jeder einzelne von uns wird in seinen Tiefen vom Schmerz und Widerspruch berührt, der zur menschlichen Erfahrung gehört. Unsere Fähigkeit, mit derselben Feinfühligkeit und demselbem Mut zu antworten, wie sie in diesen Geschichten zum Ausdruck kommen, wird durch unsere Bereitschaft bestärkt, die potentielle Herzensgröße in jedem von uns anzuerkennen.

Es gibt einen Ort in uns, der die Quelle großer Furchtlosigkeit, von Mitgefühl und Integrität darstellt. Das ist der Ort, der uns inspiriert, jemandem eine tröstende Hand anzubieten, einem Freund in der Not zu helfen, oder einzugreifen, wenn jemandem Schmerz zugefügt wird. Es ist der Ort in uns, der über das Leid in der Welt bekümmert ist und der über das Glück und die Liebe jubelt, die wir finden können. Wenn wir auf lebendige Weise mit unserem eigenen Herzen in Verbindung stehen, sind wir dankbar, daß wir mit allen Lebewesen den Wunsch nach Freiheit von Schmerzen und Angst und einem Leben in Frieden und Freiheit teilen.

Man muß kein Heiliger sein, um vergeben zu können, und kein Buddha, um große Opfer zu bringen. Mitgefühl und Liebe brauchen keine großartige Geste oder Dramatik. Unsere Gelegenheiten zur Liebe, Vergebung, Achtung sind zahlreich. Jedesmal, wenn wir angemessen reagieren, handeln wir als bewußter Teilnehmer an der Schöpfung einer Welt des Friedens und der Integrität. Jede antwortende Reaktion ist von Bedeutung, macht einen Unterschied.

Die Größe unseres Herzens liegt nicht darin, daß wir Beweise wollen, was unsere Reaktionen der Rücksicht und Liebe tatsächlich bewirken. Die Größe unserer Liebe liegt nicht darin, daß wir Beweise für die Auswirkung unserer Anteilnahme brauchen. Unser Vertrauen auf die Liebe selbst trägt uns, der Reichtum unserer Anteilnahme nährt uns. Indem wir keine Bestätigung, Zustimmung oder Belohnung verlangen, sind wir frei, einfach im Geiste von Achtung und Liebe zu leben.

Die Geschichten in diesem Kapitel sprechen von Liebe und Glauben. Sie laden uns ein, unser Leben einmal neu zu betrachten. Was in unserem Leben könnte durch Vergebung geheilt werden? Welche Zwietracht und Uneinigkeit besteht, die durch Geduld und Liebe versöhnt werden könnte? Welche Konflikte könnten durch Toleranz und Mitgefühl aus der Welt geschafft werden? Welche Gelegenheiten haben wir, wirklich einen Unterschied zu machen?

Diese wahre Geschichte spielte sich erst vor wenigen Jahren in einer Familie aus Illinois ab. Die achtjährige Tochter wurde krank und die Diagnose ergab eine lebensgefährliche Bluterkrankung. Es wurde nach einem Blutspender gesucht, dessen Blut sich mit dem ihrem vertrug. Mittlerweile wurde sie immer schwächer, aber kein Spender wurde gefunden. Schließlich stellte sich heraus, daß ihr sechsjähriger Bruder dieselbe seltene Blutgruppe hatte wie sie. Mutter, Pfarrer und Arzt setzten sich mit dem Jungen zusammen und fragten ihn, ob er bereit sei, sein Blut zu spenden, um das Leben seiner Schwester zu retten.

Zu ihrer großen Überraschung war er nicht sofort dazu bereit. Er wollte Zeit haben, um darüber nachzudenken. Einige Tage später kam er zu seiner Mutter und sagte: „Ja, ich werde es tun."

Schon am darauffolgenden Tag brachte der Arzt beide Kinder in seine Klinik und legte sie auf zwei nebeneinanderstehende Betten. Er wollte, daß sie sahen, wie eines dem anderem half. Zuerst nahm er einen Viertelliter Blut aus dem Arm des Jungen ab. Das trug er ans Bett seiner Schwester und injizierte die Nadel, so daß der Bruder sehen konnte, was geschah. Wenige Minuten später kam die Farbe in ihre Wangen zurück.

Da winkte der Junge den Arzt zu sich. Er wollte etwas fragen und sprach sehr leise.

„Werde ich jetzt gleich zu sterben beginnen?" fragte er.

Als er gebeten wurde, sein Blut zu spenden, um das Leben seiner Schwester zu retten, hatte sein sechsjähriges Gemüt den Vorgang offensichtlich wörtlich aufgefaßt. Er dachte, er müsse sein Leben für das seiner Schwester geben. Deshalb hatte er ein paar Tage zum Überlegen gebraucht. Und dann gab er einfach, so wie es im Herzen eines jeden Menschen angelegt ist, wenn wir wahrhaft verbunden sind.

Christlich

Einst wurde der Buddha als Banyanhirsch geboren. Als er ausgewachsen war, wurde er zum Anführer der Herde, die er weise leitete. Er führte sie ins Herzstück eines abgelegenen Waldes, wo sie ohne Gefahr im Schutz der riesigen Bäume lebten.

Da kam in dem Land ein neuer König an die Macht, der die Jagd über alles liebte. Sobald die Sonne aufging, bestieg er sein Pferd und nahm seine Leute mit auf eine wilde Jagd durch Feld und Wald, Wiesen und Täler. Wie besessen schoß er seine Pfeile und ließ erst ab, wenn die Sonne untergegangen war. Dann rollten seine Wagen hinter ihm zum Palast zurück, nunmehr mit Hirschen, Wildschweinen, Kaninchen, Fasanen, Affen, Leopard, Bär, Tiger und Löwe gefüllt. Und der König war glücklich.

Seinem Volk gefiel das allerdings gar nicht. Die königliche Jagd hatte die Felder zerstört. Bauern und Kaufleute waren gezwungen, ihre Arbeit zu verlassen, um statt dessen durch den Dschungel zu streifen und dem wartenden König und seinem Gefolge die versteckten Tiere entgegenzutreiben. Auch die Staatsangelegenheiten blieben unbeachtet liegen.

Entschlossen, all dem eine Ende zu bereiten, schmiedeten die Leute einen einfachen Plan. Tief im Wald errichteten sie eine Palisade. „In dieser Umzäunung werden wir ein bis zwei Herden Wild fangen", sagten sie. „Dann kann der König soviel jagen, wie er will. Soll er nach Herzenslust jagen. So ruiniert er unsere Felder nicht und braucht uns auch nicht von unseren Geschäften abzuhalten. Dann kann er ruhig glücklich sein."

Die Palisade wurde errichtet, und zwei Herden wurden in die Umzäunung getrieben. Die Tore wurden geschlossen und die zarten Tiere rannten wie wild im Kreise auf der Suche nach einem Fluchtweg. Doch es gab keinen. Erschöpft blieben sie schließlich stehen und harrten zitternd auf ihr Schicksal.

Die Männer gingen wohlgemut zum König, um von ihrem Erfolg zu berichten. Eine der in die Falle gegangenen Herden war die Herde vom Banyanhirsch.

Der Banyanhirsch schritt in seiner Herde einher. Das Sonnenlicht spielte auf seinem weitverzweigten Geweih. Seine schwarzen Augen leuchteten und sein Maul war feucht. „Über uns ist der blaue Himmel. Zu unseren Füßen wächst grünes Gras", sagte er zu den anderen. „Gebt nicht auf. Wo Leben ist, ist auch Hoffnung. Ich werde einen Weg finden." Und so versuchte er, ihre Ängste zu lindern.

Schon bald erschien der König, um die frisch gefangenen Herden in Augenschein zu nehmen. Er war entzückt. Er spannte seinen Bogen für die Jagd. Er bemerkte die beiden Hirschkönige unten und sagte: „Die Anführer der beiden Herden sind prächtige Tiere. Niemand darf sie erschießen. Sie sollen verschont bleiben." Von oben auf der Mauer schaute er über die Umzäunung herunter und schoß seine Pfeile in die hin- und herrennenden Herden. Die Hirsche waren in Panik. Sie rasten wild durcheinander und verletzten sich gegenseitig mit ihren Geweihen und Hufen, während sie versuchten, dem tödlichen Pfeilregen zu entgehen.

Und so ging es weiter. Der König kam mit seinen Hofleuten alle paar Tage wieder zur Palisade. Und alle paar Tage wurden mehr der eleganten Hirsche getötet. Andere wurden von den schwirrenden Pfeilen verletzt, und wieder andere verletzten sich bei dem Versuch zu entkommen.

Der König der Banyanhirsche beriet sich mit dem Anführer der anderen Herde. „Bruder", sagte er und schüttelte voller Kummer sein Geweih, „Wir sitzen in der Falle. Ich habe alle Wege ausprobiert, aber sie sind uns alle versperrt. Der Schmerz, den unsere Tiere leiden, ist unerträglich. Wie du weißt, wenn die Pfeile fliegen, werden viele verletzt, die nur ihr Leben retten wollen. Laß das Los entscheiden. Jeden Tag müssen alle Hirsche, an dem einen Tag von meiner Herde, am anderen von deiner, einen Strohhalm ziehen. Dann muß der, auf den das Los gefallen ist, sich an die Mauer in der Nähe des Königs hinstellen und sich opfern. Es ist eine schreckliche Lösung, aber wenigstens können wir auf diese Weise viele vor unnötigen Verletzungen und Leiden schützen." Der Anführer der anderen Herde war einverstanden.

Am nächsten Tag, als der König mit seinem Gefolge eintraf, fanden sie einen zitternden Hirsch direkt unter sich. Beine und Rumpf zitterten, aber sein Kopf war hoch erhoben. „Was ist das?" fragte der König. „Ah, ich verstehe. Das sind wahrhaftig edle Tiere!" Sie haben diesen einen zum Sterben ausgewählt, damit nicht alle unter unserer Jagd leiden müssen. Diese Hirschkönige sind mit Weisheit begabt." Eine Schwere legte sich auf sein Herz. „Wir werden ihre Bedingungen annehmen", verkündete er. „Von nun an schießen wir nur das eine Tier, das da unten steht." Dann stieg er von der Palisade, nahm seinen Bogen ab und ritt schweigend zum Palast zurück.

In jener Nacht wälzte sich der König ruhelos hin und her, während ein strahlender Hirsch durch seine Träume schritt.

Eines Tages fiel das Los auf eine trächtige Hirschkuh. Sie ging zu ihrem König, dem Anführer der zweiten Herde und sagte: „Ich will bereitwillig das Los erfüllen, sobald mein Junges geboren ist. Aber wenn ich jetzt gehe, werden ich und mein ungeborenes Kind beide sterben. Bitte verschont mich für jetzt. Ich bitte nicht für mich selbst, sondern um des Kindes willen, das bald geboren werden soll."

Doch der Herdenführer sagte: „Gesetz ist Gesetz. Ich kann dich nicht verschonen. Das Los ist auf dich gefallen, und du mußt sterben. Es gibt keine Ausnahmen. Die Gerechtigkeit verlangt, daß du gehen mußt."

In ihrer Verzweiflung lief sie zum Banyanhirsch. Sie fiel vor ihm auf die Knie und flehte um seine Hilfe. Er hörte sie still an, während er sie mit weiten, sanften Augen beobachtete. „Stehe auf, Schwester", sagte er „und gehe frei aus. Du hast recht. Die Bedingungen des Loses sind, daß nur einer sterben muß. Deshalb sollst du solange verschont werden, bis dein Junges geboren ist. Ich werde zusehen, daß es so geschieht."

Die dankbare Hirschkuh war zu tief berührt, um Worte zu finden. Sie verbeugte sich und sprang dann fort.

Der Banyanhirsch erhob sich. Es gab niemand anderen, den er schikken könnte, um ihre Stelle einzunehmen. Da er sie verschont hatte, mußte er selbst sie ersetzen. Wie könnte es anders sein? Gefaßt und voller Würde schritt er durch seine äsende Herde.

Sie beobachteten ihn, wie er sich unter ihnen bewegte. Sein großes, geschwungenes Geweih auf den kräftigen Schultern, die leuchtenden Augen und scharfen, schwarzen Hufe gaben ihnen Beruhigung und Trost.

Nie hatte ihr Banyankönig sie vernachlässigt. Nie hatte er sie im Stich gelassen. Wenn es einen Weg gab, so fand er ihn. Gab es eine Gelegenheit, einen anderen zu retten, ergriff er sie. Er war niemals herrisch gegen sie gewesen. Er war wahrhaft ein König, und seine ganze Herde fühlte sich in seiner Anwesenheit geborgen.

Die Höflinge warteten mit gespannten Bögen auf der Palisade. Als sie sahen, daß der Hirschkönig selbst gekommen war, riefen sie aus: „O König der Banyanhirsche, du weißt, daß unser König dich verschonen will. Warum stehst du hier?"

„Ich bin gekommen, damit nicht zwei andere sterben müssen. Nun schießt! Ihr habt eure Aufgabe und ich die meine."

Sie senkten jedoch die Bögen und sandten eine Botschaft zum König: „Eure Majestät, kommt in aller Eile zur Palisade."

Wenig später, mit flatternden Gewändern und wie der Wind, kam der König angeritten.

„Was gibt es?" rief er. „ Warum habt ihr mich geholt?"

„Kommt, Euer Majestät, und schaut!" riefen seine Leute aus. Er stieg vom Pferd und eilte die groben Holzstufen hinauf, um über die Umzäunung zu schauen. Unten stand der Banyanhirsch. Hirschkönig und Menschenkönig sahen sich an.

„Banyankönig", sagte der Menschenkönig schließlich, „ich kenne dich. Ich habe dich in meinen Träumen durch die Wälder ziehen sehen. Warum bist du hier? Habe ich dich nicht von meiner Jagd freigesagt?"

„Großer König", antwortete der Banyanhirsch, „welcher Herrscher kann frei sein, wenn das Volk leidet? Heute bat mich eine Hirschkuh, die ein Kalb trägt, um Hilfe. Das Los war auf sie gefallen, und so hätte sie mitsamt dem ungeborenen Kind sterben müssen. Das Los verlangt aber, daß nur einer sterben soll. Ich werde dieser eine sein. Ich werde ihren Platz einnehmen. Das Los soll erfüllt werden. Das ist mein Recht und meine Pflicht als König."

Ein Stein rollte vom Herzen des Königs. „Edler Banyanhirsch", sagte er, „du hast recht. Ein König sollte sich um die Geringsten seiner Untertanen kümmern. Das ist eine Lektion, die zu lernen ich lange brauchte, aber heute wird mir das durch dein Opfer klar gemacht. Also werde ich dir ein Geschenk machen, das Lehrgeld für die Lektion, die du mir erteilt hast. Du und deine ganze Herde seien befreit. Keiner von euch soll weiter gejagt werden. Geht und lebt in Frieden."

Doch der Banyanhirsch sagte: „Großer König, das ist in der Tat ein nobles Geschenk. Aber ich kann noch nicht fort. Darf ich weitersprechen?"

„So sprich, edler Hirsch."

„O Menschenkönig, wenn ich mich mit meiner eigenen Herde in Sicherheit bringe, bedeutet das nicht, daß die verbleibende Herde einfach umso mehr zu leiden haben wird? Jeden Tag wirst du nur einen der ihren töten. Sie werden keine Ruhe haben. Ein Pfeilregen wird sie überschütten. Wie sehr mir auch vor allen Dingen die Sicherheit meines eigenen Volkes am Herzen liegt, kann ich sie nicht auf Kosten umso größeren Leides anderer erkaufen. Verstehst du?"

Der Menschenkönig war fassungslos. „Was!?" rief er aus. „Du würdest also deine eigene Freiheit und die deiner Herde aufs Spiel setzen?"

„Ja", sagte der Banyanhirsch. „Das würde ich. Das werde ich. Denke an ihre Qualen, großer König. Stell dir vor, was sie zu leiden hätten, und lasse auch sie frei ziehen."

Der Menschenkönig hielt inne und besann sich tief. Endlich hob er den Kopf und lächelte. „Noch nie habe ich einen solchen Edelmut und einen solch entschlossenen Einsatz gesehen. Wie kann ich dir das abschlagen? Dein Wunsch soll dir erfüllt sein. Die andere Herde soll auch frei ziehen dürfen. Kannst du nun mit deiner eigenen Herde fortziehen und Frieden haben?“

Aber der Banyanhirsch antwortete: „Nein, großer König. Das kann ich nicht. Ich denke an all die anderen wilden vierbeinigen Geschöpfe. Genau wie sie lebe ich mein Leben umgeben von Gefahren und Ängsten. Wie könnte ich in Frieden leben, da ich um die Schrecken weiß, die sie erdulden müssen? Ich bitte dich, mächtiger König, fühle mit ihnen. Es kann keinen Frieden geben, solange nicht auch sie frei sind.“

Wiederum war der Menschenkönig betroffen. So hatte er nie gedacht. Er überlegte und überlegte, und langsam wurde ihm die Wahrheit der Worte des Banyanhirsches klar. Er erkannte, wie wahr es war. Es gibt keinen wirklichen Frieden, solange er sich nicht auf alle ausdehnt.

„Du hast recht, großer Hirsch“, sagte der Menschenkönig schließlich. „Nie wieder sollen in meinem ganzen Reich die vierbeinigen Geschöpfe getötet werden. Sie sollen alle nicht mehr gejagt werden – Kaninchen, Wildschwein, Bär, Löwe, Leopard, Tiger, Hirsche – alle. Niemals mehr sollen sie den Pfeilen meiner Jäger zum Opfer fallen. Nun, mein Lehrer, hast du nun Frieden gefunden?“

Doch der Banyanhirsch entgegnete: „Nein, großer König, noch nicht. Was, mein Herrscher, ist mit den wehrlosen Geschöpfen der Luft? Die Vögel, großer König, leben in einem Netz aus Gefahren. Steine und Pfeile werden sie nun begrüßen, wo immer sie hinfliegen. Sie werden überall in deinem Königreich wie der Regen vom Himmel fallen. Sie werden ein solches Leid erfahren, wie man sich kaum vorstellen kann. O großer König, ich bitte dich, gib sie frei. Verschone auch sie.“

„O du Großer“, sagte der Menschenkönig „du führst einen zähen Handel und bist, so scheint es, fest entschlossen, uns alle zu Bauern zu machen. Doch gut, ich werde die Vögel freigeben. Von jetzt an sollen sie in meinem Reich frei fliegen. Niemand soll sie mehr jagen. Dann können sie in Frieden ihre Nester bauen. Bist du nun zufrieden? Wirst du nun Frieden haben?“

„Großer König“ antwortete der Banyanhirsch „sei so gut und denke an die stillen Geschöpfe in deinem Reich – die Fische, mein Herrscher. Wenn ich jetzt nicht für sie spreche, wer wird es dann tun? Wenn sie in den Seen, Flüssen und Bächen deines Landes schwimmen, werden Haken, Netze und Speere eine ständige Bedrohung über ihnen sein. Wie kann ich Frieden haben, solange sie in Gefahr leben? Großer König, ich bitte dich, verschone auch sie."

„Edles Wesen", sagte der Menschenkönig, dem die Tränen über die Wangen liefen, „du Mitfühlender, nie zuvor habe ich in dieser Art denken können, doch ja, ich stimme dir völlig zu. Die Fische gehören auch zu meinem Reich und auch sie sollen frei sein. Überall in meinem Land sollen sie schwimmen, ohne daß sie jemals wieder getötet werden sollen.

„Nun, all ihr versammelten Hofleute und Gefolge", verkündete der König, „hört meine Worte, dies ist meine Proklamation. Sorgt dafür, daß sie im ganzen Land angeschlagen wird. Vom heutigen Tage an sollen alle Wesen in meinem Reich als meine eigenen teuren Untertanen anerkannt sein. Keines soll gefangen, gejagt oder getötet werden. Dies ist mein Erlaß, der von nun an gültig ist. Seht zu, daß er erfüllt wird."

„Nun sage mir, edles Wesen", wandte er sich noch einmal an den Banyanhirsch, „hast du nun Frieden?"

Die Vögel kamen in Scharen geflogen und ließen sich zwitschernd auf den nahen Bäumen nieder. Das Wild graste friedlich auf den grünen Wiesen.

„Ja", sagte der Banyanhirsch. „Nun bin ich in Frieden!" Und er sprang in die Luft und schlug aus wie ein junges Fohlen. Er sprang aus Freude – voll reinster Freude! Er hatte sie alle gerettet!

Dann dankte er dem König, sammelte seine Herde und zog mit ihnen in die Tiefe des Waldes zurück.

Der König ließ an der Stelle, wo er mit dem Banyanhirsch gesprochen hatte, eine Steinsäule errichten, in die das Bild eines Hirsches eingemeißelt wurde, umrahmt von den Worten »Zur Ehrung des edlen Banyanhirsches, dem mitfühlenden Lehrer von Königen«.

Und er selbst lebte weiter in weiser Fürsorge um alle Dinge.

Früher Buddhismus

In dem Evangelium, wo erzählt wird,
wie die Apostel
plötzlich in heftigen Sturm geraten
auf dem Meer bei Galiläa,
haben wir eine Lektion
für die Friedensstifter von heute.
Als die Wellen sich erhoben
und das Boot zu schaukeln begann,
machten sich die Apostel
voller Hoffnung an die Arbeit
im Kampf ums Überleben
inmitten des Sturmes, der um sie toste.
Doch dann verloren sie den Mut
und ließen den Sturm von draußen
nach innen.

Es fällt leicht,
sich die Apostel vorzustellen
in ihrer Panik, zerrissen,
wie sie die Kontrolle verlieren.
In ihrer Verzweiflung
wecken sie
einen friedvollen Jesus,
der nach ihrem Glauben fragt
und den Sturm beruhigt
durch Aussenden
    seiner inneren Stille,
    seiner inneren Harmonie,
    seines inneren Friedens.

Manchmal
sind wir Friedensstifter
eher so wie die Apostel.
Wir haben zugelassen,
daß der nukleare Schrecken um uns
Teil von uns wird.

Allzu oft
verschlimmern wir nur die Situation
durch Aussenden
unserer Angst und Schuld und Verzweiflung.

Was wir tun wollen,
ist, wie Jesus zu werden
– jene stille Mitte zu haben,
die durch nichts gestört werden kann.
Dann
sind wir wahre Friedensstifter,
Menschen, die Frieden aussenden,
wo immer sie hingehen.

Pax Christi

EIN JUNGER MANN, der eine bittere Enttäuschung in seinem Leben erlitten hatte, begab sich zu einem entlegenen Kloster und sagte zum Abt: „Ich bin vom Leben enttäuscht und möchte die Erleuchtung erlangen, um von diesen Leiden befreit zu sein. Aber ich habe keine Begabung, etwas lange durchzuhalten. Ich könnte niemals lange Jahre der Meditation und der Studien und strengen Lebensführung durchmachen; ich würde wieder in die Welt zurückgezogen werden, obwohl ich weiß, wie schmerzlich das ist. Gibt es einen kurzen Weg für Leute wie mich?" „Es gibt einen", sagte der Abt, „wenn du wirklich entschlossen bist. Sage mir, was hast du studiert, worauf hast du dich in deinem Leben am meisten konzentriert?" „Hm, auf nichts so richtig. Wir waren reich, und ich brauchte nicht zu arbeiten. Ich glaube, was mich wirklich interessierte, war das Schachspiel. Damit verbrachte ich die meiste Zeit."

Der Abt dachte einen Moment nach und sagte dann zu seinem Assistenten: „Hole den Mönch Soundso, und er soll ein Schachbrett und Figuren mitbringen." Der Mönch kam mit dem Brett, und der Abt stellt die Figuren auf. Dann ließ er ein Schwert bringen und zeigte es den beiden. „O Mönch", sagte er, „du hast mir als deinem Abt Gehorsam gelobt, und nun fordere ich ihn von dir. Du wirst mit diesem jungen Mann eine

Partie Schach spielen, und wenn du verlierst, werde ich dir mit diesem Schwert den Kopf abschlagen. Doch ich verspreche, daß du im Paradies wiedergeboren werden wirst. Wenn du gewinnst, werde ich diesem Mann den Kopf abschlagen, denn Schach ist das einzige, wobei er sich jemals wirklich angestrengt hat, und wenn er verliert, verdient auch er den Verlust seines Kopfes." Sie sahen dem Abt ins Gesicht und verstanden, daß es ihm ernst war. Dem Verlierer würde er den Kopf abschlagen.

Sie begannen das Spiel. Bei den Eröffnungszügen spürte der junge Mann, wie ihm der Schweiß bis hinunterlief, als er um sein Leben spielte. Das Schachbrett wurde zur ganzen Welt; er war völlig darauf konzentriert. Zuerst war es eher schlecht um ihn bestellt, doch dann machte der andere einen schlechten Zug, und er ergriff die Gelegenheit, einen starken Angriff zu lancieren. Wie die Stellung seines Gegners zerbröckelte, sah er ihn verstohlen an. Er sah ein Gesicht aus Intelligenz und Aufrichtigkeit, geprägt von Jahren strengen Lebens und Bemühens. Er dachte an sein eigenes wertloses Leben, und ihn überkam eine Welle des Mitgefühls. Absichtlich beging er einen Fehler und dann noch einen, die seine Stellung ruinierten und ihn seiner Verteidigung beraubten.

Plötzlich beugte sich der Abt vor und stieß das Brett um. Die beiden Gegenspieler waren verstört. „Hier gibt es keinen Gewinner und keinen Verlierer", sagte der Abt langsam, „hier kann kein Kopf fallen. Nur zwei Dinge sind erforderlich", und er wandte sich an den jungen Mann, „völlige Konzentration und Mitgefühl. Du hast heute beides gelernt. Du warst völlig auf das Spiel konzentriert und konntest doch Mitgefühl empfinden und warst bereit, dein Leben zu opfern. Bleibe nun einige Monate hier und verfolge unsere Ausbildung in diesem Geiste, dann ist dir die Erleuchtung gewiß." Er tat es und erlangte sie.

Zen

BUDDHA ERZÄHLT DIE PARABEL von einem Mann, der über ein Feld wanderte und dabei einem Tiger begegnete. Er floh, und der Tiger verfolgte ihn. Er kam an einen Abgrund, konnte sich am Wurzelwerk eines wilden Weinstocks festhalten und schwang sich über den Rand. Der Tiger beschnüffelte ihn von oben. Zitternd schaute der Mann in die Tiefe, wo weit unter ihm noch ein Tiger war, der darauf wartete, ihn zu fressen. Der Weinstock war sein einziger Halt. Zwei Mäuse, eine weiß und eine schwarz, begannen, den Weinstock Stückchen für Stückchen wegzuknabbern. Der Mann entdeckte eine saftige Erdbeere vor sich. Die eine Hand umklammerte den Weinstock und mit der anderen pflückte er die Erdbeere. Wie süß sie schmeckte!

Zen

ABT ANASTASIUS HATTE EIN BUCH, das auf sehr feinem, achtzehn Heller wertem Pergament geschrieben war. Es enthielt das vollständige Alte und Neue Testament. Einmal kam ein Bruder zu ihm, entdeckte das Buch und machte sich damit auf und davon. Als der Abt Anastasius an jenem Tag in seinem Buch lesen wollte und es verschwunden war, verstand er, daß der Bruder es entwendet hatte. Aber er schickte niemanden hinter ihm her, weil er befürchtete, der Bruder könnte dem Diebstahl noch einen Meineid hinzufügen.

Der Bruder ging also in die nahegelegene Stadt und wollte das Buch dort verkaufen. Als Preis verlangte er sechzehn Heller. Der Käufer sagte: „Gib mir das Buch und laß mich herausfinden, ob es soviel wert ist." Daraufhin ging er mit dem Buch zum heiligen Anastasius und sagte: „Vater, schau bitte dieses Buch an und sage mir, ob du meinst, ich sollte es für sechzehn Heller kaufen. Ist es das wert? Abt Anastasius sagte: „Ja, es ist ein gutes Buch, es ist soviel wert."

So kehrte der Käufer zu dem Bruder zurück und sagte: „Hier ist dein Geld. Das Buch habe ich Abt Anastasius gezeigt, und er sagte, es sei ein gutes Buch und mindestens sechzehn Heller wert." Der Bruder wollte jedoch wissen: „War das alles, was er sagte? Hat er noch andere Bemerkungen gemacht?" „Nein", sagte der Käufer, „sonst hat er nichts weiter gesagt." „Nun", sagte der Bruder, „ich habe meinen Plan geändert und möchte das Buch gar nicht mehr verkaufen." Dann begab er sich eilends zum Abt Anastasius und bat ihn unter Tränen, sein Buch zurückzunehmen. Der Abt wollte es aber nicht annehmen und sagte: „Geh in Frieden, Bruder, ich mache es dir zum Geschenk." Der Bruder entgegnete: „Wenn du es nicht zurücknimmst, werde ich niemals Frieden finden." Hiernach blieb der Bruder beim Abt Anastasius und wohnte für den Rest seines Lebens bei ihm.

Wüstenväter

ALS DAS BISCHÖFLICHE SCHIFF für einen Tag an einer entlegenen Insel anlegte, entschloß sich der Bischof, die Zeit auf die bestmögliche Weise zu nutzen. Er spazierte die Küste entlang und traf auf drei Fischer, die ihre Netze flickten. In ihrem Pidgin-Englisch erklärten sie ihm, daß sie schon vor Jahrhunderten von Missionaren zum Christentum bekehrt worden waren. „Wir Christen!" sagten sie, voller Stolz gegenseitig auf sich zeigend.

Der Bischof war tief beeindruckt. Kannten Sie das Vaterunser? Davon hatten sie nie gehört. Nun war der Bischof schockiert.

„Was sagt ihr denn, wenn ihr betet?"

„Wir heben die Augen zum Himmel. Wir beten: »Wir sind drei, Du bist drei, hab' Erbarmen mit uns.«" Der Bischof war entsetzt über die primitive, ja ketzerische Ausdrucksweise ihres Gebets. Also verbrachte er den ganzen Tag damit, ihnen das Vaterunser beizubringen. Die Fischer waren langsam im Lernen, doch sie gaben alles her, was wie konnten, und bevor der Bischof am nächsten Tag fortsegelte, hatte er die Genugtuung, daß sie das ganze Gebet ohne einen Fehler aufsagen konnten.

Monate später kam das Schiff wieder an dieser Insel vorbei und als der Bischof auf Deck sein Abendgebet sprach, erinnerte er sich voller Freude der drei Männer auf dieser einsamen Insel, die nun dank seines Einsatzes zu beten gelernt hatten. Während er diesem Gedanken nachhing, fiel sein Blick auf ein kleines Licht im Osten.

Dieses Licht kam dem Schiff immer näher. Zu seinem großen Erstaunen sah der Bischof, wie drei Gestalten über das Wasser gingen. Der Kapitän ließ das Schiff anhalten, und alle lehnten sich über die Reling, um diesen Anblick zu sehen.

Als sie in hörbarer Entfernung waren, erkannte der Bischof seine drei Freunde, die Fischer, wieder. „Bischof", riefen sie, „wir hören dein Schiff vorbeifahren, und kommen schnell schnell dich sehen."

„Was wollt ihr?" fragte der Bischof von ehrfürchtiger Scheu erfüllt.

„Bischof", sagen sie, „wir so sehr leid. Wir vergessen schönes Gebet. Wir sprechen »Unser Vater im Himmel, heilig sei Dein Name, Dein Reich komme ...« und dann vergessen. Bitte sag uns Gebet noch einmal."

Der Bischof war beschämt. „Geht in eure Hütten zurück, meine Freunde", sagte er „und jedesmal, wenn ihr betet, sprecht: Wir sind drei, Du bist drei, hab Erbarmen mit uns."

Christlich

EINES WINTERTAGS KAM ein meisterloser Samurai mit einem Gesuch zu Eisais Tempel. „Ich bin arm und krank“, sagte er, „und meine Familie stirbt vor Hunger. Bitte hilf uns, Meister.“

Eisai, der ein sehr strenges Leben führte und auf Witwengaben angewiesen war, besaß gar nichts, was er dem Mann hätte geben können. Er war schon im Begriff, ihn fortzuschicken, als er sich des Bildnisses des Yakushi-Buddha in der Halle erinnerte. Er ging hin und riß dessen Heiligenschein herunter, um ihn dem Samurai zu geben. „Verkauf ihn“, sagte er, „das sollte vorläufig reichen.“

Verwirrt nahm der verzweifelte Samurai den Heiligenschein und ging.

„Aber Meister“, rief einer von Eisais Schülern aus, „das ist ein Sakrileg! Wie konntest du so etwas Tollkühnes wagen?“

„Tollkühn? Unsinn! Hast du nie gehört, wie der chinesische Meister Tanka ein Holzbild des Buddha verbrannte, um sich zu wärmen? Was ich getan habe, ist gewiß halb so schlimm, oder? Ich habe lediglich den Geist des Buddha, der voller Liebe und Mitgefühl ist, sozusagen einem guten Nutzen zugeführt. Und wenn der Buddha selbst den armen Samurai hätte anhören müssen, in der Tat, er hätte sich seinetwegen Arm oder Bein abgeschnitten!“

Zen

ICH BIN 92 Jahre alt, okay. Jeden Morgen stehe ich um sieben auf. Jeden Tag sage ich mir: „Wach auf, steh auf.“ Ich rede mit meinen Beinen. „Beine, bewegt euch. Beine, ihr seid eine Antilope.“ Es ist eine Frage von Geist über Materie. Du mußt die richtige Einstellung haben. Und dann bin ich auf der Straße, pünktlich um sieben Uhr dreißig.

Ich trage mein ehrenamtliches Sanitätsratsabzeichen, das sie mir im Rathaus gaben. Ich bin wach, ich bin bereit, ich bin da draußen. Und ich habe meine Pfeife. Mein Job ist, zu helfen, parkende Autos von der Straße zu schaffen, damit die Sanitätswagen und der Wayne-Feger genug Platz haben. Also, wenn sie auftauchen, geh ich mit meiner Trillerpfeife rum, damit die Leute ihre Autos wegfahren. Das ist großartig.

Die Leute schlafen. Sie sind beschäftigt mit Geschäftigkeiten. Sie sind beschäftigt, wenn sie sich frei nehmen von ihrer Geschäftigkeit. Sie sind beschäftigt, um sich zu vergnügen. Sie sind beschäftigt, wenn sie sich nicht vergnügen. Wie auch immer. Ist mir egal. Ich trällere auf meiner Pfeife. Ich bin überall dabei.

Ich mache da keine Unterschiede. Ich bin genauso hinter den Sanitätsleuten her. Die Gewerkschaft verschaffte ihnen eine Kaffeepause. Also Kaffee. Sie essen Eier, sie essen Speck, sie essen Toast ... Sie essen Weißbrottoast! Ich ziehe sie damit auf. Und ich geh rein ins Restaurant und blase auf der Pfeife. Sie lieben das, sie verstehen. Jeder liebt es, jeder versteht. Die Pfeife ist das Interessante. Manchmal muß ich so lachen, dann kann ich nicht pusten. Dann gehe ich wieder an die Arbeit. „Ihr Flaschen, bewegt euch, auf geht's!"

Dies war früher eine wunderschöne Stadt. Die Leute kümmerten sich um alles. Wenn du die Miete nicht bezahlt hattest, kam der Sheriff und hat deine Möbel auf die Straße gesetzt. Doch dann kamen wie selbstverständlich die Ärmsten der Armen und warfen dir ihre Pennies und Groschen vors Haus und brachten dich wieder in die Wohnung zurück. Das ist Nachbarschaft.

Heute ist es anders. Die Dinge sind aus dem Lot – schwer zu sagen, wieso. Die Leute haben sich in ihre eigenen Leben verschlossen. Ich sehe sie auf der Straße, in ihren eigenen Gedanken verloren. Nicht, daß ich da anders wäre. Ich bin selber 'ne Niete. Hab' genauso viele schlechte Gewohnheiten wie jeder andere auch. Du solltest meine Wohnung sehen. Die Unordnung. Und ich, Mr. Saubermann! Doch ich bemühe mich. Machen wir einen Versuch. Alles ist möglich.

Was kann ich dir erzählen? Ich bin kein Heiliger und kein Weiser. Ich bin kein zweitausend Jahre alter Mann. Ich bin nur der zweiundneunzig Jahre Alte. Nur einer der Senioren unter den Bürgern. Aber was weiß ich, was die anderen nicht wissen? Wir wissen. Ich geh am Morgen einfach raus und trällere auf meiner Pfeife. Das ist das, was ich mache. Du machst, was du machst. Was mich betrifft, ich unterhalte mich bestens. Wunderbares Vergnügen. Und wenn die Leute sehen, was für einen Spaß ich habe, müssen sie lachen. Was können sie sonst machen? Dann versetze ich ihnen einen Schlag mit meinem: „Dein Auto muß hier weg!"

Zeitgenössisch

In meine Praxis kam ein Mann mit Knochenkrebs. Um sein Leben zu retten, wurde sein Bein von der Hüfte ab amputiert.

Er war 24 Jahre alt, als ich mit ihm zu arbeiten begann, und voller Ärger und Bitterkeit. Er empfand große Ungerechtigkeit und tiefsitzenden Haß gegenüber allen Gesunden, weil es ihm so unfair schien, daß er diesen schrecklichen Verlust so früh im Leben erleiden mußte.

Mit Hilfe von Malen, Visualisieren und Tiefenpsychologie arbeitete ich mich mit diesem Mann durch seinen Kummer und seine Wut hindurch. Nach über zwei Jahren stellte sich ein durchgreifender Wandel ein. Er begann, „aus sich selbst herauszugehen". Später begann er, andere Leute zu besuchen, die schwere körperliche Verluste erlitten hatten, und er erzählte mir von diesen Besuchen die wundervollsten Geschichten.

Einmal war er bei einer jungen Frau zu Gast, die ungefähr in seinem Alter war. Es war ein heißer Tag in Palo Alto, und er trug Jogging-Shorts, so daß seine Beinprothese zu sehen war, als er in ihr Zimmer im Hospital kam. Die Frau war zutiefst deprimiert, weil sie beide Brüste verloren hatte, und sah ihn nicht einmal an, blieb völlig teilnahmslos. Die Krankenschwestern hatten das Radio angelassen, wohl um sie aufzumuntern. Verzweifelt bemüht, ihre Aufmerksamkeit auf sich zu lenken, schnallte er sich das Bein ab, um sodann auf einem Bein im Zimmer umherzutanzen, wobei er zur Musik mit den Fingern schnipste. Sie sah ihn entgeistert an, brach dann in ein schallendes Lachen aus und sagte: „Mensch, wenn Sie tanzen können, kann ich singen."

Ein Jahr danach setzten wir uns zusammen, um Rückschau über unsere gemeinsame Arbeit zu halten. Er sagte, was für ihn bedeutsam war, und ich fügte das hinzu, was ich in unserem Prozeß für bedeutsam hielt. Als wir über unsere zwei Jahre Arbeit zusammen zurückblickten und ich seine Akte öffnete, kamen mehrere Zeichnungen zum Vorschein, die er anfangs gemacht hatte. Ich gab sie ihm. Er sah sie an und sagte: „Ach, schau dir das an." Er zeigte mir eine seiner ersten Zeichnungen, als ich vorgeschlagen hatte, ein Bild seines Körpers zu malen. Er hatte damals eine Vase gemalt, durch die ein tiefer schwarzer Sprung verlief. Das war das Bild für seinen Körper und er hatte den Riß mit einem schwarzen Stift immer wieder übermalt, mit wutknirschenden Zähnen. Es war sehr schmerzhaft, weil es ihm schien, daß diese Vase niemals wieder als Vase funktionieren könne. Sie würde niemals Wasser halten können.

Nun, einige Jahre danach, kam er zu diesem Bild, sah es und sagte: „Oh, es ist noch nicht fertig." Und ich reichte ihm die Schachtel Malstifte hin: „Warum machst du es nicht fertig?" Er wählte einen gelben Stift und während er mit dem Finger auf den Riß zeigte, sagte er: „Siehst du, hier – wo der Bruch ist – hier kommt das Licht durch." Mit dem gelben Stift malte er, wie das Licht durch den Bruch in seinem Körper ausströmte. An unseren Bruchstellen können wir stark werden.

Rachael Naomi Remen

DIE GESCHICHTE HANDELT von einem Kloster, das schwere Zeiten durchmachte. Ein einstmals großer Orden hatte infolge der Wellen klösterlicher Verfolgung im siebzehnten und achtzehnten Jahrhundert und dem Sieg der Säkularisierung im neunzehnten Jahrhundert all seine Niederlassungen verloren und war soweit dezimiert worden, daß nur noch fünf Mönche in dem verfallenden Mutterhaus übrig waren, nämlich der Abt und vier Mönche, alle über siebzig Jahre alt. Zweifellos handelte es sich um einen sterbenden Orden.

In dem tiefen Wald, der das Kloster umgab, war eine kleine Hütte, wo ein Rabbi aus der nahegelegenen Stadt hin und wieder eine Klausur verbrachte. Wegen ihrer vielen in Gebet und Kontemplation verbrachten Jahre waren die alten Mönche sehr sensibel geworden, und so konnten sie immer spüren, wenn der Rabbi in seiner Klausur weilte.

„Der Rabbi ist im Wald, der Rabbi ist wieder im Wald", flüsterten sie einander zu.

Dem Abt, der sich wegen des bevorstehenden Todes seines Ordens quälte, kam es eines Tages in den Sinn, die Einsiedelei zu besuchen und den Rabbi zu bitten, ob er vielleicht einen Rat wüßte, wie das Kloster zu retten sei.

Der Rabbi hieß den Abt bei seiner Hütte willkommen. Doch als der Abt den Zweck seines Besuches erklärte, konnte der Rabbi nur seine Anteilnahme bekunden. „Ich weiß, wie es ist", rief er aus. „Der Geist hat die Leute verlassen. Es ist dasselbe in meiner Stadt. Fast niemand kommt noch zur Synagoge." So weinten der alte Abt und der alte Rabbi miteinander. Dann lasen sie Passagen aus der Torah und sprachen leise von tiefen Dingen. Die Zeit kam für den Abt, Abschied zu nehmen. Sie umarmten einander. „Es war wunderbar, daß wir uns nach all diesen Jahren begegnet sind", sagte der Abt, „aber trotzdem habe ich den Zweck meines Besuches nicht erfüllt. Gibt es nichts, was du mir sagen könntest, keinen Rat, den du mir geben kannst, der mir helfen könnte, meinen sterbenden Orden zu retten?"

„Nein, es tut mir leid", antwortete der Rabbi. „Ich habe keinen Rat zu geben. Das einzige, was ich dir sagen kann, ist, daß der Messias einer von euch ist."

Als der Abt zum Kloster zurückkehrte, umringten ihn seine Klosterbrüder und wollten wissen: „Nun, was hat der Rabbi gesagt?"

„Er konnte nicht helfen", antwortete der Abt. „Wir haben nur geweint und zusammen die Torah gelesen. Das einzige, was er sagte, als ich gerade im Begriff war zu gehen – es war ziemlich geheimnisvoll – war, daß der Messias einer von uns sei. Ich weiß nicht, was er meinte."

In den darauffolgenden Tagen und Wochen und Monaten sannen die alten Mönche darüber nach und fragten sich, ob die Worte des Rabbi wohl irgendeine Bedeutung haben könnten. Der Messias ist einer von uns? Könnte er womöglich gemeint haben, einer von uns Mönchen hier im Kloster? Wenn ja, welchen von uns? Glaubt ihr, er meinte den Abt? Ja, wenn er irgendeinen meinte, dann vermutlich den Vater Abt. Er ist seit über einer Generation unser geistiger Führer. Andererseits, er könnte Bruder Thomas gemeint haben. Gewiß ist Bruder Thomas ein heiliger Mann. Jeder weiß, daß Thomas ein Mann des Lichts ist. Gewiß könnte er nicht Bruder Elred gemeint haben! Elred mit seinen schlechten Launen. Aber genauer besehen, auch wenn er den Leuten ein Dorn im Auge ist, Elred hat praktisch immer recht. Oft sehr recht. Vielleicht meinte der Rabbi tatsächlich Bruder Elred. Doch sicher nicht Bruder Phillip. Phillip ist so passiv, ein richtiger Niemand. Doch andererseits, fast auf wundersame Weise, hat er eine Gabe, immer da zu sein, wenn man ihn braucht. Er taucht einfach wie durch ein Wunder an deiner Seite auf. Vielleicht ist Phillip der Messias. Selbstverständlich meinte der Rabbi nicht mich. Keineswegs hätte er mich meinen können. Ich bin nur ein ganz gewöhnlicher Mensch. Doch angenommen, er meinte mich? Angenommen, ich bin der Messias? O Gott, nicht ich. Ich könnte doch nicht so viel für Dich sein, oder?

Wie sie in dieser Weise nachdachten, begannen die alten Mönche einander mit außerordentlichem Respekt zu behandeln, für den unwahrscheinlichen Fall, daß einer von ihnen doch der Messias wäre. Und für den allerunwahrscheinlichsten Fall, daß jeder der Mönche selber der Messias sein könne, begannen sie, auch sich selbst mit außerordentlichem Respekt zu behandeln.

Der Wald, in dem das Kloster lag, war sehr schön, und so geschah es, daß gelegentlich Leute das Kloster besuchen kamen und auf seinem winzigen Rasen Picknick hielten, Spaziergänge entlang der Wege unternahmen, ab und zu auch in die verfallene Kapelle gingen und meditierten. Wenn sie das taten, spürten sie, allerdings ohne sich dessen bewußt zu sein, die Aura dieses ungewöhnlichen Respektes, die die fünf alten Mönche zu umgeben begonnen hatte, von ihnen auszustrahlen und die ganze Atmosphäre an dem Ort zu durchdringen schien. Der Ort hatte etwas seltsam Anziehendes, ja Unwiderstehliches an sich. Ohne zu wissen warum, kamen die Leute häufiger zum Kloster für Picknick, Spiel und Gebet. Sie brachten ihre Freunde mit, um ihnen diesen besonderen Ort zu zeigen. Und die Freunde brachten wiederum ihre Freunde mit.

So geschah es, daß einige der jüngeren Männer, die das Kloster besuchten, mehr und mehr mit den alten Mönchen ins Gespräch kamen. Nach einer Weile fragte einer, ob er ihnen beitreten könne. Dann noch einer. Und noch einer. So wurde innerhalb weniger Jahre das Kloster wieder zu einem blühenden Orden, und dank des Rabbinergeschenkes zu einem pulsierenden Zentrum des Lichtes und der Spiritualität in dieser Gegend.

Chassidisch

Die folgende Geschichte wurde mir von Li Pung erzählt, der nun ein alter Mann mit dünnem grauem Bart ist und den Weg zum Tao-Tempel vor der blühenden Ortschaft Feng Shr Li fegt. Nicht immer ging es dem Dorf so gut. Es stand nämlich auf kargem Land und bestand nur aus einigen wenigen armseligen Hütten für die drei bis vier Familien, die ihr mageres Dasein mit ein paar räudigen Tieren fristeten. Wenn sie die Samen auf dem dürren, harten Boden aussäten, beteten sie darum, daß sie aufgingen. Meistens wurden ihre Gebete nicht erhört.

Diese Armut ist in China nichts Neues. Oh, es ist eine traurige Geschichte, eine alte Geschichte. Ihr, die ihr darüber Bescheid wißt, was mit den letzten Wäldern unserer modernen Zeit geschieht, solltet darüber nachdenken, denn China war nicht immer ohne Wälder. Wälder enthalten die Seele des Landes, und das Grün ihrer Bäume atmet das Leben zurück in die Luft, die wir alle atmen. Das Flattern ihrer Blätter hat, wie das der weißborkigen chinesischen Espe, die größte chinesische Dichtung angeregt. Vor tausend Jahren ging Li Po durch diese magischen Wälder und meditierte dort, bis sein Herz klar wurde und seine Gedanken fortflogen wie die Wolken vor dem Wind. Er schrieb:

Wir saßen zusammen, der Wald und ich,
und verschmolzen in Schweigen –
bis es nur noch den Wald gab.

Diejenigen von uns, die das Glück hatten, auch nur ein einziges Mal in ihrem Leben einen großen und schönen Wald zu betreten, können die Erinnerung daran nicht vergessen, das Federn der Füße, das Vibrieren des Atmens und die Freude in allen Körperzellen.

Doch heute sind die Wälder Chinas tot. Sie sind tot seit fünfhundert oder tausend oder zweitausend Jahren. Wir haben sie kahlgeschlagen, um Häuser zu bauen, zum Kochen oder Heizen, oder um noch ein Feld freizulegen. Und unser Land ist unfruchtbar geworden. Der alte und gewundene Gelbe Fluß war nicht immer so, doch jetzt fließt er wie unsere Tränen vom seit Jahrhunderten Jahr für Jahr dem kargen Land entrissenen Boden gelb gefärbt dahin.

Selbst kleine Kinder wissen, daß etwas verkehrt ist, wenn sie nie einen großen Wald sehen oder die Rufe der Vögel in den Baumwipfeln hören oder innehalten, um den Geräuschen unsichtbarer Tiere zu lauschen. Sie hören die alten Geschichten von den Wölfen und Bären, die in den Wäldern lebten, die Geschichten vom Wildschwein und vom Bergtiger. Ihre Herzen müssen sich nach der Zeit sehnen, als die Wälder noch lebten und das menschliche Leben noch viel lebendiger war.

Doch nicht alles ist verloren. Das Dorf Feng Shr Li liegt am Fuße des Tales Feng Shu, das wieder mit Bambushainen und munteren Bächen gefüllt ist. Jenseits davon überzieht der süße Duft des chinesischen Waldes eine ganze Hügelkette und die fernen Berge. Eines Tages setzte sich mein Freund Li Pung nach dem Kehren nieder, um mir zu erzählen, wie der Wald wieder zurückkam.

Gegen Ende des letzten Jahrhunderts lebte in diesem Tal ein Mann, den die Taoisten heute als Drachen verehren. Für Taoisten repräsentiert der Drache den auf die Erde gekommenen Lebensgeist. Li Pung erzählte mir, daß sein Name Tam Yang Bun lautete und er in einem trostlosen Dorf eine halbe Provinz weiter in der Nähe des Flußbettes Lo Chu geboren war. Heute sagt man, daß er als Heranwachsender immer gern den alten Taoistentempel am trockenen Flußbett von Lo Chu aufgesucht habe. Aber er war ein pflichtbewußter Sohn, so wie es uns gelehrt wird – es war noch die Zeit des Konfuzianismus, der hier über zweitausend Jahre lebendig war. Als pflichtbewußter Sohn arbeitete er auf dem Land seiner Eltern, und da er mit einem hellen Verstand begabt war, begann er schon in jungem Alter Gedichte zu schreiben und zu lesen. Seine Eltern erahnten sein Potential und heuerten einen Privatlehrer an, wie es damals Sitte war, der ihn auf die konfuzianische Prüfung vorbereiten sollte. Die unterste Stufe bestand er mit zwölf, und die Bezirkschaft selbst förderte die weiteren Studien des verheißungsvollen Jungen. Er bestand die mittlere und höhere Stufe der Prüfungen mit Erfolg. Wäre er aus einer guten Familie gekommen, hätte er sogar zum Kapitol gehen und für das Examen kandidieren können, was als des Kaisers Segen bekannt ist. Aber da dem nicht so war, arbeitete er für den lokalen Magistrat.

Eine Hochzeit wurde arrangiert mit einer reizenden jungen Frau aus einem der Nachbardörfer. Wie es bei uns Brauch ist, wurden Schweine gebracht und ein angemessenes Hochzeitsfest gefeiert. Ein Jahr lang lebten sie glücklich und waren schon bald mit einem Kind gesegnet.

Dann kamen die Sorgen. Erst starb sein kleines Kind „Höchst Kostbares Juwel“ an Lungenentzündung und sein eigener Vater, noch gar nicht alt, starb in der Grippeepidemie desselben Jahres. Seine Frau wurde vor lauter Kummer dünn und bleich, und auch sie starb innerhalb eines Jahres. Seine alte Mutter suchte in einem kleinen Taoisten-Nonnenkloster am Fuße des Berges Tai Shung Zuflucht und blieb da mit einem Herzen, das so trostlos war wie das Land der Umgebung. Er konnte nicht in sein altes Heimatdorf zurückkehren. Er verließ den Magistrat, packte ein paar Kleidungsstücke und einige Bände Tao-Dichtung zusammen und verschwand im Gebirge.

Li Pung sagt, er traf Tam Yang Bun das erste Mal, als er als junger Mann in diesen verlassenen Bergen hinter dem Taoistentempel, der nun sein Zuhause ist, wandern und jagen ging. Er war weit ins Gebirge gewandert, nachdem er an einem Bauernhaus von einem seltsamen Taoistenpriester gehört hatte, der gelegentlich auftauchte und weit hinter der Ansiedlung zu leben schien. Als er ins Tal Feng Shu weiterzog, traf er auf einen wundersamen Anblick – ein ganzes Stück der Hügelhänge war von jungen und wunderschön heranwachsenden chinesischen Shen-Bäumen bedeckt, deren zarte Blätter in der Brise flatterten. Er konnte nicht verstehen, wie dieser junge, so schöne Wald so weit oben in den Hügeln entstehen konnte. Nicht ohne eine gewisse Freude setzte er sich zwischen den Schößlingen nieder, als er ein chinesisches Erdhörnchen hinter einem nahen Felsen weghuschen sah. Wo der Wald zu wachsen begonnen hatte, waren auch die Tiere wiedergekommen.

In der Ferne hörte er ein *ching-ching* und dann nichts, dann wieder *ching-ching* und dann wieder nichts. Er stand auf und ging auf den Klang zu. Das war, als er Tam Yang Bun das erste Mal begegnete.

Dünn und schlicht gekleidet wie er war, machte Tam Yang Bun keineswegs einen nichtssagenden oder ärmlichen Eindruck. Seine Bewegungen waren anmutig und sparsam und er strahlte eine Stille aus, die nichts von seiner Stärke verriet. Seine Haut war sonnengebräunt, die Augen strahlend und ruhig. Sein Alter hätte zwischen 35 und 75 liegen können, doch das ist oft so bei den Tao-Priestern, die die unsterblichen Künste studiert haben. Tam Yang Bun sah Li Pung ein oder zwei Minuten unbewegt an, während er näher kam, und ging dann wieder an seine Arbeit. Er hatte einen gebogenen Holzstab, eine taoistische Wünschelrute mit einer langen Messingspitze am unteren Ende. Er machte mehrere Schritte am Hang entlang, dann öffnete der Stab mit einem *ching-ching* an einer ebenen Stelle, oder wo die Erde empfänglich schien, ein Loch in der Erde, in das er ein oder zwei der kleinen Shenbaumsamen fallenließ und mit sanfter Fußbewegung wieder zudeckte. Dann ging er ein paar Schritte weiter für sein *ching-ching* an einer anderen Stelle. Es war eine gleichmäßige, friedliche Arbeit, und man sah, daß Tam Yang Bun schon viele lange Reihen auf diesen Hügel gepflanzt hatte.

Li Pung setzte sich und sah ihm fast eine Stunde lang zu, bis er schließlich aufhörte und sich zum Ausruhen auf einen Felsvorsprung setzte. Li Pung holte seinen Essensbeutel hervor, Klebreisbällchen mit Gemüsepaste, und bot sie Tam Yang Bun an. Sie teilten das Mittagmahl in friedlichem

Schweigen. Schließlich fragte Li Pung, ob er den Nachmittag über bei Tam Yang Bun bleiben dürfe. Tam Yang Bun antwortete einfach, indem er ihm lächelnd einen Sack mit Shensamen reichte. Li Pung stellte noch einige weitere Fragen und erhielt als Antwort jedesmal mehr Schweigen als Worte. Als Li Pung fragte, ob Tam Yang Bun den ganzen jungen und wunderschönen Wald auf diesen Hügeln gepflanzt und wie lange er dafür gebraucht habe, lachte Tam Yang Bun schließlich und sagte: „Die Erde hat sich mit Hilfe des Tao wieder aufgefüllt."

Das sollte die erste von vielen Begegnungen mit Tam Yang Bun sein, was Li Pung zu dem Zeitpunkt allerdings noch nicht ahnte. Er wußte nichts von seinem Leben, das ihm erst viele Jahre später enthüllt wurde. Er wußte nur, daß er in der Gegenwart dieses Mannes Frieden und Beständigkeit fühlte, stetig wie warmes Sonnenlicht und empfänglich wie Gebirgswasser in der trockenen Erde. Er spürte hier eine einfache Kraft am Werk, die durch die Shensamen, das Land und das *ching-ching* der Holz- und Messingstange kam, und er wußte, er war Teil des Tao, das er gesucht hatte.

Li Pung kam in den nächsten Jahren mehrmals zu Besuch. Einmal, an einem kalten Wintertag, traf er Tam Yang Bun an, wie er in der Kranichpose wie ein Riesenvogel dastand, nur mit einem bescheidenen Badetuch bekleidet. In der kalten Luft trat sein tiefer, kontrollierter Atem wie eine pulsierende Wolke aus ihm heraus. Wie Li Pung näherkam, konnte er das Leuchten in Tam Yang Buns Augen und ein erstaunliches Glühen auf seiner Haut sehen.

Tam Yang Bun lehrte ihn einige der Geheimnisse, wie man den Wald hütet. Er zeigte ihm, wie man die Shensamen zwei Tage lang in einer Quelle wässert, um sie für das Pflanzen und schnelles Wachstum weich zu machen. Er schuf einen kleinen Obsthain und eine am Hang gelegene Baumschule für hunderte neuer Triebe. Wann immer Li Pung wiederkam, war der Wald weitergewachsen, und neue Hänge waren mit jungen Trieben bedeckt. Die Bäche schienen voller und feuchter zu sein, und der junge Wald raschelte vor Leben, als ob die Tiere spürten, wie die Gastlichkeit wieder ins Land zurückkehrte. Li Pung fühlte sich in diesem Wald, als ob er in ein graziöses altes chinesisches Rollbild eingetreten sei, dessen wasserfarbene Berge und Dschungeln den Pinseln der alten Meister entstammten.

Li Pung, der noch ein junger Mann war, zog dann in eine der acht zentralen Provinzen, um seine Studien der philosophischen Lehren des Reiches der Mitte fortzusetzen. Noch in der Zeit, als er studierte, wurden die letzten konfuzianischen Examen abgehalten, und aus der Ferne kamen Nachrichten über den Boxeraufstand. Es gab Gerüchte über Kanonenschiffe und Tee- und Opiumkriege, die in einer Welle großer neuer Kräfte über das Land China hinwegfegten.

Schon bald herrschte Chaos in der neuen Nation, die Armeen der Kriegsherren kämpften auf allen Seiten und in vielen Fraktionen. Die Revolution kam zu ihrem Ende und Sun Yat Sen wurde Präsident. In dieser Zeit sollte Li Pung verheiratet werden. In der Revolution spielte er eine kleine Rolle und verbrachte eine kurze Zeit bei der revolutionären Studentenbewegung, lange genug, um zu wissen, daß er nicht dem Weg seiner Eltern folgen würde, nicht die Braut nehmen, die ihm der Brauch vorschreiben mochte. Er erkannte, daß, was seine Eltern von ihm wollten, nicht seiner wahren Natur entsprach.

Bei all den Umwälzungen in China sehnte sich Li Pung nach seiner Rückkehr nach Hause. Als er dort ankam, war sein Dorf eher unverändert, doch seltsam gesünder. Die zuvor kleinen oder trockenen Bachläufe führten bedeutend mehr Wasser. Neue Bewässerungsgräben leiteten das Wasser in frisch beackerte Felder, die irgendwie fruchtbarer waren als in seiner Erinnerung.

Das Land war weicher, lebendiger und weniger trostlos. Oben in den Hügeln fuhr Tam Yang Bun mit seiner Arbeit fort, als ob es nie eine Rebellion gegeben hätte. Er fuhr fort mit der Aufforstung mehrerer Hügelhänge, dann einer ganzen Bergseite, dann bis zu Landstrichen weiter hinten im Tal. Inzwischen hatte er dem Wald chinesische Erlen hinzugefügt, deren zarte Borke für die zunehmenden Zahlen unterschiedlichsten Kleinwilds feines Futter bietet.

Es dauerte nicht lange, da stieg Li Pung in die Berge, um seinen Freund aufzusuchen. Die Bäume hatten an Schatten und Feuchte zugenommen und brachten ihre Schwestern, die Wolken mit. Kleine Bäche bahnten sich ihren Weg durch den Boden, wo der Wald herangewachsen war, eine Feuchtigkeit, die das ganze Land wieder zum Leben erweckte. Wie gewöhnlich sprach Tam Yang Bun kaum mit Li Pung, aber teilte aufs großzügigste seine Ausgeglichenheit und seinen zeitlosen Geist mit ihm. Der Wald nahm hunderte Rai in verschiedene Richtungen zu, und an manchen Tagen nahm Tam Yang Bun Li Pung mit auf lange Wanderungen durch die neu heranwachsenden Flächen.

Als Li Pung wieder zu seinem Tal hinunterkam, fühlte er sich von dem taoistischen Tempel angezogen. Er ließ die Welt der Examen und Revolutionen hinter sich und trat offiziell in den Tempel ein, um seine Studien des Weges zu beginnen. Während der ersten Jahre vollendete die Handvoll Mönche dort ihr Training in den acht Formen und begann das Entlernen zu demonstrieren, das die Kunst des Tao charakterisiert. Er hörte die Geschichten von Lao Tse und Dschuang Tsu und sah, wie sie von den Mönchen in der Taoküche und im Garten zum Leben gebracht wurden, in der Art, die Kräuter zu mischen, oder der Sparsamkeit der Bewegungen. Er lernte die Posen des Tao und die Meditation der Energiezirkulation.

Li Pung studierte unter den beiden ältesten Lehrern des Tempels und fand dort allmählich seine Heimat. Als Li Pungs Eltern starben, führte er die Zeremonie zu Ehren seiner Ahnen aus und verpflichtete dann seine Lebzeit dem Taoistenorden. Einundzwanzig Jahre lang lebte Li Pung in diesem Tempel. Gelegentlich stieg er in die Berge hinauf und besuchte Tam Yang Bun, wenn er ihn finden konnte. Manche nannten Tam Yang Bun mit einem neuen Namen, Bergtao. Andere nannten ihn einen Baumgeist. Die Wälder wuchsen weiter.

Als mit der japanischen Invasion die nächste Revolutionswelle über China hinwegfegte, kam damit auch die Zerstörung des Kaiserreiches. China war wieder in großem Aufruhr, und Li Pung blieb während jener Jahre im Kloster, eingehüllt in die Praktiken des Tao.

Als ein Zwischenspiel des Friedens über das Land kam, ging Li Pung in das Tal Fung Shu und suchte nach Tam Yang Bun. Er staunte, wie wunderbar der Wald sich entwickelt hatte, wie dicht die Bäume waren und wie Ahorn, rothäubige Buntspechte, Zivetkatzen und sogar Wildschweinspuren zwischen den Bäumen zu finden waren. Er war auch erstaunt, die Anfänge mehrerer neuer Dörfer unten im Tal zu sehen. Das Land war nicht mehr armselig, die Ströme flossen klar und frisch. Li Pung kletterte in die Berge. An einem Fels sah er ein Gedicht geschrieben, einen Lieblingsvers des alten Meisters Kalter Berg:

Wenn die Leute mich sehen,
sagen alle, er ist wohl ein bißchen verrückt,
macht keinen Eindruck, in seinen Lumpen und Fellen.
Mein Sitz ist in den Wolken,
unstet wie der Mond auf dem Wasser,

alles, was ich sagen kann, wem ich begegne:
komm, mach dich auf zum Kalten Berg.

Er wußte, daß er auf der richtigen Fährte war. Wie bemerkenswert, als er ankam, war Tam Yang Bun beim Pflanzen. Er konnte es am *ching-ching* in der Ferne hören. Als er seinen alten Freund wiedersah, umarmten sie sich. Li Pung wußte, daß es Zeit war, bei seinem Meister zu leben. Er blieb sieben Jahre lang bei Tam Yang Bun und lernte, wie man die Kräuter des Waldes ißt, und taoistische Übungen, wie man die Sahne des Himmels in die Glieder des Körpers herunterzieht. Jeden dritten Mond vollzogen sie eine Zeremonie, in der sie die ältesten Bäume zu Ehrenmönchen des Taotempels erklärten. In seinen Jahren in den Bergen erfuhr Li Pung auch die Geschichte von Tam Yang Buns frühem Leid und seiner Meisterschaft des Tao. Er lernte von Tam Yang Buns eigenen Lehrern, von dem Wind, den Felsen und den Bäumen. Er erlernte eine so tiefe Harmonie, wie man sie nicht mit Namen bezeichnen konnte. Die beiden Männer lebten zusammen im Tao und das *ching-ching* war ihre Musik. Sie lebten, wie Lao Tse lehrte:

Der Geist des Tales stirbt nie, man nennt ihn
den Subtilen und den Tief-Empfänglichen.
Halten und bis zum Überfließen anfüllen, ist nicht so gut wie zur Zeit anhalten.
Der beste der Menschen ist wie Wasser. Wasser ist gut, es nützt allen Dingen und kämpft nicht gegen sie. Der weise Mann stellt sich selbst in den Hintergrund und findet sich im Vordergrund wieder.
Er läßt den Geist los, und der Geist bewegt sich
durch ihn.

Dann wurde Li Pung krank und konnte nicht in den Bergen bleiben. Auch das Tao hat seine Jahreszeiten und Schwierigkeiten. Er kehrte in sein Kloster zurück. Inzwischen waren über zehntausend Rai aufgeforstet und bewachsen. Die neuen Dörfer gediehen, kleine Gräben und Reisfelder glänzten in der Morgensonne. Ziegen und Schweine quieksten unter den Häusern und das Lachen von Kindern war zu vernehmen. Neue Familien lebten in Wohlstand auf diesem einst so trostlosen Land. Das Dorf hatte eine feine neue Schule gebaut, und die Kinder waren schon an den weißen Reis aus den Feldern gewöhnt. Vergessen waren die Tage, als der klebrige Bergreis alles war, was angebaut werden konnte. Von den Flüssen kam ein Gesang wie der Frühling.

Ich selbst, der ich diese Geschichte erzähle, wurde am Ende des großen Mao-Triumphes geboren. Ein trauriger Triumph für mich, weil wenige von unseren fünf Millionen Mönchen des Tao und des Buddhaweges übrig sind. Doch ein paar alte Männer wie Meister Li Pung durften in den Tempeln bleiben, und irgendwie kam es, daß auch ich als kleiner Junge dorthin geholt wurde. Mein Herz ging zu ihm, und ich lernte den Weg des Tao. So habe ich diese letzten acht Jahre bei ihm verbracht und die Geschichten gehört und die acht Kostbarkeiten praktiziert. Mehrmals ging ich in den Wald hinauf auf der Suche nach Tam Yang Bun, aber ich fand keinerlei Anzeichen von ihm. Vielleicht, dachte ich, ist er gestorben, aber dann eines Tages vernahm ich in weiter Ferne den Klang des *ching-ching*, des unsterblichen Wegs des Bergs. Und jetzt habe ich mich entschlossen, in die Berge zu gehen. Es ist auch mein Weg. Ich schreibe diese Geschichte für euch vor meinem Abschied. Li Pung hat mir das Geheimnis gezeigt, wie man die Shensamen wässert und die Kräuter, die den Körper im Winter wärmen.

Manchmal fühle ich, daß das Tao in unseren Tempeln nicht mehr viel Ehre bekommt. Mich rufen diese Berge, die umherstreifenden Tiere, die Süße der Waldtäler. Ich weiß, daß dort, wo ihr lebt, auch Trostlosigkeit herrscht.

Ich weiß, daß eure Wälder verlorengingen und viele eurer Freunde nicht wissen, wer sie sind. Aber die Erde wird nicht immer so betrübt sein, und das Tao hat seinen Zyklus der Wiederkehr. Vielleicht wird einer von euch, der diese Geschichte liest, den Geist der Unsterblichen im Herzen erkennen und sich aufmachen in die Berge, um die Wälder dieser Erde wieder aufzuforsten.

Taoismus

2

Der Mut in uns

JEDE große Reise, sei es der Versuch einer Bergbesteigung oder die Erweckung des Geistes, braucht großen Mut und Standhaftigkeit. Soll eine bedeutsame Suche oder Möglichkeit in unserem Leben verwirklicht werden, müssen wir unsere tiefen inneren Quellen der Furchtlosigkeit, Hingabe und Ausdauer erschließen. Auf jeder großen Reise betreten wir unbekanntes Territorium. Und unvermeidlich werden Angst, Zweifel und Unsicherheit wenigstens zeitweise unsere Reisegefährten sein. Trotzdem müssen wir weiterziehen.

Selten werden große Reisen ohne zeitweilige Umwege oder Abstecher vollendet. Immer wieder machen wir in unserem Leben einen neuen Anfang, schlagen wir neue Richtungen ein. Gerade das Unbekannte an unserer Reise bedeutet ja, daß es wenige Wegweiser gibt, auf die wir uns sicher verlassen können. Unvermeidlich wird es Zeiten geben, wo wir das Gefühl haben, wir hätten den Weg verloren, Fehler begangen oder wo wir uns in Zweifeln ergehen, ob wir jemals fähig sind, unsere Reise zu vollenden. Zur Vollendung unserer Reise gehört auch, zu lernen, wie wir Schwierigkeiten dankbar annehmen, an den begangenen Fehlern wachsen können. Es ist unser Mut, der uns einen Ort gelassener Heiterkeit und Wahrheit inmitten von Sturm und Schwierigkeiten finden läßt.

Es ist der Mut des Kriegers, der uns durch diese Momente der Dunkelheit trägt. Don Juan, ein großer Yaqui-Schamane, sprach von dem Unterschied zwischen einem gewöhnlichen Menschen und einem Krieger. Der gewöhnliche Mensch sieht alles im Leben entweder als Segen oder Fluch, während der Krieger alles als Herausforderung nimmt. Wenn wir uns auf eine große Reise begeben und einen neuen Anfang machen, sind auch wir aufgerufen, Krieger zu sein – allerdings Krieger mit einem Herzen. Die Eigenschaften des inneren Kriegers, die uns auf unserer Reise beistehen, sind Achtsamkeit, Mut und Ausdauer. Die Qualitäten scharfer Wachheit und inneren Zutrauens bilden auf unserer Suche die Grundpfeiler für ihre Vollendung. Ein echter Krieger muß diese Qualitäten zu nähren wissen und darf keine Feinde und Gegner haben, sich nicht um Gewinn oder Niederlage kümmern.

Dieses Kapitel erzählt von jenen, die von Schwierigkeiten und Herausforderungen transformiert wurden und entdeckt haben, wie sie ihre Umgebung mit der Macht ihrer Liebe und ihren Mutes berühren können. Indem wir Schwierigkeiten mit offenem Herzen begrüßen, können auch wir tiefere Liebe und klarere Sicht erlernen. Die Kraft unseres Mutes öffnet uns die Augen für die Entdeckung des Lichtes mitten in der Dunkelheit.

Die folgenden Geschichten können uns inspirieren, unsere eigene Reise zu betrachten. Was sind die Bedrängnisse und Hindernisse, mit denen wir in diesem Moment unserer Lebensreise zu kämpfen haben? Wie gehen wir mit Mißerfolg, Versagen, Verlust und Enttäuschung um? Können wir unsere Herzen öffnen, um dankbar und in Liebe die unvermeidlichen Herausforderungen anzunehmen? Welche Gelegenheiten bieten sich in den uns gestellten Herausforderungen zum Entdecken neuer Tiefe der Weisheit und des Mitgefühls?

EIN BRUDER KAM zu Abba Poemen und sagte: „Abba, eine Vielzahl von Gedanken kommt mir in den Sinn, und ich bin in Gefahr. Der alte Mann nahm ihn mit ins Freie und sagte: „Öffne dein Gewand und ergreife den Wind." Er antwortete: „Das kann ich nicht." Der alte Mann sagte: „Wenn du das nicht kannst, kannst du auch die Gedanken nicht daran hindern, in dich einzudringen. Doch was du tun kannst – stehe fest, wenn sie kommen."

Wüstenväter

WÄHREND EINER ZEIT der Bürgerkriege in Korea gab es einen General, der seine Truppen von Provinz zu Provinz führte und alles niedermetzelte, was sich ihm in den Weg stellte. Die Bewohner einer Stadt wußten schon, daß er kam, und da sie die Geschichten über seine Grausamkeit gehört hatten, flohen alle in die Berge. Der General kam mit seinen Truppen in die leere Stadt und schickte seine Leute los, die Stadt zu durchsuchen. Einige Soldaten kamen zurück und berichteten, daß nur eine Person dageblieben war, ein Zen-Priester. Der General marschierte zum Tempel, trat ein, zog sein Schwert und sagte: „Weißt du nicht, wer ich bin? Ich bin der, der dich niedermetzeln kann, ohne mit der Wimper zu zukken."

Der Zen-Meister sah ihn an und entgegnete ruhig: „Und ich, mein Herr, bin einer, den man niedermetzeln kann, ohne daß er mit einer Wimper zuckt." Als er das vernahm, verbeugte sich der General und ging.

Zen

KAISHU UND SEINE FREUNDE überquerten einen tosenden Fluß im strömenden Regen, und das Boot schaukelte heftig. Alle Freunde des Meisters hatten Angst und die Farbe wich ihnen aus dem Gesicht. Einige gingen sogar so weit und riefen die Gottheit der Liebe, Avolakiteshvara, um Hilfe an. Doch Kaishu saß ruhig in seiner Meditation.

Als das Boot an Land anlegte und seine Freunde erleichtert aufseufzten, sagte Kaishu lächelnd: „Der Zen-Mann ist nicht zu viel nütze, wenn er sich nicht selbst helfen kann. Die Gottheit wird über eure Schwäche gelacht haben."

Zen

Hier eine Geschichte, die man über Mutter Teresa von Kalkutta erzählt. Nachdem ein Reporter der BBC ihre außergewöhnliche Arbeit gelobt hatte, bemerkte er, daß es auf eine Art für Mutter Teresa vielleicht einfacher sei als für uns Durchschnittsbürger. Schließlich habe sie keine Besitztümer, kein Auto, keine Versicherung und keinen Ehemann. „Das stimmt nicht", widersprach sie sofort. „Natürlich bin ich verheiratet". Sie hielt den Ring in die Höhe, den die Nonnen ihres Ordens als Symbol ihrer Vermählung mit Christus tragen. Und lächelnd fügte sie hinzu: „Und er kann manchmal sehr schwierig sein!"

Zeitgenössisches Christentum

In der spirituellen Gemeinde, die G. I. Gurdjieff in Frankreich leitete, lebte ein alter Mann, der die Unausstehlichkeit in Person war. Reizbar und unordentlich, stritt mit allen und weigerte sich, aufzuräumen oder überhaupt mitzuhelfen. Niemand kam mit ihm aus. Nach vielen frustrierenden Monaten, als ihm einige Leute einen besonders üblen Streich spielten, ging der Alte schließlich fort nach Paris. Gurdjieff folgte ihm und wollte ihn überreden, zurückzukommen, doch es war zu hart gewesen, und der Mann lehnte ab. Schließlich bot Gurdjieff dem Mann ein sehr hohes monatliches Gehalt an, wenn er zurückkäme. Wie konnte er das verweigern? Als er zurückkam, waren alle entsetzt, und als sie erfuhren, daß er dafür auch noch Geld bekam (während sie für ihren Aufenthalt dort eine Menge bezahlen mußten), geriet die Gemeinschaft in Aufruhr. Gurdjieff rief sie zusammen und nachdem er sich ihre Beschwerden angehört hatte, lachte er und erklärte: „Dieser Mann ist wie Hefe für das Brot." Er fuhr fort: „Ohne ihn hier würdet ihr nie wirklich etwas über Ärger, Reizbarkeit, Geduld und Mitgefühl lernen. Das ist der Grund, warum ihr mich bezahlt und warum ich ihn anheuere."

Sufi

Ein Zen-Meister war von einem großen katholischen Kloster eingeladen worden, Unterweisung in der Zenpraxis zu geben. Er ermahnte die dortigen Mönche, zu meditieren und die Lösung ihres Koan oder ihrer Zenfrage mit viel Energie und großem Eifer anzugehen. Er sagte, wenn sie sich ihrer Übung von ganzem Herzen widmen würden, würde ihnen wahres Verstehen zukommen. Ein alter Mönch hob die Hand. „Meister", sagte er, „unsere Art des Gebets ist eine andere. Wir haben stets auf die einfachste Weise meditiert und gebetet, ohne Anstrengung. Statt dessen warten wir einfach darauf, durch die Gnade Gottes erleuchtet zu werden. Gibt es im Zen so etwas wie diese erleuchtende Gnade, die uneingeladen zu einem kommt?" fragte er. Der Zen-Meister sah ihn an und lachte. „Im Zen", sagte er, „glauben wir, daß Gott sein Teil bereits getan hat."

Zen

STELL DIR EINE MILLION kleiner Lebewesen entlang eines Quellbachs vor. Wenn du ein Riese wärst und auf seine Windungen und Kurven herabschauen könntest, wüßtest du, daß der Quellbach ein Strom des Lebens ist.

Der Riese war ich. Über zwei Fuß hoch hockte ich, einem Riesen gleich, über den kleinen Tümpeln, wo Rinnsale des Stromes in Strudeln versickerten. Frösche laichten; große Kristallkugeln aus Gelee, durchsetzt von Kaulquappen, die darauf warteten, sich ihren Weg nach draußen zu fressen.

Elritzen jagten Moschuskäfer, die über den Fluß huschten. Wenn du einen Moschuskäfer in der Hand hältst, riecht er wirklich ganz süß.

Einmal brachte ich den ganzen Nachmittag damit zu, Moschuskäfer zu sammeln, einfach ein paar in meine Tasche, denn sie sind schwer zu fangen. Ich brachte sie zu Granma, denn ich wußte, wie sehr sie süße Düfte liebte. Wenn sie Seifenlauge machte, tat sie immer Geißblatt hinein.

Sie war fast noch begeisterter über die Moschuskäfer als ich. Sie sagte, so etwas Süßes habe sie noch nie gerochen und könne sich nicht vorstellen, wieso sie bisher noch nichts über Moschuskäfer wußte.

Beim Abendtisch erzählte sie Granpa davon, bevor ich etwas sagen konnte. Es sei das Allerneueste, das sie je gerochen habe. Granpa war sprachlos vor Staunen. Ich ließ ihn daran riechen und er sagte, er lebe schon über siebzig Jahre, ohne je einen solchen Duft wahrgenommen zu haben.

Ich hätte gut getan, sagte Granma, denn wenn du auf etwas Gutes stößt, ist das erste, es mit wem auch immer zu teilen; so verbreitet sich das Gute auf eine Art, die sich nicht mit Reden erreichen läßt. Und das stimmt. Ich wurde ziemlich naß, wie ich da in dem Bachlauf herumplanschte, aber Granma sagte nie etwas. Die Cherokee schimpften ihre Kinder nie, wenn es um den Wald ging.

Ich ging den Bachlauf weit hinauf, watete durch das klare Wasser, tief gebeugt durch die grünen Fiedervorhänge der herunterhängenden Trauerweiden, deren Zweigspitzen bis in die Strömung reichten. Wasserfarne hängten ihre Wedel aus grüner Spitze über den Strom und boten den kleinen Spinnen einen Halteplatz. Diese kleinen Kerlchen hatten die Angewohnheit, das eine Ende eines dünnen Kabels am Farnwedel festzumachen, hüpften dann in die Luft, sponnen weiteres Kabel zu einem Schirm und versuchten, an einen Farn auf der anderen Seite zu gelangen. Wenn einer es schaffte, befestigte er das Kabel und sprang zurück – hin und her – bis er ein perlig aussehendes Netz über den Bach gewebt hatte. Das waren zähe kleine Kerlchen. Wenn sie ins Wasser fielen, wurden sie in der Strömung weggeschwemmt und mußten kämpfen, um oben zu bleiben und zum Ufer zu gelangen, bevor sie von einer Elritze erwischt wurden.

Ich hockte in der Mitte des Quellbaches und beobachte einen kleinen Spinnerich, der sein Kabel auf die andere Seite bringen wollte. Er war entschlossen, das größte Perlnetz weit und breit am ganzen Bachlauf zu haben und wählte eine breite Stelle. Er band das Kabel fest, sprang in die Luft und fiel ins Wasser. Er wurde flußabwärts geschwemmt, kämpfte um sein Leben, krabbelte ans Ufer und zurück zum Farn für einen neuen Versuch.

Als er zum dritten Mal zu dem Farn zurückgekommen war, ging er an den Uferrand und legte sich hin, die Vorderbeine unterm Kinn überkreuzt, und studierte das Wasser. Ich dachte, er sei nahe dran, aufzugeben – wie ich es war, vom langen Hocken in dem Bach war mein Po schon ganz kalt geworden. Er lag da und dachte nach und studierte. Da kam ihm eine Idee und er begann, am Farn auf und abzuspringen. Rauf und runter. Der Farn hob und senkte sich. Er machte weiter und sprang, bewegte den Farn nach unten und wieder rauf. Dann plötzlich, als der sich hochhob, sprang er – spannte seinen Schirm auf – und hatte es geschafft.

Er glühte voll Stolz und sprang herum, bis er fast abrutschte. Sein Perlnetz war das breiteste, das ich je sah.

Ich lernte den Quellbach kennen, indem ich ihm in seinen Ausbuchtungen folgte – die Tauchschwalben, die ihre Nester in die Weiden hängten, umschwirrten mich, bis sie mich kennengelernt hatten, dann steckten sie die Köpfe raus und redeten. Da waren die Frösche, die entlang der Ufer sangen, aber verstummten, sobald ich in die Nähe kam. Bis Granpa mir erzählte, daß Frösche die Erschütterungen des Bodens spüren, wenn man geht. Er zeigte mir, wie die Cherokee gehen, nicht mit den Fersen, sondern mit den Zehen nach unten, die Mokassins über den Boden schiebend. Dann konnte ich ihnen ganz nahe kommen und mich neben einen Frosch setzen, und er sang immer noch weiter.

Dem Bachlauf folgend fand ich den Geheimplatz. Er lag ein Stück den Berghang hoch und war mit Lorbeer umsäumt. Er war nicht sehr groß, eine Graskuppe mit einem alten, nach unten gebogenen Eukalyptusbaum. Als ich ihn sah, wußte ich, das war mein Geheimversteck, und so ging ich oft dorthin. Er gefiel auch der alten Maud, und sie kam gern mit. Wir saßen dann unter dem Eukalyptus und lauschten – und beobachteten. In dem Geheimversteck machte die alte Maud nie ein Geräusch. Sie wußte, es war geheim.

Einmal spät am Nachmittag saßen wir, die alte Maud und ich, mit dem Rücken an den Eukalyptus gelehnt und schauten, als ich in der Nähe etwas erblickte. Das war Granma. Sie ging nicht weit von uns vorbei. Aber ich vermute, sie hatte meinen Geheimplatz überhaupt nicht gesehen, sonst hätte sie etwas gesagt. Granma konnte sich leiser bewegen als ein Flüstern im Waldlaub. Ich folgte ihr. Sie sammelte Wurzeln. Ich kam ihr zur Hilfe, und Granma und ich setzten uns auf einem Baumstamm, um die Wurzeln auszulesen. Ich glaube, ich war zu jung, um ein Geheimnis zu behalten, denn ich mußte Granma von meinem Versteck erzählen. Sie war nicht überrascht – was wiederum mich überraschte.

Granma sagte, alle Cherokee hätten einen Geheimplatz. Sie erzählte mir, daß sie einen hatte und Granpa einen hatte. Sie hatte ihn nie gefragt, aber sie glaubte, daß seiner oben auf dem Berg sei, auf dem Kammweg. Sie vermutete, daß so ziemlich jeder einen Geheimplatz habe, aber sie könne sich nicht sicher sein, da sie nie danach frage. Granma sagte, das wäre nötig. Da war ich mächtig froh, daß ich nun auch einen hatte.

Jeder Mensch hat zwei Geister, sagte Granma. Einer der Geister hat mit den Bedürfnissen des Körperdaseins zu tun. Du mußt ihn gebrauchen, um Schutz und Essen und so weiter für den Körper zu bekommen. Sie sagte, du mußt ihn gebrauchen für die Partnerwahl und Kinder zu haben und solche Sachen. Wir müßten diesen Geist haben, sagte Granma, damit wir weitermachen könnten. Aber wir haben noch einen anderen Geist, der mit all dem nichts zu tun hat. Sie sagte, das sei der Geist-Geist.

Wenn du den Körpergeist benutzt, um gierig oder gemein zu denken, wenn du die Leute damit verletzt und ausrechnest, wie du sie materiell übervorteilst, dann würde dein Geist-Geist auf die Größe einer Walnuß zusammenschrumpfen.

Wenn dein Körper stirbt, sagte Granma, stirbt auch der Körpergeist mit ihm, und wenn das die Art ist, wie du dein Leben lang gedacht hast, dann stehst du da mit einem Geist so klein wie eine Walnuß, weil der Geist-Geist alles ist, was lweiterlebt, wenn alles andere stirbt.

Dann, sagte Granma, wenn du neu geboren wirst – was geschehen muß – dann stehst du da, wirst geboren mit einem Geist-Geist so klein wie eine Walnuß, der praktisch überhaupt kein Verständnis von irgendetwas hat.

Womöglich würde er dann auf die Größe einer Erbse zusammenschrumpfen und könnte sogar verschwinden, wenn der Körpergeist alles in die Hand nahm. In diesem Fall würdest du deinen Geist ganz verlieren.

So wird man zu einem toten Menschen. Granma sagte, tote Leute sind leicht zu erkennen. Wenn tote Leute eine Frau sehen, sehen sie nur Schmutz; wenn sie andere Leute sehen, nichts außer Schlechtigkeit; wenn sie einen Baum sehen, nichts außer Bauholz und Profit; nie Schönheit. Das seien wandelnde Tote, sagte Granma.

Der Geist-Geist, sagte Granma, ist wie jeder andere Muskel. Wenn du ihn benutzt, wird er größer und stärker. Die einzige Art, sagte sie, wie es diesen Weg nehmen kann, ist, ihn zum Verstehen zu benutzen, aber diese Tür kannst du nicht öffnen, bevor du nicht aufhörst, mit deinem Körpergeist so gierig zu sein.

Dann beginnt das Verstehen Fuß zu fassen, und je mehr du dich um Verstehen bemühst, umso größer wird es.

Natürlich, sagte sie, sind Verstehen und Liebe ein und dasselbe. Außer die Leute haben es zu häufig hinterrücks versucht, indem sie so tun, als ob sie Dinge liebten, wenn sie sie nicht verstehen. Was nicht geht.

Da wollte ich anfangen, praktisch jeden zu verstehen, denn ganz bestimmt wollte ich nicht mit einem Walnußgeist wiederkommen.

Dein Geist-Geist kann so groß und stark werden, sagte Granma, daß du schließlich alles über deine vergangenen Körperleben weißt und dahin kommen wirst, wo es überhaupt keinen Körpertod mehr gibt.

Von meinem Geheimplatz aus, sagte Granma, könne ich beobachten, wie das funktioniert. Im Frühling, wenn alles geboren wird (und immer, wenn etwas geboren wird, sogar eine Idee), gibt es Kampf und Streit. Da gibt's die Frühjahrsstürme, so wie ein Baby aus Blut und Schmerz geboren wird. Granma sagte, das seien die Geister, die ein Theater veranstalten, weil sie wieder in materielle Formen zurückmüssen.

Dann gibt es den Sommer – unser erwachsenes Leben – und den Herbst, wenn wir älter werden und dieses sonderbare Gefühl im Geiste hegen, wir seien der Zeit hinterher. Manche Leute nennen das Nostalgie und Traurigkeit. Der Winter, wo alles tot ist oder tot scheint, ist so wie unsere Körper, wenn sie sterben, aber wieder neu geboren werden wie der Frühling. Granma sagte, die Cherokee wußten das und hatten das vor langer Zeit gelernt.

Eines Tages würde ich wissen, sagte Granma, daß der alte duftende Eukalyptusbaum an meinem Geheimplatz auch einen Geist hätte. Keinen Geist wie die Menschen, sondern einen Baumgeist. Das hatte sie alles von ihrem Pa gelernt, sagte sie.

Granmas Pa wurde Brauner Habicht genannt. Sein Verstehen war sehr tief gewesen. Er konnte die Baumgedanken fühlen. Einmal, sagte sie, als sie ein kleinen Mädchen war, machte ihr Pa sich Sorgen, weil die weißen Eichen auf dem Berg in ihrer Nähe in Angst und Aufregung seien. Er verbrachte viel Zeit auf dem Berg und lief zwischen den Eichen umher. Sie waren von großer Schönheit, hochgewachsen und gerade. Sie waren nicht selbstsüchtig, gaben dem Boden Raum für Sumach und Persimon, auch Walnuß und Kastanie für die Wildtiere. Da sie nicht selbstsüchtig waren, hatten sie viel Geist und ihr Geist war stark.

Ihr Pa machte sich so große Sorgen um die Eichen, sagte Granma, daß er sogar des Nachts zwischen ihnen einherging, denn er wußte, daß etwas nicht stimmte.

Dann eines Morgens, als die Sonne über den Bergkamm brach, beobachtete Brauner Habicht, wie die Holzfäller durch den Weißeichenwald zogen und markierten und planten, wie sie die Bäume fällen wollten. Als sie gegangen waren, sagte Brauner Habicht, begannen die Eichen zu weinen. Und er konnte nicht schlafen. So beobachtete er die Holzfäller. Sie bauten eine Straße zum Berg, auf der sie ihre Wagen bringen konnten.

Ihr Pa redete mit den Cherokee, sagte Granma, und sie beschlossen, die Eichen zu retten. In der Nacht, als die Holzfäller zu ihrer Siedlung zurückgekehrt waren, gruben die Cherokee die Straße auf und hackten große Gräben quer hindurch. Frauen und Kinder halfen mit.

Am nächsten Morgen kamen die Holzfäller wieder und brachten den ganzen Tag damit zu, die Straße zu reparieren. Doch in der Nacht gruben die Cherokee sie wieder auf. Das ging zwei oder drei Tage und Nächte so weiter. Dann stellten die Holzfäller Wachen mit Gewehren an der Straße auf. Aber da sie nicht die ganze Straße bewachen konnten, gruben die Cherokee die Gräben dort, wo sie konnten.

Es war ein harter Kampf, sagte Granma, der sie sehr erschöpfte. Dann eines Tages, als die Holzfäller an der Straße arbeiteten, stürzte eine riesige Eiche über einen Wagen. Sie tötete zwei Maultiere und zerquetschte den Wagen. Es war eine gute, gesunde Eiche gewesen, sagte sie, die keinen Grund hatte, umzufallen. Aber trotzdem geschah es.

Da gaben die Holzfäller den Versuch auf, die Straße zu bauen. Der Frühjahrsregen setzte ein ... und sie kamen nie mehr wieder.

Als der Mond dann voll war, sagte Granma, hielten sie in dem großen Eichenwald ein Fest. Sie tanzten beim vollen gelben Mond, und die weißen Eichen sangen und berührten einander in den Zweigen und berührten die Cherokee. Granma sagte, sie sangen ein Totenlied für die weiße Eiche, die ihr Leben für die Rettung der anderen gegeben hatte. Das Gefühl war so stark, sagte sie, es trug sie fast vom Berg weg.

„Kleiner Baum“, sagte sie, „diese Dinge darfst du nicht erzählen, denn es wird nicht helfen, sie der Welt zu verraten, die dem weißen Mann gehört. Aber du mußt es wissen. Deshalb habe ich es dir erzählt.“

Von da an wußte ich, warum wir nur die Scheite benutzten, die der Geist für unsere Feuerstelle hatte liegenlassen. Ich verstand das Leben des Waldes ... und der Berge.

Ihr Pa hatte so großes Verstehen, sagte sie, sie wußte, er würde stark sein ... in seinem nächsten Körperleben, da würde er wissen. Sie hoffte, sagte sie, daß sie auch bald stark würde, dann würde sie ihn erkennen, und ihre Geister würden wissen.

Granpa kam dem Verstehen näher, ohne es zu bemerken, sagte Granma, und sie würden immer zusammen sein, ihre Geister würden wissen.

Ich fragte Granma, ob sie annahm, daß ich so werden könnte, damit ich nicht zurückbleiben müsse.

Sie nahm mich an der Hand. Wir gingen eine lange Strecke den Pfad hinunter, bevor sie antwortete. Versuche immer zu verstehen, sagte sie zu mir. Ich würde auch dorthin kommen, und ich könnte ihr sogar voraus sein.

Um nichts in der Welt wollte ich voraus sein, sagte ich, mir würde es schon völlig reichen, wenn ich mithalten könne. Es wäre so einsam, immer zurückzubleiben.

Forrest Carter

Einst trafen sich Wahrheit und Falschheit an einer Kreuzung. Nachdem sie einander begrüßt hatten, fragte Falschheit Wahrheit, wie es in der Welt mit ihm bestellt sei. „Wie es um mich bestellt ist?" sagte Wahrheit. „Jedes Jahr schlimmer als im Jahr davor." „Ich sehe sehr wohl die Misere, in der du steckst", sagte Falschheit mit einem Blick auf Wahrheits zerrissene Kleider. „Sogar dein Atem stinkt" „Kein einziger Bissen ist mir in den letzten drei Tagen über die Lippen gekommen", sagte Wahrheit. „Wo immer ich hingehe, bereite ich Schwierigkeiten nicht nur mir selbst, sondern auch den wenigen, die mich noch lieben. Das ist kein Leben, so etwas." „Du kannst nur dir selbst die Schuld zuschreiben", sagte Falschheit zu ihm. „Komm mit mir. Du wirst bessere Tage sehen, feine Gewänder wie die meinen anziehen und im Überfluß essen, nur darfst du nicht widersprechen, was ich auch sage."

Wahrheit war einverstanden, nur für dieses eine Mal, mit Falschheit essen zu gehen, weil er so hungrig war, daß er sich kaum aufrecht halten konnte. Gemeinsam machten sie sich auf den Weg und kamen in eine große Stadt, gingen ins beste Hotel, das voller Leute war, setzten sich und aßen vom Besten. Als viele Stunden vergangen und die meisten Leute fort waren, klopfte Falschheit mit seiner Faust auf den Tisch, und der Hotelier selbst kam an ihren Tisch, um sich nach ihren Wünschen zu erkundigen, denn Falschheit sah aus wie ein hoher Edelmann. Er fragte, was sie wünschten.

„Wie lange soll ich noch auf das Wechselgeld für den Gulden warten, den ich dem Jungen gab, der den Tisch deckt?“ sagte Falschheit. Der Gastgeber rief den Jungen, der antwortete, daß er keinen Gulden habe. Darauf wurde Falschheit wütend und begann zu schreien, nie hätte er geglaubt, daß ein solches Hotel die Leute bestehlen würde, die zum Essen herkamen, doch er würde das nächste Mal daran denken, und er warf dem Hotelier einen Gulden hin. „Da“, sagte er, „bring mir das Wechselgeld.“

Aus Furcht, sein Hotel könne in schlechten Ruf geraten, wollte der Hotelier den Gulden nicht annehmen, sondern gab statt dessen den Wechsel des umstrittenen Guldens heraus und ohrfeigte den Jungen, der sich nicht erinnern konnte, die Münze angenommen zu haben. Der Junge begann zu weinen und protestierte, daß er nie einen Gulden genommen habe, doch da ihm niemand glaubte, stieß er einen tiefen Seufzer aus und fragte: „O weh, wo bist du, unselige Wahrheit? Gibt es dich nicht mehr?“

„Doch, ich bin hier“, sagte Wahrheit, durch zusammengebissene Zähne, „aber ich hatte drei Tage lang nichts zu essen, und nun darf ich nicht sprechen. Du mußt dein Recht selbst finden, mir ist die Zunge gebunden.“

Als sie draußen waren, brach Falschheit in ein Gelächter aus und sagte zu Wahrheit: „Siehst du, wie listig ich die Dinge ersinne?“

„Besser Hungers zu sterben“, sagte Wahrheit, „als die Dinge zu tun, die du tust.“ Und so trennten sie sich ein für allemal.

Traditionelle Fabel

Amma Syncletica sagte: Am Anfang gibt es Kämpfe und viel Arbeit für diejenigen, die Gott nahe kommen. Doch danach gibt es unbeschreibliche Freude. Es ist wie wenn man Feuer macht; zuerst qualmt es und die Augen tränen, doch später bekommst du das gewünschte Resultat. Ebenso sollten wir das göttliche Feuer in uns selbst anzünden, notfalls mit Tränen und Anstrengung.

Wüstenväter

Ein Mann, der durch den Wald ging, sah einen Fuchs, der seine Beine verloren hatte und fragte sich, wie er überleben könne. Da sah er, wie ein Tiger mit Jagdbeute in seinem Maul ankam.

Der Tiger fraß sich satt und ließ die Reste des Fleisches für den Fuchs übrig.

Am nächsten Tag fütterte Gott den Fuchs mit Hilfe desselben Tigers. Der Mann staunte über Gottes Erhabenheit und sagte sich: „Auch ich werde in einem ruhigen Winkel ausharren, im vollen Vertrauen auf den Herrn, und er wird mir alles besorgen, was ich brauche."

So tat er viele Tage lang, aber nichts geschah, und er war schon dem Tode nahe, als er eine Stimme hörte, die sagte: „Oh du, der du auf einem Irrweg bist, öffne deine Augen für die Wahrheit! Folge dem Beispiel des Tigers und höre auf, den behinderten Fuchs nachzuahmen."

Sufi

„Mulla, Mulla, mein Sohn hat mir von der Stätte des Lernens geschrieben, daß er seine Studien vollständig beendet hat!"

„Trösten Sie sich, gnädige Frau, mit dem Gedanken, daß Gott ihm zweifellos weitere senden wird."

Sufi

Ich habe nur drei Widersacher. Mein liebster Gegner, derjenige, der sich am leichtesten zum Besseren bekehren läßt, ist das Britische Weltreich. Mein zweiter Widersacher, das indische Volk, ist schon viel schwieriger. Aber mein furchtbarster Gegner ist ein Mann namens Mohandas K. Gandhi. Bei ihm scheine ich fast gar nichts auszurichten.

Mahatma Gandhi

Der folgende Text ist ein Auszug aus der wahren Geschichte „Die Erzählung des Cabeza de Vaca", wie sie an Seine Majestät den König von Spanien geschrieben wurde. Darin berichtet er von einer bemerkenswerten Reise zu Fuß über Land von Florida nach Mexico City. Zu ihrer Zeit fand diese Geschichte weite Verbreitung. Auch muß Cabeza de Vaca gespürt haben, daß er über die Jahrhunderte hinweg an eine größere menschliche Zuhörerschaft schrieb. Wir haben hier einige Zeilen hinzugefügt, um seiner Erzählung einen Rahmen zu geben und ihm zu erlauben, uns direkt anzusprechen. Achtzig Prozent der Erzählung bleiben sein eigen und wir können nur hoffen, daß die Hinzufügungen ihn zufriedenstellen würden.

An Seine Majestät, den König von Spanien

Als Ergebnis der Expeditionen, die ich als Euer treuer Untertan in Eurer Sache unternommen habe, und zum Wohl der Welt insgesamt vertraue ich Eurem Thron dieses für die Zukunft bedeutsame Schreiben an. Wenn Euer Majestät es für wert erachten, möget Ihr es zur Aufbewahrung und Veröffentlichung zu Euren königlichen Dokumenten nehmen. Vielleicht wird es Euren Untertanen in der Neuen Welt in einigen Jahrhunderten zum Nutzen gereichen.

Im Namen Eurer Majestät des Königs und Gottes,
Nunoz Cabeza de Vaca.
An die Nachfahren jener, die die Neue Welt besiedelt haben:

Wenn ihr diesen Brief lest, werden schon fünfhundert Jahre seit der ersten Reise von Christopher Columbus vergangen sein. Viele unter uns, inspiriert von Erobererturn, Ruhm, Gier oder Abenteuerlust, folgten seinen Fußstapfen. 1528, nicht lange nach Columbus, setzte ich im Namen Seiner Majestät des Königs von Spanien die Segel zu einer Expedition, bestehend aus 400 Männern, 80 Pferden, vier Schiffen und einer Brigantine. Mein eigener Rang war der eines Schatzmeisters der Expedition unter der Leitung von Panfilo de Navarez. So machten wir uns auf in Richtung der Neuen Welt.

In den acht Jahren der Reise, über die ich Seiner Majestät Bericht erstatte, ist vieles für zukünftige Generationen von Europäern enthalten, die dieses Land besiedeln. Auf der Suche nach einer neuen Heimat müssen wir große Entwurzelung und Leid ertragen. Dennoch müssen wir, wenn wir eine wahre Heimat suchen, sie zuerst in unseren Herzen finden. Sonst lauern große Gefahren. Obwohl Ehrgeiz und Tatendurst allen gemein sind, gibt es große Unterschiede im Schicksal, die nicht nur das Ergebnis des Verhaltens und Zufalls sind, sondern uns durch Gottes Vorsehung zukommen. In dieser Weise lernten wir, die wir dieses Land erobern wollten, gezwungenermaßen etwas anderes, nämlich daß wir, um all diese neuen Völker zu Christen zu machen, uns selbst wie Christen verhalten müssen. Die Leute zu Nachfolgern Christi zu machen und zum Gehorsam gegen Seine Königliche Hoheit zu bewegen, kann nur durch Güte errungen werden, das ist ein sicherer Weg, und anders geht es nicht.

Vor der Expedition hatte ich bereits erfahren, wie die Menschen sind. Ich kämpfte in der Schlacht von Ravenna und lernte 1521 unter dem Herzog von Medina-Sidonia die Lektionen menschlicher Zerstörung. Doch in acht Jahren des Nacktseins und vielfachen Hungers, quer über den ganzen Kontinent der neuen Welt mit drei Gefährten von Florida nach Mexico City unterwegs, lernte ich von der Kraft der christlichen Lehren und der Gewißheit, mit der sie in allem, was das Leben uns bringt, befolgt werden müssen. Das ist der einzige Weg, eine neue Welt zu schaffen.

Ich selbst unternahm diese Expedition auf königlichen Befehl, in festem Vertrauen auf mein Benehmen, meinen Herrscher und der Treue zu Gott. Während mein eigener Ehrgeiz in aller Ehrlichkeit in meine Motivation einzuschließen ist, habe ich doch so deutlich gelernt, daß nichts Gutes aus solchem Ehrgeiz kommen kann. Das Verlangen nach Eroberung muß mit Gottes Hilfe in das Verlangen nach Eroberung des eigenen Herzens verwandelt werden. Ich kann nur hoffen, daß jene von Euch, die heute in diesem neuen Land leben, sich dieses zu Herzen nehmen.

Keine Expedition, die vor uns in die neue Welt aufgebrochen war, hätte sich in größerer Not als die unsere finden oder ein ähnlich elendes und fatales Ende nehmen können. Wir erreichten die Küste Floridas mit Gouverneur Panfilo de Navarez, nachdem wir die Hälfte unsere Schiffe und Männer in einem großen Hurrikan vor Anker in Kuba verloren hatten. Nicht lange nach unserer Landung schifften wir mit gerade so vielen Männern in Rüstung und Pferden aus, wie die verbleibenden Boote fassen konnten. Die großen Stürme hielten an, und weitere von kamen ums Leben. Die Übriggebliebenen waren so mager und erschöpft, daß wir uns untereinander kaum beistehen konnten. Pferde und Rüstung richteten nichts aus gegen die Sümpfe Floridas und die Indianerpfeile, unsere Schiffe und unsere Wünsche halfen nichts gegen die großen Stürme. Als ob das noch nicht genügte, zwang uns der Gouverneur, unser Kommandant, in seiner Gier und Unwissenheit zu einem Marsch durch die Sümpfe bis zur Stadt Apalachen. Wir hatten Leinenstücke gefunden, Wolltuch und Federbüsche, die denen aus Mexiko ähnelten. Auch gab es Spuren von Gold. Unser Gouverneur ließ dann die Schiffe hinter uns verbrennen, wähnte sich selbst einen Cortez, doch wir begaben uns in ein Land, von dem wir keine Vorstellung hatten und hatten doch bereits so tragisches und feindliches Geschick angetroffen, so viele Stürme und so große Verluste an Menschen und Schiffen, seit wir Spanien verlassen hatten, daß uns und auch dem Gouverneur alle Vernunft abhanden gekommen war.

Ganz gleich, was man über Schlachten und Expeditionen sagt, und ganz gleich, mit welchen Waffen wir uns vorbereiten, unsere Herzen sind weder jemals auf den Verlust unserer Kameraden vorbereitet noch vor den Tragödien geschützt, die unseren fehlgeleiteten Absichten folgen. Wir müssen eine neue Art der Unternehmung lernen. Ich selbst hätte mich dem Marsch gern widersetzt und wäre zurückgeblieben, und mein Mut wäre in Frage gestellt worden, doch dann entschied ich, eher mein Leben zu wagen und zu folgen, als mich einem derartigen Ehrverlust auszusetzen.

Nach einer kurzen Wegstrecke kamen wir an einen breiten Fluß, den wir unter großen Schwierigkeiten mit Hilfe von Floßen und schwimmend überquerten. Auf der anderen Seite erschienen nicht weniger als zweihundert Eingeborene. In Zeichensprache forderten wir sie auf, uns zu einer Stadt zu bringen, woraufhin sie uns durch Gesten beleidigten. Wir ergriffen einige von ihnen und setzten unsere Reise fort. Am 17ten Juni näherte sich uns ein Häuptling, von anderen Indianern auf dem Rücken getragen und mit einem buntbemalten Hirschfell bedeckt, in Begleitung vieler Leute, die auf Rohrflöten spielten. Durch Zeichen wurde uns zu verstehen gegeben, daß es nach Apalachen ging. Wir gaben ihm Perlen und Habichtglocken und andere Tauschartikel.

Apalachen war eine sumpfige und schmutzige Siedlung aus vierzig kleinen Hütten aus Schilf und Holz. Sie war umgeben von weiten Mangroven und Wasserläufen, die mit umgefallenen Bäumen angefüllt waren und das Reisen schwierig und gefährlich machten. Im Ort gab es Maisvorräte und ein kleines rundes Maisfeld. Es gab dreierlei Rehfelle und solche von Kaninchen, Hase, Bär, Löwe und Wildtieren. In den nahen Gewässern waren Enten, Stockenten, Reiher und Rebhühner im Überfluß, aber es gab auch Falken, Sperber, Merline und weiteres Geflügel.

Etwa zwei Stunden nach unserer Ankunft in Apalachen kamen die Indianer, die von da geflohen waren, in friedlicher Absicht zu uns, wurden aber von unserem Gouverneur festgehalten, was einen großen Konflikt heraufbeschwor und am nächsten Tag wieder zu zahlreichen Kämpfen führte. Das war die letzte Episode, in der wir gute Nahrung fanden. Wir verließen Apalachen. Unsere fortgesetzten Märsche, jeden Tag beritten und bewaffnet durch die Sümpfe, brachten weiteren unserer Leute den Tod. Die Armut des Landes und die feindlichen Reaktionen der Indianer, die uns ständig den Kampf ansagten, führten dazu, daß wir am Ende von fünfundzwanzig Tagen die Hälfte unserer verbleibenden Mannschaft verloren hatten. Da die Pferde zu nichts gut waren, befahl der Gouverneur unserer Kavallerie, abzusteigen und die Indianer zu Fuß anzugreifen. Die Indianer in Florida sind Bogenschützen. Sie gehen nackt, haben bewundernswerte Proportionen und große Kraft. Bei diesen Kraftproben wurden viele unserer Leute verletzt, und unsere Rüstungen erwiesen sich als unbrauchbar. Da gab es welche, die schworen, sie hätten beindicke Roteichen gesehen, die von einem Ende zum anderen von Pfeilen durchbohrt waren. Das ist nicht verwunderlich, wenn man die Kraft und das Geschick bedenkt, mit der die Indianer ihre Pfeile abschießen können.

Durch die Fehleinschätzungen unseres Gouverneurs geführt, fanden wir uns an der Küste unweit der Stelle wieder, wo unsere Schiffe verbrannt waren. Krankheiten und Hunger hatten viele von uns getötet, und die Pferde waren eines nach dem anderen auf unserem langen Rückmarsch eingegangen. In großem Kummer machten wir vierzig Überlebende uns an den Bau fünf kleiner Boote, die wir mit Palmenfasern abdichteten und mit Harz teerten. Mit diesen Booten stießen wir in See. Nach einigen Tagen waren wir fast verrückt vor Durst nach frischem

Wasser. Ein Sturm kam auf, und unser Durst wurde so extrem, daß wir in höchster Not Salzwasser schluckten, was einigen unserer Männer den Rest gab und sie starben. Elend und Mühsal nahmen zu. Wie wenig Hoffnung es auf Rettung gab.

Zwischen den Stürmen kraulte eine Handvoll von uns zur Küste. Freundliche Indianer nahmen sich unserer an. Wir gaben uns in Gottes Hand und wurden von der nächsten Indianerschar in ein kleines Haus gebracht, wo wir etwas zu essen bekamen. Nach dieser Episode hatten wir fast all unsere Männer verloren. Die Indianer fuhren in Kanus fort und ließen uns bekümmert und elend zurück. Einige Tage streiften wir an der Küste entlang, und einmal bei Sonnenuntergang kamen die Indianer, als sie sahen, daß wir nicht verschwunden waren, und brachten uns Essen. Als die Indianer uns so anders als zuvor in diesem jämmerlichen Zustand sahen, kamen sie besorgt zurück.

Ich ging auf sie zu und rief, und ängstlich kamen sie näher. Ich gab ihnen durch Zeichen zu verstehen, daß unsere Boote gesunken und viele von uns ertrunken seien. Dort am Strand vor sich sahen sie zwei von denen, die gestorben waren. Angesichts dessen, was uns in unserem Leid, Trübsal und Elend zugetoßen war, setzten sich die Indianer mit uns nieder, und aus Sorge und Mitleid, das sie mit uns fühlten, begannen sie alle so zu wehklagen, daß man sie bis in weite Ferne hören konnte. Es war ein seltsamer Anblick, den diese wilden, ungebildeten Menschen boten, die wie Sirenen über unser Unglück heulten, was unsere eigenen Gefühle wieder entfachte und uns unsere Kalamität noch lebhafter vor Augen führte.

Alsdann nahmen die Indianer uns mit zu ihren Siedlungen, wo es viele Lagerfeuer und Tänze gab nach dem Klagegeheul, um uns Fremdlinge zu trösten und aufzuheitern, uns den Verlust erträglicher zu machen. Es ist eine Pflicht, gaben sie uns zu verstehen, unter ihresgleichen, Trauer mit Freunden zu teilen, das sei ein Akt des Respektes. Wir Europäer und jene der zukünftigen Jahrhunderte könnten von diesem tief menschlichen Mitfühlen sicherlich sehr profitieren, es könnte die Grundlage bilden für eine größere und glücklichere Kultur, oder nicht?

Wir blieben einige Tage bei diesen Indianern, bis ihnen die Nahrungsmittel ausgingen. Die Fische reichten nicht mehr, die Behausungen waren ungeschützt gegen die Kälte, so starben weitere von uns. Eine kleine Schar der unsrigen, die am Strand geblieben waren, wurden, obwohl sie dem

Namen nach Christen waren, zu so extremen Handlungen getrieben, daß sie unsere eigenen Toten aßen. Nur der Leichnam des letzten blieb übrig. Das rief unter den Indianern viel Aufruhr und Abscheu hervor. Zweifellos hätten sie uns Überlebende getötet, wären sie nicht selbst von einer Darmkrankheit heimgesucht worden. Sie flohen, und wir machten uns auf den Marsch durch die Sümpfe.

Schließlich waren wir nur noch wenige, die ausgelaugt und dem Hungertode nahe weiter umherirrten. Wir hatten alles verloren, Schiffe, Waffen, Pferde, Schutz und Freunde. Selbst von unserer Kleidung und unseren Körpern war nicht mehr viel übrig. Für viele dieser Entbehrungen fehlen mir die geeigneten Worte, so schwer war das Leiden, doch das schlimmste Entsetzen kam uns in die Seele, als wir sahen, wie der Lack unserer Zivilisation Schicht um Schicht abblätterte, bis wir zu Kannibalen wurden, die Menschenfleisch aßen. Die ehemals spanischen Edelherrn enthüllten ihre Gier und Ignoranz, und unsere Märsche brachten uns und anderen Zerstörung, bis nichts mehr von unserem einstigen Leben übrig war. Das hatten wir im Namen Christi getan. Die Augenblicke der Freigebigkeit der Wilden, die mit uns weinten und uns Essen gaben, waren eine Erleuchtung des wahrhaft menschlichen Geistes. Und ich muß sagen, wenn dieser Geist fehlt, ist kein Maß von Ehrgeiz und Eroberertum unserer würdig noch von irgendeinem Nutzen. Beachtet das wohl, wenn Ihr die neue Welt besiedelt und entwickelt.

Hier waren wir, nackt und all dessen beraubt, was uns im Leben Halt gegeben hatte. Es war eine unvorstellbare Lage, aber trotzdem eine, die zum Vorläufer einer großen Erneuerung wurde, denn im Ertragen von Verlust und Abschied des Alten kann in uns im Namen des Geistes etwas Neues und Unzerstörbares geboren werden. Das lernte ich nur durch große Entbehrung.

Vielleicht kann der Mensch nur in solchen Umständen finden, was wahren Wert hat. Vielleicht ist, wenn wir alles losgelassen haben, die Kraft des Geistes frei, in uns einzudringen.

Für uns wie für die Indianer alle, Männer, Frauen und Kinder begann eine Episode großer Hungersnot. Da es zu wenig zu essen gab, verbreiteten sich Krankheiten unter den Stämmen. Unsere kleine Schar reiste nordwärts. Nun waren wir nur noch zu viert, ich selbst, Alonzo, Andreas und der schwarze Mohr. Wir wurden auf eine Insel gebracht, wo wir fürchteten, völlig aufgegeben zu sein, oder schlimmer noch, umgebracht zu werden für die Last, die wir der Gemeinschaft aufbürdeten. Uns selbst als Last für die Indianergemeinschaft zu sehen, war eine außergewöhnliche Sichtweise für uns, die wir als Missionare, Eroberer und Lehrmeister gekommen waren. So beteten wir für ihren Unterhalt.

Die Indianer gaben uns kein Essen, sondern brachten stattdessen einige ihrer Kranken zu uns. Sie bedeuteten uns, daß wir erst die Krankheit heilen müßten, wenn wir Essen haben wollten. Wir hatten ihre Ärzte beobachtet. Ihre Medizinmänner heilten, indem sie die Kranken anbliesen und mit Atmen und Handauflegen die Krankheit austrieben. Unser Hunger nahm zu und unsere Sorge galt dem eigenen Überleben. Aus Verzweiflung begannen wir schließlich auf die einzige Art zu heilen, die nach unserer Kenntnis möglich war. Unsere Methode war, den Kranken zu segnen, über ihn zu atmen und das Ave Maria zu rezitieren, mit aller Aufrichtigkeit zu unserem Herrn zu beten, Er möge gute Gesundheit geben. Zu unserem Erstaunen gewährte Er dies in seiner Gnade denjenigen, für die wir direkt gebetet hatten, nachdem wir das Kreuz über ihnen geschlagen hatten. Dafür behandelten die Indianer uns gut und verzichteten zu unseren Gunsten auf ihr Essen. Trotzdem dauerte die Hungersnot so lange, daß wir oftmals drei Tage hintereinander ohne Essen blieben.

Lange reisten wir so, litten Kälte und Hunger mit ihnen und heilten, so gut wir konnten. Die Moskitos waren verseucht und brachten uns Fieber. Dornengestrüpp machte uns die Haut rissig und blutig. Zuweilen wurden wir wie Sklaven behandelt. Sie bewarfen uns mit Dreckklumpen, setzten uns ihre Pfeile auf die Brust und drohten, uns zu töten. Dann verlangten sie weiteres Heilen von uns, und wir verhehlten unseren Wunsch, daß wir weiterziehen wollten.

Mit dem Wechsel der Jahreszeiten gab es dann Beeren zu essen, und als das Wetter umschlug, konnten wir eine Bestandsaufnahme der großen Entbehrungen und Mißstände machen, durch die wir gegangen waren. Alonzo erzählte mir, wie seine Schar Soldaten, von denen ich während unseres letzten Sturms getrennt worden war, einer nach dem anderen an Kälte und Hunger gestorben war, wie der Leutnant sie so streng mißhandelte und sie sich am Ende gegenseitig mit Knüppel und Schwert umbrachten. Ich kann nicht sagen, was uns von den Indianern unterschied, die uns gefangen hielten. Mit Beschämung denke ich an unser sogenanntes christliches Benehmen und wünschte nur, daß alle, die diesen Bericht lesen, ihr Leben in diesem Licht betrachten mögen. Inzwischen hatten wir ja sogar die große Freigebigkeit der Indianer erfahren dürfen. Erst in unserer eigenen Armut und Hungersnot begannen wir, die wahre Bedeutung des Glaubens zu verstehen.

Unser Heilen wurde dringend gebraucht. Da unser Überleben davon abhing, wandte sich sogar der Mohr, der wenig Sinn dafür hatte, eifrig dem Beten zu. Es heißt, daß der Glaube alle Wunden heilt. Wenn ihr das in eurem Leben noch nicht gelernt habt, dann hat euch die Reise zur neuen Welt nichts geholfen.

Nach einiger Zeit bei diesen Indianern befahlen wir uns Gott an und machten uns auf die Flucht. Dann begegneten wir einem anderen Stamm. Einer von ihnen sagte Alonzo, er habe heftige Schmerzen im Kopf und bat ihn um Heilung. Nachdem dieser das Kreuz geschlagen und ihn Gott anbefohlen hatte, fühlte er sich sofort vom Schmerz befreit und ging heim, uns Früchte und Wildbret zu bringen. Wir dankten Gott über die Maßen, denn mit jedem Tag nahmen Sein Erbarmen und Seine Gaben zu. Wenn für die Kranken gesorgt war, fingen die Indianer an, zu tanzen und zu singen und Freudenfeste zu feiern, die drei Tage dauerten.

Wir befragten die Indianer über das Land, das vor uns lag. Sie antworteten, es sei sehr kalt und böte wenig Nahrung. Wir zogen allein weiter, tagelang unter großem Hunger. Um uns zu wärmen, legten wir vier Feuer in Form des Kreuzes an und sammelten Strohbündel, mit denen wir uns selbst in der Mitte zudeckten. Unsere bloßen Füße waren zerschunden und blutig, doch durch Gottes Gnade blies uns ein milder Wind, sonst hätten wir sterben müssen. In all unserer Mühsal fanden wir Trost im Andenken an die Leiden unseres Erlösers Jesus Christus, im Blut, das er für uns vergoß, und indem wir uns vorstellten, um wievieles größer die Qual und Pein der Dornenkrone war im Vergleich zu den Dornen und Sträuchern, die uns die Haut abschürften.

Wenige Tage später trafen wir auf Indianer, die uns Leute mit Krämpfen und Unwohlsein brachten. Sie kamen, damit wir sie heilen sollten. Sie boten uns ihre Bögen und Pfeile an. Alonzo nahm sie an. Wir alle beteten und Gott sandte uns seine Gnade, so daß alle gesund und wohlbehalten aufstehen konnten, als wären sie nie krank gewesen. Das bewunderten die Indianer, und sie begleiteten uns mit den gesundeten Freunden westwärts.

Wir fürchteten, daß unsere Gebete versagen würden, nicht weil wir an unserem Herrn zweifelten, der uns so weit geführt hatte und unseren Glauben belohnte, sondern weil wir an uns selbst zweifelten, kleinmütig und aus Besorgnis, daß unsere Sünden unweigerlich schwer wiegen und uns hindern würden, weitere Heilungen vorzunehmen. So blieb uns nichts, als unser Gebet und unsere Hingabe noch zu vertiefen.

Eines Tages kam eine große Indianerschar mit ihrem Häuptling zu uns. Die Leute in der Nähe weinten und sein Haushalt lag darnieder, ein Zeichen, daß der Bewohner gestorben war. Als ich nähertrat, sah ich, daß seine Augen nach oben gedreht und sein Puls erloschen war, so daß er allem Anschein nach tot war. Ich nahm die Matte fort, die ihn bedeckte, und flehte unseren Herrn so inbrünstig an, wie ich nur konnte, daß es Ihm gefiele, ihm zu helfen. Nach dem Segnen, Atmen und vielen Bekreuzigungen brachten mir die Eingeborenen seinen Bogen und gaben mir zu essen.

Sie nahmen mich zur Heilung noch vieler anderer Kranker mit. Dann kamen einige Indianer mit dem Bericht, daß der Tote, für den ich gebetet hatte, aufgestanden war und gehen konnte, mit ihnen gegessen und gesprochen habe. Das verursachte großes Staunen und Angst. Im ganzen Land redeten die Leuten über nichts anderes. So nahm eine erstaunliche Episode unserer Reise ihren Anfang.

Wir überquerten den Kontinent, wurden von Stamm zu Stamm weitergereicht und von überall kamen die Leute zu uns. Sie sagten, daß wir wahrhaft Kinder der Sonne seien. Alle, die wir behandelten, sagten uns, sie seien wohlauf. So groß war ihre Zuversicht, von der Kraft des Herrn geheilt zu werden, daß es tatsächlich geschah.

Ein Mann wurde zu mir gebracht, den ein Pfeil verwundet hatte, dessen Schaftspitze in seinem Herzen steckte. Ich untersuchte die Wunde mit dem Messer und schlitzte die Brust auf, bis ich schließlich die Pfeilspitze herausziehen konnte. Mit einem Rehknochen als Nadel machte ich mit Haar zwei Stiche durch die Haut, so daß das Bluten aufhörte. Die Wunde sah aus wie die Saumlinie in der Handfläche. Nach ein paar Tagen kam die ganze Stadt zum Schauen, da unser Ruhm sich weit verbreitete.

Dann folgten wieder die traditionellen Tänze und Festivitäten, und wir erhielten einen Ehrenplatz. Über einen langen Zeitraum hatte sich unser gesamtes Verständnis verändert, und die Indianer, die wir zuerst als Heiden und Feinde gesehen hatten, waren in unseren Augen völlig verwandelt. Allmählich nahmen sie ein Leben an, das wertvoll und ehrbar war, so wie wir ihr Leben annahmen.

In jedem Dorf wurden wir als große Heiler empfangen, und die Indianer kamen, uns einzuschätzen. Von allen Völkern, die ich kenne, sind sie die wachsamsten gegenüber Gefahr. Wenn sie einen Feind fürchten, bleiben sie die ganze Nacht wach. Wenn sie etwas Außergewöhnliches wahrnehmen, sind ihre Bögen im Handumdrehen gespannt. Ich glaube, daß diese Menschen besser sehen und hören und schärfere Sinne haben als jedes andere Volk der Welt. Sie beweisen Größe angesichts von Hunger, Durst und Kälte, als ob sie mehr als andere von der Natur und ihrer Lebensweise zum Ertragen all dessen ausersehen seien.

Für jene, die mir bald oder Jahrhunderte später folgen, möchte ich dies hier wiedergeben, damit ihr die Bräuche und Werte und den Nutzen verstehen lernt, die das Leben unter diesen Stämmen bringt, und es wird nicht unerheblich sein. Möget ihr beachten und respektieren, was ihr in diesem neuen Land vorfindet.

Wir nahmen Abschied und reisten durch so viele Stämme mit so vielen verschiedenen Sprachen, daß das Gedächtnis nicht reicht, alles aufzuzählen. Und immer wenn wir, wie es Brauch war, mit den Indianern ein Dorf verließen, überfielen und plünderten sie das neue Dorf, doch es kamen so viele Nachfolger und erneuerten es, sodaß alles Fehlende bald wieder aufgefüllt war. Häufig wurden wir von drei bis viertausend Personen begleitet. Und weil wir auf sie atmen und alle Speise und Trank segnen und Erlaubnis gewähren mußten, wurde gerade unser gutes Schicksal zur letzten und größten Probe für uns. Jene von euch, die Ruhm und Glück suchen, mögen sich hüten, denn die Segnungen, die der Herr uns in Einfachheit gewährt, sind sie nicht groß genug für unser Herz?

Unter widrigen Umständen reisten wir weiter durch Gebirge, Städte, Dörfer und Stämme. Und wie ich Seiner Majestät zuvor berichtete, kamen seltsame Sitten und bemerkenswerte Einsichten zum Vorschein. Stets waren wir von der wunderbaren Kraft unserer Gebete getragen, vom Mondschein auf verlassenen Bergen, bei der Durchquerung breiter und reißender Flüsse, und immer war da das Heilen und Segnen. Inzwischen brachte unser Kommen so viel Segen, daß angrenzende und sich bekriegende Stämme sich augenblicklich versöhnten, damit sie uns aufsuchen und ihren Besitz schenken konnten. So ließen wir das ganze Land hinter uns in Frieden zurück. Wir unterwiesen die Einwohner mit Zeichen, die sie verstanden, daß es einen gab, den wir Gott nennen, der Himmel und Erde geschaffen hat; Ihn beteten wir an und verehrten Ihn als unseren Herrn und Meister; wir taten, was er befahl, und aus seiner Hand kam alles Gute. So verständig fanden wir sie, daß, hätten wir dieselbe Sprache gehabt, wir sie alle zu Christen gemacht hätten. Und doch, auf eine Art besaßen diese Menschen so große Güte, wie wir die Gnade unseres Herrn im Heilen hatten, als ob sie selbst wahre Christen unter Christen wären.

Nach acht Jahren schließlich durchquerten wir ein Gebiet, das die ersten Anzeichen auf Europäer enthielt, und die Eingeborenen wurden scheu. Sie erzählten, wie die Christen gekommen waren, die Städte zerstört und gebrandschatzt und die Hälfte der Männer und alle Frauen und Knaben als Sklaven entführt hatten. Wir fanden sie so in Angst und Schrecken, sie wollten nirgendwo bleiben noch die Erde bestellen, sondern wollten lieber sterben als im Schrecken vor solch grausamer Behandlung und Sklaverei zu leben.

Wir fürchteten, daß jene Indianer, die die Christen bekämpft hatten, uns nun schlecht behandeln und das Verhalten ihrer Feinde an uns rächen würden, doch wie es unserem Herrn gefiel, der uns dorthin gebracht hatte, respektierten sie uns ebenso, wie die anderen Indianer es getan hatten, vielleicht sogar noch mehr. So kam es, daß ich erkannte, daß all diese Menschen, um sie zum Christentum zu bringen, mit Güte gewonnen werden müssen, was ein sicherer Weg ist. Einen anderen gibt es nicht.

Wir bedeuteten ihnen, daß wir diese Christen treffen wollten. Sie führten uns bis an eine Gebirgskette, und Boten wurden geschickt, um die Indianer zu unterrichten, die mit uns marschierten. Doch trotzdem flohen viele, da sie fürchteten, daß die Christen sie töten oder versklaven würden. Schließlich überholten wir vier Berittene. Unser Anblick erstaunte sie, so seltsam waren wir in Gesellschaft der Indianer gekleidet. Sie starrten mich lange an und waren so verwirrt, daß sie mich weder begrüßten noch näher kamen noch eine Frage wagten. Ich bat sie, mich zu ihrem Anführer zu bringen.

Nachdem wir uns vorgestellt hatten, sagte er mir, daß er völlig ruiniert sei, da er seit langer Zeit keine Indianer mehr gefangennehmen konnte. Er wußte nicht, wie es weitergehen sollte, und unter seinen Leuten machten sich Hunger und Erschöpfung breit. Wir sandten Boten zu den Indianern, die, sechshundert Mann stark, ankamen und uns in geschlossenen Tontöpfen all ihren Mais brachten und was sie sonst noch hatten. Da wir für uns nur Vorräte brauchten, gaben wir das übrige den Christen, damit sie es untereinander verteilen mochten.

Danach kam es zu heftigem Streit, denn sie wollten die Indianer, die wir gebracht hatten, zu Sklaven machen. Für uns war das unvorstellbar, und voller Entsetzen begannen wir, die sogenannte Christenweise zu sehen, die wir im Begriff waren, in dieses neue Land zu bringen. Die Indianer hielten sich vorsichtig zurück und unsere Landsleute wurden auf uns eifersüchtig. Wenn wir mit den Indianern sprachen, verwirrte sie das. In ihrer Eifersucht machten unsere christlichen Landsleute den Indianern klar, daß wir unseren Weg verloren hätten und nun weder Rang noch Kraft besaßen, während sie zu Pferde die Herren des Landes seien, die Gehorsam und Dienst verlangten. Die Indianer gaben wenig auf derartige Worte und kamen überein, daß die Christen lügen; daß wir vier von da gekommen seien, wo die Sonne aufgeht, und sie von da, wo sie untergeht. Wir hätten die Kranken geheilt, sie die Gesunden getötet; wir seien nackt gekommen und barfuß, während sie in Kleidern auf Pferden mit Speeren kämen; daß wir nicht habgierig auf Besitz aus seien, sondern alles, was uns gegeben wurde, sofort zurückgäben, während die anderen nur im Sinn hatten, jeden zu berauben, ohne jemals etwas weiterzugeben. Bis auf den letzten Mann konnte ich keinen Indianer überzeugen, daß auch wir zu diesen Christen gehörten, und nur mit größter Mühe konnten wir sie zu ihren eigenen Siedlungen zurückbringen und ihren Schutz vor Gefangennahme und Sklaverei durch unsere Christenbrüder arrangieren.

Die Indianer sagten uns zum Abschied, daß sie tun würden, was wir ihnen rieten und sogar eine Stadt für uns bauen würden, wenn die Christen sie gut behandeln würden. Das bekräftige ich aufs stärkste, und wenn es nicht so geschah, liegt es an den Christen. Gott in seiner grenzenlosen Gnade hätte seinen Gefallen daran gefunden, wenn diese Völker sich so ganz und freiwillig dem Herrn unterworfen hätten, der unser aller Schöpfer und unser aller Erlöser ist.

Ich muß euch sagen, daß wir in zweitausend Reisemeilen zu Land und in Booten zu Wasser – ununterbrochene acht Jahre lang unterwegs bei den Eingeborenen – weder Menschenopfer noch Götzendienst fanden und ob des Unrechts und der Sklaverei, die ihnen zuteil wurden, geweint haben.

Am Ende ritten wir in Begleitung von zwanzig Männern durch hundert Wegstunden Landes, das völlig verwüstet und von Feinden besetzt war, nach Mexico City. Es war nötig, hier brauchten wir solchen Schutz. Das war, was geschaffen worden war im Namen von Missionierung und Eroberung. Denkt daran, ihr die ihr auf dem Boden der neuen Welt lebt, und vergeßt es nicht. Für mich jedenfalls war der größte und zutiefst im Herzen empfundene Schmerz die Begegnung mit den bewaffneten Eroberern, zu denen ich acht Jahre zuvor selbst gezählt hatte. Es war, als ob ich gestorben war und eine neue Geburt erhielte – als Kind des Geistes, von dem unser Herr gesprochen hat. Was ich von unserer Zivilisation sah, war weder christlich noch angenehm.

Zwar unterhielt der Gouverneur uns großzügig und gab uns von seinen eigenen Kleidern, doch eine Zeitlang konnte ich weder diese tragen noch ertragen, in den dunklen Wänden eines Hauses eingeschlossen zu sein. Lange Zeit war ich außerstande, Schuhe zu tragen, sie bescherten meinen Füßen solche Schwere und Schmerzen. Am schmerzlichsten empfand ich den Verlust meiner offenen Sinne, den Geruch und Geschmack von Sonne und Wind und der Weite des Landes, das wir bereist hatten. Ich bedauerte zutiefst das Ende der Kameradschaft im Geiste des Herrn, der uns von einem Dorf zum anderen getragen und uns und alle Mitreisenden auf dem Weg beschützt hatte.

Es war schrecklich, daß unter meinen Landsleuten, die im Namen des Herrn reisten, dieser Geist fast völlig fehlte. Die Macht der Gier, die Ideen von Eroberung und Sklaverei und das Verlangen nach Gold waren ebenso spürbar wie abstoßend. So offenkundig waren die Gefahr und Zerstörung, die sie anrichteten, daß ich sowohl dem Kommandanten als auch Seiner Majestät gegenüber verlauten ließ, kein Indianer möge jemals in die Sklaverei geführt werden und niemand in ihren Expeditionen könne auf Gottes Gunst hoffen, wenn sie den Eingeborenen ihre Freiheit raubten.

Wir waren gekommen, um zu erobern, zu versklaven und die Menschen und das Land und alles darin zu benutzen, und doch verstand ich, barfüßig und ohne jede Habseligkeit, so tief, daß alles Land allein dem Herrn gehört und wir nur seine Verwalter sein können. Wieviel Leiden aus unserer Gier und Selbstsucht entstehen wird, kann ich nicht sagen. Die Christen verspürten nicht einmal untereinander den Wunsch, sich beizustehen, und doch nennen wir uns Edelleute. Was für eine Welt hieraus entstehen kann, weiß ich nicht, aber soviel kann ich sagen: Gier und Besitzstreben sind keine Lösung; Versklavung und Zerstörung des Landes wird nichts als großes Leid bringen; und in der Schaffung einer neuen Welt sind alle Dinge möglich, aber diese Dinge müssen im Geist eines christlichen Herzens geschehen. Auf keine andere Art können wir Christus auf dieser Erde ehren.

Christentum

3

Ein wenig Achtsamkeit macht einen großen Unterschied

DAS GEHEIMNIS, wie wir mit einem Leben reich an Bewußtheit und Sensibilität beginnen können, liegt in unserer Bereitschaft, anwesend zu sein. Unser Wachstum zu bewußten, wachen Menschen hängt nicht so sehr von grandiosen Gesten und sichtbarer Enthaltung als vielmehr von der liebevollen Aufmerksamkeit ab, die wir den kleinsten Details im Leben schenken. Jede Beziehung, jeder Gedanke, jede Geste wird durch die ihnen gewidmete uneingeschränkte Aufmerksamkeit mit Bedeutung gesegnet.

In den komplexen Verschachtelungen unseres Denkens und Lebens vergessen wir leicht die Kraft der Aufmerksamkeit, und ohne Aufmerksamkeit treiben wir nur an der Oberfläche der Existenz dahin. Allein Achtsamkeit ist es, die uns befähigt, ein Vogelgezwitscher wirklich zu hören, aufs tiefste die Herrlichkeit eines Herbstblattes zu sehen, das Herz eines anderen zu berühren und berührt zu werden. Wir müssen voll da sein, um etwas oder jemanden von ganzem Herzen zu lieben. Wir müssen im gegenwärtigen Augenblick ganz wach sein, wenn wir empfangen und auf das darin zu Lernende reagieren wollen.

Vielleicht stellen wir uns unser Leben als endlose Strecke in der Zeit vor, die bis jenseits unvorstellbarer Horizonte reicht. Wir tragen die Erinnerungen unserer Vergangenheit genauso mit uns wie die Zukunftsphantasien und verlieren uns leicht in unserer Beschäftigung mit ihnen. Wir reden uns ein, wir hätten Zeit, die Öffnung unserer Herzen, unsere Suche nach Verbundenheit auf morgen zu verschieben. Wenn wir uns an die Unberechenbarkeit des Lebens erinnern, kann die Unsicherheit unserer Tage die Qualität unserer Beziehung zu jedem Moment um den Sinn für Dringlichkeit und Leidenschaft bereichern. Wo sonst könnten wir mit Liebe und Weisheit beginnen, wenn nicht hier, wann sonst können wir wahrhaft beginnen, unser Herz zu öffnen, wenn nicht jetzt?

Aufmerksamkeit ist Sensibilität, ist Verbindlichkeit. Die Achtsamkeit, die wir diesem Moment schenken, enthüllt uns die Freuden und Kümmernisse unserer Welt. Weisheit inspiriert uns, nicht vor dem Schmerz zurückzuweichen, sondern uns zu fragen, wie wir uns an der Heilung unserer Erde, unserer Gemeinschaften, unserer Welt beteiligen können. Oftmals entdecken wir, wie die größte Heilung in der kleinsten Geste liegt. Eine liebende Berührung, ein Wort der Anteilnahme, das Geschenk eines mitfühlenden Herzens erlauben uns, über die Begrenzung unserer persönlichen Welt hinauszuwachsen.

Achtsamkeit ist auch das Mittel, das uns innerlich mit den wechselnden Rhythmen unserer eigenen Gedanken, Gefühle und Sehnsüchte in Verbindung bringt. Ohne Urteil oder Widerstand nach innen zu horchen, ist der Beginn der Selbsterkenntnis und des Sich-selbst-Verstehens – die Quelle der Weisheit. Eine derartige Aufmerksamkeit kann nur in dem Moment beginnen, in dem wir uns gerade befinden.

Das Geschenk in den Geschichten dieses Kapitels liegt in ihrer Kraft, uns an den Unterschied zu erinnern, den unsere eigene Aufmerksamkeit ausmachen kann. Was gilt es heute anzunehmen? Was haben wir in diesem Moment unseres Lebens außer Acht gelassen? Hören wir wirklich, sehen wir deutlich, ist unser Herz in diesem Moment offen?

ZEN-STUDENTEN LEBEN mindestens zehn Jahre bei ihren Meistern, bevor sie anfangen, andere zu lehren. Nan-In wurde von Tenno besucht, der nach Beendigung seiner Lehrzeit Lehrer geworden war. Der Tag war regnerisch, deshalb trug Tenno Holzschuhe und hatte einen Schirm dabei. Nach der Begrüßung bemerkte Nan-In: „Ich vermute, du hast deine Holzschuhe im Vorraum gelassen. Ich möchte wissen, ob sich dein Regenschirm auf der linken oder rechten Seite der Schuhe befindet."

Der verwirrte Tenno hatte keine Antwort parat. Er erkannte, daß er nicht fähig war, sein Zen jede Minute zu halten. Er wurde zu Nan-Ins Schüler und studierte sechs weitere Jahre, um dieses Zen-in-jeder-Minute zu erreichen.

Zen

EINES TAGES BEGAB ES SICH, daß ein gewisser Kaiser meinte, wenn er nur die Antwort auf drei Fragen wisse, er nie mehr in die Irre gehen könne.

Welche Zeit ist die beste für jede Sache?
Welche Menschen sind die wichtigsten, mit denen es zu arbeiten gilt?
Welches ist die wichtigste Sache, die man stets tun sollte?

Der Kaiser gab eine Bekanntmachung in seinem Reich heraus, die besagte, daß jeder, der ihm diese Fragen beantworten könne, reichlich belohnt werden solle. Viele, die diese Bekanntmachung lasen, machten sich sogleich auf den Weg zum Palast, und jeder hatte eine andere Antwort.

Als Antwort auf die erste Frage sagte einer, der Kaiser solle sich einen genauen Zeitplan machen und jede Stunde, jeden Tag, jeden Monat und jedes Jahr für bestimmte Aufgaben festlegen und dann diesen Plan genauestens befolgen. Nur so könne er hoffen, jede Aufgabe zur rechten Zeit zu erfüllen.

Ein anderer antwortete, es sei unmöglich, alles im voraus zu planen, der Kaiser solle daher alle nichtigen Vergnügungen lassen und seine Aufmerksamkeit auf jedes einzelne Ding richten, um so zu wissen, wann er was tun solle.

Ein anderer bestand darauf, daß der Kaiser für sich alleine nie die nötige Voraussicht und Befähigung haben könne, zu entscheiden, wann jede Aufgabe zu tun sei, und was er wirklich brauche, sei die Einrichtung eines Rates von Weisen und das Befolgen ihrer Ratschläge.

Ein anderer sagte, daß gewisse Angelegenheiten eine sofortige Entscheidung forderten und nicht auf Beratung warten könnten, daß er aber, wenn er im voraus wissen wolle, was geschehen würde, Zauberer und Wahrsager befragen solle.

Auch in der Beantwortung der zweiten Frage herrschte keine Übereinstimmung. Einer sagte, der Kaiser solle all sein Vertrauen in Verwalter setzen, ein anderer drängte darauf, sich auf Priester und Mönche zu stützen, andere empfahlen Ärzte. Und wieder andere setzten ihr Vertrauen in Krieger.

Die dritte Frage brachte eine ähnliche Vielfalt von Antworten. Einer sagte, die Wissenschaften seien das Wichtigste, womit es sich zu befassen gälte. Andere bestanden auf der Religion. Und wieder andere behaupteten, das Wichtigste sei die Kriegskunst. Der Kaiser war mit keiner der Antworten zufrieden, und so gab es keine Belohnung.

Nachdem er einige Nächte mit Nachdenken zugebracht hatte, beschloß der Kaiser, einen Einsiedler aufzusuchen, von dem es hieß, er sei erleuchtet. Er wollte den Einsiedler suchen, um die drei Fragen an ihn zu richten, obgleich er wußte, daß er die Berge nie verließ und dafür bekannt war, daß er nur die Armen empfing und sich weigerte, irgend etwas mit Menschen von Wohlstand oder Macht zu tun zu haben. So verkleidete sich der Kaiser als einfacher Bauer und befahl seinen Dienern, am Fuße des Berge zu warten, während er sich alleine auf den Weg machte, den Einsiedler zu suchen.

Als er den Wohnort des heiligen Mannes erreichte, war der Einsiedler gerade dabei, einen Garten anzulegen. Als er den Fremden sah, nickte er ihm einen Gruß zu und grub weiter. Offensichtlich fiel ihm die Arbeit schwer. Er war ein alter Mann und jedes Mal, wenn er seinen Spaten in den Boden stieß, um die Erde auszuheben, atmete er schwer.

Der Kaiser näherte sich ihm und sprach: „Ich bin hierher gekommen, um deine Hilfe bei drei Fragen zu erbitten. Welche Zeit ist die beste für jede Sache? Welche Menschen sind die wichtigsten, mit denen es zu arbeiten gilt? Und was ist die wichtigste Sache, die man stets tun sollte?“

Der Einsiedler hörte aufmerksam zu, klopfte dem Kaiser aber nur auf die Schulter und grub weiter. Der Kaiser sagte: „Du mußt müde sein, laß mich dir helfen.“ Der Einsiedler dankte ihm, gab dem Kaiser den Spaten und setzte sich zum Ausruhen auf die Erde.

Als er zwei Beete umgegraben hatte, hielt der Kaiser inne, wandte sich an den Einsiedler und wiederholte seine drei Fragen. Der Einsiedler antwortete ihm immer noch nicht, stand statt dessen auf, wies auf den Spaten und sagte: „Warum ruhst du dich jetzt nicht aus? Ich kann wieder weitermachen." Der Kaiser fuhr jedoch fort zu graben. Es verging eine Stunde und eine zweite. Schließlich begann die Sonne hinter den Bergen unterzugehen. Der Kaiser setzte den Spaten nieder und sagte zu dem Einsiedler: „Ich kam her, um dich zu fragen, ob du mir meine drei Fragen beantworten kannst. Wenn du jedoch keine Antworten für mich hast, so lasse es mich wissen, damit ich mich auf den Weg nach Hause machen kann."

Der Einsiedler hob seinen Kopf und fragte den Kaiser: „Hörst du jemanden dort drüben laufen?" Der Kaiser wandte seinen Kopf. Beide sahen einen Mann mit einem langen weißen Bart aus dem Wald hervortreten. Er rannte schnell und hielt beide Hände gegen eine blutende Wunde in seinem Bauch gepreßt. Der Mann rannte auf den Kaiser zu und fiel dann ohnmächtig zu Boden und stöhnte. Sie öffneten die Kleider des Mannes, und der Kaiser und der Einsiedler sahen, daß der Mann eine tiefe Wunde erhalten hatte. Der Kaiser reinigte die Wunde sorgfältig und verband sie mit seinem eigenen Hemd, aber sofort saugte es sich voll mit Blut. Er wrang das Hemd aus und verband ihn ein zweites Mal und fuhr damit fort, bis die Wunde aufhörte zu bluten.

Zuletzt erlangte der Mann sein Bewußtsein wieder und bat um einen Schluck Wasser. Der Kaiser eilte zu dem Bach und brachte einen Krug mit frischen Wasser. Inzwischen war die Sonne untergegangen und die Nachtluft war kalt geworden. Der Einsiedler half dem Kaiser, den Mann in seine Hütte zu tragen und auf sein Bett zu legen. Der Mann schloß die Augen und lag ganz ruhig da. Der Kaiser war müde nach diesem langen Tag, vom Aufstieg auf den Berg und vom Graben im Garten. Er lehnte sich gegen den Türpfosten und schlief ein. Als er aufwachte, war die Sonne schon über den Bergen aufgegangen. Für einen Augenblick wußte er nicht mehr, wo er war und warum er gekommen war. Er schaute zum Bett und sah, daß auch der Verwundete verwirrt um sich schaute. Als dieser den Kaiser erblickte, schaute er ihn eindringlich an und sagte mit kaum hörbarem Flüstern: „Vergebt mir."

„Was hast du getan, wofür ich dir verzeihen sollte?" frage der Kaiser.

„Ihr kennt mich nicht, Eure Majestät, aber ich kenne Euch. Ich war

Euer eingeschworener Feind, und ich hatte gelobt, mich an Euch zu rächen, denn im letzten Krieg habt Ihr meinen Bruder getötet und meinen Besitz an Euch gebracht. Als ich hörte, daß Ihr allein auf den Berg kommen würdet, um den Einsiedler aufzusuchen, beschloß ich, Euch auf dem Rückweg aufzulauern und zu töten. Nachdem ich jedoch schon lange gewartet hatte und immer noch kein Zeichen von Euch zu sehen war, verließ ich meinen Hinterhalt, um Euch zu suchen. Statt Euch zu finden, traf ich auf Eure Diener, die mich erkannten und mir diese Wunde zufügten. Glücklicherweise konnte ich entfliehen und eilte hierher. Hätte ich Euch nicht angetroffen, wäre ich jetzt sicherlich tot. Ich hatte vor, Euch zu töten und nun habt Ihr mir stattdessen das Leben gerettet! Ich bin beschämt und nicht in der Lage, meine Dankbarkeit in Worte zu fassen. Wenn ich am Leben bleibe, gelobe ich, Euch für den Rest meines Lebens zu dienen, und meine Kinder und Kindeskinder anzuweisen, desgleichen zu tun. Gewährt mir Verzeihung, ich bitte Euch."

Der Kaiser war überaus erfreut, wie leicht er sich mit seinem früheren Feind aussöhnen konnte. Er vergab diesem Mann nicht nur, sondern versprach, ihm all seinen Besitz wieder zurückzugeben und seinen Leibarzt und seine eigenen Bediensteten zu ihm zu schicken, damit sie ihn bis zur völligen Genesung pflegten. Nachdem er seinen Dienern aufgetragen hatte, den Mann nach Hause zu bringen, kehrte der Kaiser zum Einsiedler zurück. Bevor er wieder in seinen Palast zurückkehrte, wollte er seine drei Fragen noch einmal wiederholen. Als er kam, war der Einsiedler dabei, Samen in die Erde zu säen, die sie am Tag zuvor umgegraben hatten.

Der Einsiedler stand auf und schaute den Kaiser an: „Aber Eure Fragen wurden doch bereits alle beantwortet."

„Wie das?" fragte der Kaiser voller Staunen.

„Hättet Ihr gestern nicht Mitleid mit meinem Alter gehabt und mir geholfen, diese Beete anzulegen, hätte Euch der Mann auf Eurem Rückweg überfallen, dann hättet Ihr es tief bereut, nicht bei mir geblieben zu sein. Die wichtigste Zeit war also die Zeit, in der Ihr die Beete ausgehoben habt. Die wichtigste Person war ich, und die wichtigste Aufgabe bestand darin, mir zu helfen. Als später der Verwundete hierher gerannt kam, war die wichtigste Zeit die, die Ihr mit dem Verbinden der Wunde zubrachtet, denn wenn Ihr ihn nicht gepflegt hättet, wäre er gestorben, und Ihr hättet die Möglichkeit versäumt, Euch mit ihm auszusöhnen. Die wichtigste Person war also er, und die wichtigste Aufgabe bestand darin, seine Wunden zu versorgen. Denkt daran, es gibt nur eine wichtige Zeit, und die ist jetzt. Der gegenwärtige Augenblick ist die einzige Zeit, über die wir verfügen. Und die wichtigste Person ist immer der Mensch, mit dem Ihr beisammen seid, der unmittelbar vor Euch steht, denn wer weiß, ob Ihr in Zukunft mit irgendeinem Menschen zu tun haben werdet. Und die wichtigste Aufgabe besteht darin, den Menschen an Eurer Seite glücklich zu machen. Das allein ist Sinn und Zweck des Lebens."

Leo Tolstoi

Ein Chasside beklagte sich bei Rabbi Wolf, daß gewisse Personen mit Kartenspielen die Nacht zum Tag machten. „Das ist gut so", sagte der Zaddik. „Wie alle Menschen wollen sie Gott dienen und wissen nicht wie. Doch nun lernen sie, wach zu bleiben und bei einer Sache auszuharren. Wenn sie darin vollkommen geworden sind, brauchen sie sich nur noch Gott zuzuwenden – und welch hervorragende Diener werden sie dann für Ihn sein!"

Chassidisch

Eines Abends ging die ganze Familie zum Essen aus. Die Speisekarten wurden herumgereicht, auch zur achtjährigen Molly. Die Erwachsenen unterhielten sich, Molly saß unbeachtet dabei. Der Kellner, der die Bestellungen aufnahm, wandte sich zuletzt an Molly: „Und was möchtest du?"

„Ein Hot-Dog und ein Soda", sagte sie. „Nein", meinte ihre Großmutter, „sie bekommt das Brathühnchen mit Karotten und Kartoffelpüree."

„Und zum Trinken Milch", fiel ihr Vater ein.

„Möchtest du dein Hot-Dog mit Ketchup oder Senf?" fragte der Kellner im Weggehen. Die Eltern stutzten.

„Mit Ketchup!" rief sie. Dann wandte sie sich an ihre Familie und meinte: „Wißt ihr was? Er hält mich für wirklich!"

Zeitgenössisch

Lord Shantih kam einmal an einen Teich und hielt an, um seine Spiegelung im glatten Wasser anzuschauen.

„Diese Spiegelung – bin ich das?“ fragte er seinen Begleiter.

„Nein, mein Herr, das ist nur ein Bild von dir.“

„Und wie hält das Wasser mein Bild?“

„Es hält dich mit einer Haut wie ein Spiegel.“

„Und wo“, fragte Lord Shantih, „berühren wir uns, dieser Teich und ich?“ Sein Begleiter langte ins Wasser und spritzte es Lord Shantih ins Gesicht.

Thomas Wiloch

Ryokan hielt keine Predigten und tadelte nie jemanden. Einmal bat sein Bruder Ryokan, in sein Haus zu kommen und seinem gestrauchelten Sohn zuzureden. Ryokan kam, sagte dem Jungen aber kein einziges Wort der Ermahnung. Er blieb über Nacht und bereitete sich auf seinen Abschied am nächsten Morgen vor. Als der widerspenstige Neffe Ryokan die Strohsandalen band, fühlte er einen warmen Tropfen Wasser. Er schaute auf und sah, wie Ryokan mit den Augen voller Tränen auf ihn hinunterschaute. Dann kehrte Ryokan nach Hause zurück, und der Neffe wandelte sich zum Besseren.

Zen

Eines der schönsten Beispiele für die Achtsamkeit des Herzens entstand nach Gandhis Tod, als seine ganze Bewegung im Zwiespalt lag. Innerhalb des ersten oder zweiten Jahres nach der Gründung Indiens entschieden einige der Anhänger Gandhis, ein bundesweites Treffen abzuhalten, um zu beraten, wie seine Arbeit am besten fortzusetzen sei. Zum Vorsitz der Konferenz wollten sie Vinoba Bhave gewinnen, der einer der Ältesten, Ghandhis engster Schüler und rechtmäßiger Erbe war, aber er lehnte mit den Worten ab: „Wir können die Vergangenheit nicht wiederbeleben.“ Nach vielem Bitten überredeten sie Vinoba schließlich doch, den Vorsitz zu übernehmen. Er machte allerdings zur Bedingung, daß die Tagung um sechs Monate verschoben würde, um ihm genügend Zeit zu geben, von seinem Wohnort bis zu dem Treffen zu Fuß quer durch halb Indien zu gehen und unterwegs zuzuhören.

Er machte sich auf und ging von Ort zu Ort. In den Dörfern, wo er übernachtete, hielt er spirituelle Zusammenkünfte ab, wie Gandhi es getan hatte. Er hörte sich die Probleme an und gab den Dorfbewohnern manchen Rat. Natürlich kam er durch eine Reihe sehr armer Ortschaften, von denen es in Indien so viele gibt. In einer sprachen viele Leute von ihrem Elend, ihrem Hunger und ihrer Unterernährung. Er fragte sie: „Warum baut ihr nicht eure eigenen Lebensmittel an?“ Es waren größtenteils Unberührbare und sie sagten ihm: „Wir würden ja unsere Nahrung anbauen, aber wir haben nie eigenes Land bekommen.“ Nach reiflicher Überlegung versprach Vinoba ihnen, daß er bei seiner Rückkehr nach Delhi mit Premierminister Nehru besprechen wolle, ob ein Gesetz erlassen werden kann, das den ärmsten Dorfbewohnern Indiens Land zuteile.

Das Dorf ging schlafen, aber Vinoba rang mit dem Problem und fand in der Nacht keine Ruhe. Am Morgen rief er die Dorfbewohner zusammen und entschuldigte sich: „Ich kenne die Regierung zu gut“, sagte er. „Selbst wenn ich sie nach mehreren Jahren überzeugen kann, ein Gesetz zur Grundbewilligung zu verabschieden, werdet ihr das vielleicht nie sehen. Es wird durch die einzelnen Staaten und Provinzen gehen, über Distriktverwalter und Dorfoberste, und wenn das Landgesetz euch endlich erreicht, nachdem alle Regierenden sich ihr Teil genommen haben, wird für euch nichts mehr übrig sein.“ Das war seine ehrliche, aber traurige Lage. „Ich wünschte, ich wüßte, was zu tun sei“, sagte er.

Da erhob sich ein reicher Mann des Dorfes und sagte: „Ich habe Land. Wieviel brauchen diese Leute?“ Es gab dort sechzehn Familien, jede brauchte etwa fünf Morgen, also sagte Vinoba: „Achtzig Morgen“. Vom Geist Gandhis und Vinobas tief inspiriert bot der Mann achtzig Morgen an. Vinoba entgegnete: „Nein, das können wir nicht annehmen. Erst mußt du nach Hause gehen und mit deiner Frau und deinen Kindern sprechen, die dein Land erben werden.“ Der Mann ging heim, erhielt die Erlaubnis und kam mit den Worten zurück: „Ja, wir wollen achtzig Morgen unseres Landes abgeben.“ An jenem Morgen bekamen die ärmsten Familien im Dorf achtzig Morgen Land geschenkt.

Am nächsten Tag wanderte Vinoba zum nächsten Dorf weiter, wo er von Elend und Landlosigkeit der untersten Kaste hörte. In der Versammlung erzählte er die Geschichte vom letzten Dorf, die einen anderen reichen Grundbesitzer inspirierte. Er wollte 110 Morgen Landes an die zweiundzwanzig notleidendsten Familien abtreten. Auch er wurde zu seiner Familie geschickt, um ihre Erlaubnis einzuholen. Noch am selben Tag wurde das Land in einer feierlichen Versammlung den Armen übergeben.

Ort für Ort fuhr Vinoba in dieser Weise mit Zusammenkünften fort, bis er mehrere Monate später bei der Tagungsstätte eintraf. Auf seinem Marsch hatte er über 2200 Morgen Land für die Ärmsten der Armen zusammenbekommen. Er erzählte seine Geschichte auf der Konferenz, und das gab den Anstoß für den Zusammenschluß Vieler zu der großen indischen Bodenreformbewegung. In den darauffolgenden vierzehn Jahren wanderten Vinoba Bhave und tausende von ihm Inspirierte durch alle Bundesstaaten, Provinzen und fast alle Bezirke Indiens. Ohne Behördenkomplikationen oder Papierkrieg trugen sie für die hungerleidendsten und verarmtesten Bewohner über zehn Millionen Morgen Land zusammen.

Das war eine der größten friedlichen Landvergaben der modernen Geschichte. Und begonnen hatte alles mit Aufgeschlossenheit und einem achtsamen Herzen.

Hinduismus

Einst, vor langer, langer Zeit, wurde der Buddha als freundlicher kleiner Papagei geboren. Er lebte glücklich im Wald und vergnügte sich im dichten Geäst der hohen Waldbäume. Wo immer er hinkam, begrüßte er die anderen Kreaturen mit Freude. Er war ein glücklicher Vogel, froh über das Leben und froh über die Gabe des Fliegens.

Eines Tages verdunkelte sich der Himmel über seiner Waldheimat und ohne Warnung ging ein schrecklicher Sturm nieder. Blitz und Donner tobten in den alten Bäumen. Der Wind heulte, die Blitze zuckten und ein alter Baum brach in Flammen aus. Bald brannte der ganze Wald lichterloh, die Funken stoben überallhin. Von Entsetzen gepackte Tiere flüchteten vor den sengenden Flammen und dem beißenden, qualmenden Rauch wild in alle Richtungen.

Als der kleine Papagei den Rauch roch, stürzte er sich mutig in das Sturmgetöse und rief beim Fliegen, so laut er konnte: „Feuer! Feuer! Rennt zum Fluß!" Doch wenn die Tiere auch seine Stimme hörten und viele tatsächlich sicher am Fluß ankamen, was konnten die übrigen, von Flammen und Rauch umzingelt, noch tun? Anstatt sich selbst in Sicherheit zu begeben, kreiste er weiter über dem wütenden Feuer, um nach einem Ausweg für die zu suchen, die dort unten in der Falle saßen.

Er hatte eine verzweifelte Idee. Er schoß zum Fluß hinunter, der am Waldrand vorbeifloß und tauchte mit Rumpf und Flügeln in das dunkle Wasser. Dann flog er zum Feuer zurück, das inzwischen zum reinsten Inferno geworden war. Ohne auf die sengenden Flammen zu achten, ging er tiefer und schüttelte heftig die Flügel, um die wenigen kostbaren Wassertropfen, die noch in seinen Federn steckten, zu verspritzen. Wie kleine Juwelen fielen sie ins Herz der Feuersbrunst. Dann flog er wieder zum Fluß, tauchte ins Wasser und kehrte zu den Flammen zurück. Weiter und weiter flog er zwischen Fluß und Wald hin und her, unzählige Male. Seine Federn waren rußig und zerzaust und seine Augen brannten wie glühende Kohlen. Seine Lunge schmerzte und ihm war schwindlig von den wirbelnden Funken, doch der tapfere kleine Papagei flog weiter. „Was schließlich kann ein Vogel in einer Zeit wie dieser tun", sagte er sich, „außer fliegen? Also werde ich fliegen. Und ich werde nicht aufhören, solange auch nur die Chance besteht, ein einziges Leben zu retten."

Einige der göttlichen Wesen der höheren Welten, die sich in ihren Palästen verlustierten, sahen den kleinen Papagei, wie er zwischen den lodernden Flammen umherflog. Zwischen den Bissen süßer Speisen zeigten sie auf ihn und einige begannen zu lachen. „Was für ein törichter kleiner Vogel!" sagten sie. „Versucht, gegen einen Waldbrand mit ein paar Spritzern Wasser aus seinen Flügeln anzugehen. Wer hat je so etwas Absurdes gehört?"

Doch einer der Götter war auf seltsame Weise von dem Anblick berührt worden. Er nahm die Form eines goldenen Adlers an und ließ sich hinunter zu der feurigen Bahn des Papageis. Der kleine Papagei näherte sich gerade wieder den Flammen, als plötzlich ein riesiger Adler mit Augen wie glühendes Gold neben ihm auftauchte. „Kehr um, kleiner Vogel!

Dein Vorhaben ist sinnlos!“ verkündete der Adler in feierlich majestätischem Ton. „Was können ein paar Wassertropfen gegen einen Brand wie diesen ausrichten? Kehr um und rette dich selbst, bevor es zu spät ist!“

Doch der kleine Papagei hörte nicht auf ihn. Beharrlich flog er weiter in die Flammen. Er konnte den großen Adler über sich hören, wie er, während die Hitze immer höllischer wurde, immer noch ausrief: „Hör auf! Hör auf! Dummer Papagei! Rette dich, rette dich!“

Der Papagei machte trotzdem weiter. „Was brauche ich einen großen, strahlenden Adler, mir solchen Rat zu geben!“ dachte er bei sich. „Das hätte mir meine eigene, teure Mutter längst erzählen können.“ – „Rat“, keuchte er, „ich brauche keinen Rat. Ich brauche nur einen, der einspringt und mithilft!“

Der stattliche Adler, der den kleinen Papagei so unbeirrbar durch die sengenden Flammen fliegen sah, dachte beschämt an seine privilegierten Artgenossen. Er konnte die sorglosen Götter sehen, wie sie von oben herabschauten, als ob das Leben nur ein Spiel wäre, das andere ausleben müssen. Er hörte noch den Widerhall ihres Gelächters, während die Kreaturen in den Flammen unter ihnen vor Angst und Schmerzen schrien. Auf einmal wollte er kein Gott oder Adler oder sonstwas mehr sein. Er wollte nur noch wie der tapfere kleine Papagei sein und helfen.

„Ich werde helfen!“ sagte er. Und in der Aufwallung dieser neuartigen Empfindung begann er zu weinen. Ströme über Ströme glitzernder Tränen quollen aus seinen Augen und bildeten Wellen eines kühlenden Regens, der auf das Feuer niederging, auf die Tiere, den Wald und den kleinen Papagei.

Überschwemmt von den schimmernden Gottestränen erstarben die Flammen und der Rauch klärte sich. Der kleine Papagei sauste frisch gewaschen und strahlend wie eine gefiederte Sonne über den Himmel. Er lachte laut: „Das ist schon viel besser!“ Tränen tropften leise von den verbrannten Zweigen und Knospen, die aufs neue zu sprießen und zu treiben begannen.

Tränen glitzerten auch auf den Flügeln des Papageis und fielen wie Blütenblätter auf den verbrannten, geschwärzten Boden. Grünes Gras sprang aus der noch glühenden Asche hervor.

Alle Tiere sahen sich voller Verwunderung an. Alle waren gesund und unversehrt. Oben am klaren blauen Himmel konnten sie ihren Freund, den kleinen Papagei glücklich seine Kreise und Schleifen ziehen sehen. „Hurra!“ riefen sie da, „ein Hurra auf den tapferen kleinen Papagei und das plötzliche Regenwunder!“

Früher Buddhismus

4

Das Licht in der Dunkelheit finden

Im menschlichen Dasein suchen wir nach Glück, Verstehen und Erleuchtung, auf daß sie Licht in unser Leben und unser Herz bringen. Oft suchen wir in der Zukunft oder irgendwelchen von anderen übernommenen Idealen, wo der Schlüssel zu unserer Ganzheit und unserem Glück liegen könnte, als ob er irgendwo anders sei. Der Ort für Ganzheit, Licht und Erfüllung ist das Hier und Jetzt, auch wenn wir mitten in Schwierigkeiten stecken.

Es gibt diese Momente in unser aller Leben, wenn unsere persönliche Welt sich mit Dunkelheit füllt. Ein tragisches Geschick, Verlust, Trauerfälle, Ablehnung und Versagen sind Erfahrungen, die jeder macht. Es gibt kein lebendes Wesen, das die Macht hätte, den Kontakt mit dem Schmerz zu vermeiden. Es gibt keine Abwehr, die stark genug wäre, uns gegen die unvorhersagbaren Wechselfälle des Lebens unverwundbar zu machen.

Bisweilen, wenn wir uns auf den Zustand der Welt, in der wir leben, einstimmen, können wir leicht glauben, daß wir in ein Zeitalter der Dunkelheit eingetreten sind. Wir sind entsetzt und angewidert über die kollektive Fähigkeit der Menschheit zu Gewalt und Ausbeutung, oder wir verzweifeln angesichts der scheinbar unvermeidlichen Zerstörung unseres Planeten. Wir leiden unter dem Mißtrauen und der Entfremdung, die so häufig die Marksteine unserer mitmenschlichen Beziehungen bilden.

Wenn wir uns der eigenen Verletzlichkeit bewußt werden, besteht die Gefahr, daß wir uns ausgeliefert, unfähig und ohnmächtig fühlen. Die aus solchen Empfindungen resultierende Unsicherheit führt wiederum zu Ärger, Vorwürfen, Verschanzung und Feindseligkeit. Vielleicht versuchen wir sogar, uns den Lebenserfahrungen gegenüber zu betäuben und verstärken in dieser Taubheit doch nur unsere Isolation und die Schmerzen.

In Zeiten solcher Dunkelheit sehnen wir uns nach einer idealen Zukunft oder suchen Wunderformeln, die uns vor Schmerz und Konflikten schützen sollen. So leicht können wir nicht akzeptieren, daß gegen das Leben kein Kraut gewachsen ist. Indem wir nach einer Vollkommenheit streben, die mit unseren Bildern, unserer Vorstellung oder aufgeschnappten Geschichten konform geht, verpassen wir die Vollkommenheit und das Geheimnis, die jeden Tag vor uns liegen – den Sonnenaufgang, das Klopfen des Herzens, den Wechsel der Jahreszeiten, das Wunder der menschlichen Sprache.

Es ist eine Kunst, mit den Herausforderungen und Härten des Lebens umgehen zu lernen, Licht in der Dunkelheit zu entdecken und uns selbst und unsere Umgebung zu heilen. Wie jede Kunst verlangt die Kunst, in Frieden zu leben, große Liebe und Disziplin. Wir müssen gewillt sein, uns nicht abzuwenden, den Schattenseiten in unserem Leben nicht aus dem Weg zu gehen, sondern uns ihnen zuzuwenden. Das ist der erste und bedeutendste Schritt, denn in dieser Wende werfen wir unsere Ängste, Verzweiflung und Selbstzweifel allmählich ab. Nicht die Dunkelheit ist unser Gegner, sondern unsere Ablehnung und Verneinung der Dunkelheit. Gerade in den größten Schwierigkeiten können wir entdecken, was das ewigwährende Licht in der Welt ist, unauslöschliches Licht. Wie der Heilige Johannes vom Kreuz sagte: „Wenn jemand sicher sein will auf dem Weg, den er geht, muß er seine Augen schließen und im Dunkeln gehen." Dort finden wir wahres Mitgefühl und Größe des Geistes.

In dem Maße, wie wir uns den diversen Schatten in unseren Leben mit offenem Herzen und in klarer, besonnener Absicht zuwenden, hören wir mit Abwehr und Widerstand auf und beginnen, zu verstehen und zu heilen. Um das zu tun, müssen wir lernen, tief zu empfinden. Es hat nicht so sehr damit zu tun, die Augen offen zu halten, als vielmehr mit der Öffnung der inneren Sinne des Körpers und Herzens. Es bedeutet, genau auf das Geheimnis zu lauschen, das gerade vor uns liegt, und nicht auf die Vorstellungen, die wir über dies und das hegen. Wie im folgenden Kapitel ein großer tibetischer Arzt zeigt, enthüllt uns die Kraft, mit den Fingerspitzen zu hören, die Musik des Körpers ebenso wie die Sphärenmusik. Dieses Hören und Fühlen und Öffnen befreit unser Leben. Solange wir widerstehen, das Licht lieber woanders suchen, trennen wir uns von dem, was ist, unfähig zu sehen, daß alles, was existiert, von Licht erfüllt ist. Wenn wir mit derselben Sensibilität nach innen zu hören lernen, entdecken wir neue Tiefen der Ruhe, neue Quellen der Energie und Effektivität. Die Schatten, die wir zuvor als Feinde sahen, werden unsere größten Lehrer. Wir lernen, ihnen dankbar und gelassen zu begegnen.

In dieser Ruhe beginnen wir zu begreifen, daß Frieden nicht wirklich das Gegenteil von Herausforderung und Kampf ist. Wir begreifen, daß die Gegenwart des Lichtes nicht daraus resultiert, daß die Dunkelheit geendet hat. Frieden findet sich nicht da, wo Herausforderung fehlt, sondern in unserer eigenen Fähigkeit, ohne Urteil, Vorurteil und Widerstand in Bedrängnis sein zu können. Wir entdecken, daß wir die Energie und den Glauben haben, uns selbst und auch die Welt durch eine in jedem Augenblick bestehende Annahmebereitschaft des Herzens heilen zu können.

Die Geschichten in diesem Kapitel erzählen von Menschen, die wie Leuchttürme sind, wie der kleine blinde Junge, der entdeckt, daß alle Dinge von einem inneren Licht erleuchtet werden, von ihnen ein Strahlen ausgeht und wir auf ganz grundlegende Weise tatsächlich Licht sind. Unser wahres Wesen, unsere grundlegende Gutheit scheint auf, wenn wir aufhören, woanders zu suchen und entdecken, daß das, wonach wir suchen, schon immer hier gewesen ist.

Wir mögen uns fragen, wen oder was wir als Gegner betrachten, als Feind in unserem Leben? Mit welchen Hindernissen oder Nöten haben wir zu kämpfen, was verleugnen wir? Betrachten wir die dunkelste Episode unseres Lebens oder nehmen wir eine der größten Schwierigkeiten, die wir derzeit haben: Was an dieser Dunkelheit oder Schwierigkeit haben wir abgewehrt? Was akzeptieren wir nicht, obwohl es wahr ist? Wie könnten wir durch das Annehmen unserer gegenwärtigen Lage, so schwer das auch fallen mag, in uns die Weisheit eines Buddha oder das Herz eines Jesus entdecken? Welche Freiheit, welches Licht könnte unseren Geist inmitten all der Schwierigkeiten erfüllen? Gibt es einen anderen Weg, mit der Dunkelheit zu sein? Wie können wir mehr offenherzige und vielleicht sogar dankbare Annahme zeigen? Wie können wir unsere Schatten neu sehen – im Licht der Bewußtheit und des Mitgefühls? Hier nämlich können wir anfangen zu heilen.

Mulla Nasrudin war auf allen Vieren draußen unter einer Laterne, als ein Freund hinzukam. „Was machst du da, Mulla?" fragte sein Freund. „Ich suche nach meinem Schlüssel, den ich verloren habe." Also begab sich sein Freund ebenfalls auf alle Viere und beide suchten lange Zeit im Schmutz unter der Laterne herum. Da sie nichts fanden, wandte sein Freund sich schließlich an Nasrudin mit der Frage: „Wo genau hast du ihn eigentlich verloren?" Nasrudin antwortete: „Verloren hab' ich ihn im Haus, aber hier draußen ist mehr Licht."

Sufi

Wenn wir gewillt sind, mit Vertrauen auf diese Erde zu bauen, wird die gewaltige Kraft des Lebens durch uns hindurchziehen. Ich sah diese Lebenskraft vor einigen Jahren inmitten schrecklicher Verwüstung in dem verdorrten und unfruchtbaren Land kambodschanischer Flüchtlingslager, die ich besucht hatte, um den Flüchtlingen zu helfen. Den kambodschanischen Holocaust hatten die Familien nur teilweise überlebt – eine Mutter mit drei Kindern, ein alter Onkel mit zwei Neffen. Jede bekam eine kleine Bambushütte, etwa vier Fuß breit, sechs Fuß lang und fünf Fuß hoch. Vor den Hütten waren kleine Fleckchen Land, kaum über einen Quadratmeter groß. Schon nach wenigen Monaten des Camplebens hatten die Leute auf dem Boden neben den Hütten Gärten angelegt. Hier wuchs eine Kürbispflanze mit zwei oder drei kleinen Kürbissen daran, dort eine Bohnenranke oder ein anderes Gemüse. Die Pflanzen wurden sorgsam gepflegt, kleine Bambuspole sorgten für ihren Halt. Bohnenranken wanden sich an den Bambusstangen hoch und hinauf bis übers Hüttendach.

Jeden Tag gingen die Flüchtlingsfamilien eine Meile weit und standen eine halbe Stunde lang in einer langen Reihe am Brunnenloch am anderen Ende der Siedlung, von wo sie in Eimern Wasser für ihre Pflanzen holten. Es war schön, es war etwas Wunderschönes, in der Trockenzeit mitten im Camp diese Gärten zu sehen. Es war kaum zu glauben, daß auf diesem heißem, kargen Boden überhaupt etwas wachsen konnte.

Indem diese vom Krieg zerrütteten Familien ihre winzigen Gärten bestellten und bewässerten, riefen sie die unaufhaltsame Lebenskraft wach.

Wir können das auch! Ganz gleich, welche inneren Schwierigkeiten oder äußeren Leiden wir durchmachen, wenn wir uns dem Dunkel in Mitgefühl zuwenden, werden wir dieselbe Lebenskraft entdecken, die sich durch nichts aufhalten läßt.

Buddhismus

Auf dem Anschlagbrett in der Eingangshalle des Hospitals, in dem ich arbeite, erschien die Ankündigung: „Yeshi Dhonden wird am Morgen des 10. Juni um sechs Uhr eine Visite leiten." Anschließend kamen weitere Details gefolgt von einer Anmerkung: „Yeshi Dhonden ist der Leibarzt des Dalai Lama." Ich bin kein so hartgesottener Skeptiker, daß ich wissentlich einen Gesandten der Götter ignorieren würde. Solche Kaltblütigkeit wäre dem irdischen Wohlergehen nicht minder feindlich gesonnen als der Ewigkeit. So schloß ich mich am Morgen des 10. Juni der Gruppe von Weißkitteln an, die im kleinen Konferenzsaal neben der für die Visitenrunde vorgesehenen Station warteten.

Die Luft im Zimmer ist von kaum verhohlenen Zweifeln und Mißtrauen erfüllt. Genau um sechs Uhr materialisiert er sich, ein untersetzter, goldener, rundlicher Mann in einem ärmellosen safran- und kastanienfarbenen Gewand. Sein Schädel ist kahlgeschoren und die einzigen sichtbaren Haare sind die dünnen schwarzen Linien über den Lidfalten seiner Augen.

Er verbeugt sich zum Gruß, während sein junger Dolmetscher uns vorstellt. Yeshi Dhonden, wird uns gesagt, wird einen Patienten untersuchen, der von einem Stabmitglied ausgewählt wurde. Die Diagnose ist Yeshi Dhonden ebenso unbekannt wie uns. Die Untersuchung des Patienten wird in unserer Gegenwart stattfinden und anschließend werden wir uns wieder im Konferenzsaal versammeln, wo Yeshi Dhonden den Fall erörtern wird. Wir werden weiter informiert, daß Yeshi Dhonden sich in den letzten beiden Stunden durch Baden, Fasten und Gebet gereinigt hat. Ich, der ich nach einem guten Frühstück und ohne einen Gedanken an meine Seele nur die flüchtigsten Waschungen machte, schaue meine Kameraden verstohlen an. Plötzlich scheinen wir ein schmutziger, ungehobelter Haufen zu sein.

Die Patientin war früh geweckt und informiert worden, daß sie von einem ausländischen Arzt untersucht werden würde. Sie war gebeten, eine frische Urinprobe abzugeben. Als ich nun ihr Zimmer betrete, zeigt sie keine Anzeichen der Überraschung. Schon lange hat sie sich diese Mischung aus Folgsamkeit und Resignation zueigen gemacht, die das Gesicht chronischer Krankheit ist. Dies sollte nur eine weitere in einer endlosen Serie von Tests und Untersuchungen sein. Yeshi Dhonden geht an ihr Bett, während wir übrigen etwas beiseite stehen und zuschauen. Lange Zeit blickt er auf die Frau, seine Augen bleiben unparteiisch gegenüber ihren Körperteilen, doch dann scheint er seinen Blick auf einen Punkt direkt über ihrer liegenden Gestalt zu heften. Auch ich studiere sie. Kein physisches Zeichen oder offensichtliches Symptom gibt einen Hinweis auf das Wesen ihrer Krankheit.

Schließlich nimmt er ihre Hand, hebt sie mit seinen beiden hoch. Er beugt sich in einer gebückt kauernden Haltung über das Bett, den Kopf tief in den Kragen gezogen. Seine Augen sind geschlossen, während er ihren Puls fühlt. Schon hat er die Stelle gefunden und verharrt die nächste halbe Stunde so, wie ein exotischer goldener Vogel mit gefalteten Flügeln über der Patientin schwebend, während er den Puls der Frau unter seinen Fingern fühlt, ihre Hand in der seinen ruhend. Alle Kraft dieses Mannes scheint in diesem einen Zweck gesammelt. Das Schlagen des Pulses ist zu einem Ritual erhoben. Vom Fußende des Bettes, wo ich stehe, ist es, als ob er und die Patientin einen besonderen Raum für sich allein, ein Séparée betreten haben, über dem eine Leere schwebt und in das kein Eindringen möglich ist. Einen Moment später legt sich die Frau in ihre Kissen zurück. Von Zeit zu Zeit hebt sie den Kopf, um die seltsame Figur über sich zu betrachten, dann sinkt sie wieder zurück. Ich kann ihrer beider Hände sehen, verbunden zu einem exklusiven und intimen Zwiegespräch. Seine Fingerspitzen empfangen die Stimme ihres kranken Körpers durch den Rhythmus und das Pulsieren, das in ihrem Handgelenk vernehmbar wird. Urplötzlich werde ich neidisch – nicht auf ihn, nicht auf Yeshi Dhonden wegen seines Talentes zur Schönheit und Heiligkeit, sondern auf sie. Ich selbst möchte so gehalten, so berührt, so angenommen sein. Und ich erkenne, daß ich, obwohl ich Hunderttausende von Pulsen abgetastet habe, nicht einen einzigen gefühlt habe.

Schließlich richtet Yeshi Dhonden sich auf, legt behutsam die Hand der Frau auf das Bett und tritt zurück. Der Dolmetscher holt eine kleine Holzschale und zwei Stäbchen. Yeshi Dhonden gießt einen Teil der Urinprobe in die Schale und macht sich daran, die Flüssigkeit mit beiden Stäbchen umzurühren. Das macht er mehrere Minuten lang, bis sich ein Schaum bildet. Dann inhaliert er, über die Schale gebeugt, dreimal den Geruch ein. Er stellt die Schale ab und wendet sich zum Gehen. Die ganze Zeit über hat er kein einziges Wort geäußert.

Als er sich der Tür nähert, hebt die Frau ihren Kopf und ruft ihm in einer Stimme zu, die zugleich dringlich und heiter klingt: „Danke, Doktor", sagt sie, und berührt mit ihrer anderen Hand die Stelle, die er an ihrem Handgelenk gehalten hatte, als ob sie etwas wieder einfangen wollte, das dort zu Besuch war. Yeshi Dhonden wendet sich einen Moment um, um sie anzuschauen, dann tritt er in den Korridor. Die Visite ist zu Ende.

Wir nehmen wieder im Konferenzsaal Platz. Yeshi Dhonden spricht nun das erste Mal, in weichen tibetischen Lauten, die ich nie zuvor gehört habe. Er hat kaum begonnen, als der junge Dolmetscher auch schon mit der Übersetzung einsetzt. Die beiden Stimmen bewegen sich weiter wie ein Tandem – als zweisprachige Fuge, deren eine der anderen folgt. Es klingt wie der Gesang der Mönche. Er spricht von Winden, die durch den Körper der Frau verlaufen, Ströme, die sich an Barrieren brechen und Strudel bilden. Diese Wirbel in ihrem Blut seien, wie er sagt, die letzten Verausgabungen eines unvollkommenen Herzens. Zwischen die Herzkammern sei lange, lange bevor sie geboren wurde, ein Wind getreten und habe ein tiefes Tor aufgeblasen, das nie geöffnet werden darf. Durch diese Schleuse drängten sich die vollen Wasser ihres Flußes wie ein Gebirgsbach, der im Frühling in Kaskaden das Land überschwemmt und mitreißt, und überfluteten ihren Atem. So spricht er, und dann ist er still.

„Dürfen wir nun die Diagnose erfahren?" fragt ein Professor. Der Gastgeber und Veranstalter dieser Visite, der Mann, der weiß, antwortet.

„Erblich bedingter Herzfehler", sagt er. „Interventrikularer septaler Defekt, mit resultierendem Herzversagen."

Ein Torweg im Herzen, denke ich, der nicht geöffnet werden darf. Durch ihn drängen sich die vollen Wasser, die ihren Atem überfluten. So! Hier ist also der Arzt, der die Klänge des Körpers hört, denen gegenüber der Rest von uns taub ist. Er ist mehr als ein Arzt. Er ist ein Priester.

Ich weiß ... ich weiß ... der Arzt der Götter ist reines Wissen, reines Heilen. Der Arzt der Menschen stolpert, verwundet meistens; sein Patient muß sterben, wie er sterben muß. Dann und wann geschieht es, wenn ich meine eigenen Visiten mache, daß ich die Klänge seiner Stimme höre, wie ein altes buddhistisches Gebet, seine Bedeutung längst vergessen, nur die Musik ist geblieben. Dann packt mich ein Jubel und ich fühle mich berührt von etwas Göttlichem.

Richard Selzer

MEINE BLINDHEIT WAR FÜR MICH eine große Überraschung, glich sie doch in keiner Weise meinen Vorstellungen von ihr; auch nicht den Vorstellungen, welche die Menschen um mich herum von ihr zu haben schienen. Sie sagten mir, Blindsein bedeute Nicht-sehen. Aber wie konnte ich ihnen Glauben schenken, da ich doch sah? Nicht sofort, das gebe ich zu. Nicht in jenen Tagen, die unmittelbar auf die Operation folgten. Denn damals wollte ich noch meine Augen gebrauchen, mich von ihnen leiten lassen. Ich blickte in die Richtung, in die ich vor dem Unfall zu blicken pflegte, von dort aber kam nur Schmerz, Empfinden des Mangels, etwas wie Leere. Von dort kam das, was die Erwachsenen, glaube ich, Verzweiflung nennen.

Eines Tages jedoch (und dieser Tag kam ziemlich rasch) merkte ich, daß ich ganz einfach falsch sah, daß ich einen Fehler machte, wie einer, der die Brille wechselt, weil sich sein Auge den Gläsern nicht anpassen wollte. Ich blickte zu sehr in die Ferne und vor allem zu sehr auf die Oberfläche der Dinge.

Das war weit mehr als nur eine gewöhnliche Entdeckung: Es war eine Offenbarung. Ich sehe mich noch auf dem Champ de Mars, wo mich mein Vater einige Tage nach meinem Unfall spazierenführte. Ich kannte den Park gut. Ich kannte seine Teiche, seine Geländer, seine Eisenstühle. Ich kannte sogar einige der Bäume gleichsam persönlich. Natürlich wollte ich sie wiedersehen; aber ich konnte sie nicht mehr wahrnehmen. Ich stürzte mich in die Substanz, die der Raum war, aber ich konnte diese Substanz nicht wiedererkennen, weil sie nichts Vertrautes mehr enthielt.

Ein Instinkt – ich möchte fast sagen: eine Hand, die sich auf mich legte – hat mich damals die Richtung wechseln lassen. Ich begann, mehr aus der Nähe zu schauen: aber nicht an die Dinge ging ich näher heran, sondern an mich selbst. Anstatt mich hartnäckig an die Bewegung des Auges, das nach außen blickte, zu klammern, schaute ich nunmehr von innen auf mein Inneres.

Unversehens verdichtete sich die Substanz des Universums wieder, nahm aufs neue Gestalt an und belebte sich. Ich sah, wie von einer Stelle, die ich nicht kannte und die ebensogut außerhalb meiner wie in mir liegen mochte, eine Ausstrahlung ausging, oder genauer: ein Licht – das Licht. Das Licht war da, das stand fest.

Ich fühlte eine unsagbare Erleichterung, eine solche Freude, daß ich darüber lachen mußte. Zuversicht und Dankbarkeit erfüllten mich, als ob ein Gebet erhört worden wäre. Ich entdeckte das Licht und die Freude im selben Augenblick, und ohne Bedenken kann ich sagen, daß sich Licht und Freude in meinem Erleben seither niemals mehr voneinander getrennt haben: zusammen besaß oder verlor ich sie.

Ich sah das Licht. Ich sah es noch, obwohl ich blind war. Und ich sagte das. Doch viele Jahre hindurch konnte ich nicht laut darüber sprechen. Ich erinnere mich, daß ich dieser Erfahrung, die ich ständig in mir erneuerte, bis zu meinem vierzehnten Lebensjahr einen besonderen Namen gab: Ich nannte sie „mein Geheimnis", und ich sprach darüber nur zu meinen engsten Freunden. Ich weiß nicht, ob sie mir glaubten, aber da sie meine Freunde waren, hörten sie mir zu. Und das, was ich ihnen erzählte, besaß für sie einen weit größeren Wert als nur den der Wahrheit: Sie fanden es schön. Für sie war es ein Traum, ein Zauber, etwas wie Magie.

Das erstaunliche war, daß es für mich keineswegs Magie war, sondern eine Tatsache, die ich ebensowenig hätte ableugnen können, wie jene, die Augen haben, leugnen können, daß sie sehen. Nicht ich war das Licht, dessen war ich mir wohl bewußt. Ich badete im Licht, einem Element, dem mich die Blindheit plötzlich näher gebracht hatte. Ich konnte fühlen, wie es heraufkam, sich ausbreitete, auf den Dingen ruhte, ihnen Form verlieh und zurückwich: ja, zurückwich oder auch nachließ. Niemals jedoch gab es für mich ein Gegenteil des Lichts. Die Sehenden sprechen immer von der Nacht der Blindheit, und das ist von ihrem Standpunkt aus ganz natürlich. Aber diese Nacht existiert nicht. Zu keiner Stunde meines Lebens – weder im Bewußtsein noch selbst in meinen Träumen – riß die Kontinuität des Lichts ab.

Ohne Augen war das Licht weit beständiger, als es mit ihnen gewesen war. Jene Unterschiede zwischen hellen, weniger hellen oder unbeleuchteten Gegenständen, an die ich mich damals noch genau erinnern konnte, gab es nicht mehr. Ich sah eine Welt, die ganz in Licht getaucht war, die durch das Licht und vom Licht her lebte.

Auch die Farben – alle Farben des Prismas – bestanden weiterhin. Für mich – das Kind, das so gern zeichnete und malte – war das ein solch unerwartetes Fest, daß ich Stunden im Spiel mit den Farben zubrachte, und das konnte ich um so besser, als diese jetzt fügsamer waren.

Das Licht breitete seine Farben auf Dinge und Wesen. Mein Vater, meine Mutter, die Leute, denen ich auf der Straße begegnete oder die ich anstieß, sie alle waren in einer Weise farbig gegenwärtig, wie ich es niemals vor meiner Erblindung gesehen hatte. Und diese Farben prägten sich mir jetzt als ein Teil von ihnen genauso tief ein, wie es ihr Gesicht vermocht hätte. Freilich waren die Farben nur ein Spiel, während das Licht für mich der Grund des Lebens war. Ich ließ es in mir emporsteigen wie Wasser in einem Brunnen, und ich freute mich ohne Ende.

Ich verstand nicht, was mit mir geschah, so grundlegend widersprach es all dem, was ich sagen hörte. Ich verstand es nicht, aber das war mir auch nicht wichtig, denn ich lebte es ja. Lange Jahre versuchte ich gar nicht, diese Vorgänge in mir zu erforschen. Erst viel später habe ich mich darum bemüht; aber es ist noch nicht an der Zeit, darüber zu sprechen.

Ein solch beständiges und intensives Licht überstieg meine Begriffe in einem Maße, daß ich manchmal an ihm zweifelte. Wie, wenn es nun gar nicht Wirklichkeit war? Wenn ich es mir nur eingebildet hatte? Dann genügte es vielleicht, sich das Gegenteil oder einfach etwas anderes vorzustellen, um es mit einem Schlag zu vertreiben. So kam ich auf die Idee, es auf die Probe zu stellen, ja, ihm Widerstand zu leisten.

War ich abends im Bett und ganz allein, schloß ich die Augen. Ich ließ die Augenlider sinken, wie ich es einst, als sie noch meine leiblichen Augen bedeckten, getan hatte. Ich redete mir ein, daß ich hinter diesem Schleier das Licht nicht mehr sehen werde. Aber es war noch immer da, es war ruhiger denn je, wie das Wasser eines Sees am Abend, wenn der Wind sich gelegt hat. Da raffte ich all meine Energie, all meinen Willen zusammen und versuchte, den Strom des Lichts aufzuhalten, so wie man versucht, den Atem anzuhalten. Sogleich entstand eine Trübung, oder besser: ein Strudel. Aber auch dieser Strudel war in Licht getaucht. So sehr ich mich mühte, ich konnte diese Anstrengung nicht sehr lange aushalten, vielleicht zwei oder drei Sekunden. Gleichzeitig empfand ich eine Angst, als ob ich etwas Verbotenes täte, etwas, das gegen das Leben gerichtet war. Es war, als ob ich zum Leben das Licht ebenso brauchte wie die Luft. Es gab keine Flucht mehr: Ich war der Gefangene dieser Strahlen, ich war zum Sehen verdammt.

Beim Schreiben dieser Zeilen mache ich denselben Versuch noch einmal – mit demselben Ergebnis, nur daß mit den Jahren die ursprüngliche Quelle des Lichts noch stärker geworden war.

Mit acht Jahren ging ich aus diesem Versuch mit neuem Mut hervor; ich hatte das Gefühl, neu geboren worden zu sein. Da nicht ich es war, der das Licht hervorbrachte, da es mir von außen zuströmte, konnte es mich also niemals mehr verlassen. Ich hatte das Licht in mir, obwohl ich dafür nur ein Durchgangsort, ein Vorhof war; ich hatte das sehende Auge in mir.

Dennoch gab es Zeiten, in denen das Licht nachließ, ja fast verschwand. Das war immer dann der Fall, wenn ich Angst hatte.

Wenn ich, anstatt mich von Vertrauen tragen zu lassen und mich durch die Dinge hindurch zu stürzen, zögerte, prüfte, wenn ich an die Wand dachte, an die halb geöffnete Türe, den Schlüssel im Schloß, wenn ich mir sagte, daß alle Dinge feindlich waren und mich stoßen oder kratzen wollten, dann stieß oder verletzte ich mich bestimmt. Die einzige Art, mich im Haus, im Garten oder am Strand leicht fortzubewegen, war, gar nicht oder möglichst wenig daran zu denken. Dann wurde ich geführt, dann ging ich meinen Weg, vorbei an allen Hindernissen, so sicher, wie man es den Fledermäusen nachsagt. Was der Verlust meiner Augen nicht hatte bewirken können, bewirkte die Angst: Sie machte mich blind.

Dieselbe Wirkung hatten Zorn und Ungeduld, sie brachten alles in Verwirrung. Eine Minute zuvor kannte ich noch genau den Platz, den alle Gegenstände im Zimmer einnahmen, doch wenn mich der Zorn überkam, zürnten die Dinge mehr noch als ich; sie verkrochen sich in ganz unerwartete Winkel, verwirrten sich, kippten um, lallten wie Verrückte und blickten wild um sich. Ich aber wußte nicht mehr, worauf meine

Hand legen, meinen Fuß setzen, überall tat ich mir weh. Dieser Mechanismus funktionierte so gut, daß ich vorsichtig wurde.

Wenn mich beim Spiel mit meinen kleinen Kameraden plötzlich die Lust überfiel, zu gewinnen und um jeden Preis als erster ans Ziel zu gelangen, dann sah ich mit einem Schlag nichts mehr. Ich wurde buchstäblich von Nebel, von Rauch umhüllt.

Die schlimmsten Folgen aber hatte die Boshaftigkeit. Ich konnte es mir nicht mehr leisten, mißgünstig und gereizt zu sein, denn sofort legte sich etwas über meine Augen, ich war gefesselt, geknebelt, außer Gefecht gesetzt; augenblicklich tat sich um mich ein schwarzes Loch auf, und ich war hilflos. Wenn ich dagegen glücklich und friedlich war, wenn ich den Menschen Vertrauen entgegenbrachte und von ihnen Gutes dachte, dann wurde ich mit Licht belohnt. Ist es verwunderlich, daß ich schon früh Freundschaft und Harmonie liebte? Was brauchte ich einen Moralkodex, wo ich doch in mir ein solches Instrument besaß, das „Rotlicht" und „Grünlicht" gab: Ich wußte immer, wo man gehen durfte und wo nicht. Ich hatte nur auf das große Lichtsignal zu sehen, das mich lehrte zu leben.

Es war dasselbe mit der Liebe. Hören Sie nur! In dem Sommer nach meinem Unfall brachten mich meine Eltern an die Küste. Dort lernte ich ein kleines Mädchen meines Alters kennen. Ich glaube, sie hieß Nicole. Sie trat in mein Leben ein wie ein großer, roter Stern oder eine reife Kirsche. Gewißheit hatte ich lediglich darüber, daß sie rot war und glänzte. Ich fand sie so reizvoll, und dieser Reiz war so lieblich, daß ich abends nicht nach Hause zurückkehren und fern von ihr schlafen konnte, denn mit ihr verließ mich sogleich auch ein wenig Licht. Um es vollkommen wiederzufinden, mußte ich sie wiederfinden; es war, als bringe sie nur Licht in ihren Händen, ihren Haaren, ihren Füßen, die nackt durch den Sand liefen, und in ihrer Stimme.

Natürlich hatten all die roten Leute auch ihre roten Schatten. Wenn sich Nicole zwischen zwei Pfützen salzigen Wassers unter den liebkosenden Strahlen der Sonne zu mir setzte, sah ich rötliche Reflexe auf den Zeltwänden; selbst das Meer, das Blau des Wassers, nahm einen purpurnen Schimmer an. Ich folgte ihr in dem roten Kielwasser, das sie hinter sich herzog, wo sie auch hinging.

Wenn jetzt jemand sagen wollte, diese Farbe sei ja die Farbe der Leidenschaft, dann könnte ich nur erwidern, daß ich das schon im Alter von acht Jahren erfahren habe.

Wie hatte ich all die Zeit leben können, ohne zu wissen, daß alles auf der Welt eine Stimme hat und sprechen kann? Nicht nur die Dinge, denen man eine Sprache zugesteht, nein, auch die anderen: die Torwege, die Mauern der Häuser, die Balken, die Schatten der Bäume, der Sand und das Schweigen.

Schon vor meinem Unfall liebte ich die Töne, und doch: Aufmerksam kann ich ihnen nicht gelauscht haben. Seitdem ich blind war, konnte ich keine Bewegung mehr machen, ohne nicht eine Flut von Geräuschen auszulösen. Betrat ich abends mein Zimmer – dasselbe Zimmer, in dem ich früher niemals etwas hörte –, machte die kleine Stuckfigur auf dem Kamin den Bruchteil einer Drehung. Ich hörte ihre Reibung in der Luft, leicht wie die Bewegung meiner Hand. Wenn ich einen Schritt machte, weinte oder sang der Fußboden – zweierlei Stimmen konnte ich vernehmen –, und dieses Lied pflanzte sich von einem Brett zum nächsten bis zum Fenster hinfort und erzählte mir von der Tiefe des Zimmers.

Wenn ich unvermittelt sprach, zitterten die Scheiben, die doch so fest in ihrem Kittgefüge verankert schienen, gewiß, sehr leicht nur, aber doch vernehmlich: ein Geräusch, das heller und munterer war als die anderen und bereits die frische Luft von draußen ankündigte. Jedes Möbelstück knarrte – einmal, zweimal, zehnmal. Das brachte eine Kette von Tönen hervor, die sich minutenlang wie Gebärden ausnahmen: Bett, Schrank, Stühle streckten sich, gähnten und holten Atem. Wurde die Türe vom Wind zugestoßen, knarrte sie nach „Wind"; wenn eine Hand sie zuschlug, knarrte sie menschlich. Ich täuschte mich nie. Ich konnte die kleinste Vertiefung in den Wänden von fern vernehmen, denn sie veränderte den ganzen Raum. Eine Ecke oder Nische ließ den gegenüberliegenden Schrank hohler klingen.

Es war, als seien die Geräusche in früherer Zeit immer nur halbwirklich, fern von mir, nur durch einen Nebel hindurch zu hören gewesen. Vielleicht schufen meine Augen diesen Nebel. Wie dem auch sei: Der Unfall hatte meinen Kopf gegen das tobende Herz der Dinge geworfen, und dieses Herz schlug und stand nicht mehr still.

Man denkt immer, daß die Geräusche abrupt beginnen und enden. Ich entdeckte, welch ein großer Irrtum das war. Meine Ohren hatten die

Töne noch nicht vernommen, da waren sie schon da, berührten mich mit ihren Fingerspitzen und führten mich zu ihnen hin. Oft konnte ich die Leute reden hören, bevor ein Wort über ihre Lippen gekommen war.

Die Töne waren dem Licht eng verwandt: Sie lagen weder innerhalb noch außerhalb von mir, sie gingen durch mich hindurch. Sie wiesen mir eine Position im Raum zu und verbanden mich mit den Dingen. Nicht Signale übermittelten sie: Sie gaben Antwort.

Ich erinnere mich, wie ich das erste Mal an den Strand kam, zwei Monate nach meinem Unfall. Es war am Abend. Da war nichts als das Meer und seine Stimme, diese unvorstellbar deutliche Stimme. Es war zu einer Masse geballt, die so schwer und klar war, daß ich mich gegen sie hätte stützen können wie gegen eine Wand. Es sprach zu mir in mehreren Lagen gleichzeitig. Die terrassenartig geformten Wellen machten zusammen eine Musik, und doch hatte jede Stufe ihre eigene Sprache: Da war ein Kratzen auf dem Grund, ein Sprudeln in der Krone. Man brauchte mir wahrhaftig nicht zu sagen, was Augen hier sehen konnten.

Auf der einen Seite war die Wand des Meeres, das Gekräusel des Sandes unter dem Wind, auf der anderen die Brüstung des Strandes, bedeckt mit Echos, ein Spiegel der Töne; und zweifach ertönte der Gesang der Wellen.

Man sagt meist, die Blindheit schärfe die Fähigkeiten des Gehörs. Ich glaube nicht, daß das wahr ist. Nicht meine Ohren hörten besser als früher, sondern ich konnte mich ihrer besser bedienen. Gewöhnlich ist es das Wunderinstrument der Augen, das uns mit fast allen Schätzen des physischen Lebens beschenkt. Aber wir erhalten nichts in dieser Welt, ohne es zu bezahlen. Und für all diese Vorteile, die uns die Augen geben, müssen wir auf andere, von denen wir gar nichts ahnen, verzichten. Dies waren die Gaben, die mir so überreich zuflossen.

Ich war darauf angewiesen, zu hören und nochmals zu hören. Ich mehrte die Geräusche nach Herzenslust. Ich ließ Glöckchen klingen, stieß mit dem Finger gegen alle Wände, erforschte die Resonanz von Türen, Möbeln und Baumstämmen, ich sang in leeren Räumen, warf am Strand die Kieselsteine weit fort, um ihr Pfeifen in der Luft und ihren Aufprall zu vernehmen. Ich ließ meine kleinen Kameraden alle möglichen Wörter nachsprechen, während ich mir Zeit – viel Zeit – nahm, um sie herumzugehen.

Das Überraschendste von allem war jedoch, daß die Töne niemals von einem einzelnen Punkt im Raum ausgingen, noch sich jemals in sich zurückzogen. Da gab es ein Geräusch, ein Echo, wieder ein anderes Geräusch, mit dem das erste verschmolz, das es vielleicht hervorgebracht hatte: eine endlose Verkettung von Tönen.

Von Zeit zu Zeit wurde dieses Tönen, dieses allgemeine Murmeln um mich herum so stark, daß mich Schwindel erfaßte und ich die Hände auf meine Ohren legte, genau so, wie wenn ich als Sehender die Augen geschlossen hätte, um mich gegen ein Übermaß an Licht zu schützen. Deshalb konnte ich auch keinen Lärm ertragen, keine unnötigen Geräusche oder ununterbrochen spielende Musik. Ein Geräusch, dem wir nicht zuhören, ist ein Schlag gegen unseren Körper und unseren Geist, denn ein Geräusch ist kein Vorgang, der sich außerhalb von uns abspielt, sondern eine Realität, die durch uns hindurch geht und dort verweilt, sofern wir sie nicht voll wahrnehmen.

Vor diesem Übel war ich durch musikalische Eltern bewahrt; sie unterhielten sich bei Tisch, anstatt das Radio anzuschalten. Doch das ist für mich nur ein Grund, mehr zu sagen, wie wichtig es heute ist, die blinden Kinder vor Geschrei, Musik aus dem Hintergrund und all jenen häßlichen Angriffen zu schützen. Denn auf einen Blinden hat ein lautes und unnötiges Geräusch dieselbe Wirkung wie der blendende Strahl eines Scheinwerfers auf den, der sehen kann: Es schmerzt. Tönt dagegen die Welt klar und rein, dann ist sie noch viel harmonischer, als Dichter es je sagen konnten und können.

Jeden Sonntagmorgen spielte im Hof unseres Mietshauses ein alter Bettler drei Melodien auf seinem Akkordeon. Diese ärmliche, herbe Musik, die in regelmäßigen Abständen durch das metallische Schleifen der Straßenbahnen von der nahen Avenue übertönt wurde, gab dem Raum in der Stille des trägen Morgens tausend Dimensionen; da war nicht mehr nur der senkrechte Fall in den Hof hinunter und der waagerechte Zug der Straßen, da gab es so viele Wege – von Haus zu Haus, von Höfen zu Dächern –, wie meine Aufmerksamkeit nur erfassen konnte. Mit den Tönen kam ich zu keinem Ende; denn auch dies war eine Art von Unendlichkeit.

Meine Hände gehorchten mir zunächst nicht mehr. Wenn sie ein Glas auf dem Tisch zu fassen suchten, verfehlten sie es. Sie tappten um die Türklinken herum und verwechselten die schwarzen und weißen Tasten des Klaviers. Sie schlugen in die Luft, wenn sie sich den Gegenständen näherten. Fast schien es, als seien sie entwurzelt, von mir abgeschnitten, und eine Zeitlang ängstigte mich das.

Glücklicherweise merkte ich sehr rasch, daß sie nicht nutzlos geworden waren; sie begannen, geschickt zu werden. Man mußte ihnen nur Zeit lassen, sich an die Freiheit zu gewöhnen. Ich hatte geglaubt, sie gehorchten mir nicht mehr; in Wirklichkeit war es nur so, daß sie keine Anordnungen mehr erhielten. Meine Augen konnten sie nicht mehr befehligen.

Es war vor allem eine Sache des Rhythmus. Unsere Augen gehen immer über die Oberfläche der Dinge. Sie bedürfen nur einiger verstreuter Punkte, und blitzartig füllen sie die Zwischenräume. Sie erahnen viel mehr, als sie sehen, und niemals, oder fast niemals, prüfen sie die Dinge. Sie geben sich mit den Erscheinungen zufrieden, und in diesen gleitet die Welt schimmernd dahin und verbirgt ihren wesentlichen Inhalt.

Ich hatte in Wirklichkeit nichts weiter zu tun, als meine Hände sich selbst zu überlassen. Ich brauchte ihnen nichts beizubringen, ja, seitdem sie in eigener Verantwortung arbeiteten, schienen sie alles im voraus zu wissen. Im Gegensatz zu den Augen hatten sie eine ernste Art an sich. Von welcher Seite sie auch an einen Gegenstand herangingen, sie prüften ihn genau. Sie erprobten seine Widerstandsfähigkeit, lehnten sich gegen seine Masse und hielten auch die unwesentlichsten Eigenschaften seiner Oberfläche fest. Sie maßen ihn nach Höhe und Dicke, indem sie so viele Dimensionen anlegten wie nur möglich. Vor allem aber gebrauchten sie ihre Finger auf eine ganz neue Weise, jetzt, nachdem sie ihrer gewahr geworden waren.

Als ich noch meine Augen hatte, waren meine Finger steif und am Ende der Hände halb abgestorben, gerade recht, die Bewegung des Greifens auszuführen. Jetzt hatte jeder von ihnen seine Initiative. Sie wanderten einzeln über Dinge, spielten gegeneinander und machten sich, unabhängig voneinander, schwer oder leicht.

Die Bewegung der Finger war sehr wichtig, sie durfte nicht unterbrochen werden. Denn es ist eine Illusion zu glauben, daß die Gegenstände starr an einen Punkt gebunden sind: Die Objekte leben, selbst die Steine. Mehr noch: Sie vibrieren, sie erzittern. Meine Finger fühlten deutlich dieses Pulsieren, und wenn sie darauf nicht mit eigenem Pulsschlag antworteten, waren sie sogleich hilflos und verloren ihr Gefühl. Wenn sie jedoch den Dingen entgegengingen, mit ihnen pochten, dann erkannten sie sie.

Doch es gab noch etwas Wichtigeres als die Bewegung: den Druck. Legte ich die Hand leicht auf den Tisch, so wußte ich, daß da der Tisch war, sonst aber erfuhr ich nichts über ihn. Um etwas zu erfahren, mußten meine Finger einen Druck ausüben, und das Überraschende dabei war, daß mir dieser Druck sogleich vom Tisch erwidert wurde. Ich – der ich als Blinder allen Dingen entgegengehen zu müssen glaubte – entdeckte, daß die Dinge es waren, die mir entgegengingen. Ich brauchte immer nur den halben Weg zurückzulegen. Das Universum war der Komplize all meiner Wünsche.

Wenn jeder meiner Finger verschieden stark gegen die Rundung eines Apfels drückte, wußte ich bald nicht mehr, ob der Apfel schwer war oder meine Finger. Ich wußte nicht einmal mehr, ob ich ihn berührte oder er mich. Ich war ein Teil des Apfels geworden und der Apfel ein Teil von mir. Das war es, wie die Dinge – für mich – existierten.

Meine zum Leben erwachten Hände führten mich in eine Welt hinein, in der alles ein Austausch von Druck war. Dieser Druck verdichtete sich zu Formen, und alle diese Formen hatten einen Sinn. Ich muß in meiner Kindheit Hunderte von Stunden damit verbracht haben, mich gegen die Gegenstände zu lehnen und sie sich gegen mich lehnen zu lassen. Alle Blinden werden bestätigen, daß diese Gebärden, dieses Wechselspiel, eine zu tiefe Befriedigung gewährt, als daß man sie beschreiben könnte.

Auf diese Art – die richtige Art – die Tomaten im Garten zu befühlen, die Hausmauer, den Vorhangstoff oder einen Erdklumpen, heißt, sie zu sehen, sie fast ebenso genau und vollständig zu sehen, wie es Augen vermögen; mehr noch; es heißt, sich auf sie einzustellen, gleichsam den elektrischen Strom, den sie enthalten, an jenen Strom, mit dem wir geladen sind, anzuschließen – anders ausgedrückt, nicht mehr vor den Dingen zu leben, sondern zu beginnen, mit ihnen zu leben; das heißt – so schockierend das Wort auch scheinen mag – zu lieben. Die Hände müssen, was sie richtig berührt haben, auch lieben.

Sie bewegen sich kontinuierlich, drücken nieder und lösen sich schließlich, das letzte ist sicher die bedeutendste Bewegung. Ganz allmählich entdeckten meine Hände, daß die Dinge niemals starr in ihrer Form verharren. Auf diese Form trafen die Finger zwar zunächst, doch sie war nur der Kern, um den herum die Gegenstände in alle Richtungen ihre Strahlen aussandten.

Es war unmöglich, den Birnbaum im Garten durch Berührung vollkommen zu erfassen, indem man – eines nach dem anderen – mit den Fingern seinen Stamm, seinen Ästen und Blättern entlangglitt. Das war nur ein Anfang, denn in der Luft, zwischen den Blättern, ging der Birnbaum weiter. Man mußte unbedingt die Hände von einem Ast zum anderen gleiten lassen, um seine Ströme zu erkunden; so konnte man mich oft sehen, wie ich den Birnbaum aus einiger Entfernung untersuchte, anstatt ihn mit den Fingern zu befühlen. Wenn mich meine Kameraden vom Lande während der Ferien in Juvardeil meine magischen Tänze um die Bäume herum machen und das Unsichtbare betasten sahen, sagten sie, ich sei wie ein rebouteux, ein Quacksalber – ein Name, den man in ländlichen Gegenden Frankreichs jenen Leuten gibt, die im Besitz irgendeines alten Geheimrezepts sind und die Kranken durch magnetisches – auch auf Abstand wirksames – Streichen behandeln, nach Methoden also, die von der Medizin nicht anerkannt werden. Natürlich waren meine kleinen Freunde im Irrtum, doch er war entschuldbar. Ich kenne heute mehr als einen Psychologen vom Fach, der – mit all seinen wissenschaftlichen Kenntnissen – über solche anscheinend sinnlose Gebärden eine sinnvolle Erklärung zu geben vermag.

Wie mit dem Tastsinn verhielt es sich auch mit dem Geruch: Dem Tastsinn gleich war auch er offensichtlich ein Teil des liebenden Alls des Universums. Ich begann zu erraten, was Tiere empfinden müssen, wenn sie in die Luft schnuppern. Wie die Töne und Formen war auch der Geruch sehr viel ausgeprägter, als ich zuvor angenommen hatte. Es gab physische Gerüche, und es gab moralische Gerüche: Doch von diesen will ich später reden.

Ich war noch nicht zehn Jahre alt, da wußte ich schon – und mit welch vertrauensvoller Gewißheit –, daß alles in der Welt ein Zeichen von allem ist, daß jedes Ding allzeit bereitsteht, den Platz eines anderen einzunehmen, falls dieses ausfällt. Vollkommener Ausdruck für dieses ständige Wunder der Genesung war für mich das „Vaterunser“, das ich jeden Abend vor dem Einschlafen aufsagte.

Ich hatte keine Angst. Andere würden sagen: Ich hatte den Glauben. Wie hätte ich ihn nicht haben sollen – vor diesem sich ständig erneuernden Wunder: Alle Töne, Gerüche, Formen wandelten sich mir unaufhörlich zu Licht, das Licht wurde zu Farben und machte meine Blindheit zu einem Kaleidoskop.

Ich war zweifelsohne in eine neue Welt eingetreten. Aber ich war nicht ihr Gefangener. All meine Erfahrungen – mögen sie noch so wunderbar und von den gewöhnlichen Erlebnissen anderer Kinder meines Alters verschieden gewesen sein – machte ich nicht in einer inneren Leere, einem verschlossenen Zimmer, das mir und niemand anderem gehörte. Ich machte sie zwischen Sommer und Herbst 1932 in Paris in der kleinen Wohnung beim Champ de Mars und an einem Strand des Atlantik in Gegenwart meines Vaters, meiner Mutter und eines kleinen Bruders, der gegen Ende des Jahres auf die Welt kam.

Ich will damit sagen, daß alle diese Entdeckungen von Tönen, Licht, Gerüchen, sichtbaren und unsichtbaren Formen unmittelbar ihren festen Platz hatten zwischen dem Tisch des Eßzimmers und dem Fenster zum Hof, zwischen dem Nippes auf dem Kamin und dem Ausguß in der Küche, mitten im Leben der anderen, ohne von ihnen im mindesten beeinträchtigt zu werden. Diese Wahrnehmungen waren keine Phantome, die Unordnung oder Schrecken in mein Leben bringen wollten. Sie waren Tatsachen – und für mich die allereinfachsten.

Doch es ist Zeit, darauf hinzuweisen, daß auf ein blindes Kind außer vielen Wundern auch große Gefahren warten. Ich spreche nicht von physischen Gefahren – sie können sehr gut umgangen werden –, auch nicht von Gefahren, welche die Blindheit selbst hervorrufen könnte. Ich meine die Gefahren, die ihm durch die Unerfahrenheit der Menschen drohen, die noch ihre Augen haben. Wenn ich selbst so glücklich gewesen bin – und dies mit soviel Nachdruck sagen kann –, so deshalb, weil ich vor jenen Gefahren beschützt worden bin.

Wie man weiß, hatte ich gute Eltern, die mir nicht nur wohlwollten, sondern Eltern, deren Herz und Verstand allen geistigen Dingen offenstanden, für die die Welt nicht ausschließlich aus nützlichen Dingen bestand, für die es vor allem nicht gleich ein Fluch war, anders zu sein als andere Menschen; Eltern schließlich, die bereit waren, einzugestehen, daß ihre – die übliche – Art, die Dinge zu sehen, vielleicht nicht die einzig mögliche war, bereit, die meine zu lieben und zu unterstützen.

Deshalb möchte ich den Eltern, deren Kinder blind werden, sagen, daß sie wieder Mut fassen sollen. Die Blindheit ist zwar ein Hemmnis, doch zum Unglück wird sie nur durch den Unverstand. Sie sollten wieder Mut fassen und niemals dem widersprechen, was ihr kleiner Junge oder ihr Mädchen entdeckt. Sie sollten niemals zu ihnen sagen: „Du kannst das nicht wissen, weil du nicht sehen kannst", und so selten wie möglich: „Tu das nicht! Das ist gefährlich!" Denn es gibt für ein blindes Kind eine Drohung, die fürchterlicher ist als alle Wunden und Beulen, alle Schrammen und die meisten Schläge: die Isolierung in sich selbst.

Als ich fünfzehn Jahre alt war, verbrachte ich lange Nachmittage in Gesellschaft eines blinden Jungen meines Alters, der – das muß ich hinzufügen – unter ganz ähnlichen Umständen erblindet war wie ich. Selbst heute habe ich wenige Erinnerungen, die mir so peinlich sind wie jene. Dieser Junge erfüllte mich mit Schrecken: Er war das lebende Bild all dessen, was aus mir geworden wäre, wäre ich nicht so glücklich gewesen – glücklicher als er. Er war wirklich blind. Seit seinem Unfall hatte er nichts mehr gesehen. Seine Fähigkeiten waren normal, er hätte sehen können wie ich. Aber man hatte ihn daran gehindert. Um ihn zu schützen, hieß es, hatte man ihn von allem isoliert. All seine Anstrengungen, auszudrücken, was er empfand, hatte man verspottet. In seinem Kummer und seinem Rachegefühl hatte er sich in ein brutale Einsamkeit geflüchtet. Selbst sein Körper lag entkräftet in der Tiefe des Sessels. Und ich sah mit Bestürzung, daß er mich nicht mochte.

Solche Tragödien sind häufiger, als man denkt, und um so furchtbarer, als sie immer vermeidbar sind. Man kann sie vermeiden – ich wiederhole es –, sobald sich die Sehenden nicht auf ihre Art, die Welt zu verstehen, als die allein gültige versteifen.

Mit acht Jahren begünstigte alles meine Rückkehr in die Welt. Man ließ mich herumtollen. Man antwortete auf alle Fragen, die ich stellte. Man interessierte sich für alle meine Entdeckungen, selbst für die sonderbarsten. Wie sollte ich zum Beispiel erklären, wie die Gegenstände sich mir näherten, wenn ich auf sie zuging? Atmete ich sie ein, hörte ich sie? Vielleicht. Was es auch war – es nachzuweisen war oft schwer. Sah ich sie? Augenscheinlich nicht, und doch! Sie veränderten sich für mich im selben Maße, wie ich näher kam, oft sogar so sehr, daß sich – genau wie beim Sehvorgang – echte Konturen abzeichneten, daß sich im Raum eine wirkliche Form abhob und einzelne Farben sich erkennen ließen.

Ich ging auf einer mit Bäumen gesäumten Landstraße, und ich konnte auf jeden der Bäume entlang der Straße zeigen, selbst wenn diese nicht in regelmäßigen Abständen gepflanzt waren. Ich wußte, ob die Bäume gerade und hoch waren, ob sie ihre Äste trugen wie ein Körper seinen Kopf oder ob sie, zu Dickicht verfilzt, den Boden rings umher bedeckten. Diese Tätigkeit pflegte mich freilich sehr schnell zu erschöpfen; doch sie erreichte ihren Zweck. Und die Ermüdung kam nicht von den Bäumen – ihrer Zahl oder ihrer Form –, sondern aus mir selbst. Um sie auf diese Art wahrzunehmen, mußte ich mich in einem Zustand halten, der von all meinen Gewohnheiten so sehr abwich, daß es mir nicht gelang, längere Zeit in ihm zu verharren. Ich mußte die Bäume selbst ganz an mich herankommen lassen. Ich durfte nicht die geringste Absicht, auf sie zuzugehen, den geringsten Wunsch, sie kennenzulernen, zwischen sie und mich stellen. Ich durfte nicht neugierig sein, nicht ungeduldig, vor allem nicht stolz auf meine Fähigkeit.

Dieser Zustand ist indes nichts anderes, als was man gewöhnlich „Aufmerksamkeit" nennt; doch kann ich bezeugen, daß eine Aufmerksamkeit, die bis zu einem solchen Grade getrieben wird, nicht leicht fällt. Das Experiment mit den Bäumen am Rande der Straße konnte ich mit jedem beliebigen Gegenstand wiederholen, der eine gewisse – mindestens meine – Höhe hatte: mit den Telegraphenstangen, Hecken, Brückenbogen, den Häuserwänden entlang der Straße, ihren Türen, Fenstern, Vertiefungen und Schutthaufen.

Was die Gegenstände mir mitteilten, war, wie bei der Berührung, ein Druck, doch ein so neuartiger Druck, daß ich zunächst nicht daran dachte, ihn so zu benennen. Wenn ich mich ganz in die Aufmerksamkeit vertiefte und meiner Umgebung keinen eigenen Druck mehr entgegensetzte, dann legten sich Bäume und Felsen auf mich und drückten mir ihre Form ein, wie es Finger tun, die ihren Abdruck in Wachs hinterlassen.

Diese Neigung der Gegenstände, aus ihren natürlichen Grenzen herauszutreten, verursachte Eindrücke, die ebenso deutlich waren wie Sehen oder Hören. Ich brauchte allerdings mehrere Jahre, um mich an sie zu gewöhnen, sie ein wenig zu zähmen. Noch heute bediene ich mich – wie alle Blinden, ob sie es wissen oder nicht – eben dieser Eindrücke, wenn ich mich in einem Haus oder im Freien allein bewege. Später las ich, daß man diesen Sinn den „Sinn für Hindernisse" nenne und daß gewisse Tierarten, Fledermäuse zum Beispiel, anscheinend bis zu einem sehr hohen Grad damit ausgestattet seien.

Zahlreiche Überlieferungen über okkulte Erscheinungen berichten sogar, daß der Mensch über ein drittes Auge verfügt, ein inneres Auge – im allgemeinen „Auge des Shiva" genannt –, das sich auf der Mitte seiner Stirn befindet und das er unter gewissen Umständen und durch gewisse Übungen wecken kann. Schließlich haben Untersuchungen des französischen Schriftstellers und Akademiemitglieds Jules Romain gezeigt, daß es auch eine außerhalb der Retina liegende visuelle Aufnahmefähigkeit gibt, die ihren Sitz in gewissen Nervenzentren der Haut hat, vornehmlich in den Händen, der Stirn, im Nacken und auf der Brust. Ich hörte vor kurzem, daß dieselben Untersuchungen mit dem größten Erfolg nunmehr auch von Physiologen durchgeführt worden seien, namentlich in der UDSSR.

Indes, was immer die Natur des Phänomens sein mag: Ich bin ihm von Kindheit an begegnet, und seine Bedingungen erscheinen mir wichtiger als seine Ursache. Die Bedingung dafür, die Bäume am Rand der Straße bestimmen zu können, ohne zu irren, war, die Bäume zu akzeptieren, mich nicht an ihre Stelle zu setzen.

Wir sind alle – blind oder nicht – entsetzlich gierig. Wir wollen alles nur für uns. Selbst wenn wir gar nicht daran denken, wünschen wir, daß das Universum uns ähnlich sei und uns seinen Raum überlasse. Nun, ein kleines blindes Kind lernt sehr rasch, daß dies nicht möglich ist. Es hat es zu lernen, denn jedesmal, wenn es vergißt, daß es nicht ganz allein ist auf der Welt, stößt es gegen etwas, tut sich weh und wird zur Ordnung gerufen. Doch jedesmal, wenn es daran denkt, wird es belohnt: Alles kommt ihm entgegen.

Jaques Lusseyran

Mulla Nasrudin entschloss sich, einen Blumengarten anzulegen. Er bereitete den Boden vor und pflanzte die Samen vieler wunderschöner Blumen ein. Doch als sie aufgingen, füllte sich sein Garten nicht nur mit seinen ausgewählten Blumen, sondern überall wucherte Löwenzahn. Er suchte Rat bei allen möglichen anderen Gärtnern und probierte alle bekannten Methoden aus, um den Löwenzahn loszuwerden, aber ohne Erfolg. Schließlich ging er den ganzen Weg bis zur Hauptstadt, um beim Hofgärtner am Palast des Sheikh vorzusprechen. Der weise alte Mann hatte schon viele Gärtner beraten und schlug eine Vielzahl von Mitteln vor, um den Löwenzahn auszurotten, aber Mulla hatte sie schon alle ausprobiert. Eine Weile saßen sie schweigend zusammen, bis am Ende der Gärtner Nasrudin anschaute und sagte: „Nun, dann schlage ich vor, du lernst, den Löwenzahn zu lieben."

Sufi

EINE ALLEINSTEHENDE MUTTER, die ich sehr bewundere, erzählte mir, wie sie sich jahrelang abmühte, ihre vier Kinder allein großzuziehen, mit wenig Geld und ohne Freizeit. Doch sie tat, was sie konnte. Dann, als ihre jüngste Tochter mit Vierzehn bei einem Unfall gelähmt wurde, wurde sie ganz selbstvergessen von der Energie der großen Mutter Mitgefühl erfüllt. Ihre Tochter konnte weder sprechen noch sich bewegen. Die Ärzte in der Klinik sahen kaum Aussichten, daß sie sich jemals wieder bewegen könnte. Trotzdem wußte ihre Mutter, daß sich ihre Tochter im Innern noch bewußt war. Wie Mütter sind, fühlte sie tief in ihrem Wesen, daß die Tochter wieder gesunden könnte.

Die Mutter zog mit in das Krankenhauszimmer und begann dort, mit ihrer Tochter zu arbeiten. Ein Jahr lang im Krankenhaus und zwei weitere Jahre zuhause brachte sie fast jeden Tag mit der Tochter zu. Sie hob einfach die Hand des Mädchens hoch und legte sie wieder hin, hob sie hoch und legte sie hin, und bewegte Gegenstände vor ihren Augen hin und her, tagein, tagaus, bis die Hände und Augen ihrer Tochter sich wieder zu rühren begannen. Nach drei Jahren war das Mädchen soweit wiederhergestellt, daß sie in die Schule zurückkehren konnte. Inzwischen ist sie erwachsen, hat ein Jurastudium absolviert und steht kurz vor der Heirat. Solche Großherzigkeit läßt sich nicht erzwingen. Sie durchströmt uns, wenn wir zutiefst verbunden und leer sind. Solches Mitgefühl durchströmt uns als Gnade, die Güte mit Furchtlosigkeit paart und mit anderen Mitteln niemals zu erreichen ist.

Zeitgenössisch

5

Mitgefühl

Mehr als alle anderen menschlichen Bedürfnisse, vielleicht sogar mehr als Nahrung und Schutz, ist in uns Menschen, die wir von anderen Menschen geboren, aufgezogen und mit ihnen verbunden sind, das Bedürfnis nach Berührung angelegt. Wir brauchen ständigen Kontakt und Anerkennung unserer gegenseitigen Abhängigkeit und Liebe, wenn wir ein volles Leben führen wollen. Denken wir an unser eigenes Leben, die Zeiten, da wir einen anderen Menschen tief berührt haben, und was es uns bedeutet hat. Oder an Zeiten der Not, da wir einem anderen Menschen erlaubt haben, uns zu berühren, uns zu helfen. Nicht mit unserer Rechtschaffenheit oder unseren Ideen lösen wir die Probleme der Welt, sondern mit der Kraft unserer Güte und der Fähigkeit zu gegenseitiger Berührung. Wenn wir durch die Schleier unserer Geschichten und Dramen hindurchsehen, kommen wir dahin, Schmerzen und Kummer in sich und in anderen zu verstehen.

Mitgefühl ist die einzigartige Eigenschaft des Herzens, die die Macht hat, Ärger und Ressentiments in Vergebung zu verwandeln, Haß in Freundlichkeit, Wut in Herzensgüte. Diese kostbarste aller Eigenschaften unseres Wesens erlaubt uns, unserer Umgebung wie uns selbst mit Wärme, Empfindsamkeit und Offenheit zu begegnen, anstatt uns mit Vorurteilen, Feindseligkeit und Widerstand zu belasten. Es ist eine weit tiefergehendere Eigenschaft als das Mitleid. Es ist ein tief im Herzen empfundenes Gespür für die Würde, das Wohlergehen und die Integrität jedes einzelnen Lebewesens unserer Welt – von der kleinsten Kreatur bis zum größten und mächtigsten Menschen.

Kein Wesen auf der Welt ist frei von diesem Bedürfnis nach Mitgefühl, denn kein Wesen ist frei von Schmerz. In Momenten des Leidens – Tod, Krankheit, Verlust – sehnen wir uns nicht nach Rezepten, Verschreibungen und Ratschlägen. Geheilt werden wir von der liebenden Anwesenheit eines anderen. Ein wunderbarer Bericht in diesem Kapitel zeigt, wie viel mehr eine freundliche Berührung ausrichten kann als die ganze wunderbare Kraft eines in der Kampfkunst ausgebildeten Meisters. Die größte menschliche Kunst, die Güte, ist eigentlich sehr einfach, und doch bringt sie für uns selbst wie für andere ungeheure Integrität und Würde mit sich. Es gibt keine Schranke, keine Hürde, die nicht mit genügend Herzensgüte und Mitgefühl überwunden werden könnte. Unsere Fähigkeit, das zu verkörpern, zeigt sich in der spirituellen Stärke, die die Welt verwandeln kann.

Liebe ist nichts für Feiglinge. Sie ist keine Schwäche, sondern eine große Stärke. Zuzeiten sind wir mit unseren eigenen Schmerzen und Problemen nicht mehr fähig zu genügend Mitgefühl, uns selbst, geschweige denn andere zusammenzuhalten. Dennoch präsentiert das Leben uns weiter die unzähligen Momente, in denen wir immer größere Tiefen des Mitgefühls finden können. Das nötige Mitgefühl kann aus ganz unerwarteten Quellen kommen, vom Wind oder von Tieren, wie in der Delphingeschichte im folgenden Kapitel. Oder es kann sein, daß wir unsere Verbundenheit in Geschäftigkeit, Ambitionen oder Stolz verlieren und dann wiederfinden, wenn wir stolpern und auf der Erde landen. Es ist stets ganz einfach, wenn wir uns und die in unserer Nähe in Freundlichkeit berühren, so als würden wir sie ein letztes Mal sehen, mit Vergebung für alle Enttäuschung und voller Liebe. In diesem lebendigen Mitgefühl geschehen ganz bemerkenswerte Dinge.

Wir wissen, wie sich Ärger, Haß und Entfremdung anfühlen. Wir wissen, wie es sich anfühlt, von Liebe erfüllt zu sein, von Freundlichkeit und Wärme, und wie stark uns diese Gefühle miteinander verbinden. Unsere eigenen Geschichten sind unsere größten Lehrer. Sie zeigen auf das, was wir in unserem Herzen entwickeln und was wir loslassen müssen. Wenn wir aus unseren Geschichten lernen, fragen wir nicht: „Wie kann ich mitfühlender sein?" Wir erkennen vielmehr dankbar, daß wir uns gar nicht leisten können, ohne Mitgefühl zu leben. Ganz egal, wie berechtigt der eigene Ärger und Groll auch sein mag, wir müssen unser Herz den

Worten Mahatma Gandhis öffnen: „Auge um Auge ist ein furchtbarer Weg, die Welt blind zu machen."

Mitgefühl ist kein Ziel irgendwo in der Zukunft, noch notwendigerweise ein Ergebnis großer spiritueller Anstrengung. Die Gelegenheiten für Mitgefühl, ein offenes Herz, eine Berührung des eigenen oder anderen Herzens sind zahlreich. Sie stecken gerade in jenen Momenten, in denen wir mit Haß, Vorwürfen oder Voreingenommenheit reagieren. In solchen Augenblicken können wir uns fragen, ob wir wirklich in den Bahnen von Entfremdung und Schmerz reisen müssen oder ob es uns nicht möglich ist, in uns die Vergebung und/oder die Anteilnahme zu finden, die uns die Berührung mit einem anderen Herzen erlauben.

Vielleicht schließen wir im Verlauf des folgenden Kapitels irgendwann einmal die Augen, um nachzudenken, um Rückschau zu halten über unser eigenes Leben, und führen uns zwei gute Taten, die wir getan haben, vor Augen, zwei Dinge, an die wir eine glückliche Erinnerung haben, von denen wir, auch wenn wir heute sterben müßten, wissen, daß sie gut waren. Wenn wir sie finden und betrachten, entdecken wir wie jeder andere auch, wie einfach sie waren. Die Momente, in denen wir für einen anderen Menschen da waren und sagen konnten: „Ich liebe dich", ihren Schmerz mit unserer Güte berührten, der Mut und die einfache Kraft, voll da zu sein für und mit einem anderen Menschen. Das sind die Momente, die das Leben menschlich machen.

Die Geschichten über Vergebung und Mitgefühl im folgenden Kapitel können uns inspirieren, das eigene Leben einmal neu anzusehen und zu fragen, wo in unseren Beziehungen Möglichkeiten zu Heilung gegeben sind, uns, ohne sofort ein Urteil zu fällen, freundlich und empfindsam zu fragen, wo wir Ärger, Voreingenommenheit und Wut im Herzen tragen. Können wir das abgeben? Können wir den natürlichen Glanz unseres eigenen Mitgefühles ausstrahlen und das andere Herz berühren? Können wir sogar jene betrachten, die Leiden und Gewalt für uns oder die Welt erzeugen, und sie sehen, wie ihre Mütter sie sahen, als sie Kinder waren? Können wir den darunterliegenden Schmerz, die Verwirrung und Angst als Ursachen der Gewalt erkennen, die dann verbreitet wurde, und durch all das hindurch die fundamentale Sehnsucht, die alle Menschen gemeinsam haben? Das ist die Grundlage für die Transformation des Herzens.

Granpa und Granma hatten Verständnis, und deshalb hatten sie Liebe. Mit den Jahren, sagte Granma, wird das Verstehen tiefer und ihrer Ansicht nach alles übertreffen, was normale Sterbliche ausdenken oder erklären könnten. Sie nannten das „Verwandtschaft".

Granpa sagte, damals vor seiner Zeit meinte „Verwandtschaft" alle Leute, die du verstandest und die mit dir einer Gesinnung waren; eigentlich bedeutete es „geliebte Leute". Doch die Menschen wurden egoistisch und engten es ein, so daß es nur noch Blutsverwandte umfaßt. Tatsächlich aber war es nie so gemeint gewesen.

Granpa sagte, als er ein kleiner Junge war, hatte sein Pa einen Freund, der oft zu ihrer Blockhütte kam. Das war ein alter Cherokee mit Namen 'Coon Jack, der immer streitsüchtig und schlechter Laune war. Er hatte keine Ahnung, was sein Pa am alten 'Coon Jack finden konnte. Er sagte, sie gingen unregelmäßig zum kleinen Kirchhaus unten in der Niederung. Am Sonntag war Bekenntniszeit, dann standen die Leute auf, wenn sie fühlten, daß der Herrgott sie rief, und bekannten ihre Sünden und wie sehr sie den Herrn liebten.

Bei dieser Bekenntniszeit also, sagte Granpa, stand 'Coon Jack auf und sagte: „Ich hör' sagen, da sind welche hier, die hinter meinem Rükken über mich geredet haben. Ihr sollt wissen, daß ich das mitkriege. Ich weiß, was mit euch los ist; ihr seid neidisch, weil das Diakonat mir den Schlüssel zum Gesangbuchkasten anvertraut hat. Also, laßt euch gesagt sein, wem das nicht paßt, der macht Bekanntschaft mit meinem Freund hier in meiner Tasche."

Das sah 'Coon Jack ähnlich, sagte Granpa, denn der hob sein Lederhemd, unter dem ein Pistolengriff zu sehen war. Er war offensichtlich kreuzwütend.

Die Kirche war voll von harten Männern, unter ihnen auch sein Pa, sagte Granpa, und die würden dich schon erschießen, weil der Wind sich dreht, aber niemand zuckte mit der Wimper. Er erzählte mir, sein Pa sei aufgestanden und habe gesagt: „'Coon Jack, jeder hier respektiert dich, wie du den Schlüssel zum Gesangbuchkasten aufbewahrt hast. Die beste Verwahrung, die es je gab. Wenn es Gerede gab, ein Mißverständnis, das dir Sorgen bereitet hat, erkläre ich hier und jetzt, daß es allen Anwesenden leid tut."

'Coon Jack setzte sich und war wieder ganz versöhnlich und zufrieden wie alle anderen auch.

Auf dem Heimweg fragte Granpa seinen Pa, warum 'Coon Jack solche Reden von sich geben durfte, und Granpa sagte, wie er lachen mußte, daß 'Coon Jack sich so aufspielte mit dem Schlüssel für den Gesangbuchkasten. Er sagte, sein Pa hatte ihm gesagt: „Mein Sohn, lache 'Coon Jack nicht aus. Weißt du, als der Cherokee aus seiner Heimat vertrieben wurde, war er jung und versteckte sich hier in den Bergen und kämpfte ums Überleben. Als der Bürgerkrieg kam, dachte er, jetzt könne er vielleicht gegen dieselbe Regierung kämpfen und Land und Haus zurückgewinnen. Er kämpfte hart. Beide Male verlor er. Als der Krieg aus war, kamen die Politiker und versuchten zu bekommen, was von dem, was wir gehabt hatten, übrig war. 'Coon Jack kämpfte und floh und versteckte sich und kämpfte aufs neue. Weißt du, 'Coon Jack ist in einer Zeit des Kampfes aufgewachsen. Der Schlüssel zum Gesangbuchkasten ist alles, was er jetzt noch hat. Und wenn es aussieht, als ob 'Coon Jack auf Streit aus ist ... nun, das ist so, weil es nichts mehr zu kämpfen gibt für 'Coon Jack. Er hat nie etwas anderes gekannt."

Granpa sagte, wegen 'Coon Jack könnten ihm gleich die Tränen kommen. Hinterher sagte er noch, es spielte keine Rolle, was 'Coon Jack sagte oder tat ... er liebte ihn, weil er ihn verstand. Granpa sagte, dies sei „Verwandtschaft", und die meisten tödlichen Probleme der Leute kämen daher, daß sie sie nicht praktizierten; daher und von den Politikern.

Das konnte ich sofort einsehen, und fast kamen auch mir die Tränen wegen 'Coon Jack.

Forrest Carter

AN EINEM SCHLÄFRIGEN NACHMITTAG im Frühling rasselte und ratterte der Zug durch die Vororte von Tokio. Ein Wagen war vergleichsweise leer – einige Hausfrauen mit ihren Kindern im Schlepptau, ein paar ältere Leute, die einkaufen fuhren. Ich starrte abwesend auf die grauen Häuser und staubigen Heckenreihen.

An einer Station öffneten sich die Türen, und die Nachmittagsruhe wurde plötzlich gestört von einem Mann, der heftige, unverständliche Flüche ausstieß. Der Mann stolperte in unseren Wagen. Er trug Arbeiterkleidung, war groß, betrunken und schmutzig. Schreiend rempelte er eine Frau an, die ein Baby im Arm trug. Der Stoß warf sie um, so daß sie taumelnd auf den Schößen eines älteren Paares landete. Es war ein Wunder, daß dem Baby nichts geschah.

Entsetzt sprangen die beiden älteren Leute auf und machten, daß sie zum anderen Ende des Wagens kamen. Der Arbeiter zielte einen Tritt auf die entfliehende Hinterseite der alten Dame, verpaßte sie aber, während sie sich in Sicherheit flüchtete. Darüber wurde der Betrunkene so wütend, daß er die Metallstange in der Mitte des Wagens packte, um sie aus der Verankerung zu reißen. Ich sah, daß eine seiner Hände einen Schnitt hatte und blutete. Der Zug ruckelte weiter, die Passagiere waren starr vor Angst. Ich stand auf.

Ich war jung damals, vor mehr als zwanzig Jahren, und in recht guter Verfassung. Ich hatte drei Jahre mit stolzen acht Stunden fast täglichem Aikido-Training hinter mir. Ich liebte Werfen und Ringkampf. Ich hielt mich für zäh. Der einzige Haken war, daß mein kampfsportliches Geschick nie in echtem Wettkampf erprobt war. Als Aikido-Schülern war es uns nicht erlaubt zu kämpfen.

„Aikido“, hatte mein Lehrer immer wieder gesagt, „ist die Kunst der Versöhnung. Wer Kampf im Sinn hat, hat seine Verbindung mit dem Universum gebrochen. Wenn du versuchst, über Leute zu dominieren, bist du schon geschlagen. Wir lernen, wie wir Konflikte lösen, nicht wie wir sie schaffen.“

Ich hörte seinen Worten zu. Ich gab mir große Mühe. Ich ging sogar auf die andere Straßenseite, um den Chimpira, den an den Bahnstationen herumlungernden Flipper-Punks aus dem Wege zu gehen. Meine Nachsicht war erhebend. Ich fühlte mich hart und heilig zugleich. Im Herzen wünschte ich mir jedoch eine absolut legitime Gelegenheit, Unschuldige retten und Schuldige zerstören zu können.

„Das ist es!“ sagte ich mir und sprang auf die Beine. Die Leute sind in Gefahr, und wenn ich nicht schnell etwas unternehme, wird es Verletzte geben. Der Betrunkene sah mich aufstehen und nahm mich als Gelegenheit, seiner Wut ein Ziel zu geben. „Aha!“ brüllte er. „Ein Ausländer! Du brauchst eine Lektion in japanischen Manieren!“

Ich hielt mich leicht am Haltegriff über mir fest und musterte ihn langsam mit empört verächtlichem Blick. Ich hatte vor, diesen Rüpel auseinanderzunehmen, aber es war an ihm, den ersten Zug zu machen. Ich wollte ihn ärgern, deshalb schürzte ich die Lippen und machte ihm einen unverschämten Kußmund.

„In Ordnung!“ tobte er. „Du wirst deine Lektion erhalten.“ Er rappelte sich zum Angriff auf.

Einen Sekundenbruchteil, bevor er loslegte, schrie jemand gellend „He!“ Ich erinnere mich an den seltsam freudigen, beschwingten Klang – als ob du mit einem Freund etwas lange und ausgiebig gesucht hast, und er stößt plötzlich drauf. „He!“

Ich wandte mich nach links, der Betrunkene taumelnd nach rechts. Wir beide starrten auf einen kleinen alten japanischen Herrn hinunter. Er muß über Siebzig gewesen sein, dieser winzige Gentleman, wie er so makellos in seinem Kimono dort saß. Er beachtete mich nicht, strahlte aber den Arbeiter entzückt an, als ob er ein höchst bedeutsames, willkommenes Geheimnis zu teilen hätte.

„Komm her“, sagte der alte Mann in leichtem Dialekt und winkte dem Betrunkenen. „Komm her und rede mit mir“. Er winkte leicht mit der Hand.

Der große Mann folgte wie von einer Schnur gezogen. Er stellte seinen Fuß provozierend vor den alten Gentleman und übertönte mit seinem Brüllen das Rattern der Räder: „Warum zum Teufel sollte ich mit dir reden?“ Nun hatte der Betrunkene mir den Rücken zugewandt. Wenn sein Ellbogen auch nur einen Millimeter näherkommt, kann er was erleben!

Der alte Mann strahlte den Arbeiter immerfort an. „Was hast du getrunken?“ fragte er mit interessiertem Funkeln in den Augen. „Saki habe ich getrunken“, brüllte der Arbeiter, „und das geht dich überhaupt nichts an!“ Speicheltropfen spritzten über den alten Mann. „Oh, das ist wunderbar!“ sagte er, „wirklich wunderbar! Weißt du, ich liebe Saki ebenfalls. Meine Frau und ich (sie ist 76, mußt du wissen), wir machen uns jeden Abend eine kleine Flasche Saki warm und nehmen sie mit nach draußen in den Garten, und dann setzen wir uns auf eine alte Holzbank. Wir beobachten den Sonnenuntergang und schauen nach unserem Persimonenbaum. Mein Urgroßvater pflanzte diesen Baum, und wir sind besorgt, ob er sich von den eisigen Stürmen erholt, die wir im letzten Winter hatten. Aber unserem Baum geht es besser, als ich erwartete, besonders wenn man bedenkt, wie karg der Boden ist. Er ist schön anzusehen, wenn wir dann unseren Saki mit nach draußen nehmen und den Abend genießen – auch wenn es regnet!“ Mit zwinkernden Augen sah er zu dem Arbeiter hoch.

Während er sich anstrengte, der Unterhaltung zu folgen, wurden seine Gesichtszüge weicher. Seine geballten Fäuste lockerten sich langsam. „Ja“, sagte er. „Persimonen liebe ich auch...“ Er verstummte.

„Ja“, sagte der Alte lächelnd, „und ich bin sicher, du hast eine wundervolle Frau.“

„Nein“, antwortete der Arbeiter. „Meine Frau ist gestorben.“ Ganz sanft, während er mit der Bewegung des Zuges hin- und herschwankte, begann er zu schluchzen. „Ich habe keine Frau, ich habe kein Zuhause, ich habe keine Arbeit. Ich schäme mich so.“ Die Tränen rollten ihm die Wangen hinunter; ein verzweifeltes Zittern fuhr durch seinen Körper.

Jetzt war ich an der Reihe. Da stand ich in meiner saubergeschrubbten jugendlichen Unschuld mit meiner „die-Welt-sicher-machen-für-Demokratie-Gerechtigkeit“ und fühlte mich plötzlich viel schmutziger als er.

Da war der Zug an meiner Station angekommen. Als die Türen aufgingen, hörte ich den alten Mann voller Mitgefühl beipflichten: „Owei, owei, das ist wirklich eine problematische Situation. Setz dich her und erzähl mir davon.“

Ich warf noch einen letzten Blick zurück. Der Arbeiter war auf den Sitz gesunken, und sein Kopf lag im Schoß des alten Mannes, der ihm sanft über das filzig matte Haar strich.

Als der Zug wieder anfuhr, setzte ich mich auf eine Bank. Was ich mit Muskeln tun wollte, war mit freundlichen Worten erreicht worden. Soeben hatte ich Aikido in Aktion erlebt, und die Essenz davon war Liebe. Ich würde die Kunst in einem völlig anderen Geist ausüben müssen. Es würde noch lange dauern, bevor ich über die Lösung von Konflikten sprechen könnte.

Terry Dobson

EIN BRUDER FRAGTE ABBA MATOES: „Was soll ich tun? Meine Zunge bereitet mir Schwierigkeiten, und ich kann sie nicht im Zaume halten, wenn ich unter Leuten bin. Ich verurteile all ihre guten Taten und widerspreche ihnen. Was soll ich also tun? “

Der Alte antwortete ihm: „Wenn du dich nicht beherrschen kannst, dann meide die Leute und lebe allein. Denn das ist eine Schwäche – jene, die mit anderen zusammenleben, sollten nicht eckig sein, sondern rund, um sich allen zuzuwenden.“ Weiter fügte der alte Mann hinzu: „Daß ich allein lebe, ist nicht wegen meiner Tugend, sondern wegen meiner Schwäche. Denn, siehst du, jene, die unter den Leuten leben, das sind die Starken.“

Wüstenväter

Es gibt einen Mönch, der einem niemals Rat, sondern nur eine Frage gibt. Mir wurde erzählt, daß seine Fragen sehr hilfreich sein könnten. So suchte ich ihn auf. „Ich bin Gemeindepfarrer“, sagte ich, „und nehme hier an einer Klausur teil. Könntest du mir eine Frage geben?“

„Gerne“, antwortete er. „Meine Frage lautet: »Was brauchen sie?«“

Ich ging enttäuscht fort. Einige Stunden verbrachte ich mit der Frage, schrieb Antworten nieder, doch schließlich kehrte ich wieder zu ihm zurück.

„Entschuldige bitte. Vielleicht habe ich mich nicht klar ausgedrückt. Deine Frage war hilfreich, doch während dieser Klausur bin ich nicht so sehr daran interessiert, über mein Pfarramt nachzudenken. Statt dessen möchte ich mich ernsthaft meinem eigenen spirituellen Leben widmen. Könntest du mir eine Frage für mein eigenes spirituelles Leben geben?“

„Ah, ich verstehe. Dann lautet meine Frage: »Was brauchen sie *wirklich*?«“

Vater Theophanus

Mitten in die laue Nacht Indiens platzte ein Eindringling durch die Bambustür der einfachen Lehmhütte. Es war ein Impfbeamter von der Regierung, der den Auftrag hatte, den Widerstand gegen die Pockenimpfung zu brechen. Lakshmi Singh erwachte mit einem Schrei und huschte in ein Versteck. Ihr Mann sprang aus dem Bett, ergriff eine Axt und scheuchte den Eindringling auf den Hof.

Draußen wurde Mohan Singh von einem Trupp Ärzten und Polizisten rasch überwältigt. Kaum lag er am Boden, stieß ein zweiter Impfbeamter ihm die Pockennadel in den Arm.

Mohan Singh, ein 40jähriger drahtiger Anführer des Stammes Ho, wand sich unter der Nadel, worauf die Impfstelle zu bluten begann. Die Regierungsmannschaft hielt ihn fest, bis genügend Impfstoff injiziert war; dann packten sie seine Frau. Mohan Singh hielt kurz inne, um den Impfstoff auszusaugen, bevor er eine Bambusstange vom Dach herunterriß und auf die Fremden losging, die seine Frau festhielten.

Während zwei Polizisten ihn zurückstießen, überwältigte das restliche Kommando die ganze Familie und impfte einen nach dem anderen. Lakshmi Singh biß dem einen Arzt tief in die Hand, aber es nützte nichts.

Als alles vorbei war, versammelte sich unser Impfteam auf dem kleinen Hof. Mohan Singh stand mit seiner erschöpften Familie neben der zerbrochenen Haustür. Wir sahen uns schweigend über eine kulturelle Schranke hin an, keine Seite wußte, was als nächstes zu tun sei. So ein Vorkommnis – einen nächtlichen Überfall mit gewaltsamer Pockenimpfung – hatte es noch nie gegeben.

Mohan Singh warf einen Blick über seinen durcheinander geratenen Haushalt und dachte nach. Einen Moment zögerte er. Dann ging er auf sein kleines Gemüsebeet zu und bückte sich, um die einzige reife Gurke an der Ranke zu pflücken. Er befolgte das Gastfreundschaftsgesetz seines Stammes und ging auf den verdutzten jungen indischen Arzt zu, den seine Frau gebissen hatte, und reichte ihm die Gurke.

Ich stand im Schatten und versuchte, den Sinn dieser seltsamen Begegnung zu enträtseln. Ich wandte mich an Zafar Hussein, einen muslimischen Arzthelfer, den die indische Regierung mir als Führer und Übersetzer beigesellt hatte. Was um alles in der Welt hatte die Gurke zu bedeuten? In Hindi gab Zafar meine Frage an einen der Impfer, einen westlich erzogenen Ho-Jugendlichen weiter, der Mohan Singh in dem Stakkato-Rhythmus der tonalen Ho-Sprache fragte.

Mit großer Würde stand Mohan Singh da, stocksteif wie ein Besenstiel. Inzwischen war das ganze Dorf wach, die Leute standen um den Hofschauplatz herum, während die aufgehende Sonne den Fortgang des Dramas erleuchtete. Mit sorgfältig gewählten Worten begann Mohan Singh:

„Mein Dharma (religiöse Pflicht) besteht darin, mich Gottes Willen hinzugeben. Nur Gott kann entscheiden, wer krank wird und wer nicht. Es ist meine Pflicht, mich eurer Einmischung in seinen Willen zu widersetzen. Wir müssen uns euren Nadeln widersetzen. Wir würden im Widerstand sterben, wenn das nötig ist. Meine Familie und ich haben nicht nachgegeben. Wir haben unsere Pflicht getan. Wir können stolz darauf sein, daß wir in unserem Glauben festgeblieben sind. Es ist keine Sünde, wenn man mitten in der Nacht von so vielen Fremden überwältigt wird. Ihr hingegen seid gekommen und habt mir gesagt, daß es euer Dharma ist, diese Krankheit mit euren Nadeln zu verhindern. Wir haben euch weggeschickt. Heute nacht habt ihr Gewalt angewendet. Ihr sagt, ihr handelt in Übereinstimmung mit eurer Pflicht. Ich habe in Übereinstimmung mit meiner gehandelt. Es ist vorbei. Gott wird entscheiden. Jetzt seid ihr, wie ich es sehe, Gäste in meinem Haus. Es ist meine Pflicht, Gäste zu bewirten. Zu dieser Zeit habe ich wenig anzubieten. Außer dieser Gurke."

Ich fühlte mich betäubt und zerrissen. Einen Moment fragte ich mich, ob ich auf der falschen Seite war. Mohan Singh war so fest in seinem Glauben, und doch war keine Spur von Ärger in seinen Worten. Ich suchte in den Gesichtern meiner Kameraden, ob jemand auf die Worte von Mohan Singh antworten würde. Gedemütigt von der Glaubenskraft Mohan Singhs starrten alle auf den Boden.

Lawrence Brilliant

BERICHTE ERREICHTEN DEN DALAI LAMA, daß ein gewisser Kung Fu-Meister im Lande umherzog und junge Männer mit Lehren über Gewaltsamkeit anlockte. Obwohl er in Tibet geboren war, war er in Peking aufgewachsen, und es ging das Gerücht, er sei als Geheimagent zurückgekehrt, um die Tibeter mit der überlegenden Macht der Chinesen so in Erstaunen zu versetzen, daß das Land sich öffnen und bereitwillig einer Eroberung hingeben würde.

Der Kung Fu-Meister hatte sich einen Namen gemacht, als er es mit acht feurigen Lolo-Kriegern aufnahm, die ihn auf einem Gebirgspaß angriffen. Sieben von ihnen tötete er so schnell, daß der einzige Überlebende, dem die Beine gebrochen waren, beschwor, der wundersame Reisende habe ihren Angriff mit so geschwinden Bewegungen gekontert, daß es den Anschein hatte, als ginge er einfach durch sie hindurch, um dann friedlich seinen Weg fortzusetzen.

Wo immer der Kung Fu-Meister anhielt, sammelte er Anhänger und Bewunderer um sich, die fasziniert waren von der mystischen Schönheit seiner Methoden. Der Tanz der Zerstörung, den er immer gern in Zeitlupentempo vor Publikum auf Marktplätzen vorführte, sollte von ehrfurchtgebietender Schönheit sein. Wenn er den Tanz schnell machte, konnte man nichts sehen. Der Meister schien dann völlig still zu stehen. Nur ein Windstoß kündigte davon, daß er herumgewirbelt war und mit Armen und Beinen um sich geschlagen hatte. Und mindestens ein Dutzend jugendlicher Halbstarker, die es mit ihm aufnehmen wollten, hielten sich dann die Körperteile, die er spielerisch mit seinen Händen oder Füßen angetippt hatte, um zu demonstrieren, welche Knochen er gebrochen, welche Organe er zerstört haben könnte.

Entgegen allen buddhistischen Gesetzen hatte man unnötig Yaks geschlachtet, um die vielen stämmigen Mönchskerle, die ihre Lamaseraien und Roben aufgegeben hatten, mit schwarzen Lederanzügen zu versorgen, so wie der Kung Fu-Meister einen trug, vom Nacken bis zu den Fersen, der sich hauteng über seine riesigen Muskeln schmiegte.

Diese ledergekleideten Anhänger folgten ihrem Meister überall hin und forderten sich gegenseitig zu Duellen heraus, die vielen von ihnen den Tod oder Verkrüppelung brachten. Der Regent und andere Ratgeber des Dalai Lama waren in großer Sorge, besonders nachdem das Gerücht zu zirkulieren begann, der Kung Fu-Meister sei eine Inkarnation Shivas, des Hindugottes der Zerstörung.

Würde man ihn ins Gefängnis werfen, würde es sicher Aufstände geben, denn er hatte kein Unrecht begangen. Er hatte alles Recht, sich im Land aufzuhalten. Seit seiner brillianten Verteidigung gegen die Lolos hatte er niemanden mehr ernsthaft verletzt. Als Regierungsbeamte seine Absichten hinterfragten, sagte er, er sei ein ernsthafter religiöser Mystiker und versuche, gewisse kosmische Gesetze weiterzugeben, die er von seinem chinesischen Guru gelernt hatte.

Es wurde entschieden, ihn nicht öffentlich anzugreifen, sondern ihn gemäß altem tibetischem Brauch, wenn jemand fragwürdige Handlungen als religiöse Privilegien ausgibt, in aller Form an den Hof des Dalai Lama einzuladen.

Erfreut über die Einladung schritt der Kung Fu-Meister in die Zeremonienhalle des Dalai Lama. Der junge Gott-König, der zu der Zeit erst zehn Jahre alt war, war von den wunderbaren Kraftschwingungen, die von ihm ausgingen, höchst beeindruckt. Sie ließen die anwesenden Mönche und Lamas in weibisches Kichern und Gaffen ausbrechen. Der Kung Fu-Meister war in der Tat eine schöne, prächtige Gestalt, mit seinem dicken blauschwarzen Haar, das ihm über die lederbekleideten Schultern fiel. Seine Zähne blitzten zuversichtlich unter hochgezwirbeltem Schnauzbart. Er warf sich nicht nieder, sondern verbeugte sich nur galant, um sich dann zurückzulehnen und seine Brust mit Luft zu füllen, bis sein ganzer Körper sich dehnte, anspannte und glänzte.

„Euer Hoheit", begann er, „ich weiß, warum ihr mich hergebeten habt, und möchte, daß ihr aufhört, euch Sorgen zu machen. Die Häßlichkeit ist mein einziger Feind. Ihr seid allesamt schöne Leute" – Gekicher von den Mönchen – „und es käme mir nicht in den Sinn, euch schaden zu wollen."

„Wenn du schaden willst", fragte der Dalai Lama, „was für Schaden kannst du zufügen?"

„Nun, ich möchte es überhaupt nicht als Schaden ansehen, Hoheit. Ich möchte es als Hilfe sehen. Ich liebe die Schönheit, so wie jeder erleuchtete Mensch ein Liebhaber von Schönheit ist. Und ich weiß ebensogut wie ihr, daß man Schönheit in dieser Welt nicht entstehen lassen kann, ohne erst die Häßlichkeit zu beseitigen. Ihr mögt die Resultate nicht sofort sehen können – es könnte sogar nach dem Gegenteil aussehen – aber was ich tue, ist, Schönheit entstehen zu lassen, indem ich einen Spezialkader ausbilde, den Boden dafür vorzubereiten.

Das ist der Grund, warum ich meine Rekruten gerne aus den Lamaseraien hole. Es gibt zuviel Häßlichkeit in dieser Welt, viel zu viel. Dagegen muß etwas unternommen werden von Leuten, deren Kraft von moralischem Eifer unterstützt wird. Ich glaube, der Ort, einen Anfang zu machen, ist hier in diesem Land, wo ich geboren wurde. Für diese Aufgabe könnte ich eure Hilfe gebrauchen.

„Was tust du genau?" fragte der Dalai Lama.

„Königliche Hoheit, die beste Art, das zu zeigen, wäre, wenn Ihr hier vor mir steht, während ich einen kleinen Tanz vorführe, den ich etwa fünfzehn Jahre lang vervollkommnet habe. Obwohl ich mit diesem Tanz augenblicklich ein Dutzend Männer töten kann, habt keine Angst. Es soll nur eine Demonstration der Zerstörung der Häßlichkeit sein. Ohne daß ihr seht, wie diese häßlichen Kräfte zerstört werden – denn meine Arme und Beine bewegen sich schneller als Hubschrauberflügel –, werdet ihr die große Stille erfahren, die einsetzt, wenn sie zum Schweigen gebracht sind."

Der Dalai Lama stand auf und fühlte augenblicklich, als ob ein Wind Blütenblätter über seinen Körper geweht hätte. Er schaute nach unten, sah aber nichts. „Du magst beginnen", sagte er dem Kung Fu-Meister.

„Beginnen?" fragte der mit jovialem Grinsen. „Ich bin bereits fertig. Was Ihr fühltet, waren meine Hände, wie sie über euren Körper schnipsten. Das war, wenn es euer Hoheit gefällt, eine Demonstration in Zeitlupe, extrem verlangsamt, wie ich die Organe in eurem Körper eins nach dem anderen hätte zerstören können. Mit diesem Knöchel hätte ich die Verbindung zwischen eurem Hirn und Rückgrat trennen können. Mit der Spitze dieses Fingers könnte ich euch impotent machen. Mit der Kante dieser Hand könnte ich eure Ausscheidungen unterbinden. Mit diesem Zeh hätte ich euren Arm brechen können und in derselben Bewegung auch euer Bein mit meiner Ferse. Eure Augen, Ohren, Nase, Hals, Milz, Leber ... was immer. In diesem einen kleinen Tanz hätte ich sie allesamt herausnehmen können."

Er strahlte vor Stolz, ließ seine Muskeln spielen und betrachtete zufrieden seinen Körper von oben bis unten. „Um den großen Frieden zu erreichen", schloß er, „müssen die inneren und äußeren Dämonen ausradiert werden. Sie erscheinen und verschwinden so schnell, daß ihr sie nicht sehen könnt, aber ich habe gelernt, sie zu sehen, und kann sie fangen und töten, bevor sie entwischen, so wir ihr eine Fliege fangt."

„Ich fange keine Fliegen", sagte der Dalai Lama. Aus den Reihen der Mönche stieg zustimmendes Gemurmel auf. „Nein", sagte der Dalai Lama froh darüber, daß seine Kameraden nicht völlig verführt worden waren, „wir fangen keine Fliegen in Tibet."

„Der Kung Fu-Meister schien einen Moment ratlos, doch dann plusterte er sich wieder auf und fuhr fort: „Ganz richtig. Aber es gibt in diesem Land viel Krankheit, die von den Fliegen erzeugt wird. In China gibt es sehr wenig Krankheit, weil jeder weiß, wie man eine Fliege fängt. Euer Hoheit, ich bin nicht in der heiteren Ruhe dieses Palastes aufgewachsen, sondern in den Straßen einer Stadt wie euer Lhasa, nur größer. In der Stadt

Peking sah ich trübe gewordene Augen, die durch den Rauch der Verwesung auf Bilder kapitalistischer Lust starrten. Ich hörte Münder, die zu ihren vermeintlich sozial Unterlegenen fortwährend in einem Ton der Beleidigung, Verachtung, Heuchelei und Rache sprachen. Ich habe Herzen gekannt, die aufgeregt schlugen, wenn Unschuldige gequält wurden. Ich habe beobachtet, wie die Unersättlichen mit ihren aufgeblähten Bäuchen auf den Rücken Halbverhungerter ritten. Ich habe Beine gesehen, die pathetisch wackelten, um einen von Chemikalien vergifteten Körper aufrecht zu halten. Ich habe Ohren gesehen, die sich eifrig allen Gerüchten, Klatsch, Falschmeldungen und Evangelien der Gier ergeben. Kurz, in jedem Teil des menschlichen Körpers habe ich Korruption beobachtet, und ich habe es auf mich genommen, diese Korruption ein für allemal zu zerstören."

„Und nachdem sie zerstört ist?" fragte der Dalai Lama. „Dann ist sie zerstört. Meine Kunst mag bloß eine Kunst der Vorbereitung sein, aber sie ist endgültig. Und ich bin ihr vollendeter Meister."

„Ich kenne einen Meister, der größer ist als du", sagte der Dalai Lama.

„Ohne eure Hoheit beleidigen zu wollen, bezweifle ich das sehr."

„Doch, ich kenne jemanden, der dich besiegen kann", beharrte der Knabenkönig.

„Dann soll er mich herausfordern, und wenn er mich besiegt, werde ich Tibet für immer verlassen."

„Wenn er dich besiegt, wird es nicht nötig sein, daß du Tibet verläßt." Der Dalai Lama schaute sich um, ob seine Mönche ebenso zuversichtlich wären wie er, doch sie sahen sämtlich ziemlich mutlos aus. Die riesigen Wachen schauten weg und hofften, er würde keinen von ihnen rufen; die übrigen schauten auf die Wachen und waren anscheinend überzeugt, daß keiner von ihnen auch nur die geringste Chance hatte.

Der Dalai Lama klatschte in die Hände. „Regent", sagte er, „lasse den Tanzmeister holen, und während wir warten, wollen wir Tee trinken."

Die Teezeremonie war fast vorbei, als der Regent mit dem Tanzmeister zurückkam. Er war ein beweglicher kleiner Kerl, halb so groß wie der Kung Fu-Meister, und hatte seine Blütezeit schon lange überschritten. Seine Beine waren von Krampfadern durchzogen, und Arthritis hatte seine Ellbogen anschwellen lassen. Dennoch funkelten seine Augen, und er schien sich auf die Herausforderung zu freuen.

Der Kung Fu-Meister verspottete seinen Gegner nicht. „Mein eigener

Guru“, sagte er, „war noch kleiner und älter als du, aber bis zum vergangenen Jahr war ich nicht imstande, ihn zu besiegen. Ich hätte ihn leicht fertigmachen können, wenn ich ihn nur einmal hätte berühren können, aber er war zu schnell. Erst letztes Jahr habe ich ihn endlich am Ohr erwischt und zerstört, wie ich dich zerstören werde, wenn du schließlich ermüdest. Um zu zeigen, daß ich deine Methoden kenne und mich nicht verleiten lasse, meine Energien zu verausgaben, kannst du mich am Anfang schlagen, wie du willst. Deine zarten kleinen Hände können mir nicht schaden, solange ich meine volle Kraft besitze.“

Die beiden Gegner nahmen Stellung ein. Der Kung Fu-Meister machte ein paar leichte, muntere Schritte, um den anderen zum Angriff zu bewegen.

Sehr langsam begann der alte Tanzmeister zu kreisen, und seine Roben wehten um sein Haupt. Seine Arme streckten sich aus, und seine Hände flatterten wie Schmetterlinge auf die Augen seines Gegners zu. Die Finger ließen sich einen Moment sanft auf den buschigen Augenbrauen nieder. Der Kung Fu-Meister zog sich erstaunt zurück. Er schaute sich in der großen Halle um. Plötzlich bebte alles in reichen Tönen singender Farben. Die Gesichter der Mönche strahlten vor Schönheit. Es war, als ob seine Augen zum ersten Mal reingewaschen worden waren.

Die Finger des Tanzmeisters strichen über die Nase des Kung Fu-Meisters, der plötzlich den scharfen Gerstegeruch aus einem Kornspeicher weit unten in der Stadt wahrnahm. Er konnte die Butter riechen, die in dem lieblichen Duft des Tees dahinschmolz, während der unvergleichlich schöne Dalai Lama an seinem Tee nippte und ihm ruhig zuschaute. Ein Schnipser vom Fuß des Tanzmeisters an seinen Genitalien versetzte seinen Penis in pulsierendes Verlangen und Drängen, aus seiner ledernen Scheide auszubrechen. Der Ton einer Frau, die am offenen Fenster sang, erfüllte ihn mit der allerfeinsten Sehnsucht, sie in die Arme zu nehmen und zu liebkosen. Er spürte, wie er seine Lederkleider ablegte, bis er nackt vor dem Tanzmeister stand, dessen jede Berührung ihn nun mit Freude überstürmte.

Sein Körper begann zu summen wie ein feingestimmtes Instrument. Er konnte die großen Hörner hören, wie sie in Tausenden von Räumen im Potalapalast zum Lobpreis der Schöpfung widerhallten. Er öffnete den Mund und sang wie ein Vogel bei Sonnenaufgang. Es schien, als hätte er viele, viele Arme, Beine und Hände, die alle das aufblühende Leben feiern wollten.

Der Kung Fu-Meister begann den wunderschönsten Tanz, der je in der großen Zeremonienhalle des Potalapalastes zu sehen war. Er hielt drei Tage und drei Nächte an. Während dieser Zeit feierte ganz Tibet, und die Besucher drängten sich in den Eingängen und auf den Galerien, um das Schauspiel zu sehen.

Erst als er schließlich am Thron des Dalai Lama zusammenbrach, wurde er gewahr, daß ein weiterer Körper neben ihm lag. Bei der Aufführung seines letzten und wunderbarsten Tanzes war der alte Tanzmeister an Erschöpfung gestorben. Aber er war glücklich gestorben, denn er hatte den Schüler und Nachfolger gefunden, nach dem er sich immer gesehnt hatte. Der neue Tanzmeister von Tibet nahm den zerbrechlichen Leichnam in seine Arme und zog, während er vor Liebe weinte, dessen letzte Energien in seinen Körper hinein. Nie hatte er sich so stark gefühlt.

Pierre Delattre

BEI DER DRITTEN SABBATMAHLZEIT, dem traulichen und heiligen Gemeinschaftsmahl, saßen die Chassidim an Rabbi Wolfs Tisch, ihr Gespräch nur leise und mit verhaltenen Gebärden fortspinnend, um den in Sinnen versunkenen Zaddik nicht zu stören. Es war aber der Wille Rabbi Wolfs und der Brauch im Haus, daß jedermann jederzeit eintreten und sich an seinem Tisch niederlassen durfte. So kam auch jetzt ein Mann und setzte sich zu den anderen, die ihm Platz machten, wiewohl ihnen seine derben Sitten bekannt waren. Nach einer Weile zog er einen großen Rettich aus der Tasche, schnitzelte sich einen Haufen mundgerechter Stükke zusammen und begann sie schmatzend zu verzehren.

Nun konnten seine Nachbarn ihre Erbosung nicht länger niederhalten. „Du gefräßiger Kerl“, fuhren sie ihn an, „wie wagst du's, mit deinen Schankhausmanieren die erhabene Tafel zu beleidigen?“ Obgleich sie sich mühten, ihre Stimmen zu dämpfen, merkte der Zaddik, was vorging. „Ich habe ein Verlangen“, sagte er, „nach einem guten Rettich. Könnte wohl jemand von euch mir einen verschaffen?“ Jäh ergriffen von einer Freude, die seine Beschämung überströmte und begrub, reichte der Rettichesser eine Handvoll Schnitzel Rabbi Wolf hinüber.

Chassidisch

Es war einmal ein Mann, der starb und sich an einem wunderschönen Ort wiederfand, umgeben von allem erdenklichen Komfort. Ein Mann im weißen Jackett kam auf ihn zu und sagte: „Sie können alles haben, was Sie wollen – alle Speisen – alle möglichen Vergnügen – alle Arten von Unterhaltung."

Der Mann war hocherfreut. Tagelang probierte er von all den Delikatessen und Erfahrungen, von denen er auf Erden geträumt hatte. Doch eines Tages wurde ihm das alles langweilig, und er rief den Wärter zu sich und sagte: „Ich bin dies alles müde. Ich brauche etwas zu tun. Welche Art von Arbeit kannst du mir geben?"

Der Wärter schüttelte traurig den Kopf und antwortete: „Es tut mir leid, mein Herr. Das ist das einzige, was wir nicht für Sie tun können. Es gibt hier keine Arbeit für Sie."

Worauf der Mann entgegnete: „Eine schöne Bescherung. Ebensogut könnte ich in der Hölle sitzen."

Der Wärter sagte sanft: „Was glauben Sie, wo Sie hier sind!"

Margaret Stevens

Es war so ein klarer, strahlender Tag, daß ich der Verlockung nicht widerstehen konnte und mit meinem Brett ins Wasser ging, auch wenn mein Freund an jenem Tag nicht mitkommen konnte. Ich war stolz auf mein Können, meine Fähigkeit, Wind und Strömungen zu erkennen. Ich fühlte mich nicht an die Warnung gebunden, die ich meinen Freunden immer gab, nie allein zu windsurfen. Es war so herrlich, über das Wasser zu sausen, ich hatte das Gefühl, ich könnte ewig so weitermachen, während ich die Küste in der Ferne zurückweichen sah. Ich merkte, daß ich weiter draußen war als je zuvor, zweifelte aber nicht, daß ich es zurück schaffen würde. Ich merkte, wie ich müde wurde, und drehte um auf die ferne Küste zu, als es passierte. Das Scharnier, das die Takelung mit dem Brett verband, riß, und ich landete hilflos im Wasser. Zuerst war ich nicht besonders besorgt, da ich annahm, daß ich vom Rettungsboot gesehen wurde und das Schlimmste, was mir passieren könnte, ihre Vorhaltungen sein würden, weil ich so dumm war, allein rauszusegeln.

Während ich mich an meinem Brett festhielt und treiben ließ, konnte ich spüren, wie ein mächtiger Sog mich weiter und weiter von der Küste wegzog. Ich wurde zunehmend müder, und mir war kalt und kälter. Auch begann ich langsam Angst zu bekommen, da mich offensichtlich niemand sah. Ich weiß nicht, wie lange ich dahintrieb, ich hatte das Gefühl, ich könnte mich nicht länger festhalten, aber ich wußte, wenn ich das Brett losließe, wäre es aus. Seit Jahren hatte ich nicht mehr gebetet, aber nun betete ich. „Irgend jemand, bitte helft mir! Ich will nicht ertrinken, ich will nicht allein sterben."

Plötzlich schlug etwas hart gegen mein Brett und dann noch einmal. Ich konnte nichts sehen, wo ich angestoßen sein könnte, aber die Schläge hörten nicht auf und schoben mich langsam aber sicher immer weiter auf die Küste zu. Gedanken an Haie durchfuhren mich, doch dann wurde mir klar, daß es in diesem Gewässer keine Haie gab. An meiner Seite erschien erst eine Flosse, dann ein Kopf an der Oberfläche. Das Auge war das eines Delphins. Er tauchte wieder ins Wasser und fuhr mit seinen langsamen, aber stetigen Schubsern fort. Ich sah, wie die Küste näherkam. Alles, was ich tun konnte, alles, was ich zu tun hatte, war, mich festzuhalten, während der Delphin mich in die Strömung lotste, die mich in Sicherheit bringen würde. Ich konnte die Rufe hören, als die Rettungsmannschaft mich erspähte, ich fühlte den anhaltenden, sicheren Druck unter mir, während der Delphin mich weiterlenkte.

Als das Boot mich erreichte und die Mannschaft mich aus dem Wasser zog, wallten so viele verschiedene Gefühle in mir auf. Da war die Erschöpfung, aber auch eine unglaubliche Freude. Ich war gerettet, ich war am Leben, ich war dankbar. Es gibt so vieles, was ich aus jenem Tag über Sicherheit und Angst lernte. Und die größte Lektion war für mich, was Vertrauen ist.

Zeitgenössisch

ALS WIR VOM HAFEN NEW YORKS in Richtung Peru ablegten, fühlte ich instinktiv, daß eine Reise begann, die mein Leben prägen würde. Das war 1951, ich war robust und voller Eifer. Dabei war ich mir gar nicht sicher, was meine eigentliche Mission sein würde. Zu dem Zeitpunkt gab es nur ein leeres Stück Land.

Es lag 13500 Fuß hoch, war sehr kalt und strapaziös. Als Maryknoll-Schwester war ich dort, um Schulunterricht zu geben. Nach einer Weile wurde ich Schulleiterin. Man könnte sagen, ich war schon jemand, einfach, weil ich diese Rolle innehatte. Dann kam die Krankheit, ganz plötzlich, dort oben. Die Ärzte nannten es rheumatoide Arthritis. Sie sagten, am Ende würde einen diese Krankheit zum Krüppel machen. Aber es gäbe nichts, was man dagegen tun könne.

Ich suchte weitere Ärzte an anderen Orten auf, wie in Panama, weil ich in Südamerika bleiben wollte. Ich wollte nicht akzeptieren, was da auf mich zukommen würde, wie sie mir sagten. Aber allmählich wurde klar, daß ich zur Behandlung in die Staaten zurückkommen sollte.

Ich erhielt gute Pflege. Allerdings sagten die Ärzte, daß Goldinjektionen die einzige Rettung wären, doch das würde mich von der Rückkehr nach Peru abhalten. Ich wollte sie nicht. Ich wollte zurückgehen. Ich kämpfte, kämpfte gegen alles – die Krankheit, meine eigenen Reaktionen – Selbstmitleid, Wut, Mutlosigkeit, Zweifel. Ich gab nicht nach.

Doch täglich schien ich weniger zu werden. Schließlich merkte ich, daß ich aufhören mußte, meinen Eigenwillen durchsetzen zu wollen, und das war ein großer Schritt. Ich ging zu den Ärzten, und sie sagten, sie könnten mir diese Medizin geben, und nach ein paar Monaten wollte man sehen, wie ich zurechtkäme und ob ich wieder nach Peru zurückkönne. Nach all meinem Ärger und Widerstand schien eine Veränderung einzutreten. Aber Veränderung wozu? Ich bekam eine Operation in der Mayo-Klinik, und in der Kapelle dort verbrachte ich viel Zeit in Kontemplation und Gebet.

Es gab dort eine wunderschöne Christusfigur aus Holz mit ausgestreckten Händen. Ich glaube, sie war gewählt worden, um die Hände der Chirurgen und Schwestern zu inspirieren. Nun war ich dort, um meine eigenen Hände operiert zu bekommen. Ich erinnere mich, wie ich dachte, daß meine Hände, auch wenn sie gebrochen und krumm sein sollten, für mich immer noch heilig sein würden. Ich benutzte sie, um jemandem etwas zu bringen, ich wußte nicht was. Meine Hände konnten ebenso wie die der Ärzte und Krankenschwestern die barmherzigen Hände Christi sein.

So versuchte ich, in die Welt der Kranken einzutreten und mit dem Geheimnis des Leidens zu leben. Ich sah, daß ich in meine eigene Schmerzerfahrung hineingehen, mich ihr stellen und zulassen mußte, von ihr verändert zu werden. Sonst konnte nichts geschehen. Ich sah, daß die Heilung kommt, wenn wir uns unsere Wunden zueigen machen, als ersten Schritt, über sie hinauszugehen.

Ich kehrte nach Peru in ein weniger hochgelegenes Gebiet zurück. Fast alles war verändert, und ganz besonders meine Haltung gegenüber den Menschen, mit denen ich arbeitete. Ich konnte ihre entsetzliche Armut und ihren Schmerz auf völlig neue Art fühlen. Eigentlich war es so, als ob ich es zum ersten Mal sah. Wie oft war ich herumgelaufen in dem Bemühen, die Probleme der Leute zu lösen, ohne sie wirklich gesehen zu haben – den Schmerz auf ihren Gesichtern, die unsteten Augen, die nervösen Hände, alles Ausdruck der inneren Verletzungen. Ihren Zustand konnte ich erst spüren, nachdem das Leiden mich selbst betroffen hatte.

Die Bestätigung, die sie mir gaben, war so wichtig. „Du bist dieselbe Person, die du vorher warst. Und selbst, wenn du weder unterrichten noch etwas tun kannst, möchten wir, daß du bleibst." Einfach daß sie sahen, wie ich aufstand und etwas zu tun versuchte, schien ihnen eine Menge zu bedeuten. Wir begegneten uns auf einer Ebene, wo wir alle leiden. Das war unsere Grundlage.

So änderte sich mein Amt. Das Amt war das Miteinandergehen. Einige von uns mit körperlichen Behinderungen taten sich zum Erfahrungsaustausch zusammen. Wir waren einfach zusammen, versuchten zu verstehen, soweit es uns möglich war, und zu teilen, was wir konnten, Beispiele für Kreativität zu sein. Schmerz und Schwächen und Verunstaltungen erwiesen sich als Lehrer eines großen Geheimnisses, als kleine Einführung in diese Art von Sterben, aus der neuer Geist entspringt.

Wir spürten, wie wir den anderen gegenüber sensibler wurden, eher berührt und fähig zuzuhören, eher von Gefühlen als von intellektuellen Konzepten geleitet. Wir entdeckten, daß, je mehr wir uns dem Schmerz der anderen öffneten, wir ihnen umso eher dienen konnten. Nachdem wir nach unten gebracht worden waren, ging es einfach darum, demütig vor den anderen zu stehen und in stillem Bezeugen ein sichtbares Zeichen der Hoffnung zu setzen. So gingen wir einfach unseres Wegs, so gut wir konnten. Viele Peruaner mit Behinderungen schämten sich zutiefst und versteckten sich. Wir gingen sie besuchen, und sie verbargen sich in ihren eigenen Häusern. Aber wenn wir weitermachten, kamen sie allmählich immer mehr zum Vorschein.

Ich denke an Juan, der mit drei Jahren ein Opfer der Kinderlähmung wurde und von seiner Familie in ihrem kleinen Haus aus Lehmziegeln versteckt gehalten war, bis wir ihn im Alter von acht Jahren entdeckten. Sein Bruder Julio nahm uns eines Tages zu sich nach Hause. Da war Juan, seine verkrüppelten Beine unter sich, rutschte er in dem kleinen dreckigen Innenhof auf einer Gummischeibe herum. Seine Mutter war mißtrauisch und wollte uns nicht dabehalten. Ein behindertes Kind bedeutete, daß sie für etwas bestraft wurde. Sie schämte sich. Zu verschiedenen Gelegenheiten kamen wir zu Juan zurück. Einmal trafen wir ihn ganz allein an. Seine Familie war mit der ganzen Stadt zu einer religiösen Prozession gegangen. Natürlich hatte er noch nie eine gesehen. So borgten wir ein Fahrrad, setzten Juan darauf und schlossen uns der Prozession an. Er war zum ersten Mal außer Haus, schaute zum ersten Mal von einer höheren Warte als dem Boden aus die Leute an, erlebte seine erste Prozession.

Seine Eltern waren im ersten Moment ziemlich verärgert, änderten aber allmählich ihre Haltung. Als wir das Gefühl hatten, jetzt könnten wir eine Idee vorbringen, fragten wir bei der nächsten Stadtsitzung, ob genügend Geld aufgebracht werden könne, um Juan nach Lima in ein Zentrum für Körperbehinderte zu schicken. Allen gefiel diese Idee, und Juan zog fort in die Großstadt. Er hatte einen langen, harten Kampf mit vielen Schmerzen und Mühen. Aber eines Tages kehrte er wieder zum Dorf zurück. Er benutzte einen Stützapparat und einen Gehstock. Es war sehr schwer für ihn. Aber während er die Straßen zu seinem Heim hinunterging, kamen die Leute aus ihren Häusern. Von überall her kamen sie herbei. Sie jubelten und klatschten und folgten ihm den ganzen Weg nach Hause. Es war so wundervoll. Das war Juans zweite Prozession.

Es ist schwierig. Ich hatte viele Hochs und Tiefs. Das ist so mit einer fortschreitenden Körperbehinderung, immer mehr Schmerz und Unfähigkeit, das treibt einen ständig, stellt größere Ansprüche, zwingt einen zu größerer Disziplin.

Aber ich habe viel Dienen gesehen, das aus Leiden entspringt. Und ich verstehe, daß unser kleines Leid nicht für uns selbst ist. Es kann eine Auswirkung auf die ganze Welt haben, so viel kann unser Leben bedeuten, so viel ist möglich. Und ich war mit Menschen zusammen, die über diese Botschaft nur geweint haben, geweint und geweint. Und auch ich habe geweint.

Zeitgenössisch christlich

ICH WUSSTE, daß es dort viele interessante Stätten gab, aber ich hatte genug von den *kleinen* Antworten. Ich wollte die große Antwort. So bat ich den Gastherrn, mir das Haus des Christengottes zu zeigen.

Ich setzte mich hin, ganz gewillt, auf die große Antwort zu warten. Den ganzen Tag über verharrte ich schweigend, bis lange in die Nacht. Ich sah Ihm ins Auge. Ich vermute, Er sah mir ins Auge. Spät, spät in der Nacht schien ich eine Stimme zu hören: „Was läßt du aus?" Ich schaute mich um. Noch einmal hörte ich: „Was läßt du aus?" War das meine Einbildung? Schon bald war es überall um mich herum, es flüsterte, es brüllte: „Was läßt du aus? *Was läßt du aus?*"

War ich übergeschnappt? Es gelang mir, auf die Beine zu kommen und den Weg zur Tür zu finden. Vermutlich wünschte ich mir den Trost eines menschlichen Gesichts oder einer menschlichen Stimme. In der Nähe war der Korridor zu den Mönchsquartieren. Ich klopfte an eine der Zellen. „Was willst du?" ertönte eine schläfrige Stimme.

„Was lasse ich aus?"

„Mich", antwortete er.

Ich ging zur nächsten Tür. „Was willst du?"

„Was lasse ich aus?"

„Mich."

Eine dritte und vierte Zelle, jedesmal dasselbe.

„Sie sind alle nur mit sich selbst beschäftigt", dachte ich bei mir. Angewidert verließ ich das Gebäude. Gerade ging die Sonne auf. Bisher hatte ich noch nie zur Sonne gesprochen, aber nun hörte ich mich selbst flehen: „Was lasse ich aus?"

Auch die Sonne antwortete: „Mich". Das gab mir den Rest.

Ich warf mich flach auf den Boden. Da sagte auch die Erde „Mich"!

Vater Theophanus

Mitgefühl

Einige alte Männer kamen zu Abba Poemen und sprachen zu ihm: „Sage uns, wenn wir Brüder sehen, die während des heiligen Offiziums dösen, sollten wir sie kneifen, damit sie wach bleiben?"

Der Alte antwortete ihnen: „Also, wenn ich einen Bruder schlafen sähe, würde ich seinen Kopf auf meine Knie legen und ihn ruhen lassen."

Wüstenväter

6
Der Triumph des menschlichen Herzens

SELBST in der schlimmsten Landschaft menschlicher Dunkelheit und Not gibt es Leuchttürme, die ihr Licht aussenden. Das sind nicht notwendigerweise besonders mächtige oder heilige Leute, die grandiose Strategien zur Weltverbesserung besitzen. Meist sind es ganz einfache, gewöhnliche Menschen, die in intimen Begegnungen mit einem tragischen Geschick, Unrecht oder Terror transformiert wurden und gelernt haben, auf ihre Umgebung mit der Schlichtheit und Kraft ihres Glaubens, ihrer Liebe und ihres Mitgefühls zu antworten. Es gibt keine größere Macht als die Liebe, keinen Schatten, der der Macht des Mitgefühls standhalten, keinen Dämon, der die Macht der Offenherzigkeit überwältigen könnte. Das Beispiel solcher Menschen öffnet uns die Augen für die Möglichkeiten, wie wir Licht in unsere eigenen Schatten bringen können.

Ob wir eine mächtige Position innehaben, wie der König in einer der Geschichten dieses Kapitels, oder ob wir arm sind wie der Dorfbewohner einer anderen, wir werden geprüft werden. Immer wieder werden wir in unserem Leben aufgefordert, den Geist der Größe, des Mitgefühls, der Offenherzigkeit herbeizurufen. Vielleicht ist das der Grund, warum wir hier sind, nämlich diese einfache Lektion zu lernen. Am Ende macht uns weder die Stärke glaubwürdig, auf die wir zurückgreifen können, noch unsere Errungenschaften noch die Ideale, für die wir kämpfen und die wir vertreten, sondern unser Menschsein an sich. Unsere grundlegende Gewöhnlichkeit liegt allem zugrunde, was wir erreichen und erfahren, denn die Tatsache bleibt, daß auch wir, wie die Jahreszeiten, Sonne und

Mond und alle anderen Lebewesen, geboren sind und sterben. Wir wachen am Morgen auf und gehen am Abend schlafen. Wir essen und gehen und fühlen tief in uns die Kostbarkeit und das Geheimnis eben dieses unseres Menschseins.

In uns haben wir aber auch eine außergewöhnliche Gabe – unsere Fähigkeit zur Aufmerksamkeit. Das ist der Segen, der uns erlaubt, auszuwählen, die uns gegebenen Möglichkeiten zu erspüren. Sie ermächtigt uns, aus den Prüfungen des Lebens zu lernen und an ihnen zu wachsen, statt von ihnen verschlungen zu werden. Die Gabe unserer Bewußtheit bedeutet, daß wir uns nicht von Schutzinstinkten und Feindseligkeit treiben lassen müssen, sondern unsere Fähigkeiten, zu verzeihen und zu verstehen, pflegen können.

Wir haben die Tiefen und Möglichkeiten unserer eigenen Bewußtheit noch nicht ausgelotet. Wie nah können wir einem anderen Menschen kommen? Wie tief können wir den Wind fühlen, dessen Berührung uns nur so leise zu streifen scheint? Wie sehr können wir auf die wechselnden Rhythmen des Universums eingestimmt sein? Wie weit reicht die Freiheit, die wir erfahren können? Das einzige, das an unserer Bewußtheit sicher ist, ist, daß sie alle Entfernung beseitigt, falsche Vorstellungen und Oberflächlichkeit hinwegfegt und uns mit dem Herzen des Lebens in Kontakt bringt. Sie erlaubt uns, den Prüfungen unseres Lebens mit der Größe des Herzens zu begegnen.

Denken wir beim Lesen der Geschichten dieses Kapitels über die Herausforderungen nach, die uns das Leben stellt. Rufen wir uns die Zeiten ins Bewußtsein, zu denen wir geprüft wurden, und erinnern wir uns an die Kräfte, die uns durch diese Prüfungen hindurchgebracht haben. Wie wäre es, diese Prüfungen mit der höchsten Menschlichkeit anzugehen, verletzlich und in dieser äußersten Ehrlichkeit stark und ausgeglichen im Herzen zu sein? Haben Unwürdigkeit, Ehrgeiz, Angst oder Stolz uns gehindert, aus den Herausforderungen zu lernen und an ihnen zu wachsen? Welche anderen Eigenschaften haben wir in unserer Macht, denselben Herausforderungen so zu begegnen, daß es einen echten Unterschied machen würde?

Granpa zeigte mir, wie man mit der Hand fischt. Auf die Weise kam ich – zum zweiten Mal in meinen fünf Jahren Leben mit ihm – beinahe um. Das erste Mal war beim Whiskey-Handel, als das Steuergesetz mich beinahe erwischte. Ich war mehr als sicher, daß sie mich in die Siedlung gebracht und aufgehängt hätten. Granpa sagte, wahrscheinlich eher nicht, denn er hatte noch von keinem solchen Fall gehört. Aber Granpa sah sie nicht. Hinter ihm waren sie nicht her. Doch diesmal kam auch Granpa fast um.

Es war mitten am Tag, das ist die beste Zeit zum Handfischen. Die Sonne trifft mitten auf den Flußlauf, und die Fische ziehen sich unter die Ufersohlen ins Kühle zurück, um dort zu dösen. Das ist die Zeit, wenn man sich am Flußufer auf den Boden legt und die Hände ins Wasser gleiten läßt, um nach den Fischlöchern zu tasten. Findest du eins, steckst du die Hände sachte und langsam hinein, bis du den Fisch fühlst. Wenn du Geduld hast, kannst du mit deinen Händen an den Seiten des Fisches entlang reiben, und er bleibt im Wasser liegen, während du ihn reibst.

Dann packst du ihn mit einer Hand hinterm Kopf, mit der anderen am Schwanz und hebst ihn aus dem Wasser. Es braucht allerdings einige Zeit, das zu lernen.

An diesem Tag lag Granpa am Ufer und hatte schon einen Wels aus dem Wasser gezogen. Ich konnte kein Fischloch finden, also ging ich ein Stück am Ufer entlang. Ich legte mich hin, ließ die Hände ins Wasser gleiten und tastete nach einem Fischloch. Plötzlich hörte ich ein Geräusch direkt neben mir. Es war ein dürres Rascheln, das langsam begann und immer schneller wurde bis zu einem Schwirren.

Ich wandte mich nach dem Geräusch um. Es war eine Klapperschlange. Sie war zusammengeringelt, und mit erhobenem Kopf zum Zuschlagen bereit, schaute sie weniger als sechs Zoll von meinem Gesicht entfernt auf mich herunter. Ich war gelähmt vor Schreck und unfähig, mich zu bewegen. Sie war größer als mein Bein, und unter ihrer trockenen Haut konnte ich eine Kräuselbewegung sehen. Sie war verrückt. Die Schlange und ich starrten einander an. Sie züngelte – ihre Zunge berührte fast mein Gesicht – und die Augen waren geschlitzt – rot und gemein.

Das Schwanzende flatterte immer schneller, so daß das Schwirrgeräusch immer höher wurde. Dann schwenkte der Kopf, der wie ein V geformt war, ein wenig vor und zurück, um zu entscheiden, welchen Teil von meinem Gesicht sie treffen wollte. Ich wußte, sie würde jeden Moment zuschlagen, konnte mich aber nicht bewegen.

Ein Schatten fiel über mir und der Schlange auf den Boden. Ich hatte ihn nicht kommen gehört, wußte aber, das war Granpa. Leise und sanft, als ob er eine Bemerkung übers Wetter machte, sagte Granpa „Dreh deinen Kopf nicht um. Bewege dich nicht, Kleiner Baum. Blinzle nicht mit den Augen." Was ich auch nicht tat. Die Schlange hob den Kopf höher, machte sich zum Schlag bereit. Ich dachte, sie würde nicht mehr aufhören mit dem Höhergehen.

Da plötzlich fuhr Granpas große Hand zwischen mein Gesicht und den Schlangenkopf. Die Hand blieb dort.

Die Klapperschlange richtete sich noch höher auf, fing an zu zischen und gab ein konstantes Schwirrgeräusch von sich. Wenn Granpa seine Hand bewegt ... oder gezuckt hätte, hätte mich die Schlange mitten im Gesicht getroffen. Dessen war ich sicher.

Doch sie schlug nicht zu. Die Hand blieb felsenfest, wo sie war. Ich konnte die großen Venen auf Granpas Handrücken sehen. Auch sah ich dort Schweißperlen, die auf der kupfernen Haut glänzten. Kein einziges Zucken oder Zittern in der Hand.

Die Klapperschlange stieß zu, schnell und fest. Sie traf auf Granpas Hand wie eine Pistolenkugel, doch die Hand rührte sich nicht. Ich sah, wie sich die nadelfeinen Fänge ins Fleisch gruben, während die Kiefer der Schlange fast die halbe Hand umfaßten.

Granpa bewegte seine andere Hand und packte die Klapperschlange hinter dem Kopf und drückte zu. Die Klapperschlange hob sich vom Boden ab und ringelte sich um Granpas Arm. Sie schlug um sich, holte mit dem Klapperende nach Granpas Kopf aus und traf ihn im Gesicht. Aber Granpa ließ nicht los. Er würgte die Schlange mit einer Hand, bis ich das Knacken des Rückgrats hörte. Dann warf er sie auf den Boden.

Granpa setzte sich und zog sein langes Messer. Er langte rüber und machte tiefe Schnitte in die Hand, wo die Schlange zugebissen hatte. Das Blut rann über die Hand und den Arm hinunter. Ich kroch zu Granpa rüber ... denn ich war schwach wie Spülwasser und glaubte nicht, daß ich laufen könne. Dann hielt ich mich an Granpas Schulter fest, um mich hochzuziehen und auf die Beine zu kommen. Er saugte das Blut aus den Schnitten und spuckte es auf den Boden. Ich wußte nicht, was ich tun sollte, also sagte ich „Danke, Granpa." Granpa sah mich an und grinste. Er hatte Blut über Mund und Gesicht verschmiert.

„Verdammtes Höllenfeuer!" sagte Granpa. „Diesem Miststück haben wir's aber gezeigt, nicht?"

„Ja", sagte ich und fühlte mich schon besser bei der ganzen Sache. „Wir haben's diesem Miststück gezeigt." Obwohl ich nicht sagen könnte, daß ich groß an dem Zeigen beteiligt war.

Granpas Hand wurde größer und größer. Sie lief blau an. Er nahm sein Messer und schlitzte den Ärmel seines Lederhemds auf. Der Arm war doppelt so dick wie sein anderer. Ich hatte Angst.

Granpa nahm seinen Hut ab und fächelte sich Luft zu. „Heiß wie die Hölle", sagte er, „für diese Jahreszeit". Sein Gesicht sah seltsam aus. Nun lief sein Arm blau an.

„Ich hole Granma", sagte ich und rannte los. Granpa sah hinter mir her, und sein Blick wanderte ins Weite.

„Werd' mich ein bißchen ausruhen", sagte er ruhig wie Sirup, „und komme dann nach."

Ich rannte den Pfad durch die Narrows hinunter. Es war, als ob ich den Boden nur noch mit den Zehen berührte. Ich konnte nicht gut sehen, denn meine Augen waren blind vor Tränen, obwohl ich nicht weinte. Als ich in den Hohlweg einbog, brannte meine Brust wie Feuer. Wie ich den Hohlweg entlangrannte, fiel ich dauernd hin, manchmal in den Quellbach, rappelte mich aber gleich wieder auf. Ich verließ den Pfad und schlug mich durch Unterholz und Gebüsch. Ich wußte, daß Granpa im Sterben lag.

Unsere Hütte sah verrückt und schief aus, als ich die Lichtung erreichte und versuchte, nach Granma zu brüllen ... kein Ton kam heraus. Ich fiel durch die Küchentür und direkt in Granmas Arme. Granma hielt mich fest und schüttete mir kaltes Wasser ins Gesicht. Sie sah mich ruhig an und sagte: „Was ist passiert – wo?" Ich versuchte, es rauszukriegen. „Granpa stirbt ...", flüsterte ich, „Klapperschlange ... Flußufer."

Granma ließ mich einfach auf den Boden plumpsen, und das gab mir erstmal den Rest.

Sie schnappte einen Sack und war verschwunden. Ich kann sie jetzt noch sehen, mit flatterndem Rock, während die Haarzöpfe hinter ihr herwehten und ihre winzigen Mokasssinfüße über den Boden flogen. Wie sie laufen konnte! Sie hatte nichts gesagt, kein „O Gott!“, nichts. Sie hatte auch keinen Moment gezögert oder sich umgeschaut. Ich war auf Händen und Füßen auf dem Küchenboden und schrie ihr nach: „Laß Granpa nicht sterben!“ Sie wurde keinen Moment langsamer, während sie über die Lichtung und den Pfad hinauf rannte. Ich schrie, so laut ich konnte und daß es im Hohlweg widerhallte: „Laß ihn nicht sterben, Granma!“ Ich hoffte sehr, Granma würde ihn nicht sterben lassen.

Ich ließ die Hunde raus. Jaulend und bellend setzten sie Granma nach. Ich rannte hinterher, so schnell ich konnte.

Als ich ankam, lag Granpa flach ausgestreckt. Granma hatte seinen Kopf hochgestützt, und die Hunde umkreisten ihn winselnd. Granpas Augen waren geschlossen, und sein Arm war fast schwarz.

Granma hatte seine Hand noch einmal aufgeschnitten und saugte daran. Das Blut spuckte sie auf den Boden. Als ich heranstolperte, zeigte sie auf eine Birke. Zieh die Rinde ab, Kleiner Baum.“

Ich nahm Granpas Messer und schälte die Rinde vom Baum. Granma machte ein Feuer und benutzte die Birkenrinde zum Entfachen, da sie brennt wie Papier. Aus dem Fluß schöpfte sie Wasser, das sie in einem Topf über dem Feuer erhitzte und dann Wurzeln und Samen dazutat, auch einige Blätter, die sie in ihrem Sack hatte. Ich kenne nicht alles, was sie benutzte, aber die Blätter waren Lobelien, denn Granma sagte, daß Granpa das brauche, es helfe ihm atmen.

Granpas Brust bewegte sich langsam und schwer. Während das Wasser heiß wurde, stand Granma da und schaute sich um. Mir war überhaupt nichts aufgefallen ... aber fünfzig Meter weiter, zum Berg hin, war ein Wachtelnest auf dem Boden. Granma öffnete ihren großen Rock und ließ ihn auf den Boden fallen. Darunter trug sie fast nichts. Ihre Beine sahen aus wie die eines jungen Mädchens und hatten lange Muskeln, die sich unter der Kupferhaut bewegten.

Oben band sie den Rock zusammen und unten am Saum band sie Steine fest. Dann bewegte sie sich wie ein Windhauch auf das Wachtelnest zu. Genau im richtigen Moment – das wußte sie – stieg die Wachtel aus dem Nest hoch, und sie warf ihren Rock über sie.

Sie kam mit der Wachtel und spaltete sie bei lebendigem Leibe vom Brustbein bis zum Schwanz auseinander. Sie setzte die strampelnde Wachtel über Granpas Schlangenbiß und hielt sie strampelnd dort auf Granpas Hand lange Zeit fest. Als sie sie abnahm, war die Wachtel auf der Innenseite ganz grün geworden. Das war das Gift von der Schlange.

Der Abend kam, und Granma bearbeitete Granpa. Die Hunde ließen sich im Kreis um uns nieder und paßten auf. Es wurde Nacht, und Granma ließ mich das Feuer erneuern. Sie sagte, wir müßten Granpa warm halten und könnten ihn nicht bewegen. Sie hatte ihren Rock genommen und über ihn gelegt. Ich hatte mein Lederhemd ausgezogen und auch über ihn gelegt und wollte auch meine Hose ausziehen, aber Granma sagte, das sei nicht nötig, denn sie sei kaum groß genug, auch nur einen von Granpas Füßen zu bedecken. Was auch stimmte.

Ich hielt das Feuer in Gang. Granma ließ mich ein weiteres Feuer in Granpas Kopfnähe machen und legte sich neben Granpa, ganz dicht an ihn, weil, wie sie sagte, ihre Körperwärme helfen würde ... also legte ich mich auf der anderen Seite neben Granpa, auch wenn mein Körper kaum groß genug war, viel von Granpa aufzuwärmen. Aber Granma sagte, ich half. Ich sagte Granma, daß ich überhaupt nicht glauben könne, daß Granpa sterben würde.

Ich erzählte ihr, wie alles geschehen war und daß es wohl meine Schuld war, weil ich nicht aufgepaßt hatte. Granma sagte, es sei niemandes Schuld, nicht einmal die der Klapperschlange. Sie sagte, wir sollten nie weder Schuld noch Vorteil an irgend etwas sehen, das einfach geschah. Da ging es mir etwas besser, aber nicht viel.

Granpa begann zu reden. Er war wieder ein Junge, der in den Bergen umherlief. Er erzählte uns alles. Granma sagte, das sei, weil er sich im Schlaf erinnerte. Zwischendurch begann er immer wieder zu reden, die ganze Nacht lang. Kurz vor der Morgendämmerung wurde er ruhig, und sein Atem wurde leichter und regelmäßig. So wie ich das sah, sagte ich zu Granma, würde Granpa auf keinen Fall sterben. Dann schlief ich in seiner Armbeuge ein.

Ich erwachte bei Sonnenaufgang ... gerade als das erste Licht über den Berg brach. Granpa setzte sich ganz plötzlich auf. Er sah zu mir hinunter, dann zu Granma. Er sagte: „Bei Gott! Du liebes Lottchen! Kann einer sich nirgends hinlegen, ohne daß ihr euch nackt auszieht und dazulegt."

Granma gab ihm einen Klaps auf die Wangen und lachte. Sie stand auf und zog ihren Rock an. Ich wußte, daß Granpa wohlauf war. Er wollte erst nach Hause gehen, nachdem er die Klapperschlange gehäutet hatte. Er sagte, Granma würde mir aus der Schlangenhaut einen Gürtel machen. Und das tat sie.

Wir gingen den Pfad durch die Narrows in Richtung auf die Blockhütte zu, die Hunde liefen vorneweg. Granpa war ein wenig schwach in den Knien und hielt sich an Granma fest, die ihm wohl beim Gehen half. Ich trottete hinter ihnen her und fühlte mich so gut, besser, als ich mich je gefühlt hatte, seit ich in die Berge gekommen war.

Obwohl Granpa nie erwähnte, wie er seine Hand zwischen mich und die Schlange gehalten hatte, glaube ich, daß Granpa, gleich nach Granma, mich höchstwahrscheinlich mehr liebhatte als irgend jemand sonst auf der Welt, sogar Blue Boy.

Forrest Carter

Es war einmal ein gütiger König. Er war wohlhabend und geachtet, und sein Königreich war in Frieden. Doch er war nicht zufrieden. Er war nicht glücklich. Vom Fenster seines Thronsaals schaute er über die gepflegten Rasenflächen und baumgesäumten Straßen seiner Stadt bis hin zu den grünen Feldern seines Landes.

Er seufzte: „Ich möchte so gerne wirklich geben", sagte er. „Das Leben ist kurz. Selbst die tugendhaften Götter leben nicht ewig. Auch wenn ich meine Erfolge hatte, habe ich doch nie wirklich mich selbst gegeben." Nun, das stimmte nicht ganz. Für das Wohl seines Landes hatte er seine ganze Zeit gegeben, seine Energie und seinen Mut. Geduldig und freundlich hatte er sich die täglichen Sorgen und Nöte seiner Bevölkerung angehört und sie weise regiert. Aber wer gut ist, weiß es vielleicht selbst kaum. Wenigstens scheint es so mit diesem König Sivi gewesen zu sein.

Shakra, der König der Götter, hörte seine Klage und dachte bei sich: „Bisher hat dieser König Sivi ein gutes Leben gelebt. Die Tore des Himmels werden sich ihm gewiß öffnen, wenn seine Jahre auf der Erde vorüber sind. Trotzdem verlangt er jetzt nach einer einschneidenden Prüfung. Ohne eine Herausforderung siechen die Starken dahin, und Sivi ist stark auf dem Gebiet des Gutseins. Seine zahlreichen guten Taten auf Erden haben ihm hier bei uns bereits ausgedehnte Paläste und Gärten eingebracht, in denen er viele Tausende von Erdenjahren wohnen wird.

Und trotzdem scheint nun eine Prüfung angebracht. Aha!" rief Shakra aus, „ich hab's!"

Plötzlich verwandelte der König der Götter sich selbst. Wo er nur einen Moment zuvor – ein Moment nach himmlicher Zeitrechnung könnte so zwei oder sogar drei Erdenwochen betragen – in aller Pracht auf seinem Thron gesessen hatte, in seinen Roben und mit der Juwelenkrone, hockten nun zwei Vögel. Einer davon war eine sanfte, grauäugige Taube, die mit weicher, melodischer Stimme sang. Der andere war ein feuriger Habicht mit gelben Augen, messerscharfen Klauen und einem grausamen Schnabel. Der Habicht plusterte seine Federn auf und sah mit stechendem Blick zu dem leuchtenden göttlichen Licht der oberen Reiche auf.

Die Taube gurrte sanft, schlug mit den Flügeln und schoß durch die Wolken nach unten. Schneller und immer schneller sauste die kleine glänzende Taube davon. Weiter und weiter nach unten. Und schneller und immer schneller flog der goldäugige Habicht ihr nach. In Kurven und Bögen tauchten sie nach unten zur grünen Erde und auf die Marmorpaläste des Königs Sivi zu.

Schon bald vergaß die Taube, daß sie nur ein Gedanke im Geiste eines Gottes gewesen war. Auch der Habicht erinnerte sich nicht länger daran, daß er nichts als der Traum eines Gottes war. Nun flog er todernst hinter der kleinen Taube her, in dem einzigen Bestreben, sie mit seinen Klauen zu packen, zu reißen und zu verschlingen. Ebenso flog die kleine sanfte Taube in zunehmendem Entsetzen weiter, während die Momente ihres tödlichen Wettrennens dahineilten.

Die Taube erspähte ein offenes Fenster und sauste, der Erschöpfung nahe, hinein. Da saß König Sivi auf seinem Thron aus Gold und Sandelholz. Die entsetzte Taube huschte blitzschnell an die Seite des Königs und ließ sich zitternd auf der geschnitzten Armlehne des Thrones nieder. „Was gibt es, mein Vögelchen?" fragte der König überrascht. „Was erschreckt dich so? Kann ich helfen?"

„O Herr", keuchte die Taube, „ein wilder Habicht ist hinter mir her. Er will mir mein Leben nehmen."

„Sei unbesorgt. Ich werde dich retten", sagte der König freundlich. „Ich werde nicht zulassen, daß er dich kriegt."

Genau in diesem Moment platzte der Habicht in den Raum. Er zog die Flügel ein und landete geschwind auf der anderen Thronlehne und begrüßte den König. „Großer König“, sagte er, „meine rechtmäßige Beute sitzt neben dir. Ich bin der Jagd müde. Gib mir die Taube, und ich werde in Frieden abziehen.“

„Ich kann dir die Taube nicht geben“, sagte der König, ich habe ihr meinen Schutz versprochen.“

„Das ist schön und gut“, sagte der Habicht „aber was ist mit meinem Recht? Ich bin ein Jagdvogel. Tauben sind meine Nahrung. Du hast mich dessen beraubt, was rechtmäßig mein ist, und ohne Nahrung werde ich noch heute Nacht Hungers sterben.“

„Nun, ich kann dich nicht verhungern lassen“, sagte der König betroffen. „Ich werde dir etwas anderes zu fressen geben. Sage mir, was du brauchst.“

„Ich brauche frisches Fleisch für mein Überleben“, sagte der Habicht. „Könntest du wirklich ein anderes Geschöpf töten, nur um mich zu füttern? Irgendwie glaube ich das nicht. Komm“, so sagte er schließlich, „gib mir die Taube. Das ist das einfachste.“

„Das stimmt“, dachte der König. „Ich könnte kein anderes Wesen töten, um ihm Nahrung zu beschaffen. Er hat recht. Das wäre überhaupt keine Lösung! Trotzdem kann ich ihn die Taube nicht haben lassen. Er wird sie töten. Aber wenn ich nicht zulasse, daß er sie bekommt, wird er selbst sterben müssen. Welches Recht habe ich, auch nur einen Habicht in meiner Gegenwart verhungern zu lassen? Als lebendes Wesen mit einem Platz im Plan der Dinge verdient auch er meine Hilfe.“ Der König saß schweigend da und zupfte sich den Bart. Dann sprang er plötzlich auf und verkündigte: „Ich hab's!“

„Wilder Habicht“, sagte er, „ich habe einen Plan. Du sollst Nahrung bekommen, die Taube soll frei bleiben, und kein anderes Wesen braucht getötet zu werden.“

„Wie lautet dein Plan?“ fragte der Habicht mißtrauisch.

„Ganz einfach“, erklärte der König. „Ich werde dir ein Stück von meinem eigenen Fleisch geben. Es soll genau so viel wiegen wie der Körper der Taube, so wirst du bei dem Handel nichts verlieren. Wirst du dem zustimmen?“

„Ja“, sagte der Habicht, „vorausgesetzt, daß das Stück, das du mir gibst, genau so viel wiegt wie die Taube, bin ich es zufrieden.“

„Gut. Du hast mein Wort.“

Aus der Schatzkammer wurde eine goldene Waage gebracht und vor dem Thron aufgestellt. Die kleine Taube wurde in eine der beiden Waagschalen gesetzt. Für den Habicht wurde eine silberne Vogelstange gebracht und ein kleines goldglänzendes Tablett vor ihn gestellt. Dann wurden die weinenden Edelfrauen aus dem Raum geschickt. Die Ärzte und Höflinge stritten mit dem König. Sie flehten ihn an, im Namen der Vernunft einzuhalten. Doch der König war entschlossen.

„Ich werde geben, was ich kann", sagte er. „Schließlich, wieviel kann ein kleiner Vogel schon wiegen?"

Auf einem bestickten Kissen wurde ein scharfes Messer mit Intarsiengriff hereingetragen. Es wurde still im Saal. König Sivi nahm das Messer. Dann schnitt er sich in entsetztem Schweigen eine Scheibe Fleisch aus dem Muskel seines Oberschenkels und legte es auf die Waage. Hellrotes Blut rann sein Bein hinunter, doch kein einziger Laut kam über seine Lippen. Er beobachtete den Zeiger. Doch die Waage rührte sich nicht! Die Seite mit der Taube stieg um kein bißchen in die Höhe! Ohne mit der Wimper zu zucken, schnitt der König weiteres Fleisch von seinem Schenkel ab. Jedoch die goldene Waagschale stieg wieder nicht an. Ohne zu zögern schnitt und schnitt er weiter, so lange, bis beide Schenkel wie Stöckchen waren. Dann schnitt er sich Fleisch vom linken Arm. Die Waage stieg immer noch nicht an. Zu schwach um weiterzuschneiden, ließ er das Messer sinken und seinen ganzen Körper in die mittlerweile bluttriefende Schale legen.

„Genug!" riefen Habicht und Taube zusammen in einer einzigen Stimme aus. Den Saal erfüllte ein goldenes Licht. Beide Vögel waren verschwunden! In der Mitte des Raumes schwebte Shakra, der König der leuchtenden Götter. Und neben ihm stand König Sivi fest auf dem polierten Boden, in einem Stück und völlig unbeschadet.

„Edler König", sagte der Gott, „du bist geprüft worden wie wenige jemals geprüft wurden. Und du hast edel bestanden. Dafür sollst du ein langes Leben haben, und dein Königreich soll in Frieden sein. Später wirst du viele tausend Jahre in meiner Nähe in den höchsten Himmeln weilen, bevor du wieder auf diese Erde zurückkehrst. Möge es dir wohlgehen, o König, denn heute hast du in der Tat wohlgetan." Und Shakra verschwand, wie es seine Art ist, ohne eine Spur zu hinterlassen.

Da kamen die Leute des Reiches zum König gelaufen, umarmten ihn und weinten vor Freude. Und alles geschah, wie Shakra es angekündet hatte. Viele, viele Jahre lang herrschten Frieden und Harmonie.

Schließlich ging König Sivi wirklich, um mit den Göttern zu leben. Doch oft, wenn er in der Pracht am Fenster seines glanzvollen Palastes saß, sah er voller Liebe auf die Erde mit all ihren Lebewesen herunter. Dann dachte er auch voller Freude an den Tag, wann er wieder auf der Erde zurück sein würde. Welche Zufriedenheit kann ein gütiges Herz schließlich im Himmel empfinden? So kehrte, als die Zeit gekommen war, König Sivi wieder zurück.

Traditioneller Buddhismus

Als ich mein Augenlicht verlor, war ich sehr selbständig und gesammelt gewesen. Ich zog fünf Kinder groß. Ich arbeitete und war ehrenamtlich in meiner Gemeinde tätig. Ich war unabhängig genug, eine Scheidung aus einer schlechten Ehe in Betracht zu ziehen – einem Anwalt hatte ich sogar schon 500 Dollar bezahlt –, kurz bevor ich ins Hospital mußte.

Es hatte damit angefangen, daß ich merkte, wie ich Gegenstände umstieß und herumstolperte. Ich ging zu einem Augenspezialisten, einem Neurologen, einem Radiologen, dann einem Neurochirurgen. Und schließlich sagte ein Arzt: „Sie haben eine Geschwulst im Gehirn. Wenn Sie nicht operieren lassen, wird sie weiterwachsen, und dies würde ihr Leben kosten." Einfach so.

Die Operation dauerte siebeneinhalb Stunden. Der Arzt sagte, zweimal hätte er mich fast verloren. Er entfernte einen hühnereigroßen Tumor. Alles, was ich sehen konnte, war der schwächste Schimmer von Licht.

Es traf mich erst mit voller Wucht, als ich zu Hause ankam. Ich erkannte mich nicht wieder. Ins Hospital ging ich mit langen Haaren; heraus kam ich mit kurzen. Hinein mit 145 Pfund, heraus mit 175 und in einem Kleid meiner Mutter. Ich ging hinein und konnte sehen, ich kam heraus und sah nicht mehr. Das war nicht ich. Und zu Hause waren die Dinge schlecht bestellt. Jetzt konnte ich keine Scheidung bekommen, dafür war ich zu abhängig. Ich versuchte, Sachen selbst zu machen, was aber oft nur noch mehr Probleme auslöste. Meine jüngste Tochter wollte nicht mehr mit mir zusammen auf der Straße gesehen werden. Sie schämte sich. Ich war so bitter. Doch ich schob meine Gefühle immer wieder fort. Was war geschehen? Warum mir? Ich wollte nur da raus.

Eines schönen Tages im Herbst sagte ich meinem Mann, daß ich nach draußen gehen wollte. Ich fuhr mit dem Fahrstuhl nach unten und ging aus dem Haus. Ich ging bis zur Straßenecke und blieb einfach stehen. Dort stand ich in der Erwartung, er würde mir jede Minute nachkommen. Er kam nicht. Ich stand einfach da an der Ecke.

An jener Ecke geschah sehr viel. Ich sah mein vergangenes Leben. Ich erinnerte mich, wie einsam und hilflos ich mich als kleines Mädchen gefühlt hatte. Und nun war ich da, wieder ganz wie ein Kind, nur daß ich inzwischen fünf eigene hatte. Ich blieb sehr lange dort. Schließlich sagte ich mir: „Also gut, hier bist du nun, und du hast keinen Ort, wo du hingehen könntest. Es ist Zeit, daß du ein wenig Hilfe in dein Leben bringst."

So kam ich dazu, ein Rehabilitationszentrum aufzusuchen. Ich erzählte ihnen alles, was ich durchmachte. Ich gab ihnen alles, meine Scham, meinen Ärger, meine Ängste. Ich fühlte, daß es die Wahrheit war. Aber wenn es die Wahrheit war, wie könnte ich dann hilflos sein? Man leidet nicht unter der Wahrheit. Die Wahrheit befreit einen.

Natürlich war es harte Arbeit, mit den Veränderungen zurechtzukommen. Doch nach einer Weile hast du nichts mehr zu verbergen. Du willst alles ans Licht bringen. Du willst Platz schaffen, um die Hilfe annehmen zu können. Und wenn du mit vielen anderen zusammen bist, die das ebenfalls versuchen, erhältst du große Unterstützung. Wir Blinde, wir halten zusammen; je mehr ich das spürte, um so mehr konnte ich beginnen, selbst Hilfe anzubieten, statt nur danach zu fragen.

Ich traf einen jungen Mann, der von Geburt an blind war. Er hatte noch nie eine Geburtstagsparty gehabt. So buk ich ihm einen Kuchen und organisierte ein Fest. Er blies die Kerzen aus, die er nicht sehen konnte. Er war überglücklich. Es war großartig. Ich war so froh. Von der hilflosen Blinden an der Ecke war ich dahin gekommen, das Notwendige erkennen und etwas dafür tun zu können.

Ich sage den Leuten manchmal etwas, was ein bißchen grausam klingt. Jeder sollte zeitweilige Blindheit erfahren, um zu verstehen, wie unser Sehvermögen uns so voreingenommen macht, wie wir urteilen und verurteilen, und was das uns allen antut. Wie dieser Junge mit dem Geburtstagskuchen. Da war ein blindes Mädchen, in das er sich verliebt hatte. Dann sagte jemand, sie sei unattraktiv, und er schaute sie nicht mehr an. Die Tränen kamen mir in die Augen, denn er hatte wunderbar hingeschaut.

Wenn du mit dem inneren Auge zu sehen beginnst, dem inneren Auge, das jeder hat, ändert sich alles. Jeder ist menschlich, jeder ist Gottes Kind. Jeder ist hilflos auf die eine oder andere Weise, und genauso ist jeder auch hilfreich. Wir sind alle füreinander da ... so ist es nun mal. Und wir haben alle etwas zu geben, ganz gleich in welchem Zustand wir sind.

Natürlich gibt es Höhen und Tiefen. Man fängt blind an und streckt die Hände aus. Manchmal ist da nichts, woran man sich festhalten kann, aber man streckt sie weiter aus. Dann lernt man, sich an dem festzuhalten, was man bekommt. Dann findet man jemandes Hand und ergreift sie. Dann sieht man, daß man sich ausstrecken und jemand anderes halten kann. Wenn man einmal begonnen hat, folgt alles weitere. Ich habe es gesehen.

Heute, wenn ich mit Behinderten oder sonst jemandem arbeite, habe ich ein besonderes Verständnis zu teilen. Das ist wirklich alles, was ich anbieten kann. Es läßt sich schwer in Worte fassen. Es ist einfach ein „ich verstehe", das ist alles.

Und doch, so gewiß oder gesichert das klingen mag, ich glaube nicht, daß man jemals wirklich sicher ist. Was ist Sicherheit? Im Handumdrehen kannst du alles verlieren, das weiß ich. Und werde immer noch zittrig. Daher habe ich ein kleines Gebet: daß der Herr mir jemanden schickt, der mir auf meinem täglichen Weg in der U-Bahn beisteht ... und daß Er mir jemanden schickt, mit dem ich meinen Glauben und meine Stärke teilen kann. Beides. So begebe ich mich zur Arbeit. Und gewöhnlich geschieht es so.

Zeitgenössisch christlich

Der Teufel und Daniel Webster

Das ist eine Geschichte, die sie im Grenzland erzählen, dort, wo Massachussetts an Vermont und New Hampshire angrenzt.

Ja, Daniel Webster ist tot – oder wenigstens haben sie ihn begraben. Aber jedesmal, wenn es in der Gegend von Marshfield ein Gewitter gibt, sagen sie, man könne seine rollende Stimme in den Himmelsgewölben hören. Sie sagen auch, wenn man an sein Grab geht und laut und deutlich ruft: „Dan'l Webster – Dan'l Webster!", dann beginne der Boden zu beben und die Bäume zu zittern. Nach einer Weile hört man eine tiefe Stimme sprechen: „Nachbar, wie steht die Union?" Dann antwortet man besser, daß die Union steht wie ehedem, felsenfest im Kupferkleid, eins und unteilbar, sonst würde er noch aus dem Boden auffahren. So wenigstens erzählte man mir als Kind.

Schließlich war er eine Zeitlang der größte Mann im Land. Er wurde nie Präsident, aber er war der größte. Es gab Tausende, die auf ihn so vertrauten wie auf Gott den Allmächtigen, und sie erzählten Geschichten über ihn und über alles, was mit ihm zu tun hatte, Geschichten wie über Patriarchen und dergleichen. Wenn er aufstand und sprach, sagten sie, kamen Sterne und Streifenbanner direkt aus dem Himmel, und einmal redete er gegen einen Fluß, bis der im Boden versank. Wenn er mit seiner Angel Killall durch den Wald ging, kamen die Forellen aus den Bächen in seine Taschen gesprungen, denn sie wußten, es hatte keinen Zweck, gegen ihn zu kämpfen; und wenn er einen Fall vertrat, konnte er die Harfen der Gesegneten erklingen oder die Erde unter unseren Füßen erbeben lassen. Die Sorte Mann war er, und seine große Farm in Marshfield war gerade richtig für ihn. Die Hühner, die er züchtete, hatten ganz weißes Fleisch bis in die Unterschenkel, die Kühe wurden gehütet wie Kinder, und der große Schafbock, den er Goliath nannte, hatte geschwungene Hörner wie die Kringel einer Ackerwinde und konnte eine Eisentür einrennen. Aber Dan'l war keiner von diesen Herrenfarmern; er kannte das Land und seine Art, und er blieb im Kerzenschein auf, bis alle Arbeit getan war. Ein Mann mit einem Mund wie eine Bulldogge, Brauen wie Berge und Augen wie brennendes Anthrazit – das war Dan'l Webster in seiner Blütezeit. Und der größte Fall, den er vertrat, wurde nie in Büchern aufgeschrieben, denn er führte ihn gegen den Teufel, klipp und klar und ohne Hintertür. Und die Geschichte, wie ich sie hörte, wurde immer so erzählt:

Da gab es einen Mann namens Jabez Stone, der in Cross Corners in New Hampshire lebte. Er war eigentlich kein schlechter Mann, aber er hatte Pech. Wenn er Mais pflanzte, bekam er Bohrkäfer; pflanzte er Kartoffeln, kam die Braunfäule. Sein Land war gut genug, aber es gedieh bei ihm nicht; er hatte eine rechtschaffene Frau und Kinder, doch je mehr Kinder er hatte, um so weniger gut konnte er sie ernähren. Wenn im Acker seines Nachbarn Steine waren, hatte er Felsbrocken; wenn er ein Pferd mit Spatkrankheit hatte, tauschte er es gegen ein Pferd mit Fallsucht ein und zahlte noch drauf. Es gibt Leute, die so sein müssen, anscheinend. Eines Tages jedoch hatte Jabez Stone die Nase voll von der ganzen Sache.

Er hatte den Morgen über gepflügt, und gerade war ihm der Pflug an einem Fels gebrochen, der, wie er schwören konnte, gestern noch nicht da lag. Und als er dastand und den Pflug begutachtete, fing das Pferd an zu husten – so ein dünnes Husten, das Krankheit und Pferdearzt bedeutet. Zwei Kinder lagen mit Masern danieder, seiner Frau ging es nicht gut, und er selbst hatte eine Nagelbettentzündung am Daumen. Für Jabez Stone war das Maß voll. „Ich schwöre", sagte er und schaute sich ziemlich verzweifelt um, „ich schwöre, das reicht, daß ein Mann seine Seele dem Teufel verkaufen würde! Für zwei Cents wäre ich bereit dazu!"

Danach hatte er ein seltsames Gefühl wegen dem, was er gesagt hatte; aber da er ein Mann aus New Hampshire war, konnte er es nicht zurücknehmen. Dennoch, als es Abend wurde und, soweit er sehen konnte, niemand etwas bemerkt hatte, fühlte er sich innerlich erleichtert, denn er war ein religiöser Mensch. Aber es wird immer bemerkt, früher oder später, wie es im Guten Buch steht. Und tatsächlich, am nächsten Tag zur Abendessenszeit, fuhr ein Fremder mit sanfter Stimme und dunklem Anzug in einer schönen Karosse vor und fragte nach Jabez Stone.

Seiner Familie sagte Jabez, das sei ein Anwalt, der ihn wegen einer Erbschaft sprechen wollte. Aber er wußte, wer das war. Ihm behagte weder das Aussehen des Fremdlings noch die Art, wie er beim Lächeln die Zähne entblößte. Sie waren weiß und zahlreich – manche sagen, sie waren spitz zugefeilt, aber dafür würde ich mich nicht verbürgen. Und es behagte ihm auch nicht, als der Hund nur einen Blick auf den Fremden warf, bevor er jaulend mit eingezogenem Schwanz davonlief. Doch nachdem er sein Wort gegeben hatte, mehr oder weniger, stand er dazu, und sie gingen hinter die Scheune und schlossen ihren Handel ab. Jabez Stone mußte seinen Finger zum Signieren einstechen, und der Fremde lieh ihm eine Silbernadel. Die Wunde verheilte sauber, aber eine kleine weiße Narbe blieb zurück.

Danach begannen die Dinge urplötzlich besser zu werden und sich für Jabez Stone zum Guten zu wenden. Seine Kühe wurden fett und seine Pferde schlank, seine Ernten erregten den Neid der Nachbarschaft, und wenn die Blitze überall im ganzen Tal einschlugen, blieb seine Scheune verschont. Bald schon gehörte er zu den Wohlhabenden im Bezirk; sie nominierten ihn für den Stadtrat, und er stellte sich der Wahl; dann war die Rede davon, ihn in den Senat zu berufen. Alles in allem könnte man sagen, daß die Familie Stone so glücklich und zufrieden war wie die Katze in der Milchfarm. Und das waren sie auch, ausgenommen Jabez Stone.

In den ersten paar Jahren war er durchaus zufrieden gewesen. Es ist großartig, wenn ein schlechtes Blatt sich wendet, das vertreibt einem andere Dinge aus dem Sinn. Allerdings fing dann und wann, besonders bei Regenwetter, die kleine weiße Narbe an seinem Finger an zu schmerzen. Und einmal im Jahr kam der Fremde pünktlich wie ein Uhrwerk mit der stattlichen Karosse vorbeigefahren. Doch im sechsten Jahr ließ der Fremde anhalten, und danach war es für Jabez Stone aus mit dem Frieden.

Der Fremde kam über das flache Feld und schlug mit einem Stock gegen seine Stiefel. Es waren schöne schwarze Stiefel, aber Jabez Stone gefielen sie nicht, besonders die Zehenspitzen. Und nachdem die Zeit des Tages vorbei war, sagte er: „Nun, Mr. Stone, Sie sind ein Glückspilz! Das ist ein ansehnlicher Besitz, den Sie da haben, Mr. Stone."

„Nun, einigen gefällt er und anderen vielleicht nicht", sagte Jabez Stone, denn er war ein Mann aus New Hampshire.

„Oh, kein Grund, Ihr Geschäft abzuwerten!" sagte der Fremde so leichthin, und sein Lächeln entblößte seine Zähne. „Schließlich wissen wir, was getan wurde, und es ist nach Vertrag und Vorschrift geschehen. Wenn dann – ehem – im nächsten Jahr die Hypothek fällig wird, sollten Sie nichts zu bedauern haben."

„Was diese Hypothek angeht, Mister", sagte Jabez Stone, und er sah hilfesuchend zur Erde und zum Himmel, „mir sind da ein oder zwei Zweifel gekommen."

„Zweifel", sagte der Fremde weniger angenehm berührt. „Nun ja", antwortete Jabez Stone. „Wir sind hier in den Vereinigten Staaten, und ich bin immer ein religiöser Mensch gewesen." Er räusperte sich und wurde kühner. „Ja, Sir, mir sind beträchtliche Zweifel gekommen über diese Hypothek bei Gericht."

„Es gibt solche und solche Gerichte", sagte der Fremde und klickte mit den Zähnen. „Aber wir könnten uns einmal die Originaldokumente anschauen." Und er zog ein großes schwarzes Taschenbuch voller Papiere hervor. „Sherwin, Slater, Stevens, Stone", murmelte er. „Ich, Jabez Stone, für eine Frist von sieben Jahren – oh, das ist völlig in Ordnung, denke ich."

Aber Jabez Stone hörte nicht zu, denn er sah etwas aus dem schwarzen Taschenbuch flattern. Es war etwas, das wie eine Motte aussah, aber es war keine Motte. Und als Jabez Stone es anstarrte, schien es zu ihm in einer winzigen Fistelstimme zu sprechen, furchtbar leise und dünn, aber beängstigend menschlich. „Nachbar Stone!" piepste es. „Nachbar Stone! Hilf mir! Um Gottes willen, hilf mir!"

Doch bevor Jabez Stone Hand oder Fuß regen konnte, hatte der Fremde ein großes Taschentuch hervorgeholt und die Kreatur darin eingefangen wie einen Schmetterling und band die Enden des Tuches zusammen.

„Entschuldigen Sie die Unterbrechung", fuhr er fort. „Wie ich eben sagte ..."

Aber Jabez Stone zitterte am ganzen Körper wie ein scheu gewordenes Pferd. „Das ist die Stimme von Geizhals Stevens!" sagte er heiser. „Und Sie haben ihn in Ihrem Taschentuch!"

Der Fremde sah ein wenig verlegen aus.

„Ja, ich sollte ihn eigentlich in die Sammelbox getan haben", säuselte er, „aber da waren einige recht ungewöhnliche Exemplare, und ich wollte sie nicht zusammenstopfen. So kleine Widrigkeiten geschehen nun mal."

„Ich weiß nicht, was Sie mit Widrigkeiten meinen", sagte Jabez Stone, „aber das war die Stimme von Geizhals Stevens! Und er ist nicht tot! Das können Sie mir nicht erzählen! Er war so kreuzfidel wie ein Waldmurmeltier!"

„In der Mitte des Lebens ..." sagte der Fremde mit frommem Unterton. „Hör zu!" Da begann im Tal eine Glocke zu läuten, und Jabez Stone hörte zu, während ihm der Schweiß übers Gesicht rann. Denn er wußte, daß sie für Geizhals Stevens läutete und daß er tot war.

„Diese langjährigen Konten", sagte der Fremde seufzend, „schließt man wirklich nur widerwillig. Aber Geschäft ist Geschäft."

Er hatte immer noch das Tuch in der Hand, und Jabez Stone wurde ganz übel, als er sah, wie es im Tuch kämpfte und flatterte.

„Sind sie alle so klein?“ fragte er heiser.

„Klein?“ sagte der Fremde. „Oh, ich verstehe, was sie meinen. Nun, das ist unterschiedlich. Er maß Jabez Stone mit seinen Augen und zeigte die Zähne. „Machen Sie sich keine Sorgen, Mr. Stone“, sagte er. „Sie werden mit einem sehr guten Grad durchgehen. Außerhalb der Sammelbox würde ich Ihnen nicht trauen. Ein Mann wie Dan'l Webster andererseits – nun, für den müßten wir speziell eine anfertigen, und selbst dann, die Flügelbreite würde Sie zum Staunen bringen. Gewiß würde er einen Preis gewinnen. Ich wünschte, wir könnten unseren Weg zu ihm klar sehen. Aber in Ihrem Fall, wie ich schon sagte ...“

„Tun Sie das Taschentuch weg!“ sagte Jabez Stone und begann zu betteln und zu beten. Aber alles, was er am Ende herausholte, war eine Verlängerung von drei Jahren zu bestimmten Konditionen.

Bevor man einen Handel wie diesen abschließt, hat man keine Vorstellung, wie schnell vier Jahre vergehen können. In den letzten Monaten dieser Jahre ist Jabez Stone im ganzen Staat bekannt, und man redet davon, ihn zum Gouverneur zu wählen – was ihm wie Staub und Asche im Mund schmeckt. Denn jeden Tag denkt er beim Aufstehen „Wieder eine Nacht mehr um“, und jeden Abend beim Schlafengehen denkt er an das schwarze Taschenbuch und die Seele von Geizhals Stevens, und das macht ihm das Herz krank. In den letzten Tagen des letzten Jahres, als er es schließlich nicht länger ertragen kann, spannt er sein Pferd vor und fährt los zu Dan'l Webster. Denn Dan'l war in New Hampshire geboren, nur wenige Meilen von Cross Corners entfernt, und es ist wohlbekannt, daß er eine schwache Seite für alte Nachbarn hat.

Es war früh am Morgen, als er in Marshfield ankam, aber Dan'l war schon auf, redete Latein mit den Farmgehilfen, rang mit dem Schafbock Goliath, probierte einen neuen Traber aus und arbeitete an einer Rede gegen John C. Calhoun. Aber als er hörte, daß ein Mann aus New Hampshire ihn besuchen kam, ließ er alles stehen und liegen, denn das war Dan'ls Art. Er gab Jabez Stone ein Frühstück, das fünf Männer nicht hätten essen können, ließ sich die Lebensgeschichte jedes einzelnen Mannes und jeder Frau in Cross Corners berichten, bis er schließlich fragte, was er für ihn tun könne.

Jabez Stone gestand, daß es um eine Art Hypothekenschuld ging. „Nun, ich habe lange keine Hypothekenfälle mehr vertreten und tue es in der Regel nicht, es sei denn vor dem Obersten Gericht“, sagte Dan'l, „aber wenn ich kann, werde ich dir helfen.“

„Dann habe ich zum ersten Mal seit zehn Jahren Hoffnung“, sagte Jabez Stone und erklärte ihm die Einzelheiten.

Dan'l ging auf und ab, während er zuhörte, die Hände hinter dem Rücken verschränkt, stellte hin und wieder eine Zwischenfrage und heftete dann und wann den Blick auf den Fußboden, als ob er ihn durchbohren wollte. Als Jabez Stone geendet hatte, blies Dan'l die Backen auf und stieß die Luft aus. Dann wandte er sich zu Jabez Stone, und ein Lächeln erschien auf seinem Gesicht wie der Sonnenaufgang über Monadnock.

„Da hast du dir ja wirklich des Teufels eigenen Pferdefuß aufgehalst, Nachbar Stone“, sagte er, „aber ich werde deinen Fall übernehmen.“

„Du übernimmst ihn?“ Jabez Stone wagte es kaum zu glauben.

„Ja“, sagte Dan'l Webster, „ich habe ungefähr fünfundsiebzig andere Dinge zu tun und den Missouri-Kompromiß auszubügeln, aber ich werde deinen Fall übernehmen. Denn wenn zwei Männer aus New Hampshire es nicht mit dem Teufel aufnehmen können, könnten wir das Land ebensogut an die Indianer zurückgeben.“

Dann schüttelte er Jabez Stone die Hand und sagte: „Hast du dich sehr beeilt, hierherzukommen?“

„Nun, zugegeben, ich wollte keine Zeit verlieren“, antwortete Jabez Stone. „Zurück wird es noch schneller gehen“, sagte Dan'l Webster und ließ Constitution und Constellation vorspannen. Das waren zwei Grauschimmel, einer mit weißem Vorderbein, und sie liefen wie ein geölter Blitz.

Nun, ich will nicht beschreiben, wie aufgeregt und erfreut die ganze Familie Stone war, als die beiden schließlich eintrafen, den großen Dan'l Webster zu Gast zu haben. Jabez Stone hatte unterwegs seinen Hut verloren, er wurde ihm vom Kopf geweht, als sie den Wind überholten, aber er machte sich nichts daraus. Nach dem Abendessen schickte er seine Familie ins Bett, denn er hatte ein wichtiges Geschäft mit Mr. Webster zu regeln.

Mrs. Stone wollte, daß sie vorn im Empfangszimmer Platz nähmen, aber Dan'l Webster kannte Empfangszimmer zur Genüge und wollte lieber in der Küche sitzen. So saßen sie dort in Erwartung des Fremden mit einem vollen Krug auf dem Tisch zwischen sich und einem lodernden Feuer im Herd – der Fremde sollte termingemäß Schlag Mitternacht auftauchen, so lautete die Abmachung.

Die meisten Menschen könnten sich keine bessere Gesellschaft wünschen als Dan'l Webster und einen vollen Krug. Aber mit jedem Ticken der Uhr wurde Jabez Stone bekümmerter und immer bekümmerter. Sein Blick wanderte umher, und obwohl er eine Kostprobe aus dem Krug nahm, konnte man sehen, daß es ihm nicht so recht schmecken wollte. Als es schließlich halb zwölf schlug, ergriff er Dan'l Webster am Arm.

„Mr. Webster, Mr. Webster", sagte er mit angstbebender und zugleich todesmutiger Stimme. „Um Gottes Willen, Mr. Webster, spann deine Pferde an und verlasse diesen Ort, solange du noch kannst."

„Du hast mich einen langen Weg kommen lassen, Nachbar, um mir zu sagen, daß dir meine Gesellschaft nicht gefällt?" sagte Dan'l Webster ganz versöhnlich und nahm einen Schluck aus dem Krug.

„Ach, ich elender Unglücksrabe!" ächzte Jabez Stone. „Ich habe dich einen teuflischen Weg geholt, das war dumm von mir. Soll er mich holen, wenn er will. Nicht, daß ich darauf erpicht wäre, aber ich werde es aushalten. Aber du bist der Halt der Union und der Stolz von New Hampshire! Er darf dich nicht kriegen, Mr. Webster! Er darf dich nicht kriegen!"

Dan'l Webster sah den verwirrten Mann an, der ganz grau geworden war und im Feuerschein zitterte, und legte ihm eine Hand auf die Schulter.

„Das ist sehr zuvorkommend, Nachbar Stone", sagte er freundlich. „Es ist gut gemeint. Aber da steht ein Krug auf dem Tisch und ein Fall auf dem Spiel. Und noch nie in meinem Leben ließ ich einen Krug oder einen Fall halb beendet."

Just in dem Moment ertönte ein scharfes Klopfen an der Tür.

„Aha", sagte Dan'l Webster gelassen, „dachte ich mir doch, daß deine Uhr ein wenig nachgeht, Nachbar Stone." Er schritt zur Tür und öffnete sie. „Treten Sie ein!" sagte er.

Der Fremde trat ein – sehr dunkel und groß sah er im Feuerschein aus. Unter dem Arm hielt er eine Schachtel – eine schwarzlackierte Box mit Luftlöchern im Deckel. Beim Anblick der Box stieß Jabez Stone einen leisen Schrei aus und zog sich in den hintersten Winkel des Zimmers zurück.

„Mr. Webster, nehme ich an?" fragte der Fremde sehr höflich, während seine Augen funkelten wie die eines Fuchses im dunklen Wald.

„Amtierender Rechtsanwalt für Jabez Stone", sagte Dan'l Webster, und seine Augen funkelten auch. „Darf ich nach Ihrem Namen fragen?"

„Ich habe schon viele getragen", sagte der Fremde leichthin, „vielleicht reicht Scratch für heute abend. So werde ich in dieser Gegend oft genannt."

Dann setzte er sich an den Tisch und bediente sich selbst aus dem Krug. Der Schnaps im Krug war kalt, als er aber ins Glas floß, fing er an zu dampfen.

„Und nun", sagte der Fremde mit zähnezeigendem Lächeln, „werde ich Sie auffordern, als gesetzestreuer Bürger mir bei der Inbesitznahme meines Eigentums behilflich zu sein."

Damit war der Streitfall eröffnet – und es ging hoch und heiß her. Zuerst hatte Jabez Stone einen Schimmer Hoffnung, aber wie er Dan'l Webster Punkt für Punkt zum Nachgeben gezwungen sah, saß er nur noch zusammengesunken in seiner Ecke, den Blick auf die lackierte Box geheftet. Das schlimmste war, es gab keinen Zweifel an dem Vertrag oder der Unterschrift.

Dan'l Webster drehte und wand sich und schlug mit der Faust auf den Tisch, aber daran war schließlich nichts zu rütteln. Er bot an, den Fall mit einem Kompromiß zu schließen, aber das wollte der Fremde nicht hören. Er wies darauf hin, daß der Besitz im Wert gestiegen sei und ein Senator noch mehr wert sein sollte; der Fremde hielt sich an die Buchstaben des Gesetzes. Dan'l Webster war ein großartiger Advokat, aber wir wissen, wer der König der Advokaten ist, wie uns das Gute Buch lehrt, und es schien, daß Dan'l Webster zum ersten Mal seinen Meister gefunden hatte.

Schließlich gähnte der Fremde ein wenig. „Ihre beherzten Bemühungen um Ihren Klienten tun Ihnen alle Ehre, Mr. Webster", sagte er, „aber wenn Sie keine weiteren Argumente hinzuzufügen haben, meine Zeit ist ziemlich knapp ..." Jabez Stone schauderte.

Dan'l Websters Braue verdunkelte sich wie eine Gewitterwolke.

„Knapp oder nicht, Sie werden diesen Mann nicht bekommen!" donnerte er. „Mr. Stone ist amerikanischer Staatsbürger, und kein amerikanischer Staatsbürger kann in den Dienst eines ausländischen Prinzen gezwungen werden. Dafür kämpften wir anno '12 in England, und wenn nötig, werden wir die ganze Hölle dafür bekämpfen!"

„Ausländisch?" fragte der Fremde. „Wer bezeichnet mich als Ausländer?"

„Nun, ich habe noch nie davon gehört, daß der Teu- , daß Sie die amerikanische Staatsbürgerschaft beanspruchen", sagte Dan'l Webster überrascht. „Wer hätte wohl ein besseres Recht dazu als ich?" entgegnete der Fremde mit diesem entsetzlichen Lächeln. „Als dem ersten Indianer das erste Unrecht geschah, war ich da. Als die erste Sklavengaleere aus Kongo ablegte, stand ich auf Deck. Bin ich nicht in euren Büchern, Geschichten und Überlieferungen von der frühesten Besiedlung an? Zugegeben, die Nordstaaten geben mich als Südstaatler aus, die Südstaaten als Nordstaatler, doch ich bin keines von beiden. Ich bin einfach ein ehrlicher Amerikaner wie Sie selbst – und allerbester Abstammung – denn, um die Wahrheit zu sagen, Mr. Webster, obwohl ich ungern damit prahle, ist mein Name in diesem Land älter als der Ihre."

„Aha!" sagte Dan'l Webster, und die Venen traten auf seiner Stirn hervor. „Dann stehe ich auf dem Boden der Verfassung! Ich verlange eine Gerichtsverhandlung für meinen Klienten!"

„Der Fall ist kaum für ein gewöhnliches Gericht bestimmt", sagte der Fremde mit flackernden Augen. „Und überhaupt, zu dieser späten Stunde -"

„Nehmen wir ein Gericht Ihrer Wahl, solange es einen amerikanischen Richter und eine amerikanische Jury hat!" verlangte Dan'l Webster in seinem Stolz. „Aus Lebenden oder Toten, ich befolge den Beschluß!"

„Sie haben es gesagt," entgegnete der Fremde und zeigte mit dem Finger zur Tür. Und sofort kam draußen ein raschelnder Wind auf, und das Geräusch von Fußtritten war zu hören. Sie kamen klar und deutlich durch die Nacht. Und doch waren das keine Fußtritte lebender Menschen.

„In Gottes Namen, wer kommt da noch so spät?" rief Jabez Stone angsterfüllt aus.

„Die Jury, die Mr. Webster verlangt", sagte der Fremde und nippte an seinem brodelnden Glas. „Entschuldigen Sie das ungehobelte Aussehen des einen oder anderen, sie haben einen weiten Weg hinter sich."

Der Feuerschein wurde bläulich, die Tür wehte auf, und einer nach dem anderen traten zwölf Männer ein.

Wenn Jabez Stone vorher vor Entsetzen krank gewesen war, war er nun blind vor Entsetzen. Denn da war der Loyalist Walter Butler, der während der Revolution Brand und Schrecken im Mohawktal verbreitet hatte, da war der Renegat Simon Girty, der weiße Männer am Marterpfahl verbrennen sah und mit den Indianern in ihr Kriegsgeheul einstimmte. Seine Augen waren grün wie ein Luchs, und die Blutflecken auf seinem Jagdhemd stammten nicht vom Wild. König Philip war da, wild und stolz wie zu Lebzeiten, mit der großen Wunde in der Stirn, die ihm den Tod gebracht hatte, und der grausame Gouverneur Dale, der Männer übers Rad brechen ließ. Morton von Merry Mount war da, der die Kolonie Plymouth so gequält hatte, mit seinem roten, locker schönen Gesicht und seinem Haß auf alles Göttliche. Da war der blutige Pirat Teach mit seinem schwarzen Bart, der bis auf seine Brust herunterwallte. Reverend John Smeet mit seinen Würgerhänden und Genfer Kutte ging mit denselben gezierten Schritten, wie er damals zum Galgen gegangen war. Am Hals waren noch die roten Spuren des Seils, aber in einer Hand hielt er ein parfümiertes Taschentuch. Einer nach dem anderen kamen sie in den Raum und brachten das Höllenfeuer mit, das auf ihnen lastete. Der Fremde nannte der Reihe nach ihre Namen und Taten, bis die zwölf voll war. Doch der Fremde hatte die Wahrheit gesagt – sie alle hatten ihren Anteil an Amerika.

„Sind Sie mit der Jury zufrieden, Mr. Webster?“ fragte der Fremde spöttisch, als sie ihre Plätze eingenommen hatten. Der Schweiß stand Dan'l Webster auf der Stirn, aber seine Stimme war klar.

„Völlig zufrieden“, sagte er. „Obwohl ich General Arnold in der Gesellschaft vermisse.“

„Benedict Arnold ist anderweitig in Beschlag genommen“, sagte der Fremde mit einem Funkeln. „Aber Sie baten um einen Richter, glaube ich.“

Er zeigte noch einmal mit dem Finger, und eine große Gestalt in nüchtern puritanischer Kleidung und dem brennenden Blick eines Fanatikers schritt in den Raum und nahm auf dem Richterstuhl Platz.

„Richter Hawthorne ist ein Jurist mit Erfahrung“, sagte der Fremde. „Er saß gewissen Hexenprozessen vor, die damals in Salem abgehalten wurden. Es gab andere, die später diesem Geschäft abschworen, aber nicht er.“

„Solch rühmlichen Wundern und Unternehmen abschwören?“ sagte der gestrenge alte Richter. „Nein, aufhängen – hängt sie alle auf!" Und er murmelte zu sich selbst in einer Art, die Jabez Stones Seele zu Eis gefrieren ließ.

Das Verfahren begann, und wie zu erwarten, sah es für die Verteidigung keineswegs gut aus. Und Jabez Stone gab nicht viel her als Zeuge in eigener Sache. Er warf einen Blick auf Simon Girty und kreischte, so daß man ihn halb ohnmächtig wieder in seine Ecke bringen mußte.

Das unterbrach aber den Prozeß keineswegs, die Verhandlung nahm ihren Gang, wie das bei Verhandlungen so ist. Dan'l Webster hatte schon einigen harten Jurys und Galgenrichtern gegenüber gestanden, aber das hier war das härteste von allen, und er wußte es. Sie saßen da mit so einem seltsamen Glitzern in den Augen, und die glatte Stimme des Fremden fuhr unaufhörlich fort. Jedesmal wenn er Einspruch erhob, hieß es „Einspruch stattgegeben", aber wenn Dan'l Webster widersprach, hieß es „Einspruch abgelehnt." Klar, von einem Typ wie diesem Mr. Scratch war keine Fairneß zu erwarten.

Schließlich begann Dan'l Webster zu glühen wie Eisen im Schmelzofen. Als er aufstand, um zu sprechen, hatte er vor, es diesem Fremden heimzuzahlen – mit jedem rechtsbekannten Trick – und Richter und Jury ebenso. Es kümmerte ihn nicht mehr, ob es als Mißachtung des Gerichts galt oder was ihm in der Folge geschehen könnte. Es kümmerte ihn nicht mehr, was aus Jabez Stone würde. Er wurde nur immer wütender, während er überlegte, was er sagen würde. Und seltsam, je mehr er nachdachte, um so weniger konnte er seine Ansprache in Gedanken ordnen.

Als es schließlich Zeit war, sich zu erheben, stand er auf mit der Absicht, Blitz und Denunziation um sich hageln zu lassen. Doch bevor er begann, musterte er einen Moment lang den Richter und die Geschworenen, denn das war seine Art. Er bemerkte das Glitzern in ihren Augen, das doppelt so stark war wie vorher, und sie alle lehnten sich vor. Sie schauten wie Jagdhunde, kurz bevor sie den Fuchs packen, und der blaue Nebel des Bösen im Raum wurde dichter, während er sie beobachtete. Da sah er, wozu er gerade im Begriff gewesen war, und wischte sich die Stirn wie ein Mann, der knapp dem Sturz in eine dunkle Grube entronnen ist. Denn sie waren wegen ihm gekommen, nicht nur wegen Jabez Stone. Er las es in ihrem Augenglitzern und an der Art, wie der Fremde seinen Mund hinter der Hand verbarg. Und wenn er sie mit ihren eigenen Waffen bekämpfte, wäre er ihnen ausgeliefert, das wußte er, obwohl er nicht sagen könnte, wieso. Es war sein eigener Ärger und Schrecken, der in ihren Augen brannte; das mußte er auswischen, sonst war der Fall verloren. So stand er einen Moment lang da, seine schwarzen Augen brannten wie Anthrazit. Und dann begann er zu sprechen.

Er begann mit leiser Stimme, aber man konnte jedes Wort verstehen. Es heißt, er konnte, wenn er wollte, die Harfen der Gesegneten zum Klingen bringen. Er sprach ganz einfach und leicht. Er begann nicht mit Verurteilen oder Schmähen. Er sprach über Dinge, die ein Land zum Land und einen Mann zum Mann machen.

Er redete von den einfachen Dingen, die jeder gekannt und gefühlt hat – von der Frische eines frühen Morgens, wenn man jung ist, vom Geschmack des Essens, wenn man hungrig ist, vom neuen Tag, der jeden Tag neu ist, wenn man ein Kind ist. Er hob sie hoch und wendete sie in seinen Händen. Das waren gute Dinge für jeden Menschen. Aber ohne Freiheit wurden sie krank. Und als er von den Versklavten sprach, dem Elend der Sklaverei, ertönte seine Stimme wie eine große Glocke. Er redete von den frühen Tagen Amerikas und den Menschen, die jene Tage gestaltet hatten. Er sprach ohne Umschweife, aber so, daß man verstand. Er gestand all das Unrecht, daß jemals begangen wurde. Doch er zeigte auch, wie aus dem Unrecht, dem Leid und der Hungersnot etwas Neues gekommen war. Und jeder war daran beteiligt, auch die Verräter.

Dann drehte er sich zu Jabez Stone um und zeigte ihn, wie er war – als gewöhnlichen Menschen, der Pech hatte und es ändern wollte. Und weil er gewünscht hatte, es zu ändern, sollte er nun für alle Ewigkeit bestraft werden. Und doch war Gutes in Jabez Stone, und er zeigte das Gute. Er war hart und gemein, auf manche Art, aber er war ein Mensch. Ein Mensch zu sein bereitete Kummer, aber man konnte auch stolz darauf sein. Und er zeigte, worin der Stolz bestand, bis man es fühlen konnte. Sogar in der Hölle wußte man, ob einer ein Mensch war. Und er plädierte nicht mehr für eine oder mehrere Personen, obwohl seine Stimme nun wie eine Orgel brauste. Er erzählte die Geschichte und Fehlschläge und die endlose Reise der Menschheit. Sie wurden getäuscht und gefangen und verwirrt, aber es war eine großartige Reise. Und kein Dämon, der je sein Unwesen trieb, konnte den inneren Kern davon erfahren – dazu brauchte es den Menschen.

Das Feuer im Herd erstarb langsam, und der Frühwind kündigte den Morgen an. Das Licht im Raum schimmerte grau, als Dan'l Webster zu Ende kam. Und seine Worte kamen zurück zum Boden von New Hampshire, zu dem einem Fleck Land, den jeder Mensch liebt und festhält. Er malte daraus ein Bild, und zu jedem der Geschworenen sprach er von längst vergessenen Dingen. Denn seine Stimme konnte im Herzen suchen, das war seine Gabe und seine Stärke. Dem einen war seine Stimme wie der Wald mit seinem Geheimnis, einem anderen wie das Meer mit seinen Meeresstürmen. Einer hörte den Ruf seiner verlorenen Nation, ein anderer sah eine kleine harmlose Szene, an die er sich seit Jahren nicht erinnert hattte. Aber jeder sah etwas. Und als Dan'l Webster geendet hatte, wußte er nicht, ob er Jabez Stone nun gerettet hatte oder nicht. Doch er wußte, daß er ein Wunder vollbracht hatte. Denn das Glitzern war aus den Augen des Richters und der Geschworenen verschwunden, und für einen Moment waren sie wieder Menschen und wußten, daß sie Menschen waren.

„Die Verteidigung ruht", sagte Dan'l Webster und stand da wie ein Berg. In seinen Ohren hallten noch seine Worte, und er hörte nichts anderes, bis Richter Hawthorne sagte: „Die Jury zieht sich zur Urteilsfindung zurück."

Walter Butler erhob sich von seinem Platz, und sein Gesicht zeigte einen dunklen, frohen Stolz.

„Die Jury hat das Urteil beschlossen", sagte er und schaute dem Fremden voll in die Augen. „Wir befinden für den Angeklagten, Jabez Stone."

Hierauf verlor der Fremde sein Lächeln, aber Walter Butler zuckte mit keiner Wimper.

„Vielleicht stimmt es nicht strikt mit der Beweisführung überein", sagte er, „aber sogar die Verdammten müssen der Redegewalt von Mr. Webster ihren Tribut zollen."

Das langgezogene Krähen eines Hahns zerriß den grauen Morgenhimmel, und wie eine Rauchwolke waren Richter und Jury aus dem Zimmer verschwunden, als wären sie nie dagewesen. Mit einem schiefen Lächeln wandte sich der Fremde Dan'l Webster zu. „Major Butler war immer ein kühner Mann", sagte er. „Ich hielt ihn für nicht ganz so kühn. Dennoch, ich gratuliere, von Gentleman zu Gentleman."

„Erst möchte ich bitte das Dokument haben", sagte Dan'l Webster, nahm es und zerriß es in vier Teile. Es fühlte sich seltsam warm an. „Und jetzt", sagte er, „kommen Sie dran!", und seine Hand senkte sich wie eine Bärenfalle auf den Arm des Fremden. Denn er wußte, sobald man jemanden wie Mr. Scratch in fairem Kampf besiegt hatte, war seine Macht über den Gegner gebrochen. Und er konnte sehen, daß Mr. Scratch das auch wußte.

Der Fremde wand und drehte sich, konnte sich aber nicht aus dem Griff befreien. „Kommen Sie schon, Mr. Webster", sagte er mit blassem Lächeln. „Das ist doch läch ... Aua! Ist lächerlich. Wenn Sie besorgt sind um die Kosten des Falles, werde ich natürlich gern zahlen –"

„Das werden Sie auch!" sagte Dan'l Webster und schüttelte ihn, bis seine Zähne klapperten. „Denn Sie werden sich sofort hinsetzen, an den Tisch hier und eine Urkunde abfassen, in der Sie versprechen, weder Jabez Stone noch seine Erben oder Beauftragten noch irgend jemanden aus New Hampshire jemals wieder zu belästigen, bis zum Jüngsten Tag! Wenn wir in diesem Staat einen Hades veranstalten wollen, können wir das selber machen, ohne Hilfe von Fremden."

„Aua!" sagte der Fremde. „Au! Also, sie sind ja nie zu nah an die Kanonen gekommen, aber – Aua! Ich bin einverstanden!"

Also setzte er sich und setzte das Schreiben auf. Doch Dan'l Webster hielt seine Hand die ganze Zeit an seinem Mantelkragen.

„Kann ich jetzt gehen?" fragte der Fremde recht kleinlaut, als Dan'l die Rechtmäßigkeit der Urkunde begutachtet hatte.

„Gehen?" verwunderte sich Dan'l und schüttelte ihn abermals. „Ich überlege noch, was ich mit Ihnen nun machen werde. Sie tragen die Kosten für den Fall, aber wir beide sind noch nicht quitt. Ich glaube, ich nehme Sie mit nach Marshfield", sagte er nachdenklich. „Dort habe ich einen Bock namens Goliath, der eine Eisentür einrennen kann. Vielleicht lasse ich Sie dort in seinem Feld los und sehe mir an, was er dann macht."

Hierauf begann der Fremde, zu betteln und zu flehen. Er bettelte und flehte so demütig, daß Dan'l am Ende einwilligte, ihn freizulassen, denn er hatte ja ein gutes Herz. Der Fremde schien furchtbar dankbar zu sein und sagte, zum Beweis für ihre Freundschaft würde er Dan'l zum Abschied die Zukunft voraussagen. Dan'l willigte ein, obwohl er von Wahrsagern nicht viel hielt. Aber mit dem Fremden war es natürlich etwas anderes.

Der schaute also mit prüfenden Blicken auf die Linien in Dan'l Websters Händen. Und sagte ihm das eine und andere Bemerkenswerte. Aber es bezog sich alles auf die Vergangenheit.

„Ja, das stimmt alles, das ist geschehen", sagte Dan'l Webster. „Aber was ist mit der Zukunft?"

Der Fremde grinste glücklich und schüttelte den Kopf. „Die Zukunft ist nicht so, wie Sie denken", sagte er. „Sie ist dunkel. Sie haben eine große Ambition, Mr. Webster."

„Das habe ich", sagte Dan'l bestimmt, denn jeder wußte, daß er Präsident werden wollte.

„Es scheint fast in Ihrer Reichweite", sagte der Fremde, „aber Sie werden es nicht schaffen. Geringere als Sie werden zum Präsidenten gemacht, und Sie werden übergangen."

„Wenn das so ist, bin ich immerhin Dan'l Webster", sagte Dan'l. „Sagen Sie weiter."

„Sie haben zwei starke Söhne", sagte der Fremde und schüttelte den Kopf. „Sie möchten eine Linie gründen. Aber beide werden im Krieg sterben und keine Größe erlangen."

„Leben oder Sterben, sie sind immerhin meine Söhne", sagte Dan'l Webster. „Sagen Sie weiter."

„Sie haben große Reden gehalten", sagte der Fremde. „Sie werden noch mehr geben."

„Ah", sagte Dan'l Webster.

„Doch die letzte Rede, die Sie geben, wird viele aus Ihren eigenen Reihen gegen Sie erheben" sagte der Fremde. „Sie werden Sie Ichabod nennen, sie werden Ihnen noch andere Namen geben. Selbst in Neuengland werden manche sagen, daß Sie ihren Mantel gewendet und Ihr Land verkauft haben, und ihre Stimmen werden laut gegen Sie sprechen, bis Sie sterben."

„Solange es offene Reden sind, spielt es keine Rolle, was die Leute sagen", sagte Dan'l Webster. Dann sah er dem Fremden in die Augen, und ihre Blicke begegneten sich.

„Eine Frage", sagte er. „Ich habe mein Leben lang für die Union gekämpft. Werde ich den Kampf gewonnen sehen gegen die, die sie zerschlagen wollen?"

„Nicht solange Sie leben", sagte der Fremde grimmig „aber er wird gewonnen werden. Und nach Ihrem Tod werden Tausende für Ihre Sache weiterkämpfen, wegen der Worte, die Sie sprachen."

„Nun also, Sie Kanonenrohr-Schiefhals-Laternenmaul-wahrsagender Notenbarbier", brüllte Dan'l Webster vor Lachen, „verschwinden Sie dahin, wo Sie herkommen, bevor ich Ihnen mein Siegel aufsetze! Denn, bei den dreizehn Ursprungskolonien, ich würde sogar in die Hölle fahren, um die Union zu retten!"

Mit diesen Worten hob er seinen Fuß zu einem Tritt, der ein Pferd umgebracht hätte. Er erwischte den Fremden nur mit der Schuhspitze, aber so, daß er mit seiner Sammelbox unterm Arm durch die Tür segelte.

„Und jetzt", sagte Dan'l Webster mit einem Blick auf Jabez Stone, der aus seiner Ohnmacht zu erwachen schien, „laß uns mal sehen, was der Krug noch übrig hat, denn es ist eine trockene Arbeit, wenn man die ganze Nacht redet. Ich hoffe, es gibt Pastete zum Frühstück, Nachbar Stone."

Wie sie sagen, wenn der Teufel in die Nähe von Marshfield kommt, macht er auch heute noch einen weiten Bogen darum. Und von jenem Tag an bis heute wurde er im Staate New Hampshire nicht mehr gesehen. Ich spreche nicht von Massachusetts oder Vermont.

Steven Vincent Bennett

ZWEITER TEIL

DEN WEG FINDEN

Den Weg zu authentischem Erwachen zu finden, ist eine riesige Herausforderung. Natürlich hören wir zuerst auf die Stimmen äußerer Autoritäten, die anscheinend die Antworten auf unsere Fragen besitzen. Es wird schon verwirrender, sobald wir entdecken, daß es in der Welt vor Autoritäten, die uns allzu gern Rat, Lösungen und Rezepte anbieten wollen, nur so wimmelt. Unsere Buchläden platzen aus den Nähten mit Ratgebern über Glücklichsein, Erfüllung und Befreiung. Am Anfang mögen wir auf die Weisheit der Erfahrungen anderer hören und von ihnen lernen. Die Beispiele der Lehrer und Weisen von gestern und heute können uns inspirieren.

Irgendwann dämmern uns, während wir zuhören, ein paar Einsichten. Wir sehen, daß keine Autorität allein den heißen Draht zur Wahrheit hat und es nicht nur einen Weg zum Erwachen gibt. Vielleicht wird uns auch klar, daß wir einfach nur die verschiedenen Melodien hören, durch die die großen spirituellen Traditionen die eine essentielle Harmonie ausgedrückt haben. Um diese Harmonie geht es, nicht um die Art und Weise, wie sie zum Ausdruck kommt. Das gemeinsame Element in allen, die weise werden, ist, daß sie gelernt haben, dieser Weisheit in ihren eigenen Herzen zu lauschen, die Harmonie zu vernehmen, die ihr zugrundeliegt, und ihren eigenen Weg zu reisen.

Niemand kann den Weg für uns reisen, niemand kann an unserer Statt nach dem Erwachen streben. Im Vertrauen, daß Weisheit, Freude und Erwachen unser spirituelles Erbe sind, müssen wir entdecken, was das in uns wachruft. Es gibt niemanden da draußen, der uns von Verwirrungen, Ängsten und Identifikationen befreien kann, die unser Leben mit Schmerz überschatten. Wenn wir dieses Alleinsein akzeptieren können, stellen wir fest, daß es kein Alleinsein im Sinne einer Entfremdung oder eines Rückzugs in die Einsamkeit ist. Wir werden bei unserer spirituellen Suche getragen von den Generationen derer aus allen Kulturen, die vor uns gegangen sind, die unser Erforschen begrüßen und inspirieren. Unsere Suche verbindet uns mit den Millionen Weggefährten, die auch heute inneren Frieden und Freiheit suchen. Durch die Bereitschaft, unser Alleinsein kennenzulernen, entdecken wir eine Weisheit und ein Mitgefühl, die uns mit allen anderen in Verbindung bringen.

Es wird Augenblicke geben, wenn wir mit Gefühlen der Hoffnungslosigkeit, Zweifeln und Unzulänglichkeit konfrontiert werden. Wir fragen uns vielleicht, wie wir die scheinbar unüberbrückbare Kluft zwischen Verwirrung und Klar-

heit überwinden können, zwischen Festhalten und Offensein, Begrenzung und Freiheit. In allen dunklen Momenten müssen wir uns erinnern, daß wir mit der kostbarsten Gabe der Menschheit gesegnet sind – der Fähigkeit zur Aufmerksamkeit. Es ist ein Geschenk, das uns erquicken kann. Die Fähigkeit der Aufmerksamkeit ist die Kraft, bewußt zu sein, wach zu sein und zu transformieren. Es ist eine ungeheure Kraft, die uns befähigt, die uns umhüllenden Schleier der Verwirrung zu durchdringen und die inneren Quellen der Energie, Absicht und Liebe, die in uns schlummern, zu erreichen und nutzbar zu machen.

Indem wir erforschen, was es heißt, bewußt zu sein, lernen wir, mit ganzem Herzen in jedem Moment in uns und allem, was er uns bringt, gegenwärtig zu sein. Die Verbindung mit dem gegenwärtigen Augenblick führt dazu, daß wir unsere Ängste über die Zukunft, über Gewinn oder Verlust, über Haben oder Seinwollen beiseite lassen können. Wir werden fähig, uns von unserer Besessenheit mit unserer Historie und der Bürde unserer verpaßten Gelegenheiten zu befreien. Unsere Bewußtheit beleuchtet das, was tatsächlich hier ist, in diesem Augenblick. Und jetzt können wir lernen und offen werden.

Jeder Augenblick ist der größte und herausforderndste Lehrer, dem wir im Leben begegnen werden. Es ist ein mitfühlender Lehrer, der uns nicht beurteilt, nicht kritisiert, uns weder an Erfolg noch Versagen mißt. Der gegenwärtige Augenblick ist ein Spiegel, in dessen Bild wir lernen, wie man sieht. In ihn zu schauen, ohne sich etwas vorzumachen, ist die Quelle aller Weisheit. In diesem Spiegel erkennen wir, was Verwirrung und Zwietracht in unserem Leben und was Harmonie und Verstehen entstehen läßt. Wir sehen die Beziehung zwischen dem Schmerz und seiner Ursache von Moment zu Moment, wir sehen den Bund zwischen der Liebe und ihrer Quelle. Wir sehen, was uns verbindet und was uns entfremdet.

In diesem Sehen beginnen wir, aus unseren eigenen Geschichten zu lernen, was uns erfreut und was uns bekümmert. Indem wir nach innen hören und aus den eigenen Geschichten lernen, erkennen wir, daß wir keine Experten brauchen, die uns den Weg zeigen, sondern die eigene klare und direkte innere Einstimmung. Unsere Geschichten enthüllen unseren Weg. Zuhörend können wir verstehen, was wir loszulassen haben und was wir entwickeln müssen, wenn wir ein Leben im Geiste des Friedens und der Freiheit führen wollen.

Unsere eigenen Geschichten unterscheiden sich nur an der Oberfläche oder im Detail von den Geschichten aller Wesen. Es gibt kein Lebewesen, das nicht an unserer Sehnsucht nach Befreiung von Angst und Schmerz teilhätte. Kummer ist Kummer, unabhängig davon, welches Herz ihn zu ertragen hat. Frieden ist Frieden, unabhängig davon, welches Herz darin Freude findet.

Die folgenden Geschichten beschreiben die Schmerzen und Freuden, die die Entdeckung des Weges mit sich bringt. Wenn wir ihnen unser Herz öffnen, werden wir fähig, uns einzufühlen in die Berge, die diese Reisenden erklimmen mußten, die Täler und Gipfel, auf denen sie sich wiederfanden. Sie helfen uns, einmal mehr über das Lernen nachzusinnen, das in unseren eigenen Geschichten jeden Tag zum Leben erwacht.

7

Hier und Jetzt: Einfach mit dem sein, was ist.

Ein volles Leben, wahrhaftig zu lieben, ein weises und zeitloses Verstehen zu finden – all dies entsteht aus unserer Fähigkeit, das zu erfahren und zu kennen, was Gegenwart ist. Das Herzstück des spirituellen Lebens ist ein Leben in der sich ständig wandelnden Wirklichkeit der Gegenwart. Ein Schild im Casino in Las Vegas drückt das so aus: „Um zu gewinnen, mußt du gegenwärtig sein." Die chassidische Geschichte in diesem Kapitel zeigt uns, daß nicht die äußere Aufmachung zählt, sondern nur die Einfachheit unserer Gegenwart.

Wenn wir mit den Augen der Einfachheit sehen können, wird uns alles enthüllt. Chinesischer Bambus und Bäume aus Neuengland lehren uns Rhythmus und Geheimnis des Lebens. Was brauchen wir mehr – noch mehr Ansichten, mehr Klänge, mehr Düfte, mehr Gedanken? Wir haben Gott weiß schon genug davon. Was wir suchen, findet sich nicht in immer mehr Visionen oder Tönen oder Geschmäckern oder Gedanken, sondern in der lebendigen Wirklichkeit jeden Momentes, dem wir mit Weisheit und Verstehen begegnen. Manche spirituellen Lehrer drükken es so aus, daß es darum gehe, einen Fuß vor den anderen zu setzen oder einen Tag auf einmal zu nehmen. Stellen wir uns vor, lange Zeit von unserem Heimatland, unseren geliebten Freunden, vielleicht sogar von unserem Planeten als Wanderer im Weltraum getrennt gewesen zu sein. Wie außerordentlich es wäre, einfach zurückzukehren und die frische Frühlingsluft zu atmen, unsere Füße auf dem Erdboden zu spüren, die Geburt eines Kindes zu erleben oder das Dahinscheiden des Geistes an jemandes Totenbett. Je intimer wir das anrühren, was gegenwärtig ist, um so weiter werden sich unsere Herzen öffnen und um so mehr werden unsere Kreativität und Freiheit aufblühen und gedeihen.

Der Wirrwarr unserer Leben verblendet uns für die kostbare Einfachheit um uns und in uns. Zu oft lassen wir uns von unseren eigenen Ansammlungen und Errungenschaften in Ketten legen. Wir leben in Angst vor ihrem Verlust, entwickeln komplexe Strategien gegen Versagen und Benachteiligung. Diese Bürde hindert uns daran, mit leichtem Herzen zu gehen. Der Lärm, den wir durch die eigene Geschäftigkeit erzeugt haben, macht uns taub für das Wunder der Stille.

Die moderne Kultur setzt Einfachheit fälschlicherweise mit Entbehrung gleich und strebt danach, Leben und Denken mit Objekten, Informationen und Zerstreuungen anzufüllen. Stille ist uns unbehaglich geworden, da wir sie mit Fehlen oder Mangel gleichsetzen. Im Netz dieser Komplexität verarmen wir geistig immer mehr. Wenn wir wissen wollen, wie viele Requisiten wir durch unser Leben schleppen, brauchen wir uns nur zu fragen, was uns wirklich fehlen würde, wenn wir plötzlich in eine andere Zeit und an einen anderen Ort versetzt würden. Das wären nicht die vielen Dinge, mit denen wir unsere Koffer füllen, sondern die einfachen Freuden eines geteilten Lachens, geteilten Kummers, die einfache Liebe derer, die uns nahestehen.

Wir brauchen uns nicht ins nächstbeste Kloster zurückzuziehen, all unseren Besitz und unsere Verpflichtungen aufzugeben, um das Wunder der Stille und Weite zu entdecken. Den Asketen können Verwirrung oder Übereifer genauso begleiten wie den Pendler im Berufsverkehr. Wir brauchen uns nicht von der Welt zurückzuziehen, um die wahre Einfachheit des Herzens zu entdecken. Dramatische Gesten sind nicht nötig. „Wenn einer Gutes tun will“, sagt William Blake „muß das Gute in den winzigen Einzelheiten getan werden. Allgemeines Guttun ist das Plädoyer des Heuchlers, Schmeichlers und Schurken.“ Einfachheit bezieht sich nicht darauf, wieviel wir haben, sondern an wieviel wir festhalten. Einfachheit ist frei von Ambitionen. Sie ist wie das Wasser, das einfach bergab fließt. In dieser Einfachheit gibt es weder Priester noch Ausgestoßene. Der Zen-Buddhismus nennt das „wieder unsere wahre Natur einnehmen“.

Einfachheit und Verzicht sind Akte des Mitgefühls – für uns selbst, für die Welt um uns. Gandhi sagte einmal: „In dieser Welt gibt es genug für jedermanns Bedürfnisse, aber nicht genug für jedermanns Gier.“ Einfachheit in unserem Lebensstil ist der Ausdruck von Rücksichtnahme und Mitgefühl für die Welt. Einfachheit im Herzen, wenn wir unsere Meinungen und Begierden loslassen, ist ein Ausdruck des Mitgefühls mit uns selbst. Wenn wir unsere Wünsche für die Zukunft aufgeben, die Beschäftigung mit der Vergangenheit und die Strategien zum Schutz der Gegenwart, bleibt nichts anderes als das, wo wir jetzt sind. Die Verbindung mit dem gegenwärtigen Moment herzustellen, heißt anzufangen, die Schönheit wahrer Einfachheit zu würdigen.

Jeder Moment ist einzigartig und daher kostbar. Der Sonnenuntergang heute wird sich nie wiederholen. Die Liebkosung eines Freundes, das Lachen eines Kindes wird nie wieder genau so wiederholt oder empfunden werden. Die Erfahrung des Momentes läßt sich nie wieder einfangen. In der Gegenwart zu sein, ist die einzige Art, das Leben in seiner Fülle zu würdigen und sich von dem Wunder jeden Augenblicks berühren zu lassen.

Die Geschichten in diesem Kapitel sprechen vom Wunder der Einfachheit, von den Offenbarungen, wenn wir wirklich anwesend sind. Wenn wir diese Geschichten über Einfachheit lesen, was ist mit unserem eigenen Leben? In welcher Hinsicht ist es zu verwickelt, überfüllt, zu voreilig? Wie könnte es sein, wenn wir einfacher lebten? Was würden wir weglassen müssen? Was würden wir ändern müssen? Welche Mutmaßungen und Wertvorstellungen, die uns gefangenhalten, sollten aufgegeben werden? Wenn wir uns vorstellen, immer einfacher zu werden, wie würde sich das anfühlen? Wir haben die Fähigkeit in uns, unser Leben selber zu gestalten. Wir können Komplexität oder Einfachheit erschaffen, genauso wie wir Haß oder Liebe und Harmonie erschaffen können. Was braucht es, einen Atem der Einfachheit zu schaffen und den Geist der Unmittelbarkeit und Gegenwärtigkeit in unserer Zeit zum Leben zu erwecken?

Auf ihrer langen Wanderschaft pflegten die Brüder Rabbi Sussja und Rabbi Elimelech, sooft sie in die Stadt Ludmir kamen, bei einem armen und frommen Mann einzukehren. Nach manchen Jahren, unterdes ihr Ruf überallhin gedrungen war, kamen sie wieder einmal nach Ludmir, aber nicht mehr wie einst zu Fuß, sondern im Wagen. Der reichste Mann des Städtchens, der früher nichts von ihnen hatte wissen wollen, fuhr, als die Kunde von ihrem Nahen ihn erreichte, sogleich ihnen entgegen und bat sie, in seinem Haus Wohnung zu nehmen. Sie aber sagten: „An uns hat sich doch nichts geändert, daß Ihr uns mehr zu achten hättet als zuvor. Was neu hinzugekommen ist, sind nur der Wagen und die Pferde. So nehmt die bei Euch auf, uns aber laßt wieder bei unserem alten Gastgeber Herberge suchen."

Chassidisch

Nasrudin war inzwischen ein alter Mann, der auf sein Leben zurückblicke. Er saß mit seinen Freunden im Teehaus und erzählte seine Geschichte. „Als ich jung war, hatte ich ein feuriges Gemüt – ich wollte jedermann ändern. Ich bat Allah um die Kraft, die Welt zu ändern. Im mittleren Alter wachte ich eines Tages auf und erkannte, daß mein halbes Leben vorbei war und ich niemanden geändert hatte. So bat ich Allah um die Kraft, jene in meiner Nähe zu ändern, die es am meisten nötig hatten. Leider, nun bin ich alt und mein Gebet ist einfacher: ‚Allah', bete ich, ‚bitte gib mir die Kraft, wenigstens mich selbst zu ändern.'"

Sufi

Während der Zeit, als das Leben auf der Erde voll war, gab niemand etwas um Ehrenmänner noch wurde einer wegen seiner Begabung ausgesondert. Die Herrscher waren einfach die höchsten Zweige des Baumes, und das Volk war wie die Hirsche im Wald. Sie waren ehrlich und rechtschaffen, ohne zu erkennen, daß sie „ihre Pflicht taten". Sie liebten einander und wußten nicht, daß das „Nächstenliebe" war. Sie betrogen niemanden, wußten aber nicht, daß sie „vertrauenswürdige Menschen" waren. Sie waren zuverlässig und wußten nicht, daß das „guter Glaube" war. Sie lebten frei miteinander im Geben und Nehmen und wußten nichts von ihrer Großzügigkeit. Aus diesem Grund wurden ihre Taten nicht aufgezeichnet. Sie machten keine Geschichte.

Dschuang Tse

DER EHRWÜRDIGE ANANDA, der Mönch, der der Assistent und engster Schüler Buddhas war, kam eines Tages durch ein kleines Dorf. Durstig wie er war, ging er auf den Dorfbrunnen zu und bat das junge Mädchen, das dort war, um einen Becher Wasser zu trinken. Das Mädchen sagte zu ihm: „O großer Mönch, ich bin nicht wert, dir Wasser zu geben. Bitte mich nicht um so etwas, denn ich würde dich nur unrein machen. Ich bin ein Kind aus der niedrigsten Kaste in diesem Dorf." Der große Mönch Ananda sah sie aus mitfühlenden Augen an und sagte: „Ich fragte dich nicht nach deiner Kaste, sondern nach einem Becher Wasser."

Früher Buddhismus

ES WAR EINMAL ein Mann, der ein enthaltsames Leben führte und kein Brot aß. Er ging einen alten Mann besuchen. Zufällig waren Pilger vorbeigekommen, und der Alte bereitete ihnen eine bescheidene Mahlzeit. Als sie zum Essen beisammensaßen, nahm der fastende Bruder eine einzige eingeweichte Erbse zu sich, auf der er dann kaute. Als sie vom Tisch aufstanden, nahm der Alte den Bruder beiseite und sagte: „Bruder, wenn du jemanden besuchen gehst, stelle deinen Lebensstil nicht zur Schau, doch wenn du ihn beibehalten willst, dann bleibe in deiner Zelle und komme nie aus ihr hervor." Er akzeptierte, was der Alte sagte, und benahm sich danach wie die anderen, wann immer sie zusammenkamen.

Wüstenväter

Einer der Betbrüder im Tempel war besonders bekannt für seinen Eifer und sein Bemühen. Tag und Nacht saß er in der Meditation, ohne zu essen oder zu schlafen. Mit der Zeit wurde er dünner und schwächer. Der Meister des Tempels riet ihm, sich etwas zu drosseln und mehr um sich selbst zu kümmern. Doch der fromme Mann hörte nicht auf den Rat.

„Warum hast du es so eilig, wohin drängt es dich so?" fragte der Meister.

„Ich bin auf Erleuchtung aus", antwortete der Bruder, „und will keine Zeit vergeuden."

„Und woher weißt du", fragte der Meister, „daß die Erleuchtung vor dir herläuft, daß du ihr hinterherlaufen mußt." Vielleicht ist sie hinter dir, und alles, was du zu tun hast, um ihr zu begegnen, ist, bloß stillzustehen – du aber läufst vor ihr weg!"

Zen

Ich nenne ihn Schaumal, weil er mir die Geschichte von Schaumal, dem armen Indianer, erzählte. Es war ein typischer stürmischer Februarmorgen in Boston. Der Verkehr staute sich, und die Fahrer starrten sich wütend an. Jeder war unglücklich – das heißt, jeder außer Schaumal, meinem Taxifahrer.

„Ihnen scheint es nichts auszumachen, daß wir nicht vorwärtskommen", sagte ich.

„Nein", sagte er sehr ruhig. Er deutete auf die Autoschlangen. „Wir können nirgendwo hin. Warum also aufregen?" Er zündete sich eine Zigarette an, nahm einen tiefen Zug und wandte sich mir zu. „Spielen Sie Golf?"

Ich nickte. „Wenn ich kann, aber ich bin nicht besonders gut."

„Sind Sie jemals ans Tee gekommen, und da sind dann zwei Vierer am Fairway und warten auf ein Spiel auf dem Platz? Und noch ein Vierer wartet am nächsten Tee?"

„Oft genug", sagte ich ohne eine Ahnung, worauf er hinauswollte.

„Nirgends, wo man hingehen kann", sagte er. Dann zeigte er auf den Verkehr um uns. „Hier genauso." Er nahm einen Zug an der Zigarette. „Was ist der Sinn davon, sich aufzuregen? Oder zu ärgern?" Er zuckte die Achseln. „Nichts dran zu ändern. Trotzdem regen sich alle auf und kriegen Magengeschwüre."

„Vermutlich müssen sie irgendwo hin", sagte ich, während ich auf die Uhr schaute, um ihn in Kenntnis zu setzen, daß auch ich zu einem Termin zu spät kommen würde. „Geschäftstermine oder ein Flug oder sonstwas."

„Ja, sicher", stimme er zu. „Deshalb sind sie im Taxi. Alle müssen irgendwo hin außer dem Taxifahrer – er ist schon da. Nun sehen Sie sich diesen Typ an", sagte er und zeigte auf einen gutgekleideten Herrn, der aus seinem Wagen ausgestiegen war und zu einem Polizeibeamten redete, der hilflos mitten im Verkehr stand. „Er bekommt fast einen Schlaganfall."

Wahrscheinlich kommt er zu spät zur Arbeit."

„Ich komme nie zu spät zur Arbeit. Ich bin pünktlich, sobald ich in meinem Taxi sitze."

Wir beobachteten noch eine Weile, wie der Verkehrspolizist die Fahrzeuge zu entwirren versuchte, und fuhren dann weiter.

„Sie sind anscheinend gern Taxifahrer", bemerkte ich.

„Möchte nichts anderes sein", erwiderte er.

„Haben sie etwas anderes probiert?" fragte ich.

Er nickte. „Alles mögliche. Ich war als Freiwilliger bei der Marine, dann arbeitete ich im Büro, und eine Zeitlang war ich Bote bei einer Börsenmaklerfirma. Aber jetzt habe ich genug von dem Zeug."

„Würden Sie nicht mehr Geld verdienen, wenn Sie etwas anderes täten?" fragte ich.

„Sicher", gab er zu. „Wenn ich bei dem Börsenspekulanten geblieben wäre, hätte ich sogar Millionär werden können. Wer weiß? Aber ich habe keine Ambitionen."

„Jeder sollte Ambitionen haben", sagte ich zu ihm.

„Wieso?" fragte er.

Das war ich noch nie gefragt worden. Alle scheinen davon auszugehen, daß Ambitionen nötig sind, genau wie man von anderen selbstverständlichen Wahrheiten ausgeht.

„Wieso?" wiederholte ich. „Nun, jeder sollte Ambitionen haben, weil er sonst nicht vorwärts kommt."

„So?" fragte er.

„So? Nun, dann können sie sich ein schönes Heim und gute Kleidung leisten, etwas für ihre Familie tun. Sie wissen schon, vorankommen im Leben."

„Ich bin nicht verheiratet und habe keine Familie."

„Selbst dann sollten Sie vorwärts kommen wollen“, sagte ich.

Und dann sagte er's: „Es ist genau wie mit dem Indianer.“

Ich war verdutzt. „Dem Indianer? Was ist wie mit dem Indianer? Welchem Indianer?“

„Schaumal, der arme Indianer“, antwortete er. „Ich werde Ihnen die Geschichte erzählen.“ Er lehnte sich hinter dem Steuer zurück und begann.

„Da war dieser Indianer, der am Fluß saß und fischte. Ein Weißer kam jeden Tag vorbei, und ganz gleich, wen er bei sich hatte, zeigte er immer auf den Indianer und sagte zu seinem Freund: ‚Schaumal, der arme Indianer.‘ Und dann eines Tages, als er allein war, ging er zu dem Indianer hin und redete mit ihm. ‚Was machst du da?‘ fragte er. ‚Ich fische‘, murrte der Indianer. ‚Das machst du ja immer nur‘, sagte der Weiße. Und der Indianer knurrte nur. Da sagte der Weiße, ‚Du solltest dir einen Job suchen und arbeiten.‘ Der Indianer fragte, ‚Warum?‘ Der Weiße sagte, ‚Dann wirst du viel Geld verdienen.‘ Der Indianer sagte, ‚So?‘ Der Weiße fuhr fort, ‚Dann kannst du was investieren und wirst noch viel mehr Geld verdienen.‘ Was glauben Sie, hat der Indianer darauf geantwortet? Er sagte nur, ‚So?‘ Der Weiße wurde wütend, ‚So, wenn du reich bist, kannst du alles machen, was du willst.‘ Der Indianer sah den weißen Mann an, wandte sich dann wieder dem Fischen zu und sagte: ‚Genau das mache ich gerade.‘“

Der Taxifahrer lachte. „Schaumal, der arme Indianer.“ Er zog an seiner Zigarette, warf sie dann hinaus. „Das bin ich.“

Ich sann darüber nach. „Sie machen, was sie wollen?“

„Richtig.“

„Und Sie sind zufrieden?“

„Richtig“, sagte er. „Nehmen Sie mal den ganzen Verkehr da. Alle sind unglücklich außer mir. Wieso? Weil sie nicht bei der Arbeit sind; sie sind nicht, wo sie hinwollen, sie verlieren Zeit oder Geld oder sonstwas. Aber ich nicht. Sie müssen in der Kälte raus und durch den Schnee und Matsch oder Regen gehen. Und ich sitze hier in einem schönen, warmen, trockenen Taxi. Wissen Sie, wann ich aus diesem Taxi aussteige?“

„Nein, wann steigen Sie aus?“

„Wenn ich Lust dazu habe. Wenn ich Kaffee trinken oder etwas essen will oder Lust habe, irgendwo hinzugehen und mit den Leuten zu sprechen. Ich steige aus, wann ich will, nicht wenn ich irgendwo ankomme, wo ich aussteigen muß, weil ich angekommen bin. Das Müssen ist Sache der Fahrgäste, aber nicht für mich."

„Sie sind gut dran", sagte ich.

„Sie sagen es, mein Freund. Nehmen Sie das gute Wetter", fuhr er fort, „im Sommer, Frühling oder sogar im Herbst, wenn die Blätter fallen und sich färben. Was sagen die Leute, was sie an einem schönen Sonntagnachmittag machen wollen? Sie wollen alle eine Spazierfahrt unternehmen, stimmt's?"

„Eine Spazierfahrt aufs Land", stimmte ich zu. „Meine Tanten machten das jeden Sonntag."

„Das Laub bewundern, am Wasser, im Park spazierengehen, irgendwohin fahren", sagte er. „Und nicht nur die älteren Leute. Was ist mit den Jungen? Beobachten Sie jemals die Teenager und jungen Leute um die Zwanzig? Was wollen sie denn außer herumfahren und sich umschauen?" Er zeigte auf den Charles. „Im Sommer können Sie mich da am Fluß langfahren sehen, mit offenen Fenstern. Und ich werde dafür bezahlt."

Als ich an meinem Fahrziel angekommen war, sprach er noch einmal. „Ich weiß nicht, was Sie für Ihren Lebensunterhalt tun, Mister, aber was immer es ist, ich hoffe, es gefällt Ihnen. Wenn nicht, wünsche ich Ihnen, daß Sie Millionär werden, damit Sie tun können, was Sie wollen. Ich bin kein Millionär, aber ich brauche das auch nicht, um zu tun, was ich will. Ich tue es gerade jetzt."

Als er wegfuhr, sah ich ihm noch lange nach. Hier stand ich, wo ich nicht sein wollte, im Begriff, in ein Gebäude zu gehen zu einer Verabredung mit einem Mann, den ich nicht sehen wollte, und machte eine Arbeit, die ich nicht tun wollte.

Schaumal, der arme Taxifahrer, sagte ich zu mir selbst und ging an meine Arbeit.

Gouverneur Foster Furcolo

DER ARME MANN war mit seiner Weisheit am Ende. Also ging er zum Rabbi um Rat. „Heiliger Rabbi!" rief er. „Die Dinge stehen schlecht mit mir und werden täglich schlimmer! Wir sind arm, so arm, daß meine Frau, meine sechs Kinder, meine Schwiegerverwandtschaft und ich in einer Hütte mit nur einem Zimmer leben müssen. Wir geraten uns ständig in die Quere. Unsere Nerven sind zum Zerreißen gespannt, und bei unseren vielen Sorgen streiten wir uns dauernd. Glaube mir – mein Zuhause ist die Hölle, und ich würde lieber sterben als so weiterleben!“

Der Rabbi dachte tief über die Sache nach. „Mein Sohn“, sagte er, „versprich mir zu tun, was ich dir sage, und deine Lage wird sich bessern.“

„Ich verspreche es“, sagte der sorgengeplagte Mann. „Ich werde alles tun, was du sagst.“

„Sage mir, was für Tiere hast du?“

„Ich habe eine Kuh, eine Ziege und ein paar Hühner.“

„Ausgezeichnet! Geh jetzt heim und nimm all diese Tiere mit zu euch ins Haus hinein.“

Der arme Mann war sprachlos, doch da er es dem Rabbi versprochen hatte, ging er nach Hause und holte all seine Tiere herein.

Am nächsten Tag kam der Mann wieder zum Rabbi und rief: „Rabbi, welch ein Unglück hast du über mich gebracht! Ich tat wie geheißen und holte die Tiere ins Haus. Und was ich habe ich nun davon? Es steht schlimmer als je zuvor! Mein Leben ist die totale Hölle – und das Haus ist zur Scheune geworden! Rette mich, Rabbi – hilf mir!“

„Mein Sohn“, antwortete der Rabbi gelassen, „geh heim und nimm die Hühner aus dem Haus. Gott wird dir beistehen!“

So ging der arme Mann nach Hause und nahm die Hühner aus dem Haus. Doch es dauerte nicht lange, da war er schon wieder beim Rabbi.

„Heiliger Rabbi!“ wehklagte er. „Hilf mir, rette mich! Die Ziege schlägt alles im Haus entzwei – sie macht mein Leben zu einem Alptraum.“

„Geh heim“, antwortete der Rabbi sanft, „und nimm die Ziege aus dem Haus. Gott wird dir beistehen!“

Der arme Mann kehrte nach Hause zurück und brachte die Ziege weg. Doch es dauerte nicht lange, da kam er wieder zum Rabbi gelaufen und lamentierte laut: „Welch ein Unglück du auf mein Haupt gebracht hast, Rabbi! Die Kuh hat mein Haus in einen Stall verwandelt! Wie kannst du von einem menschlichen Wesen erwarten, Seite an Seite mit einem Tier zu leben?“

„Du hast recht – hundertmal recht!“ stimmte der Rabbi zu. „Geh sofort heim und nimm die Kuh aus deinem Haus!“

Und der arme Kerl eilte nach Hause und nahm die Kuh aus seinem Haus.

Noch kein Tag war vergangen, da kam er wieder zum Rabbi gelaufen.

„Rabbi!“ rief er und strahlte übers ganze Gesicht. „Du hast mein Leben wieder süß werden lassen. Seit all die Tiere draußen sind, ist das Haus so ruhig, so geräumig und so sauber! Welch eine Freude!“

Chassidisch

EIN JUNGER ZEN-MÖNCH und sein Meister spazierten durch den Garten des Klosters. Obwohl er eifrig praktiziert hatte, war der junge Mönch noch zu keinem tiefen Verständnis von Zen gekommen. Schließlich wandte er sich an den Meister und sagte: „Bitte, Meister, sage mir etwas über die Erleuchtung“.

Der Meister zeigte vor sich: „Siehst du den Bambus? Siehst du, wie kurz er ist?“ Der Mönch antwortete: „Ja.“ „Siehst du den Bambus dort drüben? Siehst du, wie hoch er ist?“ Und der Mönch antwortete: „Ja.“ Und der Meister sagte: „Genau das ist Erleuchtung.“

Zen

EINST VERLIESS DER RABBI ELIMELECH EINE STADT, die er besucht hatte, in Richtung Heimat. Alle Chassidim begleiteten ihn ein langes Stück des Wegs. Als seine Kutsche durch das Tor fuhr, stieg er aus, hieß den Kutscher weiterfahren und ging mitten in der Menge zu Fuß hinter der Kutsche her. Die erstaunten Chassidim fragten ihn, warum er das tat. Er antwortete: „Als ich eure große Ergebenheit sah, mit der ihr das gute Werk meiner Begleitung verrichtetet, konnte ich nicht ertragen, davon ausgeschlossen zu sein!“

Chassidisch

Schah Abbas von Persien war ein Mann mit Scharfsinn, der gern in Parabeln redete. Unter seinen Ministern befand sich Merza Zaki, der seine Parabeln gut verstand.

Eines Tages hielt der Schah Hof mit seinen Ministern, und sie sprachen über die Wege dieser Welt. Da fragte er seine Minister: „Was ist die süßeste Melodie?“ Einer antwortete: „Die Melodie der Flöte.“

„Nein“, antwortete ein anderer Minister, „die Melodie der Harfe ist dem Ohr am angenehmsten.“

Der dritte bemerkte: „Weder die eine noch die andere! Die Violine hat den feinsten Ton.“ So entstand ein erbitterter Disput.

Merza Zaki war still und sagte nichts. Tage vergingen. Da lud Merza Zaki den Schah und die Regenten des Staates zu einem Banquett zu ihren Ehren ein. Zu Ehren der Gäste spielten Musikanten auf allerlei Instrumenten auf. Doch wie seltsam, die Tafel bot keinerlei Erfrischungen. Die Gäste waren ohne Essen und Trinken. Man muß wissen, daß bei einem Banquett im Orient die Tafeln stets mit Delikatessen beladen sind, und wenn die Gäste sich satt gegessen haben, gibt es immer noch mehr Essen, und es werden kupferne Gefäße mit Fleisch und Reis an die Tafeln gebracht. Wo blieb nur das Essen? Es war peinlich, danach zu fragen, so blieben die Gäste einfach sitzen, bis es Mitternacht wurde. Da winkte Merza Zaki dem Chefkellner, der ein Gefäß voll Essen hereintrug und mit einem großen Löffel an den Topfdeckel schlug. Klink! Klink!

Alle Gäste atmeten einen Seufzer der Erleichterung. Es war höchste Zeit. Da sagte Schah Abbas: „Das Geklimper von Geschirr in den Ohren des Hungrigen – das ist die süßeste Melodie!“

Sufi

Im letzten Jahrhundert machte ein junger Student an der berühmten Oxforder Universität in England ein wichtiges Examen über Religonsstudien. Die Examensaufgabe an dem Tag lautete, über die religiöse und spirituelle Bedeutung des Wunders Christi zu schreiben, als er das Wasser in Wein verwandelte. Zwei Stunden lang saß er im vollen Klassenzimmer, während die anderen Studenten ihre Seiten mit langen Abhandlungen füllten, die ihr Verstehen kundtun sollten. Die Examenszeit war fast um, und dieser eine Student hatte kein einziges Wort hingeschrieben. Da kam der Proktor zu ihm und bestand darauf, daß er etwas zu Papier bringe, bevor er es einreicht. Der junge Lord Byron nahm den Stift zur Hand und schrieb die folgende Zeile: „Das Wasser traf seinen Meister – und errötete."

Christlich

8

Wer soll der Richter sein?

STELLEN wir uns eine Welt ohne Urteile vor. Es wäre eine Welt ohne Haß und Teilung, ohne Entfremdung und Gewalt. Akzeptanz, Vergebung und Verständnis wären die Grundpfeiler unserer Beziehungen. Keine Feinde oder Gegner würden geschaffen, es gäbe keine Ablehnung oder Geringschätzung wegen Hautfarbe, Geschlecht, Religion oder Rasse. Stellen wir uns unsere persönliche Welt vor ohne Urteile.

Wir alle haben die große Stimme des Kritikers oder Richters in uns. Sie richtet sich nach innen und außen, vergleicht, unterscheidet und urteilt. Oft wiederholt dieser innere Richter einfach die Worte einer Figur aus unserer Vergangenheit, die uns beurteilte. Trotzdem glauben wir daran, tragen sie mit, geben sie weiter, Tag für Tag und Generation für Generation. In vielen von uns ist dieser innere Richter oder Kritiker so scharf und schrill, daß er unmöglich eine Anstellung finden würde, außer unter den grausamsten und strengsten Régimes eines Stalin oder Idi Amin. Wir können zu uns selbst und anderen sehr hart sein.

Urteile zu fällen ist die Zuflucht und Waffe der Selbstgerechtigkeit und der Angst. Aus der Betrachtung der Schwächen der anderen polstern wir uns ein Gefühl der Überlegenheit. Wir verteidigen unser eigenes Gefühl für das, was recht ist, indem wir die Unvollkommenheiten der anderen beleuchten. Unsere Urteile sind der sichtbare Ausdruck unserer Getrenntheit von den anderen, von unseren eigenen Herzen. Sie sind eine Brutstätte für Schmerz, Entfremdung und Zwietracht.

Um das Urteilen zu verstehen, ist es wichtig, zu sehen, daß es aus Ängsten entsteht; religiöser, wirtschaftlicher oder rassistischer Angst – all die Unsicherheiten, die wir mit uns tragen, die uns sagen, daß entweder wir oder andere einfach nicht gut genug sind. Im spirituellen Leben wird uns beigebracht, das Urteilen in Liebe und Weisheit zu verwandeln. Bevor wir urteilen, sollten wir überlegen, wie Jesus sagte: „Wer unter uns hat nicht gesündigt? Sollen wir nicht erst den Balken aus unserem eigenen Auge entfernen, bevor wir auf den Splitter im anderen zeigen!"

In einer Geschichte in diesem Kapitel schickt der Vorsteher des Klosters alle anderen anstelle desjenigen fort, der gestohlen hat, und sagt: „Wer wird ihn lehren, wenn ich es nicht tue? Er ist derjenige, der wirklich Hilfe braucht. Um die Kleinlichkeit des urteilenden Denkens zu überwinden, sind wir aufgerufen, uns um die zu kümmern, die verwirrt sind, Schmerz leiden, in Angst oder Ärger feststecken und dann in einer Weise handeln, die andere verletzt. Wir sind aufgerufen, dieselbe Verwirrung und denselben Schmerz in uns mit Weisheit und Mitgefühl anzuschauen.

Unsere Urteile bahnen sich unvermeidlich einen Weg in das Handeln. Wenn wir jemanden als unterlegen oder unwert einschätzen, wenden wir uns von ihm ab. Wenn wir jemanden attraktiv oder würdig finden, bewundern wir ihn und laufen ihm nach. Auf der Grundlage unserer Sympathie oder Antipathie schicken wir die eine Person weg, während persönliche Vorlieben und vergangene Erfahrungen die Grundlagen für die Beziehung zu einer anderen bilden. Oft entspringen unsere Urteile oberflächlichen Eindrücken oder längst vergangenen Geschehnissen. Die Kraft unserer Urteile erschafft ein inneres Klima, dem es schmerzlich an Güte und Liebe fehlt.

Wir mögen glauben, daß Urteile nötig sind, daß wir ohne unser Urteil nicht mehr zwischen richtig und falsch, gut und böse, wert oder unwert unterscheiden könnten. Wir mögen glauben, daß wir ohne Urteilen gelähmt würden, unser Leben keine Grundlage mehr zum Wählen, zum Entscheiden und Bewegen hätte. Wir mögen das Gefühl haben, daß mangelndes Urteilsvermögen uns der Wertvorstellungen und Ethik beraubt. Das sind bedeutsame Fragen, die wir erforschen müssen. Was würde geschehen, wenn wir nicht mehr urteilten?

Ist es nicht so, daß, wenn wir fähig wären, uns jeden Urteils zu enthalten, wir dann keine andere Alternative hätten, als unsere großen inneren Tiefen der Klarheit und des Verstehens aufzurufen, um die Wahrheit jeden Momentes zu erkennen? Ist es nicht so, daß, wenn wir unsere Urteile der Gegenwart an die Seite schieben, die so oft ja nur Überbleibsel der Vergangenheit sind, wir uns dann frisch und ganz auf jeden Moment einlassen müssen? Wenn wir auf die Oberflächlichkeit so vieler unserer Urteile verzichten, müßten wir dann nicht mit größerer Tiefe und Verstehen sehen! Außerdem würden wir in dieser Tiefe des Verstehens neue Dimensionen der Demut, Vergebung und Toleranz entdecken können.

Die Energie, die der urteilende Geist aufwendet, reicht aus, um die ganze Welt zu transformieren. Es ist eine Energie, die wir in andere Kanäle umzulenken lernen müssen. Vergebung, Toleranz, Geduld und Liebe bringen uns zur Demut. Sie erinnern uns, daß der Mensch, den wir vor uns sehen, unser eigenes Selbst in einer anderen Gestalt ist mit derselben Sehnsucht nach derselben Liebe, nach derselben Akzeptanz und Offenherzigkeit wie wir und unter demselben Schmerz der Ablehnung, des Beurteiltwerdens und Hasses leidet wie wir.

Eine der goldenen Regeln des Lebens im Herzen, eines der großen Gesetze des spirituellen Lebens, lautet, nie jemanden aus dem eigenen Herzen zu verbannen, was auch immer geschieht. Handeln wir so, wie es nötig ist, um uns selbst und andere zu schützen. Stecken wir andere ins Gefängnis, wenn wir müssen, aber werfen wir niemanden aus unserem Herzen. Es gibt Zeiten, wo wir aus furchtbarer Verwirrung, Schmerz und Angst handelten und dadurch noch mehr Verwirrung und Schmerz verursachten. Ist es unsere Rolle, über andere in der Welt zu urteilen? Vielleicht ist es eine weisere Rolle, den Geist der Liebe, des Friedens und Verstehens mitten in Verwirrung und Leid zum Leben zu erwecken.

Reflektieren wir während des Lesens über die Empfindungen aus dem Urteilen und der Selbstgerechtigkeit, die auch in uns immer wieder aufsteigen. Wie fühlt sich das an, wie erleben wir das eigentlich? Ist es angenehm? Haben diese Empfindungen eine Qualität von Weisheit oder Wahrheit an sich? Oder hängen sie mit Angst zusammen? Entfernen sie uns noch weiter voneinander, machen uns noch isolierter oder ängstlicher? Reflektieren wir über ihr Gegenteil. Erinnern wir uns der Augenblicke der Vergebung, des Verständnisses, des Einfühlungsvermögens in Wirrnis und Kampf eines anderen, der so sehr unserem eigenen gleicht. Wie wollen wir selber behandelt werden, wenn wir einen Fehler begangen haben? Wie würden wir dann jemand anderen behandeln wollen? Was für Urteile können wir gerade jetzt fallen lassen? Welche Gelegenheiten bieten sich uns, die Vergangenheit beiseite zu lassen und die Dinge in neuem Licht zu sehen? Welche direkten Beziehungen würden geheilt, wenn wir unsere Urteile losließen? Welche Ebene der Vergebung können wir den anderen, uns selber, anbieten?

Es gibt eine Geschichte über Buddha und Mara. Eines Tages war der Buddha in seiner Höhle, und Ananda stand draußen nah bei der Tür. Plötzlich sah Ananda Mara ankommen. Er war überrascht. Er wünschte, Mara würde verschwinden. Aber Mara ging geradewegs auf Ananda zu und bat ihn, dem Buddha seinen Besuch anzukündigen.

Ananda sagte: „Warum bist du hergekommen? Erinnerst du dich nicht, wie du in der alten Zeit vom Buddha unter dem Feigenbaum besiegt wurdest? Schämst du dich nicht, herzukommen? Geh weg! Der Buddha wird dich nicht sehen. Du bist böse. Du bist sein Feind." Als Mara das hörte, begann er zu lachen, er lachte und lachte. „Sagtest du, dein Lehrer habe dir gesagt, daß er Feinde hat?" Das war Ananda sehr peinlich, denn er wußte, daß sein Lehrer nicht gesagt hat, daß er Feinde habe. So war Ananda geschlagen und mußte hineingehen und Maras Besuch ankündigen. Dabei hoffte er, daß der Buddha sagen würde: „Geh und sage ihm, daß ich nicht da bin. Sage ihm, ich habe eine Sitzung."

Aber der Buddha war ganz aufgeregt, als er hörte, daß Mara, ein so alter Freund, ihn besuchen kam. „Ist das wahr? Ist er wirklich hier?" fragte der Buddha und ging selber hinaus, um Mara zu begrüßen. Ananda war höchst bekümmert. Der Buddha ging auf Mara zu und ergriff seine Hände in der herzlichsten Art und Weise. Er sagte: „Hallo! Wie geht es dir? Wie ist es dir ergangen? Ist alles in Ordnung?"

Mara sagte nichts. So führte ihn der Buddha in die Höhle, bereitete ihm einen Platz zum Sitzen und schickte Ananda, um für sie beide Kräutertee zu kochen. „Ich kann hundertmal am Tag für meinen Meister Tee kochen, aber Tee für Mara zu kochen, ist keine Freude", dachte Ananda bei sich. Aber da es nun einmal der Befehl seines Meisters war, wie könnte er sich weigern? Also ging Ananda und bereitete Kräutertee für den Buddha und seinen sogenannten Gast, doch währenddessen versuchte er, ihrer Unterhaltung zuzuhören.

Der Buddha wiederholte sehr herzlich: „Wie ist es dir ergangen? Wie stehen die Dinge?"

Mara sagte: „Die Dinge stehen überhaupt nicht gut. In habe es satt, ein Mara zu sein. Ich möchte etwas anderes sein."

Ananda bekam große Angst. Mara sagte: „Weißt du, Mara zu sein, ist keine leichte Sache. Wenn du redest, mußt du in Rätseln reden. Wenn du irgendetwas tust, mußt du dir Tricks ausdenken und böse aussehen. Ich habe das alles so satt. Aber was ich nicht ertragen kann, sind meine Schüler. Jetzt reden sie über soziale Gerechtigkeit, Frieden, Gleichheit, Befreiung, Nichtdualität, Gewaltlosigkeit, all diese Dinge. Ich habe genug davon! Ich glaube, es wäre besser, wenn ich sie alle dir übergebe. Ich möchte etwas anderes sein."

Ananda begann zu schaudern, weil er befürchtete, daß der Meister sich entscheiden könne, die andere Rolle zu übernehmen. Mara würde der Buddha, und der Buddha würde der Mara. Es machte ihn sehr traurig.

Der Buddha hörte aufmerksam zu und war von Mitgefühl erfüllt. Schließlich sagte er mit leiser Stimme: „Glaubst du, es macht Spaß, ein Buddha zu sein? Du weißt nicht, was meine Schüler mir angetan haben! Sie legen mir Worte in den Mund, die ich nie gesagt habe. Sie bauen prunkvolle Tempel und stellen Statuen von mir auf die Altäre, um Bananen und Orangen und süßen Reis anzulocken, nur für sich selber. Und sie stecken mich in eine Verpackung und machen meine Lehre zu einem Konsumartikel. Mara, wenn du wüßtest, wie es wirklich ist, Buddha zu sein, ich bin sicher, du würdest verzichten." Worauf der Buddha einen langen Vers rezitierte, als Zusammenfassung ihrer Unterhaltung.

Thich Nhat Hanh

ALS BANKEI in aller Abgeschiedenheit seine Meditationswochen abhielt, suchten ihn Schüler aus vielen Teilen Japans auf. Während eines dieser Treffen wurde einer der Schüler beim Stehlen ertappt. Die Sache wurde Bankei berichtet, und man verlangte, den Schuldigen fortzuschicken. Bankei ignorierte den Fall.

Später wurde der Schüler bei einer ähnlichen Tat erwischt, und wieder ignorierte Bankei die Angelegenheit. Das ärgerte die übrigen Schüler, die eine Petition abfaßten und den Ausschluß des Diebes verlangten, da sie anderenfalls selber fortgehen würden.

Nachdem Bankei die Petition gelesen hatte, rief er alle zu sich. „Ihr seid weise Brüder", sagte er ihnen. „Ihr wißt, was recht und was unrecht ist. Wenn ihr wünscht, könnt ihr woanders studieren gehen, aber dieser arme Bruder kann noch nicht einmal Recht von Unrecht unterscheiden.

Wer wird ihn lehren, wenn ich es nicht tue? Ich werde ihn hierbehalten, auch wenn ihr übrigen allesamt geht."

Ein Sturzbach aus Tränen reinigte das Gesicht des Bruders, der gestohlen hatte. Alles Verlangen zu stehlen war verschwunden.

Zen

ALS DER SOHN GOTTES ans Kreuz genagelt wurde und starb, ging er schnurstracks vom Kreuz in die Hölle und befreite alle Sünder, die dort Qualen litten.

Und der Teufel weinte und trauerte, denn er dachte, er würde keine Sünder mehr für die Hölle bekommen.

Da sagte Christus zu ihm: „Weine nicht, denn ich werde dir all jene senden, die in ihrer Verurteilung der Sünder selbstgerecht sind, und die Hölle soll noch einmal aufgefüllt werden, bis ich wiederkomme."

Traditionelles Christentum

EINST KAMEN ZWEI TIBETISCHE MÖNCHE, die auf einer Pilgerreise waren, an einen rauschenden Fluß. Da sahen sie eine häßliche alte Aussätzige am Ufer sitzen, die um Almosen bettelte.

Als die Mönche näherkamen, flehte sie das priesterliche Paar an, ihr beim Überqueren des Flusses behilflich zu sein. Ein Mönch empfand instinktiv Abneigung; angewidert raffte er sein langes, wallendes Mönchsgewand hoch, watete allein in den Fluß und erreichte schon bald die andere Seite. Dort fragte er sich, ob er noch auf seinen zurückgebliebenen Freund warten sollte, denn er war nicht sicher, ob der andere Mönch die Aussätzige nun alleinlassen oder die Reise mit ihr gemeinsam fortsetzen wolle.

Doch dem zweiten Mönch tat die armselige alte Hexe leid, und in seinem Herzen blühte Mitgefühl auf. Er nahm das aussätzige Geschöpf, hob sie auf seinen Rücken und bahnte sich seinen Weg die Uferböschung hinunter und in den reißenden Fluß.

Kaum verwunderlich, daß sein Mönchsbruder schon lange in Sicherheit auf der anderen Seite angekommen war, als der schwer beladene Lama mit seinem schmutzigen Bündel aus Lumpen und Knochen noch mitten im Fluß war.

Da geschah etwas Erstaunliches. Mitten im Strom, gerade da, wo das Gehen am schwierigsten schien, während das trübe Wasser ihm um die Oberschenkel brodelte und seine klatschnassen wollenen Roben sich wie Segel aufbauschten, fühlte der gütige Mönch plötzlich – auf wundersame Weise, wie es schien –, wie die Bürde von seinem Rücken gehoben wurde. Als er aufschaute, sah er über sich die Weisheitsgöttin Vajra Yogini, die da höchstpersönlich voller Anmut schwebte und zu ihm herunterlangte, um ihn mit sich ins Paradies hinaufzuziehen.

Der erste Mönch, nunmehr höchst nachdenklich gestimmt – hatte er doch eine so direkte Lektion über das Wesen des Mitgefühls und zugleich der illusorischen Form erteilt bekommen – mußte seine Pilgerreise nun allein fortsetzen.

Tibetischer Buddhismus

EIN GESCHÄFTSMANN, der zu einer Konferenz in eine entfernte Stadt mußte, entschloß sich, statt über die Autobahn über die Landstraßen zu fahren, um sich zu entspannen und die Reise zu genießen. Nach einigen Stunden Fahrt erkannte er, daß er hoffnungslos den Weg verloren hatte. Auf einem Feld an der Straße sah er einen Farmer arbeiten und hielt an, um ihn nach dem Weg zu fragen. „Können Sie mir sagen, wie weit es nach Chicago ist?" fragte er den Farmer. „Nun, ich weiß nicht so recht Bescheid", antwortete der Farmer. „Hmm, können Sie mir sagen, wie weit ich von New York entfernt bin?" fragte der Geschäftsmann erneut. „Nun, ich weiß nicht so recht Bescheid", antwortete der Farmer wieder. „Können Sie mir wenigstens sagen, was der schnellste Weg zur Hauptstraße ist?" fragte der Geschäftsmann ungehalten. „Nein, ich weiß nicht so recht Bescheid", antwortete der Farmer wieder.

„Sie wissen anscheinend wirklich nicht so recht Bescheid", platzte der ungeduldige Geschäftsmann heraus. „Nein, aber ich habe mich auch nicht verlaufen", antwortete der Farmer seelenruhig.

Zeitgenössisch

Ein Mann kam zu Lord Shantih mit der Bitte, ihn von seinen Leiden zu heilen. „Und woran leidest du?“ fragte Lord Shantih. „Mein Bauch tut mir weh, wenn ich zuviel esse“, sagte der Mann. „Mein Hals ist ausgedörrt, wenn ich durstig bin, und mein Rücken schmerzt, wenn ich tagsüber auf den Feldern arbeite.“ „Das sind die Beschwerden des Lebens“, sagte Lord Shantih. „Nur der Tod kann dich heilen.“ Der Mann verfluchte Lord Shantih und ging voller Ärger weg, unterwegs noch zu seinen Gefährten schimpfend. „Diesem Mann“, sagte Lord Shantih, „wird sein Grab ein bißchen zu kalt für seinen Geschmack sein.“

Thomas Wiloch

Eine Nonne, die nach der Erleuchtung strebte, fertigte sich eine Buddhastatue an und überzog sie mit Blattgold. Wo immer sie hinging, trug sie diesen goldenen Buddha bei sich.

Die Jahre vergingen, und die Nonne, die noch immer ihren Buddha bei sich trug, ließ sich in einem kleinen Tempel in einem Land nieder, in dem es viele Buddhas gab und jeder seinen eigenen, ganz besonderen Schrein hatte.

Die Nonne wollte ihr Räucherwerk vor ihrem goldenen Buddha verbrennen. Weil ihr die Vorstellung, wie der Duft zu den anderen verströmen würde, mißfiel, konstruierte sie einen Trichter, durch den der Rauch nur zu ihrer Statue aufsteigen würde.

Davon wurde die Nase des goldenen Buddhas schwarz, was ihn besonders häßlich machte.

Zen

In der Nachbarschaft, wo Mulla Nasrudin lebte, gab es einen Mann namens Aziz, der allen als großer Schwätzer bekannt war. Aziz war Tag und Nacht auf dem Markt oder in den Teestuben zu finden, wo er die neuesten, oftmals unwahren Geschichten zum Besten gab, wer was überall in der Stadt trieb. Er verbreitete Gerüchte, fällte Urteile und säte Samen der Zwietracht. An manchen Tagen, wenn seine Geschichten zu ihm zurückkamen, wußte sogar er, daß er zu weit gegangen war, aber was konnte er tun?

Schließlich beschlossen seine Freunde, ihn zu Nasrudin zu schicken, dem weisen Mann im Ort. Zuerst war Nasrudin nicht sehr hilfreich, denn er selber hatte ein ähnliches Problem. Aber schließlich schmiedete er einen Plan. „Bring' mir ein Huhn vom Markt", sagte er zu Aziz, „und beeil' dich. Und du mußt ganz sicher sein, daß es sauber gerupft ist und keine Feder mehr an ihm steckt."

Aziz ging zum Markt und kaufte das Huhn, worauf der Verkäufer mit dem mühsamen Zupferei begann. Aziz verlor die Geduld. Er nahm das Huhn, um gleich zu Nasrudin zurückzukehren, und rupfte die restlichen Federn auf dem Rückweg aus.

Er betrat Nasrudins Eingang und überreichte ihm das Huhn. Nasrudin legte es hin und verlangte von Aziz, zurückzugehen und alle Hühnerfedern zu holen. „Unmöglich!" rief Aziz aus, „inzwischen sind die Federn in der halben Stadt verstreut!"

„So ist es auch mit deinen Worten, Aziz. Sobald du den Mund öffnest, um eine Geschichte zu säen, fliegt sie davon, wie die Federn im Wind. Sie breitet sich über die Stadt aus und nichts kann sie wieder zurückholen. Du mußt auf die Federn achtgeben, die dir von der Zunge fliegen, und nicht die Luft mit ihnen füllen."

Aziz kehrte reumütig nach Hause zurück. Seinen Freunden und seiner Gemeinschaft gegenüber wurde er vorsichtiger, wenn er seine Worte zupfte."

Sufi

EIN BAUER BAT EINEN TENDAI-PRIESTER, für seine gestorbene Frau Sutras zu rezitieren. Nachdem die Rezitation beendet war, fragte der Bauer: „Glaubst du, meine Frau wird dadurch Verdienste erlangen?"

„Nicht nur deine Frau, sondern alle fühlenden Wesen werden von der Rezitation der Sutras profitieren", antwortete der Priester. „Wenn du sagst, alle fühlenden Wesen werden profitieren", sagte der Bauer, „könnte es sein, daß meine Frau sehr schwach ist und andere sie übervorteilen und den Nutzen bekommen, den sie haben sollte. So rezitiere doch bitte Sutras nur für sie."

Der Priester erklärte, daß es das Verlangen einen Buddhisten sei, für jedes lebende Wesen Segen und Nutzen zu wünschen.

„Das ist eine gute Lehre“, schloß der Bauer, „aber bitte mache eine Ausnahme. Ich habe einen Nachbarn, der grob und gemein zu mir ist. Schließe ihn von all diesen fühlenden Lebewesen aus.“

Buddhismus

Saadi von Schiraz erzählt diese Geschichte über sich selbst:
„Als ich klein war, war ich ein frommer Junge, eifrig mit Gebet und Andacht.
Eines Nachts hielt ich mit meinem Vater Wache, und der Heilige Koran lag auf meinem Schoß.

Alle anderen im Raum begannen zu schlummern und waren bald fest eingeschlafen, da sagte ich zu meinem Vater: „Keiner von diesen Schläfern öffnet die Augen oder hebt den Kopf, um seine Gebete zu sprechen. Man möchte meinen, daß sie alle tot sind.“

Mein Vater antwortete: „Mein geliebter Sohn, es wäre mir lieber, du würdest auch schlafen wie diese, statt sie zu verleumden.“

Sufi

9

Glaube oder Torheit?

Wir machen einen Neubeginn oder schlagen neue Richtungen ein, weil sie mehr Freiheit, Glück und Erfüllung versprechen. Solche Änderungen und Zielsetzungen verlangen ein Höchstmaß an Glauben, wenn sie realisiert werden sollen – Glauben an ihre Wirklichkeit, Glauben an uns selbst. Das ist unser Geburtsrecht, unser inneres Potential, unser spirituelles Erbe. Unser Glaube gibt uns den Mut, vom Vertrauten und Bekannten zum Unbekannten zu schreiten. Der Glaube befähigt uns, unsere Sicherheit und schützende Grenzen zu überschreiten und auf Horizonte zuzugehen, die uns als möglich erscheinen. Wir brauchen den Glauben auch, um nach dem zu streben und das verstehen zu wollen, was größer ist als wir selbst, und das ist der Glaube an das universale Gesetz, dem die Jahreszeiten folgen, das die Lebensformen hervorbringt und uns zur Bewußtheit führt. Der Glaube, daß der für uns wahrnehmbaren Vielfalt eine Einheit zugrundeliegt, der Glaube, daß es eine universale Wahrheit und Freiheit gibt, die niemandes Territorium ist.

Wenn alles andere wegfällt oder uns genommen wird, fallen wir auf diesen Glauben zurück, damit er uns durch die dunklen, verworrenen oder schwierigen Etappen im Leben führt. Er gibt uns die Energie, das Vertrauen und die Inspiration, aufzuwachen und uns dem zu stellen, was wahr ist an diesen Etappen, statt vor ihnen wegzulaufen. Dieser Glaube kann durch große Bücher inspiriert werden, durch große Lehrer der Vergangenheit, durch große Taten, doch am Ende finden wir diesen Glauben in erster Linie in dem, was bereits hier in uns ist. Hier ist der Ort, wo unsere Weisheit wächst, wo die Wahrheit sich offenbart. Wie Rumi es in seiner Vogelgeschichte ausdrückt: „Glaube nicht an etwas Absurdes." Wir brauchen Glauben und Überzeugung, um sehen zu können, was wahr ist, um unsere Fähigkeit zum Offensein zu stärken.

Glaube fällt uns nicht immer leicht. Unsere wissenschaftliche, analytische Kultur fördert die Zweifel und glaubt nur an das, was bewiesen werden kann. Unsere eigene Desillusionierung und Enttäuschung macht uns zynisch und mißtrauisch. Wir haben gelernt, uns stärker auf Analyse und Beweis zu verlassen als auf Intuition und Vertrauen. Doch Unzufriedenheit und Intuition treiben uns zur Suche nach neuen Horizonten, zur Suche nach der Verwirklichung unseres Potentials.

Glaube ist ein mächtiges zweiseitiges Schwert. Es ist ihm möglich, uns die Augen zu öffnen oder uns zu blenden. Mit einem weisen Glauben können wir das größte Hindernis überwinden, mit einem törichten Glauben verurteilen wir uns selbst zu blindem Gehorsam. Glaube kann zu Toleranz und Demut oder Engstirnigkeit und Bigotterie führen. Glaube kann uns überzeugen, daß wir die Treuhänder der Wahrheit sind. Er kann uns öffnen, so daß wir ständig von den Herausforderungen und Geheimnissen des Lebens lernen können.

Bei einem Neubeginn, oder wenn wir einen neuen Weg einschlagen, müssen wir sehr achtgeben auf Unsicherheit und Selbstzweifel, die uns begleiten. Das sind die Gefühle, die uns verleiten, uns mit Begrenzungen statt mit Horizonten zufriedenzugeben. Unsere Unsicherheit läßt uns das Alleinsein fürchten und nach Sicherheit streben, nach Bestätigung und Identität durch Dazugehören. Das sind Kräfte, die eher zu blinder Überzeugung als zu weisem Glauben führen. Die Unsicherheit im Glauben ergibt schließlich einen bigotten Glauben. Unsicherer Glaube hat Dummheit zur Folge, die uns zu ewigen Nachläufern abstempelt, die lieber anderen zuhören als zu lernen, auf sich selbst zu hören.

Weiser, das heißt verstehender Glaube engt nicht ein, sondern öffnet uns. Er ermutigt uns zum Fragen, Erforschen, Suchen. Er ermutigt uns zur Entdeckung eigener Antworten und zum Vertrauen in die eigene Erfahrung. Der weise Glaube befähigt uns, auf die Führung und Erfahrung anderer zu hören und aus ihnen zu lernen, ohne uns in dem tiefen inneren Vertrauen beirren zu lassen, daß die Kraft zur Transformation in uns selbst liegt. Der größte Glaube ist der Glaube an uns selbst, ganz als mitfühlende und liebende menschliche Wesen leben zu können.

In dem Maße, wie echter Glaube reift, führt er in Verbindung mit Weisheit zu größerem Humor und Freude. Glaube kleidet sich nicht in Stirnrunzeln, verzweifelt nicht an der Zerbrechlichkeit menschlichen Lebens. Statt dessen weist er auf eine Perspektive der Liebe und Bewußtheit hin, die so groß sind, daß sie den Schmerz, die Absurditäten, die Ironien und die Komplexitäten der Menschheit umfassen können.

In diesem Kapitel finden wir Geschichten über Glauben und Torheit. Wir können uns fragen, woran wir glauben. Vertrauen wir zutiefst auf unser eigenes Potential zur inneren Transformation, vertrauen wir darauf, die Welt mit unserer Liebe und Weisheit berühren zu können? Wo waren unsere Überzeugungen töricht, und wohin führten sie dann? Wo würde wahrer Glaube uns den Mut geben, Fragen zu stellen, uns zu öffnen und zu wachsen, Freiheit in unser Leben zu bringen? Welchen Unterschied macht der Glaube in unserem Leben aus?

Einst wollte ein Mann das Meer überqueren. Bibhishana schrieb den Namen Rama auf ein Blatt, befestigte es in einer Ecke des Gewandes, das der Mann trug, und sagte zu ihm: „Hab keine Furcht. Hab Glauben und geh auf dem Wasser. Aber schau her, in dem Moment, wo du den Glauben verlierst, wird du ertrinken." Ganz leicht ging der Mann über das Wasser. Plötzlich überkam ihn das dringende Verlangen, nachzuschauen, was da in seinem Gewand steckte. Er machte es auf, fand aber nur ein Blatt mit dem Namen Rama. „Was ist das?" dachte er. „Nur der Name Rama!" Sobald der Zweifel in sein Bewußtsein drang, versank er im Wasser.

Sri Ramakrishna

Vier Inder betreten eine Moschee und beginnen mit den Niederwerfungen. Tiefes, aufrichtiges Gebet. Da kommt ein Priester vorbei, und gedankenlos sagt der eine Inder: „Oh, willst du zum Pflichtgebet rufen? Ist es Zeit?"

Der zweite Inder, verhalten leise: „Du hast gesprochen. Nun ist dein Gebet ungültig."

Der dritte: „Onkel, schimpfe nicht mit ihm! Du hast dasselbe getan. Berichtige dich selbst."

Der vierte, lauthals: „Gelobt sei Gott, ich beging nicht den Fehler wie diese drei."

So sind alle vier Gebete unterbrochen, und die drei Kritikaster mehr im Unrecht als der erste Sprecher! Gesegnet der, der die eigene Schwäche als solche erkennt, und gesegnet der, der für den Makel, den er im anderen sieht, die Verantwortung übernimmt.

Denn die Hälfte eines jeden hat unrecht, ist schwach und vom Weg abgekommen.

Die Hälfte! Die andere Hälfte tanzt und schwimmt und fliegt in unsichtbarer Freude.

Rumi

Es wird von einem Mann erzählt, der schwer krank wurde und

dann anscheinend starb. Man nahm den Leichnam, wusch ihn und legte ihn in einen Sarg, traf alle Begräbnisvorbereitungen und holte den Priester. Als der Sarg zum Friedhof getragen wurde, ertönte von innen ein Klopfen. Der Sarg wurde abgestellt und der Deckel gehoben. Während die Leute um ihn herumstanden, sprach er: „Ich bin nicht tot, ich bin nicht gestorben – ihr müßt mich hier rausholen." Doch der leitende Sargträger sagte: „Es tut mir leid, mein Herr, Sie können nicht lebendig sein. Der Arzt hat Ihren Tod bescheinigt, und der Priester war damit einverstanden." Woraufhin der Deckel wieder geschlossen und der Mann wie geplant beerdigt wurde.

Sufi

GOTT HAT VIELE NAMEN, sagte ein Guru seinem Schüler, und einer von ihnen ist Rama. Wenn du in allem Gott siehst, wirst du auf Schritt und Tritt sicher sein. So reiste der Schüler umher, und überall rezitierte er RAM RAM.

Eines Tages kam er in ein Dorf, das von einem wildgewordenen Elephanten in Angst und Schrecken gehalten wurde, der regelmäßig die Straßen verwüstete. Als die Dorfleute den Schüler vor dem Elephant warnten, der in der Nähe gehört worden sei, war dieser nicht sonderlich besorgt. „Mein Guru sagte mir, ich solle nur Gott in allem erkennen und ich werde sicher sein", antwortete er. Aber die Dorfleute bestanden hartnäckig darauf, wie gefährlich es sei, herauszugehen, wenn der Elephant in der Nähe war.

„Dieser Elephant ist Gott und ich bin Gott, warum also sollte ich mich fürchten?" dachte der Schüler und trat mitten auf die Straße. Als der Elephant einen Mann mitten auf der Straße erblickte, ging er geradewegs auf ihn los. Paß Auf! schrien die Dorfleute! Und während der Schüler gerade noch dachte: „Ich bin Gott und du bist Gott", hob der rasende Elephant ihn hoch und schleuderte ihn an den Straßenrand, wobei er den armen Mann beinahe umbrachte.

Nach langwieriger Genesung kehrte der Schüler zu seinem Guru zurück, erzählte ihm die Geschichte und beklagte sich: „Du sagtest, ich solle Rama in allem sehen und würde sicher sein, und schau mich nun an."

„Oh mein Schüler", antwortete der Guru, „ du hast recht getan, Gott in dir und dem Elephanten zu sehen. Aber wieso", fuhr er fort, „hast du Gott nicht erkannt, wie er dich durch die Stimmen der Dorfleute warnte?"

Hindu

Ein christlicher Gelehrter, der die Bibel für die buchstäbliche Wahrheit hielt, wurde von einem Wissenschaftler beiseite genommen, der sagte: „Der Bibel zufolge wurde die Erde vor etwa fünftausend Jahren erschaffen. Wir haben jedoch Knochen gefunden, die auf ein Leben auf der Erde schon vor einer Million Jahren hinweisen."

Ohne Zögern kam die Antwort: „Als Gott die Erde vor fünftausend Jahren schuf, tat er diese Knochen absichtlich hinein, um unseren Glauben zu prüfen und zu sehen, ob wir eher Seinem Wort oder wissenschaftlicher Beweisführung glauben würden."

Christlich

Es war einmal ein Affe, der in eine Schlucht hinuntersah und im Wasser die Spiegelung des leuchtenden Mondes erblickte. „Oh, welch wunderschönes Juwel – das muß ich haben", dachte er. Als er es den übrigen Affen erzählte, meinten alle, daß es sehr schwer zu erlangen sein würde, doch der Affenkönig sagte: „Ich habe eine Idee. Ein Affe wird sich an einem Baum festhalten, und alle übrigen bilden eine Reihe, indem jeder sich an dem Schwanz seines Vorgängers festhält. Dann können wir unsere Affenkette bis unten zum Wasser fortsetzen, und der letzte wird das Juwel erreichen." So hangelten sich fünfhundert Affen einer nach dem anderen zum Wasser hinunter, doch das Gewicht all der Affen war zuviel für den einen, der sich am Baum festhielt, so daß alle fünfhundert Affen ins Wasser fielen und ertranken.

Buddhismus

Ein Rabbi predigte seinen Anhängern stets, die Antworten in sich selbst zu suchen. Aber in der Erwartung weiterer Antworten kamen sie ständig wieder zu ihm zurück.

Schließlich stellte er ein Kiosk mit einem Schild auf: „Antwort auf beliebige zwei Fragen für 100 Dollar."

Nach reiflicher Überlegung entschloß sich einer seiner reichsten Anhänger, ihn zu fragen und brachte zwei bedeutende Fragen mit. Während er das Geld bezahlte, sagte er: „Sind 100 Dollar nicht ziemlich teuer für nur zwei Fragen?" „Ja", sagte der Rabbi, „und wie lautet deine zweite Frage?"

Chassidisch

Ein Mann fing einen Vogel in einer Falle. Der Vogel sprach: „Mein Herr, du hast in deinem Leben viele Kühe und Schafe gegessen und bist immer noch hungrig. Das bißchen Fleisch auf meinen Knochen wird dir auch nicht genügen. Wenn du mich frei läßt, gebe ich dir drei weise Ratschläge. Einen sage ich dir auf deiner Hand. Einen auf deinem Dach. Und einen werde ich von dem Ast jenen Baumes geben."

Der Mann war interessiert. Er befreite den Vogel und hielt ihn auf seiner Hand.

„Nummer eins: Glaube keine Absurdität, ganz gleich, wer sie sagt."

Der Vogel flog hoch und landete auf dem Dach des Mannes.

„Nummer zwei: Bejammere nichts, was vorbei ist. Bereue nie etwas, was bereits geschehen ist."

„Übrigens", fuhr der Vogel fort, „in meinem Körper ist eine große Perle, die soviel wiegt wie zehn Kupfermünzen. Sie war als Erbe für dich und deine Kinder gedacht, aber nun hast du sie verloren. Du hättest die größte Perle besitzen können, die es gibt, aber offensichtlich sollte es nicht sein."

Der Mann stimmte ein Geschrei an wie eine Frau beim Gebären.

Der Vogel: „Sagte ich nicht eben ‚Bejammere nichts, was vorbei ist?' und auch ‚Glaube keine Absurdität?' Mein ganzer Körper wiegt lange nicht soviel wie zehn Kupfermünzen. Wie könnte ich eine so schwere Perle in mir haben?"

Der Mann kam wieder zu Sinnen. „Also gut. Sage mir Nummer drei."

„Ja. Nachdem du die ersten beiden so trefflich genutzt hast! – Gib keinen Rat an jemanden, der wankelmütig ist und einschläft. Wirf die Samen nicht in den Sand. So mancher Riß läßt sich nicht flicken."

Rumi

GESHÉ BEN lebte einst in Klausur in einer Berghöhle, die von Generationen von Yogi-Eremiten mit Tür, Altar, Feuerstelle und all dem übrigen Zubehör eines zivilisierten Lebens ausgestattet worden war. Dennoch blieb es eine schlichte Höhle am Berghang, wo der Geshé in aller Abgeschiedenheit praktizierte.

Eines Tages, als eine lange Periode völliger Einsamkeit zu Ende war, erhielt Ben die Nachricht, daß seine Patrone am nächsten Tag kommen und Vorräte bringen, Opfergaben darbieten und seinen Segen empfangen wollten. Daher machte Geshé Ben überall sauber, tat die Dinge an ihren Platz und bereitete alles für den Besuch vor. Er arrangierte wunderschöne Gaben an seinem Altar, er staubte und polierte, was monatelang so arg vernachlässigt worden war. Dann stand er da und überblickte sein Reich, so wie es war, voller Stolz.

„Ah-yii!" rief Ben plötzlich aus, mit Schmerz in der Stimme, nachdem er seiner Hände Werk begutachtet hatte. „Welche dämonische Kraft ist hier eingetreten – in dieses Heuchlers Zufluchtstätte?!"

Er langte in eine dunkle Ecke, ergriff eine doppelte Handvoll Staub und Dreck und bewarf den Altar damit.

„Sollen sie diese Bergeinsiedelei und seinen Bewohner sehen, wie sie sind!" rief er triumphierend aus.

„Besser überhaupt keine Gaben darbringen als nur der bloßen Fassade von Tugend." Denn er hatte erkannt, daß all die Opfergaben, die er so großzügig und kunstvoll auf dem frisch gereinigten Schrein in der frisch geschrubbten Eremitage arrangiert hatte, keine Gaben an den erleuchteten Buddha, sondern an ihn selbst waren.

„Sollen sie jetzt kommen und mich besuchen", dachte er voll Genugtuung. Und so geschah es.

Als Padampa Sangyay, der Buddha von Tingri, der aus Indien kam, einige Jahre später die Geschichte hörte, rief er zustimmend aus: „Jene Handvoll Dreck war die beste Opfergabe, die in Tibet je dargebracht wurde."

Tibetischer Buddhismus

ABBA OR SAGTE: Entweder fliehe die Menschen oder belache die Welt und ihre Menschen und mache dich selbst in vielen Dingen zum Narren.

Wüstenväter

MULLA NASRUDIN ist ein Narr und ein Weiser zugleich. Eines Tages war er in seinem Garten und streute Brotkrumen rings um die Blumenbeete. Ein Nachbar kam vorbei und fragte: „Mulla, warum tust du das?"

Nasrudin antwortete: „Ach, das tue ich, um die Tiger fernzuhalten."

Der Nachbar sagte: „Aber es gibt doch tausend Meilen weit und breit keine Tiger hier."

Nasrudin antwortete: „Wirksam, nicht wahr?"

Sufi

MULLA NASRUDIN saß in einem Teehaus, als ein guter Freund aufgeregt auf ihn zukam. „Ich werde heiraten, Mulla", verkündete sein Freund, „und ich bin so aufgeregt. Mulla, hast du selber jemals ans Heiraten gedacht?"

Nasrudin antwortete: „Ich dachte in der Tat daran, zu heiraten. In meiner Jugend wünschte ich es mir sogar sehr stark. Ich wartete darauf, daß ich die perfekte Frau für mich finden würde. Ich reiste umher auf der Suche nach ihr, zuerst nach Damaskus.

Dort traf ich eine schöne Frau, sie war anmutig, gütig und zutiefst spirituell, aber sie besaß kein weltliches Wissen. Ich reiste weiter und ging nach Isfahan.

Dort traf ich eine Frau, die sowohl spirituell als auch weltlich und in vieler Hinsicht schön war, aber wir konnten uns nicht so gut verständigen. Schließlich ging ich nach Kairo, wo ich sie nach langem Suchen fand.

Sie war tief spirituell, anmutig und schön in jeder Hinsicht, zu Hause in der Welt und zu Hause in den Bereichen des Jenseits. Ich fühlte, daß ich die perfekte Frau gefunden hatte." Sein Freund fragte weiter: „Und hast du sie nicht geheiratet, Mulla?"

„Leider nicht", sagte Nasrudin, während er den Kopf schüttelte, „denn unglücklicherweise wartete sie auf den perfekten Ehemann."

Sufi

Zwei Brüder waren zusammen auf der Reise. Der eine war arm und der andere reich, und jeder hatte ein Pferd, der arme eine Stute und der reiche einen Wallach. Für die Nacht hielten sie an, einer neben dem anderen. Die Stute des armen Mannes gebar während der Nacht ein Fohlen, das unter den Wagen des Reichen rollte. Am Morgen weckte der reiche seinen armen Bruder mit den Worten: „Steh auf, Bruder. In der Nacht hat mein Wagen ein Fohlen geboren."

Der Bruder stand auf und sagte: „Wie kann ein Wagen ein Fohlen gebären? Das war meine Stute, die das Fohlen geboren hat!"

Der reiche Bruder antwortete: „Wenn deine Stute seine Mutter wäre, wäre es an ihrer Seite gefunden worden."

Um ihren Streit zu schlichten, gingen sie zum Amt. Der Reiche gab den Richtern Geld, und der Arme präsentierte seinen Fall mit Worten.

Schließlich erreichte die Affäre den Zar höchstpersönlich. Er ließ beide Brüder vorladen und gab ihnen vier Rätsel auf: „Was ist das stärkste und geschwindeste Ding in der Welt?" – „Was ist das fetteste Ding der Welt?" –„Was ist das weichste Ding?" – „Und was ist das lieblichste Ding?"

Er gab ihnen drei Tage Zeit und sagte: „Kommt am vierten Tag mit euren Antworten zurück."

Der reiche Mann überlegte und überlegte, erinnerte sich an seine Patin und ging zu ihr, um sie um Rat zu fragen.

Sie hieß ihn am Tisch niedersitzen, lud ihn zu Trank und Speise ein und fragte dann: „Warum bist du so traurig, mein Patensohn?"

Der Regent hat mir vier Rätsel gegeben, die ich innerhalb von drei Tagen lösen muß."

„Wie lauten die Rätsel? Sage es mir."

„Also, meine liebe Patin, das erste Rätsel heißt: „Was ist das stärkste und geschwindeste Ding auf der Welt?"

„Das ist nicht schwierig! Mein Mann hat eine ungezäumte Stute. Nichts auf der Welt ist schneller als sie; wenn du sie mit einer Peitsche schlägst, wird sie jeden Hasen überholen."

Das zweite Rätsel heißt: „Was ist das fetteste Ding auf der Welt?"

„Wir haben die letzten zwei Jahre einen gesprenkelten Wildeber gefüttert, er ist so fett geworden, daß er kaum auf den Beinen stehen kann."

Das dritte Rätsel heißt: „Was ist das weichste Ding auf der Welt?"

„Das ist wohlbekannt. Eiderdaune – man kann sich nichts Weicheres vorstellen."

Das vierte Rätsel heißt: „Was ist das lieblichste Ding auf der Welt?"

„Das lieblichste Ding auf der Welt ist mein Enkelkind Ivanuschka."

„Danke, liebe Patin, du hast mir gut geraten. Ich werde dir für den Rest meines Lebens dankbar sein."

Der arme Bruder vergoß indessen bittere Tränen und ging heim. Seine siebenjährige Tochter, sie war sein einziges Kind, kam ihm entgegen und sagte: „Warum seufzest du und vergießest Tränen, Vater?"

„Wie soll ich nicht seufzen und Tränen vergießen! Der Zar hat mir vier Rätsel aufgegeben, die ich nie lösen kann."

Sag mir, wie lauten diese Rätsel?"

Sie heißen so, meine kleine Tochter: „Was ist das stärkste und geschwindeste Ding auf der Welt? Was ist das fetteste Ding, was ist das weichste Ding, und was ist das lieblichste?"

„Vater, geh zum Zar und sage ihm, das stärkste und geschwindeste auf der Welt ist der Wind; das fetteste ist die Erde, denn sie nährt alles, was wächst und lebt; das weichste ist die Hand, denn worauf immer ein Mensch liegen mag, er legt seine Hand unter den Kopf; und es gibt nichts lieblicheres auf der Welt als Schlaf."

Die beiden Brüder, der arme und der reiche, kamen zum Zar, der ihre Antworten auf die Rätsel anhörte.

Dann fragte er den Armen: „Hast du die Rätsel allein gelöst, oder hat dir jemand geholfen?"

Der arme Mann antwortete: „Euer Majestät, ich habe eine siebenjährige Tochter, die mir die Antworten gab."

„Wenn deine Tochter so klug ist, habe ich hier ein Seidengarn für sie: Laß sie mir daraus bis morgen früh ein besticktes Tuch weben."

Der Bauer nahm das Seidengarn und kehrte traurig und voller Kummer heim. „Wir sind in Sorge", sagte er zu seiner Tochter. „Der Zar hat befohlen, daß du aus diesem Garn ein Tuch webst."

„Sorge dich nicht, Vater", sagte das kleine Mädchen. Sie brach einen Zweig aus einem Besen, gab ihm dem Vater und sagte ihm: „Geh zum Zaren und laß ihn einen Meister finden, der aus diesem Zweiglein einen Webstuhl machen kann. Darauf will ich sein Tuch weben."Der Bauer tat, wie seine Tochter ihm befohlen.

Der Zar hörte ihn an und gab ihm hundertfünfzig Eier mit den Worten: „Bring diese Eier deiner Tochter; sie soll bis morgen hundertfünfzig Küken ausschlüpfen machen." Der Bauer kehrte heim, noch trauriger und kummervoller als beim ersten Mal. „Ach, meine Tochter", sagte er, „kaum bist du eine Sorge los, lastet schon die nächste auf dir."

„Sorge dich nicht, Vater", antwortete das siebenjährige Mädchen. Sie buk die Eier zum Abend- und Nachtessen und schickte ihren Vater zum König. „Sage ihm, daß Eintagskorn gebraucht wird, um die Küken zu füttern. An einen Tag soll ein Feld gepflügt und Hirse gesät, geerntet und gedroschen werden; unsere Hühner picken kein anderes Korn."

Der Zar hörte sich das an und sagte: „Da deine Tochter so klug ist, laß sie morgen früh vor mir erscheinen – und ich möchte, daß sie weder zu Fuß noch zu Pferde, weder nackt noch bekleidet, weder mit einem Geschenk noch ohne eine Gabe kommt."

„Jetzt", dachte der Bauer, „sind wir verloren. Ein so schwieriges Rätsel kann auch meine Tochter nicht lösen."

„Sorge dich nicht", sagte seine siebenjährige Tochter zu ihm. „Geh zu den Jägern und kaufe einen lebenden Hasen und eine lebende Wachtel." Der Vater ging und kaufte Hasen und Wachtel.

Am nächsten Morgen zog das siebenjährige Mädchen ihre Kleider aus, warf sich ein Netz über, nahm die Wachtel in die Hand, setzte sich auf den Hasen und ging zum Palast. Der Zar empfing sie am Tor. Sie verneigte sich und sagte: „Hier ist ein Präsent für Euer Majestät", und überreichte ihm die Wachtel. Der Zar streckte die Hand aus, doch die Wachtel bewegte die Flügel, flatterte auf und war verschwunden.

„Sehr gut", sagte der Zar, „du hast getan, wie ich dir befohlen habe. Nun sage mir, da dein Vater so arm ist, wovon lebt ihr denn?"

„Mein Vater fängt Fische am Strand, ohne einen Köder ins Wasser zu tun, und ich mache Fischsuppe in meinem Rock."

„Du bist dumm! Am Strand leben keine Fische, Fische leben im Wasser."

„Und Ihr – seid Ihr weise? Wer sah je einen Wagen Fohlen gebären? Nicht der Wagen, sonden die Stute gebiert Fohlen."

Der Zar teilte das Fohlen dem armen Bauern zu und nahm dessen Tochter in seinem eigenen Palast auf. Als sie herangewachsen war, heiratete er sie, und sie wurde die Zarina.

Russisch

Es war einmal ein Schüler eines griechischen Philosophen, dem sein Meister befohlen hatte, drei Jahre lang jedem Geld zu geben, der ihn beleidigte. Nachdem diese Zeit der Prüfung überstanden war, sagte der Meister zu ihm: „Nun kannst du nach Athen gehen und Weisheit lernen." Als der Schüler in Athen eintraf, begegnete er einem gewissen Weisen, der am Stadttor saß und jeden, der ein- und ausging, beleidigte. Er beleidigte auch den Schüler, der unverzüglich in schallendes Lachen ausbrach. „Warum lachst du, wenn ich dich beleidige? fragte ihn der Weise. „Weil ich", sagte der Schüler, „drei Jahre lang für diese Art Behandlung bezahlt habe, und nun bekomme ich sie von dir umsonst." „Tritt in die Stadt ein", sagte der Weise, „sie gehört dir."

Wüstenväter

10

Ideen oder Weisheit?

Auf unserer Suche nach einem sinnerfüllten Leben arbeiten wir unter anderem daran, mit unschuldigen Augen sehen zu lernen – jeden Moment als neu wahrzunehmen. Unsere Unschuldsaugen werden durch die Empfindsamkeit und liebevolle Aufmerksamkeit geöffnet, die wir jeweils dem Moment entgegenbringen, in dem wir gerade sind. Die Unmittelbarkeit unserer Beziehung zu jedem einzelnen Augenblick und zu dem, was er uns bietet, läßt uns ein Universum voller Zauber und Geheimnis kennenlernen, das sich in ständiger Entfaltung befindet. Wenn wir lernen, mit neuen Augen zu sehen ohne die Filter unserer Urteile und Klassifizierungen, entsteht ein Ort höchster Stille und Empfänglichkeit in uns. In der Gnade dieser Stille entdecken wir die Quelle aller Spontaneität, Kreativität und Weisheit.

Unsere moderne Kultur möchte von uns, daß wir den Altar des denkenden Verstandes mit seiner endlosen Fähigkeit zur Ideen-, Phantasien- und Rezeptproduktion anbeten. Uns wird beigebracht, daß der denkende Verstand im Besitz aller Weisheit sei. Und wir widmen einen Großteil unseres Lebens dem Erwerb von Wissen und Informationen. Solange wir die Welt und uns selbst durch den Filter all der angesammelten Informationen betrachten, bleiben wir im Netz dieser Ideen und Bilder gefangen, denen wir so eifrig hinterherjagen. Oft denken wir, wir kennen uns selbst, dabei ist das, was wir kennen, nur das, was wir über uns selber denken. Wenn wir denken, wir kennen die Welt um uns herum, verstellen unsere statischen Bilder uns den Blick für das in jedem wechselnden Moment liegende Geheimnis.

Was ist ein Bild anderes als die Beschreibung einer Welt, die schon der Vergangenheit angehört! Was ist eine Überzeugung anderes als ein unsicherer Glaube, der in einem System Zuflucht genommen hat! Der spirituelle Weg verlangt kein Aufgeben der kreativen Fähigkeit unseres Geistes, die sucht, fragt und analysiert, sondern ein Sich-Öffnen für eine andere Art des Sehens, die nicht den Beschränkungen der Konditionierung und Informationen aus zweiter Hand unterworfen ist.

Besonders leicht ist es für den Geist, sich in religiöse Ideale, Bilder oder Ansichten, wie etwas sein sollte, zu verstricken oder von ihm blenden zu lassen. Es gibt so viele Autoritäten und Meinungen, die uns Modelle und Bilder aushändigen darüber, wer wir sein und was wir anstreben sollten, so viele Lehren darüber, was heilig ist und was nicht. Wir hören so viele Meinungen über das, was „Sünde" und was „Rechtschaffenheit" sei, was „göttlich" oder „weltlich" ist.

Alle Heiligen Schriften und alle Führung, auf die wir hören, können uns bestenfalls eine Möglichkeit aufzeigen, auf die Gegenwart des großen Mysteriums hinweisen, das gerade hier vor uns liegt.

Wie die meisten großen spirituellen Geschichten sind die Geschichten in diesem Kapitel ganz einfach. Sie kombinieren Weisheit mit gesundem Menschenverstand. Lehren, denen die gewöhnliche Vernunft fehlt, fehlt meist auch die Spiritualität. Die Einfachheit dieser Geschichten verrät uns etwas über Unschuld und Frische. Auch wir können die Bürde unserer Konditionierung und der Bilder beiseite lassen. Auch wir können die Unmittelbarkeit und Vitalität jeder Beziehung in jedem Moment kennenlernen. Wir sind vom Zauber des Universums umgeben, wir brauchen nur die Augen aufzumachen.

Wir könnten darüber nachdenken, an welchen religiösen oder spirituellen Ideen wir festhalten, die uns daran hindern, das Wahre, unseren echten Weg, Führer und Lehrer unmittelbar zu sehen. Was ist jetzt in unserem eigenen Leben vorhanden, das eine wirkliche spirituelle Lehre und Praxis sein kann, indem es uns die Gelegenheit zu tieferem Verständnis anbietet? Wie würde unser Leben aussehen, wenn wir nicht die Bürde des „Sollens" trügen? Was würde es ausmachen, wenn wir unsere Bildwelt beiseite ließen und jedem Moment in Unschuld und Frische direkt begegnen würden?

WENN DER GURU sich abends zur Andacht niederließ, kam die Aschramkatze und störte die Andächtigen. So ordnete er an, die Katze während des abendlichen Gottesdienstes anzubinden.

Als der Guru starb, band man die Katze bei der abendlichen Andacht weiterhin an. Und als die Katze gestorben war, wurde eine neue Katze in den Aschram geholt, damit sie entsprechend angebunden werden konnte.

Jahrhunderte später verfaßten gelehrige Schüler des Guru gelehrte Abhandlungen über die liturgische Bedeutung des Festbindens einer Katze während der Zeit des Andachtrituals.

Hindu

ES WAR EINMAL, da dachte Anansi bei sich, daß er, wenn er den gesamten gesunden Menschenverstand der Welt sammeln und für sich selber behalten könnte, gewiß eine Menge Geld und Macht erwerben würde, weil alle mit ihren Sorgen zu ihm kommen müßten und er von den Leuten viel Geld verlangen könnte, wenn er ihnen Rat gab.

Anansi begann, allen gesunden Menschenverstand, den er finden konnte, zu sammeln und zu horten, und tat alles in eine riesengroße Kalebasse.

Als er nach Suchen und Suchen keinen gesunden Verstand mehr finden konnte, beschloß Anansi, seine Kalebasse auf einem hohen Baum zu verstecken, damit niemand sie erreichen könne.

Dazu wickelte Anansi einen Strick um den Hals der Kalebasse, band die beiden Enden zusammen und hängte sich den Strick so um den Hals, daß die Kalebasse vor seinem Bauch hing. Er begann, den hohen Baum hinaufzuklettern, konnte aber weder besonders gut noch besonders schnell klettern, denn die Kalebasse behinderte ihn.

Er rackerte sich ab, bis er plötzlich hinter sich eine Stimme vernahm, die in schallendes Gelächter ausbrach. Er sah sich um, und da stand ein kleiner Junge auf der Baumwurzel. „Was für ein törichter Mann! Wenn du den Baum vorwärts hinaufklettern willst, warum bindest du die Kalebasse nicht nach hinten?"

Angesichts dieser großen Portion gesunden Menschenverstandes aus dem Munde eines so kleinen Jungen wurde Anansi, nachdem er geglaubt hatte, allen Verstand der Welt gesammelt zu haben, so wütend, daß er die Kalebasse abnahm und in Stücke schlug. Der gesunde Menschenverstand wurde mit dem Wind in alle Welt verweht. Jeder bekam ein kleines Stückchen ab, niemand aber bekam das Ganze. Und daß es so geschah, lag an Anansi.

Jamaica

Eines Tages reiste Mara, Gott der Unwissenheit und des Bösen, mit seinem Gefolge durch die Dörfer Indiens. Er sah einen Mann bei der Gehmeditation, dessen Gesicht vor Staunen erstrahlte. Der Mann hatte soeben vor sich auf dem Boden etwas entdeckt. Maras Begleiter wollten wissen, was das sei, und Mara entgegnete: „Ein Stück Wahrheit". „Beunruhigt es dich, wenn jemand ein Stück Wahrheit findet, o Böser?" fragte ihn sein Gefolge. „Nein", entgegnete Mara. „Gewöhnlich machen sie unmittelbar danach eine Überzeugung daraus."

Buddhismus

Eines Tages stürzte der Rabbi in einem Anfall religiöser Leidenschaft in die Synagoge zum Altar, fiel auf die Knie und begann, sich auf die Brust zu schlagen, wobei er ausrief: „Ich bin niemand! Ich bin niemand!"

Der Kantor der Synagoge, beeindruckt von diesem Vorbild spiritueller Demut, schloß sich dem Rabbi auf den Knien an. „Ich bin niemand! Ich bin niemand!"

Der Schammes (Synagogendiener), der aus einem Winkel zusah, konnte ebenfalls nicht an sich halten. Er schloß sich den beiden anderen auf seinen Knien an und rief aus: „Ich bin niemand! Ich bin niemand!"

An diesem Punkt stieß der Rabbi den Kantor mit dem Ellbogen an, deutete auf den Schammes und sagte: „Schau mal, wer da denkt, er sei niemand!"

Chassidisch

Ein Gelehrter begab sich auf eine lange Seereise. Vom Verlangen beseelt, die Mannschaft mit der Tiefe seines Wissens zu beeindrucken, unterbrach er die Matrosen bei ihrer Arbeit, um ihnen Fragen zu stellen. „Sag mir, guter Mann“, fragte er einen Seemann, „hast du Philosophie studiert?“ Der Seemann antwortete: „Oh nein, ich bin nur ein einfacher Matrose. Ich weiß nur, wie man dies Schiff von einer Küste zur anderen segelt.“ Der Gelehrte entgegnete: „Oje, da hast du dein halbes Leben vergeudet.“ Am nächsten Tag befragte er den Seeman erneut. „Hast du Geometrie studiert, mein Guter?“ Der Seemann antwortete wieder: „Leider nein, mein Herr. Ich hisse nur die Segel und steuere das Schiff.“ Wieder schüttelte der Gelehrte verzweifelt den Kopf und sagte nur: „Du armer Kerl, in deiner Unwissenheit vergeudest du so viel von deinem Leben.“ Tag für Tag ging die Fragerei weiter: „Hast du Geometrie, Anthropologie, Zoologie, Psychologie studiert?“ Der Seemann konnte nur verneinend den Kopf schütteln.

Eines Nachts schlingerte das Schiff im Sturm. Besorgt beobachtete der Gelehrte die krachenden Wellen und hielt sich krampfhaft am Mast fest. Der Matrose kam auf ihn zu und fragte: „Haben Sie, guter Mann, zufällig Schwimmologie studiert?“ Der Gelehrte konnte nur verdutzt den Kopf schütteln. „Das ist wirklich zu schade“, sagte der Seemann. „Sie haben Ihr ganzes Leben vergeudet, denn das Schiff sinkt.“

Buddhismus

Ein gewisser Eroberer sagte zu Nasrudin: „Mulla, alle großen Herrscher der Vergangenheit hatten Ehrentitel, in denen Gottes Name erwähnt wurde. Es gab zum Beispiel den Gottbegnadeten, den Gottergebenen und so weiter. Wie steht es mit so einem Namen für mich?“

„Gott verhüte“, sagte Nasrudin.

Sufi

Tibetische Buddhisten verwenden in ihrer Meditationspraxis verschiedene Visualisierungsmethoden. Fortgeschrittene Praktizierende können das, was sie visualisieren, angeblich genauso realistisch manifestieren, wie wir unsere gewohnte bewußte Realität wahrnehmen.

Eines Tages gab ein hoher Lama einer großen Versammlung eine Einweihung. Es war auch eine alte Dame erschienen, um die Begnadung zu empfangen. In Tibet ist es Brauch, nach Beendigung einer solchen Kraftübertragung als Zeichen der Dankbarkeit eine kleine Gabe zu überreichen, oft zusammen mit einem weißen Seidenschal, dem Symbol innerer Reinheit.

Diese alte Frau hatte als Gabe ein Kilo frische Yakbutter, einen der Haupttauschartikel in Tibet. Die Butter befand sich in einer Tasche unter ihrem Gewand, und sie beabsichtigte sie dem Meister nach Empfang seiner Segnung zu überreichen.

Als der Lama zu dem Teil der Kraftübertragung kam, wo er gewöhnlich den Kopf des Schülers mit einem heiligen Gefäß voll Nektar berührte, wies er, da so viele Empfänger vor ihm versammelt waren, sie einfach alle an, die Vase, die er auf seinem Kopf hielt, zu visualisieren und sich vorzustellen, wie er sie auf den Kopf eines jeden stellt.

Die getreue alte Dame, das versteht sich von selbst, tat genau wie geheißen und empfing die Einweihung in ihrer Gesamtheit. Doch als der Ritus beendet und es Zeit war, dem verehrten Meister ihre kostbare Butter anzubieten, stand sie bloß auf und äußerte – in lautem Tonfall nicht unähnlich dem des Lamas und als Echo seiner eigenen Worte – „Nun, ehrwürdiger Lama, visualisiere er einfach, wie er dieses Kilo guter Butter, das er in meiner Hand sieht, als Gabe empfängt!"

Und dann, während sie sich ins Fäustchen lachte, kehrte sie glücklich – und tatsächlich weiser und wohlhabender – mit der sicher unter ihrem Arm verstauten Butter nach Hause zurück.

Buddhismus

Mulla Nasrudins Schüler beklagten sich eines Tages bei ihm: „Du gibst uns mit Worten Belehrung über Wahrheit und Unwahrheit, über Unwissen und Vollkommenheit. Kannst du uns das nicht auf andere Art demonstrieren?" Nasrudin langte in seine Tasche und holte einen Apfel hervor. „Hier", sagte er. „Dies ist der vollkommene Apfel, der Apfel aus dem Garten Eden."

Seine Schüler schauten den Apfel an und bemerkten, daß er an einer Stelle faul war. „Wie könnte dieser Apfel ein Bild der Vollkommenheit sein?“ fragten sie. „Um das zu erkennen, kommt ihr zu mir“, entgegnete Nasrudin.

Sufi

Hogen, ein chinesischer Zenlehrer, lebte allein in einem kleinen Tempel auf dem Lande. Eines Tages erschienen vier Wandermönche und baten, in seinem Hof ein Feuer machen zu dürfen, um sich zu wärmen.

Während sie das Feuer anlegten, hörte Hogen, wie sie über Subjektivität und Objektivität argumentierten. Er gesellte sich hinzu und sagte: „Da ist ein großer Stein. Glaubt ihr, daß er innnerhalb oder außerhalb eures Bewußtseins ist?“Einer der Mönche antwortete: „Vom buddhistischen Standpunkt aus ist alles eine Objektivierung des Bewußtseins, deshalb würde ich sagen, daß der Stein in meinem Bewußtsein ist.“

„Dein Kopf muß sich sehr schwer anfühlen“, bemerkte Hogen,“ wenn du einen Stein wie den in deinem Bewußtsein herumträgst.“

Zen

Auf seinem ersten Besuch in England sprach Achaan Chah, ein hoher Meister aus Thailand, vor vielen buddhistischen Gruppen. Eines Abends erhielt er nach dem Vortrag eine Frage von einer ehrenwerten englischen Lady, die viele Jahre lang die komplizierte Kybernetik des Geistes in Entsprechung zu den neunundachtzig Bewußtseinsklassen der buddhistischen Abhidarma-Psychologie studiert hatte. Würde er ihr bitte gewisse der schwierigen Aspekte dieses Systems erklären, damit sie in ihren Studien weiter foranschreiten könne? Buddhismus lehrt uns das Loslassen. Doch im Anfang klammern wir uns an diese Prinzipien. Der weise Mensch benutzt diese Prinzipien als Werkzeuge, um die Essenz unseres Lebens zu entdekken. Achaan Chah, der spürte, wie befangen sie in intellektuellen Konzepten war, statt es in ihrem eigenen Herzen auszuüben, antwortete direkt. „Sie, Madam, sind wie jemand, der einen Hühnerhof unterhält und herumgeht und die Klackse aufsammelt anstelle der Eier.“

Buddhismus

Ein hoher Rabbi verbrachte Jahre in einsamer Meditation über das Geheimnis des Göttlichen in allen Dingen. Als er schließlich zu einem weltlichen Leben zurückkehrte, funkelten seine Augen voller Schönheit dessen, was er entdeckt hatte. Viele Sucher kamen und fragten ihn nach seiner Wahrheit, doch er zögerte stets mit der Antwort, es widerstrebte ihm, sie in Worte zu fassen. Nachdem man ihn jahrelang bedrang, gab er schließlich nach und beschrieb in beredten Worten eine schwache Annäherung dessen, was er entdeckt hatte.

Die Sucher nahmen diese Worte nach überall mit. Sie sprachen sie aus, schrieben sie auf, schufen heilige Texte um sie herum, und aus denjenigen, die sie wiederholten, bildeten sich religiöse Sekten, bis sich niemand erinnerte, daß die Worte sich eigentlich auf eine Erfahrung bezogen. Als seine Worte verbreitet wurden, sank dem Rabbi das Herz. „Ich hatte gehofft, helfen zu können, aber vielleicht hätte ich überhaupt nichts sagen sollen."

Jüdisch

Viele Monate lang warb ein Liebhaber erfolglos um seine Geliebte und erlitt die fürchterliche Qual der Zurückweisung. Schließlich gab sein Schatz nach. „Komm an den und den Ort zu der und der Stunde", sagte sie zu ihm.

An dem Ort und zu der Stunde fand der Liebhaber sich schließlich an der Seite seiner Geliebten sitzend. Da langte er in seine Tasche und holte einen Stapel Liebesbriefe hervor, die er ihr während der letzten Monate geschrieben hatte.

Es waren leidenschaftliche Briefe, voll des Schmerzes, den er empfand, und voll von brennendem Verlangen nach den Entzückungen der Liebe und Vereinigung. Er begann, sie seiner Geliebten vorzulesen. So verging Stunde um Stunde, und er las noch immer.

Schließlich sagte die Frau: „Was für ein Narr du doch bist! Diese Briefe handeln alle von mir und deiner Sehnsucht nach mir. Nun sitze ich endlich hier bei dir, und du bist in deine dummen Briefe versunken."

Traditionell

Es gibt eine Geschichte von dem großen tibetischen Lehrer Marpa, der vor tausend Jahren mit seiner Familie auf einer Farm in Tibet lebte. Auf dieser Farm lebten auch viele Mönche, die unter diesem großen Lehrer studierten. Eines Tages wurde Marpas ältester Sohn getötet. Marpa trauerte zutiefst um ihm, als einer der Mönche zu ihm kam und sagte: „Ich verstehe das nicht. Du lehrst uns, daß alles Illusion ist. Dennoch weinst du. Wenn alles Illusion ist, warum trauerst du dann so sehr?"

Marpa entgegnete: „In der Tat, alles ist Illusion. Und der Tod eines Kindes ist die größte dieser Illusionen."

Buddhismus

Der Zenmeister Mu-Nan schickte eines Tages nach seinem Schüler Shoju und sagte: „Ich bin nun ein alter Mann, Shoju, und du bist der, der diese Lehre weitertragen wird. Hier ist ein Buch, das sieben Generationen lang von Meister zu Meister weitergegeben wurde. Ich selber habe einige Notizen hinzugefügt, die für dich Wert haben werden. Hier, behalte es bei dir als Zeichen, daß ich dich zu meinem Nachfolger gemacht habe." Shoju verbrannte es sofort!

Zen

Eine Amsel fand im Dorf einen großen Brocken Futter, ergriff ihn mit dem Schnabel und schwang sich dann in den Himmel auf. Eine Schar von Geschwistern jagte ihr nach und attackierte das Futter wie wild, um es aus ihrem Schnabel zu reißen. Schließlich ließ die Amsel auch den letzten Bissen los, und die wilde Schar ließ sie allein. Beschwingt flog sie auf und nieder und dachte: „Das Futter habe ich verloren, aber dafür habe ich den friedvollen Himmel wieder für mich."

Sufi

11

Die Zyklen des Karma

WIR scheinen in einem zufälligen Universum aus unzusammenhängenden und willkürlichen Ereignissen und Erfahrungen zu leben. Unsere Bewegungen von Himmel zu Hölle, von höchster Begeisterung zu tiefster Verzweiflung scheinen unergründlich und unberechenbar. Wir benutzen Worte wie Glück, Schicksal, Bestimmung und Pech als Erklärung für eine Vielzahl von Erfahrungen, die uns anscheinend ganz zufällig geschehen. Verloren in Verzweiflung oder Jubel sehen wir die Zyklen des Karma nicht, die den Teppich unseres Lebens weben.

Karma bedeutet keine phantasievollen Ideen über ein eventuelles vergangenes Leben in Tibet. Karma ist einfach das Gesetz von Ursache und Wirkung. Wer einen Apfelsamen pflanzt, bekommt keinen Mangobaum. Wenn wir Haß oder Gier ausleben, wird das unser Weg, und die Welt antwortet entsprechend. Wenn wir Achtsamkeit oder Herzensgüte praktizieren, wird das unser Weg, und die Welt antwortet entsprechend.

Wie der Künstler vor seiner Palette malen wir die Landschaft unseres Lebens mit den Farben unserer Gedanken, Werte, Handlungen und Gefühle. Die Qualität unseres Lebens ist gewürzt mit der Qualität jeden Gefühls, jeder Geste. Wir sind die Erben der Resultate unserer Handlungen, der Absichten, die wir in jede ausgelöste Bewegung hineingaben. Wir erzeugen das Kräuseln auf dem Ozean des Universums durch unser Dasein.

Um die Zyklen des Karma zu verstehen, müssen wir verstehen, daß wir nicht wirklich etwas anderes sind als alle anderen. Es gibt keinen einzigen Fehler, den wir begingen, der nicht schon von jemand anderem begangen wäre, kein einziges Entzücken, das nicht schon jemand anderer zuvor empfand. Wir sehen uns selbst in den anderen und sie sich in uns. Wir sind nicht aufgerufen zu urteilen, sondern mit Freundlichkeit und Verständnis zu antworten. Wie können wir wissen, was unter den zehntausend möglichen Freuden und Leiden in den wechselnden Umständen unseres Lebens wirklich gut oder schlecht ist oder welche Lektionen wir brauchen! Was zählt, ist, wie wir auf etwas antworten. Was wir erschaffen, wie wir handeln und reagieren, verkörpert sich selbst nicht nur in unserem eigenen Leben, sondern im Leben unserer Gemeinschaften, unserer Kinder, unserer Welt. Wie und für was wir die Welt im Auge und Herzen halten, so werden wir und die Welt sein.

Die Konsequenzen unseres Daseins im Universum zu verstehen, führt nicht zu Selbstbezogenheit, Vorwurf oder Urteil. Vielmehr ermutigt uns ein solches Verständnis, die Bedeutung des Wachseins, des Bewußtseins in jedem Moment unserer Leben nicht zu unterschätzen. Als bewußter Teilnehmer an der Schöpfung jeden Momentes der Welt, in der wir leben, haben wir die Kraft, zu heilen, zu lieben, mitzuempfinden und unser Mitgefühl sichtbar zu machen.

Der Weg zu Erwachen und Liebe ist ein Weg ohne Ende. Wir können den Wert einer einzigen liebenden Handlung oder die Wirkung einer einzigen fürsorglichen Geste nicht ermessen. Wir können die Resultate einer einzigen Meditation nicht kennen oder das Lernen einschätzen, das aus der Konfrontation einer einzigen Schwierigkeit mit Offenherzigkeit entstehen mag. Wenn wir uns zu dem kostbaren Reichtum der Liebe, Sorgfalt und Verbundenheit in Beziehung bringen, werden Resultate immer weniger wichtig. Wir können nur vertrauen, daß die Landschaft, die wir malen, von unserer Liebe und Sorgfalt gefärbt sein wird.

Können wir beobachten, wie unsere eigenen Antworten, unsere Sorgfalt oder Mangel derselben, parallele oder identische Antworten aus der Welt hervorbringen? Wenn wir spüren, wie Taten und Reaktionen unsere Welt erschaffen, wie möchten wir diese unsere Taten und Reaktionen ändern wollen? Wie wollten wir die uns Nahestehenden behandeln, wenn wir die Kraft des Lebens und der Welt in unseren Händen hielten? Wie würden wir handeln, wenn all unsere Handlungen wirklich von Bedeutung sind? Angenommen, wir glauben tief daran, daß wir die Kraft des Heilens und der Transformation in unseren Händen und Herzen halten. Wie würde sich das auf unser Leben auswirken?

ALS CHRUSCHTSCHOW seine berühmte Denunziation Stalins vortrug, soll jemand im Kongreßsaal gerufen haben: „Wo waren Sie denn, Genosse Chruschtschow, als all diese unschuldigen Leute hingemetzelt wurden?"

Chruschtschow hielt inne, schaute sich im Saal um und sagte: „Will derjenige, der das gesagt hat, so freundlich sein und aufstehen!"

Die Spannung im Saal stieg. Niemand rührte sich.

Darauf sagte Chruschtschow: „Nun, wer immer Sie sind. Sie haben jetzt Ihre Antwort. Ich war damals in genau derselben Lage, in der Sie jetzt sind."

Russisch

EIN MANN IN SUSSJAS STADT sah, daß er sehr arm war, und legte ihm jeden tag im Bethaus einen Zwanziger in den Tefillinbeutel, damit er sein und der Seinen Leben zu fristen vermöchte. Seither wuchs der Wohlstand des Mannes von Mal zu Mal. Je mehr er besaß, um so mehr gab er an Sussja, und je mehr er ihm gab, um so mehr besaß er.

Einmal besann er sich aber, daß Sussja ein Jünger des großen Maggids war, und es geriet ihm in den Sinn: Wenn schon die Gabe an den Schüler so vielfältig gelohnt werde, welch ein Reichtum würde über ihn kommen, wenn er den Meister selbst beschenkte. So fuhr er nach Mesritsch und erwirkte von Rabbi Bär mit vielen Bitten, daß er eine ansehnliche Gabe von ihm annahm. Von diesem Augenblick an schwand sein Wohlstand mehr und mehr, bis aller Gewinn der gesegneten Zeit dahin war. Da kam er in seiner Betrübnis zu Rabbi Sussja, erzählte ihm alles und befragte ihn, was dies sei: Habe doch er selbst ihm gesagt, daß er Meister unmeßbar größer sei als er.

Sussja antwortete ihm: „Sieh, solange du gabst und nicht hinsahst, wem du gibst, sondern Sussja war dir recht oder ein andrer, so lange gab auch Gott dir und sah nicht hin. Als du aber begannst, dir edle und auserlesene Empfänger zu suchen, tat Gott desgleichen."

Chassidisch

ZWANZIG MÖNCHE und eine Nonne mit Namen Eshun praktizierten bei einem gewissen Zenmeister Meditation. Eshun war sehr hübsch, selbst mit ihrem kahlgeschorenen Kopf und einfachen Kleid. Mehrere der Mönche verliebten sich heimlich in sie. Einer schrieb ihr einen Liebesbrief und bestand auf einem privaten Treffen.

Eshun antwortete nicht. Am folgenden Tag hielt der Meister vor der Gruppe einen Vortrag, und als er geendet hatte, stand Eshun auf. An den Schreiber des Briefes gerichtet sagte sie: „Wenn du mich wirklich so sehr liebst, komm und umarme mich jetzt."

Zen

EINST, ALS RABBI PINAS das Studierhaus betrat, sah er, wie seine Schüler, die eifrig ins Gespräch vertieft waren, bei seinem Kommen erschrokken innehielten. Er fragte sie: „Worüber habt ihr gesprochen?"

„Rabbi", sagten sie, „wir sprachen gerade darüber, wie sehr wir davor Angst haben, daß der böse Trieb uns verfolgen wird."

„Macht euch keine Sorge", entgegnete er. „Ihr seid noch nicht hoch genug entwickelt, daß er euch verfolgen würde. Derzeit seid ihr noch diejenigen, die ihn verfolgen."

Chassidisch

„WENN DU WILLST, daß dein Esel sich schneller bewegt, Nasrudin", sagte ein Nachbar, „nimm etwas Ammoniak und reibe es ihm auf das Hinterteil." Nasrudin stellte fest, daß diese Maßnahme geradezu wunderbar funktionierte. Eines Tages fühlte er sich ein wenig lustlos und probierte dieselbe Medizin an sich selbst.

Das Ammoniak brannte so sehr, daß er in seinem Zimmer immerzu im Kreis herumlief.

„Was ist los?" rief seine Frau, der es nicht gelang, ihn festzuhalten.

„Wenn du mich verstehen willst, verwende den Inhalt jener Flasche dort", keuchte Mulla Nasrudin.

Sufi

Ein Philosoph, der sich mit Nasrudin zum Disput verabredet hatte, kam zum Haus und mußte feststellen, daß er ausgegangen war. Voller Wut nahm er ein Stück Kreide und schrieb „Dummer Trottel" an Nasrudins Tor.

Als er heimkam und das sah, lief der Mulla eilends zum Haus des Philosophen.

„Ich hatte vergessen", sagte er", daß du vorbeikommen wolltest. Und entschuldige mich, daß ich nicht zu Hause war. Natürlich erinnerte ich mich sofort an die Verabredung, als ich sah, daß du deinen Namen an meiner Tür hinterlassen hattest."

Sufi

Ein Mann, der an der Nordgrenze Chinas lebte, hatte das Talent, Geschehnisse zu deuten. Eines Tages rann sein Pferd ohne ersichtlichen Grund zu den Nomaden jenseits der Grenze. Alle versuchten, ihn zu trösten, aber sein Vater sagte: „Wieso seid ihr so sicher, daß es kein Segen ist?" Ein paar Monate später kam sein Pferd zurück und brachte einen prächtigen Nomadenhengst mit. Alle beglückwünschten ihn, aber sein Vater sagte: „Wieso seid ihr so sicher, daß es keine Katastrophe ist?" Ihr Haushalt war um ein edles Pferd bereichert, auf dem der Sohn liebend gern ritt. Eines Tages stürzte er und brach sich die Hüfte. Alle versuchten ihn zu trösten, aber sein Vater sagte: „Wieso seid ihr so sicher, daß es kein Segen ist?"

Ein Jahr später kamen die Nomaden mit Gewalt über die Grenze, und alle gesunden Männer nahmen Pfeil und Bogen und zogen in die Schlacht. Die chinesischen Grenzkämpfer verloren neun aus jeder Zehnerschar. Nur weil der Sohn lahm war, blieben Vater und Sohn am Leben und kümmerten sich umeinander. Wahrlich, Segen wird zur Katastrophe und Katastrophe zu Segen. Der Wandel nimmt kein Ende, noch läßt sich das Geheimnis ergründen.

Tao

Auf seinen Reisen begegnete der Buddha einem Dschain, dessen

Übung darin bestand, still auf einem Bein zu stehen. Buddha fragte ihn: „Bitte sage mir, warum du das tust. Was wird diese Übung, auf einem Bein zu stehen, dir bringen?"

Der Dschain antwortete: „Durch diese Übung arbeite ich mein Karma aus, sie wird mich vom vergangenen Karma befreien." Buddha fragte ihn: „Wieviel hast du bisher ausgearbeitet?"

Der Dschain antwortete: „Das kann ich nicht sagen." Buddha fragte ihn: „Wieviel Karma hast du noch auszuarbeiten?"

Wieder antwortete der Dschain: „Ich weiß es nicht." Schließlich fragte der Buddha ihn: „Aber wie wirst du wissen, wenn du fertig bist mit dem Ausarbeiten deines Karmas?"

Und der Dschain konnte nur einmal mehr antworten: „Das weiß ich nicht."

Auf diese Antwort entgegnete der Buddha ihm mit den Worten: „Es ist Zeit für dich, diese Übung zu lassen und den Weg zur Beendigung des Leidens zu verstehen. Er liegt in der Wahrheit jeden Momentes hier und jetzt."

Traditioneller Buddhismus

DIE GESCHICHTE ERZÄHLT von einem Mann, der stirbt und sich in einem glänzenden Reich wiederfindet. Er denkt bei sich „Vielleicht war ich besser, als ich dachte." Ein glitzerndes Wesen nähert sich und lädt ihn ein in einen königlichen Bankettsaal mit einer riesigen Tafel voll unvorstellbarer Delikatessen. Mit vielen anderen nimmt er an der Tafel Platz, wo man ihnen mit den kostbarsten Speisen aufwartet. Als er seine Gabel ergreift, kommt jemand von hinten und bindet ein dünnes Brett hinten an seine Arme, so daß er die Ellbogen nicht biegen kann. Als er versucht, das Essen zu heben, merkt er, daß er es mit seinen steifen, unbeweglichen Armen nicht zum Mund führen kann.

Er schaut sich um und stellt fest, daß all die anderen Leute ebenfalls die Arme festbandagiert haben, so daß sie sie nicht biegen können. Alle ächzen und stöhnen bei dem Versuch, sich das Essen in den Mund zu stopfen, aber es gelingt einfach nicht, und es gibt ein riesiges Gejammer und Wehklagen angesichts dieser Klemme. Der Mann wendet sich an das Wesen, das ihn an seinen Platz geführt hat, und sagt: „Dies muß die Hölle sein. Aber was ist dann der Himmel?"

Das glitzernde Wesen führt ihn durch den Bogengang in einen zweiten großen Bankettsaal mit einer weiteren Tafel mit denselben kostbaren Speisen. „Ah, so schon eher", denkt er. Und wie er sich an der Tafel niederläßt und gerade zugreifen will, kommt jemand und bindet ihm wieder von hinten ein Brett an den Armen fest, so daß er die Ellbogen nicht biegen kann, um das Essen zum Mund zu führen.

Lamentierend, das sei dieselbe unmögliche Situation wie in der Hölle, schaut er sich entsetzt um, um festzustellen, daß an diesem Tisch etwas anderes geschieht. Anstelle der Leute, die versuchen, sich trotz der steifgebundenen Arme mit Gewalt das Essen in den Mund zu stopfen, streckt hier jeder seinen Arm aus, um den Personen links und rechts von sich Essen zu geben. Hier füttert jeder den anderen.

Japanisches Volksgut

EIN MANN FAND einmal im Wald ein Adlerjunges, das aus dem Nest gefallen war. Er nahm es mit sich nach Hause auf seinen Hühnerhof, wo es binnen kurzem lernte, sich von Hühnerfutter zu ernähren und sich auch sonst zu verhalten wie ein Huhn.

Eines Tages kam ein Tierforscher vorbei und fragte den Mann: "Wie kommen Sie dazu, den König der Vögel zu halten wie ein Huhn?"

"Nun," erwiderte der Bauer, "da er Hühnerfutter frißt und ständig mit den anderen Hühnern zusammen ist, hat er nie gelernt zu fliegen und verhält sich in allem genauso wie sie. Er ist eigentlich gar kein Adler mehr." "Aber er hat noch immer das Herz eines Adlers,", erwiderte der Zoologe, "und kann das Fliegen sicher noch lernen."

Nach einigem Hin und Her einigten sich die beiden Männer darauf, es auf einen Versuch ankommen zu lassen. Der Zoologe nahm den Adler auf den rechten Arm und sagte: "Du bist ein Geschöpf der Luft, und nicht der Erde. Spann deine Flügel aus und flieg!" Aber der Adler war vor Verwirrung wie gelähmt. Er wußte plötzlich überhaupt nicht mehr, wer er war, und als er seine Kameraden zufrieden ihre Körner picken sah, sprang er eilends zu ihnen zurück, um wieder einer von ihnen zu sein.

Am nächsten Tag unternahm der Zoologe einen weiteren Vorstoß. Er nahm den Adler mit aufs Dach und redete ihm von neuem zu: "Du bist ein Adler, kein Huhn. Breite deine Schwingen aus und flieg!"

Doch der Adler ängstigte sich davor, ein Adler zu sein, und sah voll Schrecken auf die unbekannte Welt zu seinen Häupten. Und er sprang so schnell er konnte wieder in den Hühnerhof hinab.

Am folgenden Tag nahm der Zoologe den Adler mit sich auf einen hohen Berg. Er hielt ihn hoch in die Luft und ermunterte ihn ein drittes Mal: "Du bist ein Adler. Du gehörst ins Reich der Lüfte, aber du kannst immer wieder zur Erde zurück. Entfalte deine Schwingen und flieg!"

Der Adler blickte sich zweifelnd um. Tief unter sich sah er den Hühnerhof, wo seine Kameraden waren, und über sich die grenzenlosen Weiten des Himmels, und er bewegte sich nicht von der Stelle.

Da hielt ihn der Zoologe gegen die Sonne. Den Adler durchlief ein heftiges Beben. Zögernd breitete er seine Flügel aus und schwang sich dann mit einem lauten Jubelschrei in die Lüfte.

Vielleicht hat der Adler von Zeit zu Zeit immer noch Heimweh nach dem Hühnerhof; vielleicht besucht er ihn hin und wieder sogar. Doch soweit man weiß, ist er nie wieder ganz dorthin zurückgekehrt und hat nie wieder das Leben eines Huhns geführt. Er war ein Adler, auch wenn er wie ein Huhn gehalten und gezähmt worden war.

Volksgut

Ein berühmter Mongolengeneral hatte mit seinen Truppen einen großen Teil Zentralasiens eingenommen. Inzwischen waren die Truppen erschöpft und weit von der Heimat entfernt. Er wollte weiterpreschen und die große Stadt Samarkand einnehmen, die von fünfmal so vielen Soldaten verteidigt wurde, wie er selber hatte. Er war sicher, daß sie gewinnen konnten, aber die Soldaten sträubten sich.

Er rief sie zusammen, um einen heiligen Altar zu errichten und Rat von ihren Göttern zu erbitten. Am Ende der Zeremonie nahm der General eine große Goldmünze und sagte, er wolle sie nun werfen und sehen, was die Götter vorsahen. Wenn sie Kopf zeigte, würden die Soldaten einen großen Sieg erringen.

Der Wurf ergab tatsächlich Kopf, und von den Göttern inspiriert, zogen die Soldaten weiter und nahmen die Stadt mit Leichtigkeit.

Hinterher sagte ein Soldat zum General: „Wenn wir gesehen haben, daß die Götter mit uns sind, kann sich nichts unserem Schicksal entgegenstellen."

Der General stimmte lachend zu und zeigte ihm die Münze, die auf beiden Seiten einen Kopf hatte.

Chinesisch

Es gibt eine Geschichte über einen alten Mann, der sich sein ganzes Leben lang mit dem Aufbau einer Farm abgerackert hatte. Nach vielen Jahren Arbeit auf dem Land im Kampf gegen die Elemente, um die Familie zu schützen und zu ernähren, kam für den Alten der Tag, wo er meinte, es sei jetzt Zeit für seinen Ruhestand, auf der Veranda zu sitzen und über die Welt zu kontemplieren. Sein Sohn war stark und tüchtig, und da er eine eigene Familie hatte, war wohl der Zeitpunkt gekommen, daß er die Farm übernahm.

So übergab der alte Mann die Farm seinem Sohn und machte es sich in einem Sessel auf der Veranda bequem, um nach einem Leben mühseliger Schinderei die verbleibenden Jahre zu genießen.

Sein Sohn war zunächst sehr stolz, nun Herr seiner eigenen Farm zu sein. Doch wie die Monate so dahinflossen und er auf den Feldern arbeitete, begann ihn die Untätigkeit des Vaters mehr und mehr zu stören. Sein Vater saß auf der Veranda, die Enkelkinder ritten auf seinen Knien, während er den ganzen Tag arbeiten mußte. Ärger stieg in ihm auf, und er sah in seinem Vater nur noch ein hungriges Maul mehr, das er zu stopfen hatte. Er dachte bei sich: „Ich habe meine Frau und meine Kinder, für die ich jetzt sorgen muß. Der Alte versteht das nicht. Er sitzt einfach nur da und faulenzt. Es spielt keine Rolle, was früher war. Die Arbeit ist mehr als hart, und ich wünschte, ich müßte nicht auch noch für ihn sorgen."

So ging sein Sohn pflügen und säen und wurde zusehends ärgerlicher, bis ihm zur Erntezeit der Gedanke kam, daß er sein Essen nicht mehr mit dem „nutzlosen Alten auf der Veranda" teilen wollte. Er wollte alles für sich selbst und seine Familie und dachte: „Seine Zeit ist um. Er braucht hier nicht mehr rumzulungern."

Also zimmerte der Sohn eine große Kiste aus schwerem Teakholz. Als sie fertig war, stellte er sie auf einen Schubkarren, transportierte sie zur Veranda und sagte entschlossen zu seinem Vater: „Dad, ich möchte, daß du in diese Kiste steigst. Tue es jetzt."

Sein Vater verbeugte sich, stieg ohne ein Wort von der Veranda und in die Kiste hinein. Der Sohn klappte den schweren Deckel über seinem Vater zu und schloß das große Messingscharnier. Er schob die Kiste an die Klippen und gerade, als er sie in den Abgrund stoßen wollte, hörte er von innen ein Klopfen.

„Was willst du?" fragte er mürrisch. Aus dem Innern der Kiste ertönte die sanfte Stimme seines Vaters: „Weißt du, ich verstehe dich. Wenn du mich loswerden willst, ist das okay. Du meinst, ich sei jetzt nur noch ein nutzloser alter Mann. Aber wenn du mich über die Klippe werfen willst, würde ich an deiner Stelle mich aus der Kiste rausnehmen und einfach nur meinen Körper runterwerfen. Wenn ich du wäre, ich würde diese Kiste behalten. Ich denke, deine Kinder werden sie eines Tages brauchen können!"

Volksgut

LORD KRISHNA wollte die Weisheit seiner Könige testen. Eines Tages ließ er einen König namens Duryodana zu sich rufen. Duryodana war im ganzen Königreich für seine Grausamkeit und seinen Geiz bekannt, und seine Untertanen lebten in Entsetzen vor ihm. Lord Krishna sagte zu König Duryodana: „Ich will, daß du die ganze Welt bereist und mir einen wahrhaft guten Menschen findest." Duryodana antwortete: „Ja, Lord Krishna" und machte sich gehorsam auf die Suche. Er begegnete vielen Leuten und sprach mit ihnen, und nachdem lange Zeit vergangen war, kehrte er zu Lord Krischna zurück und sagte: „Ich habe getan wie geheißen und die ganze Welt nach einem wahrhaft guten Menschen abgesucht. Er ist nicht zu finden. Alle sind selbstsüchtig und böse. Nirgends gibt es diesen guten Menschen, den du suchst!"

Lord Krischna schickte ihn fort und ließ einen weiteren König namens Dhammaraja zu sich holen. Er war ein König, der für seine Freigebigkeit und Güte bekannt und beim ganzen Volke wohlbeliebt war. Krischna befahl ihm: „König Dhammaraja, ich will, daß du die ganze Welt bereist und mir einen wahrhaft bösen Menschen bringst." Auch Dhammaraja gehorchte und begegnete auf seinen Reisen vielen Leuten und sprach mit ihnen. Nachdem lange Zeit vergangen war, kehrte er zu Krischna zurück und sagte: „Lord Krischna, ich habe versagt. Es gibt Leute, die irregeleitet sind, Leute die aus Blindheit handeln, aber nirgends konnte ich einen wahrhaft bösen Menschen finden. Trotz all ihrer Fehler sind sie im Herzen gut!"

Hindu

12

Weisheit bringt Gleichgewicht

Die größte Kunst des spirituellen Lebens besteht darin, das Gleichgewicht zu wahren. Die gesamten Lehren des Buddha sind in seiner Empfehlung zusammengefaßt, den mittleren Weg zu finden und zu reisen. Wir sollen uns weder im Extrem der Selbstkasteiung und Lebensfeindlichkeit noch im Extrem der Genuß- und Vergnügungssucht verlieren. Das Gleichgewicht zwischen beiden ist der Weg zu Erwachen und Freiheit. Der Weg der Ausgewogenheit bedeutet, bei dem zu bleiben und das zu lieben, was wahr ist in unserem Leben, und auf allen Ebenen unseres Seins der Wahrheit verpflichtet zu sein.

Die größte Freude im Leben erwächst nicht den Umständen, die uns umgeben, sondern dem Innern unseres eigenen Wesens. Tiefe Freude zu empfinden, ist etwas völlig anderes, als beschäftigt, zerstreut oder unterhalten zu sein, und braucht stets ein ausgewogenes Herz. Wie ein Meditationslehrer es ausdrückte: „Du kannst die Wellen nicht anhalten, aber du kannst surfen lernen." Wir können die Wechselfälle unseres Lebens weder kontrollieren noch anhalten, doch wir können lernen, zwischen ihnen zu balancieren und sie in Balance zu bringen. Dies Gleichgewicht und diese Balance sind die größte Kunst des spirituellen Lebens, zu wissen, wann wir Energie und Entschlossenheit brauchen und wann es Zeit ist, weich und nachgiebig zu sein. Zu wissen, wann wir mehr Glauben oder mehr Fragen brauchen, auf die Rhythmen unserer eigenen Herzen zu hören, die uns sagen, wann es Zeit ist für mehr Einsamkeit und Einfachheit oder Zeit zum Dienen, damit unser Mitgefühl und unsere Liebe sichtbar werden. Es gibt keine Rezepturen auf diese Fragen. Wir müssen einfach lernen, mit offenem Herzen auf das zu hören, was jetzt in diesem Moment da ist, an diesem Tag, in diesem Leben.

Ein großer Mystiker sagte einmal: „Was nützt ein offenes Auge, wenn das Herz blind ist?“ Wahre Weisheit trennt uns nicht von den Mühen und Plagen der Welt, sondern lehrt uns, mittendrin mit größerer Integrität und Mitgefühl zu leben. Weisheit enthüllt uns, daß Heiterkeit und Gelassenheit uns nicht auf einem luftigen Gipfel erwarten, nachdem wir die Welt überwunden hätten, sondern darin bestehen, daß wir auf die Herausforderungen dieses Lebens mit großer Liebe antworten. Weisheit ist keine Errungenschaft, sondern ein Seinszustand, die Art und Weise, wie wir antworten, ob wir die Herausforderungen, die das Leben an uns stellt, weder bekämpfen noch uns überwältigen lassen. Es ist eine Frage des Gleichgewichts. Der sichtbare Ausdruck der Weisheit zeigt sich an dem Geschick, mit dem wir sie manifestieren. Integrität, Vergebung und Ehrlichkeit sind die Antworten auf eine lebendige Weisheit. Es sind die Qualitäten, die uns ermöglichen, im Geist der Freiheit zu schreiten und die Lektion des Lebens zu erlernen.

Wir sind Zeugen eines Zeitalters endloser Konflikte und der Zerstörung. Unser Planet leidet, menschliche Beziehungen brechen zusammen, und die einzelnen Individuen leben in Entfremdung. Der Reichtum an Ideen und Rezepten, die wir produziert haben, hat noch zu keinem sinnvollen Wandel in diesem Schmerzzyklus geführt. Der Schmerz unserer Welt wird nicht von noch mehr Ideen erlöst. Was wir brauchen, ist eine tiefgreifende Veränderung im menschlichen Herzen. Wir wollen auf den Schmerz um uns aber nicht mit Selbstgerechtigkeit, frommen Sprüchen oder Rückzug, sondern mit Liebe und Integrität antworten können. Schließlich möchten wir nicht, daß unser Leben nur eine Saga all der Dinge bleibt, die wir getan haben wollten, könnten oder sollten.

Schließen wir beim Lesen der Geschichten in diesem Kapitel einmal die Augen, um nachzudenken. Spüren wir dem nach, was in unserem Körper, unserem Leben, unseren Beziehungen aus dem Gleichgewicht geraten ist. Wann haben wir uns in Extremen der Angst, des Genießens, der Vermeidung ergangen? Wie wirkt sich das aus? Was braucht gerade jetzt in unserem Leben mehr Gleichgewicht? Was brauchen wir, um die Unausgewogenheiten, die wir feststellen, zu heilen – welche Energie, Aufmerksamkeit, Hingabe wird benötigt? Wo werden wir das finden?

Ein westlicher Mönch in einem Buddhistenkloster war frustriert von den Schwierigkeiten der Übungen und den detaillierten und scheinbar willkürlichen Verhaltensregeln, die die Mönche befolgen sollten. Er begann, andere Mönche wegen ihrer Nachlässigkeit bei den Übungen zu kritisieren, und zweifelte an der Weisheit der Lehre. An einem Punkt ging er zum Meister Achaan Chah und beschwerte sich, da, wie er feststellte, sogar Achaan Chah selber unbeständig schien und sich oft auf uneinsehbare Weise widersprach.

Achaan Chah lachte nur und wies darauf hin, wie sehr der Mönch litt, wenn er versuchte, andere in seiner Umgebung zu beurteilen. Dann erklärte er, daß seine Art des Lehrens höchst simpel ist: „Es ist, als ob ich die Leute eine Straße langgehen sehe, die ich gut kenne. Ihnen ist der Weg vielleicht unklar. Ich schaue auf und sehe, wie jemand im Begriff ist, in den Graben an der rechten Straßenseite zu fallen, also rufe ich ihm zu: ‚Geh nach links, geh nach links!' Ebenso, wenn ich einen anderen sehe, der im Begriff ist, in den Graben auf der linken Seite zu fallen, rufe ich: ‚Geh nach rechts, geh nach rechts!' Das ist das Ausmaß meiner Lehre. Wenn du dich in ein Extrem verstrickst, wenn du dich identifizierst mit was auch immer, sage ich ‚Laß auch das los.'"

Laß links los, laß rechts los. Komm zurück in die Mitte, und du wirst auf den wahren Weg kommen.

Buddhistisch

Man soll sich nicht kasteien, pflegte der Rabbi der Berditschewer zu sagen. Es ist nichts als eine Verführung des bösen Triebs, der uns den Geist schwächen will, um uns am rechten Dienste Gottes zu hindern. Einmal rangen zwei starke Männer miteinander, und keiner konnte dem anderen beikommen. Da bedachte sich der eine von ihnen: Ich muß ihn so treffen, daß ich die Kraft seines Gehirns beeinträchtige, dann habe ich mit einem Schlag auch seinen Körper besiegt.

Genauso meint es der Böse Trieb mit uns, wenn er uns verleitet, uns zu kasteien.

Chassidisch

Vor ungefähr einem Jahrhundert zog der erleuchtete tibetische Vagabund und Yogi Paltrul Rinpoche, wie es seine Art war, unerkannt als Bettler durchs Land, als er von einem berühmten Eremiten hörte, der lange in einsamer Abgeschiedenheit gelebt hatte. Paltrul Rinpoche suchte ihn auf und trat plötzlich und ohne Ankündigung in die dunkle Mönchshöhle, wo er sich mit einem trockenen Grinsen auf seinem verwitterten Gesicht umschaute.

„Woher kommst du?“, fragte der Eremit, „und wohin gehst du?“

„Ich komme von hinter meinem Rücken und gehe in die Richtung, in die ich schaue“, antwortete Paltrul.

Der Eremit war verdutzt, fuhr aber fort: „Wo bist du geboren?“

„Auf Erden“, lautete die Antwort.

Jetzt wurde der Eremit langsam unruhig.

„Wie ist dein Name?“ fragte er.

„Yogi Jenseits Handelns“, erwiderte der unerwartete Gast.

Dann fragte Paltrul Rinpoche den Eremiten, warum er sich in einem so wilden und unzugänglichen Teil des Landes angesiedelt habe. Das war die Frage, auf die der Eremit gewartet hatte. „Ich lebe hier seit zwanzig Jahren in Meditation. Zur Zeit meditiere ich über die Vollkommenheit der Geduld.“ All das sagte er nicht ohne einen Anflug von Stolz. „Das ist ausgezeichnet!“ sagte der anonyme Besucher. Dann beugte Paltrul sich vor, als ob er ihm ein Geheimnis anvertrauen wolle und raunte ihm zu: „Solche alten Hochstapler wie wir könnten so etwas in Wirklichkeit natürlich nie fertigbringen!“

Wütend erhob sich der Eremit plötzlich von seinem Sitz. „Was redest du da!“ platzte er heraus. „Wer glaubst du, wer du bist, daß du mich in meiner Zurückgezogenheit störst? Warum bist du hergekommen? Warum kannst du einen armen Einsiedler wie mich nicht in Frieden meditieren lassen?“

„Und nun, lieber Freund“, sagte Paltrul Rinpoche seelenruhig, „wo ist nun deine vollkommene Geduld?“

Buddhistisch

Als er gefragt wurde, welches der rechte Weg sei, der des Leidens oder der der Freude, sagte der Rabbi der Berditschewer: „Es gibt zwei Arten Leid und zwei Arten Freude. Wenn jemand über das Unglück brütet, das über ihn gekommen ist, wenn er in einer Ecke kauert und hilflos verzweifelt – das ist eine schlechte Art von Leid, über die gesagt wird: Die göttliche Gegenwart weilt nicht an Orten der Trübsal. Die andere Art ist der aufrichtige Kummer eines Mannes, der weiß, was ihm fehlt. Das gleiche gilt für die Freude. Der, dem innere Substanz fehlt und der es inmitten seiner eitlen Vergnügungen nicht spürt, auch nicht versucht, seinen Mangel zu beheben, ist ein Narr. Aber der, der echte Freude empfindet, ist wie ein Mann, dessen Haus niedergebrannt ist und der seine Not tief in der Seele fühlt und anfängt, ein neues Haus zu bauen. Sein Herz freut sich bei jedem Stein, den er auf den anderen legt."

Chassidisch

Einst unterhielt sich Abt Anthonius mit einigen Brüdern, als ein Jäger, der in der Wildnis auf der Jagd war, zufällig zu ihnen stieß. Er sah Abt Anthonius und die Brüder in fröhlicher Runde, was seine Mißbilligung fand. Abt Anthonius sagte: Lege einen Pfeil an deinen Bogen und schieße. Das tat er. Nun schieß noch einen, sagte der Älteste. Und noch einen, und noch einen. Der Jäger erwiderte: Wenn ich meinen Bogen dauernd anspanne, wird er mir brechen. Abt Anthonius darauf: So ist es auch mit dem Werk Gottes. Wenn wir uns im Übermaß anstrengen, werden die Brüder bald zusammenbrechen. Daher ist es von Zeit zu Zeit rechtens, daß sie in ihren Bemühungen lockerlassen.

Wüstenväter

„Das Kloster des Leermonds", sagte Lord Shantih einmal einem Begleiter, „hat kein Tor."

„Aber wie halten sie Diebe fern?" fragte sein Begleiter. Shantih sagte: „In einem Kloster gibt es nichts zu stehlen. Alles, was echten Wert hat, wird weggegeben."

„Und was ist mit Störenfrieden?“ fragte der Begleiter. „Wie halten die Mönche sie von sich fern?“

„Die Mönche ignorieren sie“, antwortete Lord Shantih.

„Aber funktioniert das?“

Lord Shantih hielt sich die Ohren zu, schloß die Augen und gab keine Antwort.

Schließlich verließ ihn sein Begleiter voll Verdruß. „Es funktioniert tatsächlich!“ rief Lord Shantih ihm nach.

Thomas Wiloch

Über Hans den Kleinen erzählte man, daß er eines Tages zu seinem älteren Bruder sagte: „Ich möchte frei von Sorgen sein und nicht arbeiten, sondern Gott ohne Unterbrechung anbeten.“ Also legte er sein Gewand ab und ging in die Wüste. Nachdem er eine Woche dort geblieben war, kehrte er zu seinem Bruder zurück.

Als er an die Tür klopfte, fragte sein Bruder ohne zu öffnen: „Wer ist da?“ Er antwortete: „Dein Bruder Hans.“ Der Bruder sagte: „Hans ist ein Engel geworden und weilt nicht mehr unter den Menschen.“ Da bettelte er und flehte: „Ich bin's.“

Aber sein Bruder machte die Tür nicht auf und ließ ihn bis zum nächsten Morgen draußen im Elend. Schließlich öffnete er die Tür und sagte: „Wenn du ein menschliches Wesen bist, mußt du wieder arbeiten, um zu leben. Da bereute Hans und sagte: „Vergib mir Bruder, ich habe geirrt.“

Wüstenväter

An den Markttagen stellte sich Mulla Nasrudin auf die Straße und ließ sich zum Idioten abstempeln.

So oft ihm die Leute auch eine große und eine kleine Münze anboten, er wählte stets die kleinere.

Eines Tages sagte ein wohltätiger Mann zu ihm: „Mulla, du solltest die größere Münze nehmen. Dann hast du mehr Geld, und die Leute haben keinen Grund mehr, dich auszulachen.“

„Das mag wohl wahr sein", sagte Nasrudin, „aber wenn ich immer die größere wähle, werden die Leute aufhören, mir Geld anzubieten, um zu beweisen, daß ich blöder bin als sie. Dann hätte ich überhaupt kein Geld."

Sufi

Als Nasrudin in Indien war, kam er an einem seltsam aussehenden Gebäude vorbei, an dessen Eingang ein Eremit saß. Er hatte eine abwesende, ruhige Miene, und Nasrudin sann darauf, irgendwie mit ihm in Kontakt zu kommen. Gewiß, dachte er bei sich, wird ein ergebener Philosoph wie ich etwas gemeinsam haben mit diesem heiligen Individuum.

„Ich bin ein Yogi", erklärte der Einsiedler als Antwort auf des Mullas Frage, „und ich habe mich dem Dienst an allen lebenden Wesen gewidmet, besonders den Vögeln und Fischen."

„Bitte erlaube mir, mich dir anzuschließen", sagte der Mulla, „denn wie ich erwartet habe, haben wir etwas gemeinsam. Ich bin deinen Empfindungen stark verbunden, weil ein Fisch einst mein Leben rettete."

„Wie erfreulich bemerkenswert!" sagte der Yogi. „Ich bin entzückt, dich in unsere Gesellschaft aufzunehmen. In all den Jahren meiner Hingabe für die Tiere hatte ich noch nie Gelegenheit zu solch intimer Kommunion mit ihnen wie du. Dein Leben gerettet! Das bestätigt wohl hinreichend unsere Doktrin, daß alles im Tierreich miteinander verbunden ist."

So saß Nasrudin einige Wochen lang bei dem Yogi, kontemplierte über seinen Nabel und lernte verschiedene seltsame Gymnastikübungen.

Schließlich fragte der Yogi ihn: „Wenn du dich in der Lage fühlst, nun, da wir näher Bekanntschaft geschlossen haben, mir deine erhabene Erfahrung mit dem lebensrettenden Fisch zu berichten, wäre mir das eine außerordentliche Ehre."

„Da bin ich nicht so sicher", entgegnete der Mulla, „nun da ich mehr von deinen Ideen vernommen habe."

Doch der Yogi drang in ihn, mit Tränen in den Augen, nannte ihn Meister und rieb sich die Stirn im Staub vor ihm.

„Nun gut, wenn du darauf bestehst", sagte Nasrudin, „obwohl ich nicht sicher bin, ob du bereit bist, um in deiner Sprache zu reden, für die Enthüllung, die ich zu machen habe: Der Fisch rettete gewiß mein Leben. Ich befand mich am Rande des Hungertodes, als ich ihn fing. Drei Tage lang reichte er mir als Nahrung."

Sufi

DER BUDDHA ERZÄHLT DIE GESCHICHTE einer Akrobatenfamilie. Ein Großvater und seine Enkelin reisten umher und verdienten sich ihren Lebensunterhalt mit Balancierakten. Sie kamen zum Buddha, um zu besprechen, auf welche Art sie sich am besten vor Gefahr bewahren und aufeinander achtgeben könnten. Der Großvater vertrat die Idee, daß einer den anderen behüten sollte, daß er beim Balancieren auf seine Enkelin und sie auf ihn aufpassen sollte. So würden sie sich gegenseitig schützen. Die Enkelin fragte den Buddha, ob es nicht umgekehrt sei. „Wäre es nicht besser, wenn jeder von uns auf sich selber achtgibt, und wir einander so am besten vor Gefahren schützen, und unsere Akrobatik dann auch Erfolg haben wird?" Nachdem er das kleine Mädchen angehört hatte, entgegnete der Buddha: „Obwohl sie jung ist, ist sie weise. Wenn du als Großvater sorgfältig auf dich selbst achtgibst und auf das, was du tust, wirst du auch die Sicherheit deiner Enkelin wahren; und wenn du als Kind aufmerksam mit dir selbst umgehst, mit Sorgfalt und Respekt, dann schützt du nicht nur dich selbst, sondern auch alle, die dich umgeben."

Buddhismus

EIN FROMMER MANN, der versuchte, nach Gottes Willen zu leben, wohnte in einem Tal auf dem Lande. Eines Tages ging ein starker Regen auf sein Tal nieder, und es gab eine Überschwemmung. Der Mann begab sich vom ersten ins zweite Stockwerk, während der Regen weiter fiel. Schließlich kletterte auf das Dach.

Ein Rettungsboot kam vorbei und bot an, ihn in Sicherheit zu rudern, doch der Mann schickte die Leute fort und sagte: „Ich habe volles Vertrauen auf Gott. Ich bete und glaube und vertraue, daß er für mich sorgen wird. So verließ ihn das Ruderboot. Der Sturm ging weiter, es regnete unaufhörlich, und bald schon stand ihm das Flutwasser bis zum Hals.

Ein zweites Ruderboot kam zu seiner Rettung. Auch das wurde wieder fortgeschickt. „Ich habe Glauben und vertraue auf Gott. Ich bete und glaube:" Es regnete weiter, und das Wasser stieg so hoch, daß der Mann kaum noch durch Mund und Nase atmen konnte.

Ein Hubschrauber flog über ihm und ließ eine Strickleiter zu seiner Rettung hinunter. „Komm rauf", riefen sie, „wir werden dich in Sicherheit bringen." „Nein", erwiederte er mit denselben Worten wie zuvor. „Ich habe Glauben an Gott. Ich bete und glaube und vertraue, und ich folge ihm." Und er schickte den Hubschrauber fort. Allerdings regnete es trotzdem weiter, das Wasser stieg und stieg, und schließlich ertrank er in den Fluten.

Er kam in den Himmel, wo ihm nach einer Weile ein Interview mit Gott gewährt wurde. Er trat ein und durfte vor dem Allmächtigen Platz nehmen. Er begann zu fragen: „Ich hatte so großen Glauben an dich. Ich glaubte so vollständig. Ich betete und versuchte deinem Willen zu folgen. Ich verstehe das einfach nicht."

Da kratzte Gott sich am Kopf und sagte: „Ich verstehe das auch nicht! Ich schickte dir doch zwei Ruderboote und einen Hubschrauber."

Zeitgenössisch christlich

Der Dalai Lama war Begegnungen mit Fremden abgeneigt, außer wenn er so ganz im Einklang war mit dem Heiligen Gesang, daß ihn nichts aus der Fassung bringen konnte. Offenbar dachten sie, er hielte sich für einen heiligen Mann, denn sie bestanden darauf, ihn als solchen zu behandeln. Wollte er diese Fehleinschätzung ihrerseits kompensieren, lehnte er sich zurück, um zwanglos zu wirken, machte Konversation, um zu zeigen, daß er ebenso gewöhnlich, oberflächlich und sogar vulgär sein konnte wie der andere. Da er aber nichts von alledem und schon gar kein Heiliger war, kasteite er sich dann dafür, daß er, besonders während der Besuche von Europäern, eine unechte „Sei gegrüßt, mein Freund"-Schau aufgesetzt hatte.

Nach einem Besuch bei Europäern kam stets dieser innere Monolog, den jeder gute Buddhist ein für alle Mal abstellen will, wieder auf.

Wenn ich anfange, einfach ich selbst zu sein, behandeln sie mich mit so einer aufgesetzten Ehrerbietung. Wenn ich wirklich bin, werden sie unecht, so versuche ich, unecht zu sein, damit sie wirklich sein können. Die Mühe ist umsonst. Warum mache ich mir Sorgen? Sie denken ebensowenig wie ich selbst, daß ich heilig sei. Wahrscheinlich denken sie sogar, daß sie viel heiliger sind als ich, aber wenn sie das zeigen würden, verstießen sie womöglich gegen tibetische Sitte. So verbergen sie ihre Selbstschätzung, geben vor, mich für heiliger zu halten als sich selbst, vertrauen darauf, daß ich das Spiel mitmache, da ich zweifellos dieselbe Meinung von mir habe. Tatsächlich könnte ich wohl kaum diese Meinung von mir haben, da kein Heiliger sich jemals selbst bewußt als solchen ansieht – oder etwa doch? O je, wie schwer es unter Fremden ist, ich selbst zu sein. Ich muß ihnen aus dem Weg gehen.

Geplagt von derartigen Überlegungen wie auch von der Tatsache, daß sogar in seinem eigenen Land viele Leute unter der Verblendung litten, er sei der Heiligste von ihnen, stieg er zum Dach des Potalapalastes und die Leiter zur höchten Zelle unter der Goldkuppel hinauf, wo der Lama lebt, den er als den Heiligsten von allen ansah. Dieser Lama, der Große Gesang oder Großer Hum genannt, war keine bloße offizielle Inkarnation von Gott. Tibet hätte ihn nie für zeremonielle Funktionen verschwendet. Er war weit mehr als ein heiliges Symbol, das gewissenhaft versuchte, zur eigenen Wirklichkeit zu werden. Der Große Hum war seine eigene Wirklichkeit. Er war weder mehr oder weniger als er selbst, weder glücklicher noch trauriger, weiser noch törichter als er selbst. Er war genau, was er war.

Der Große Hum hatte es nicht nötig, den Ausdruck seines Gesichtes zu verändern, da ein einziger Ausdruck alle Stimmungen von ihm ausströmen lassen konnte. Ernsthaftigkeit und Humor, Licht und Dunkel, Seele und Geist waren in der Beständigkeit seines Blickes vereint. Er konnte lächeln ohne eine Bewegung der Lippen. Gerade wenn man dachte, seine Augen wären voller Lustigkeit, erkannte man, wie äußerst traurig sie waren. Wenn man dachte, die Trauer wäre so groß, ihn zu Tränen zu rühren, erkannte man, daß er überhaupt keine tiefen Emotionen empfand, sondern nur voller Ruhe, anscheinend in intellektueller Neugier dasaß. Hatte man diese Wahrnehmung ganz klar, so daß man sich bereit fühlte, ihm ganz objektive Antworten über jegliche Fragen zu liefern, die er vielleicht stellen mochte, dann dämmerte es einem, daß er unmöglich neugierig sein könne, da er allwissend war, und nichts für eine eventuelle Wißbegierde übrig blieb. Man konnte unmöglich sagen, ob diese Allwissenheit ihn in höchstem Maße gleichgültig oder leidenschaftlich betroffen machte.

Schließlich gab man auf, den Ausdruck des Großen Hum entziffern zu wollen, und begann statt dessen, die eigenen Gefühle auf ihn zu projizieren. Er absorbierte sie auf tröstliche Weise, indem sein Gesicht nicht das abbildete, was man war, sondern was man werden könnte, wenn man auf dem gegenwärtigen Kurs blieb – eine Erkenntnis, die einen den Kurs blitzartig wechseln ließ, bis man das Verlangen nach jeglicher Positur im Leben, die einem wünschenswert schien, aufgegeben hatte. Wenn dann keine Gefühle mehr blieben, die er reflektieren könnte, zog sich sein Antlitz zu einem Schatten zurück, in dem nur noch ein Schlitz vage andeutete, wo der Mund gewesen war. Das Gesicht blieb verborgen, so daß man fürchtete, es würde völlig verschwinden, ohne die absolute Notwendigkeit zum Gespräch, die nun spürbar war, zu befriedigen. War man völlig eingenommen von diesem Gefühl dringlicher Notwendigkeit, hörte man, wie er zu summen begann, und erkannte, daß er die ganze Zeit über summte. Dann kam er aus seinem Schatten hervor. Das Summen teilte sich zu Worten, und er begann zu sprechen, ohne je dabei den Mund zu öffnen.

Dieser höchste Heilige aller lehrenden Lamas war jedoch vor allem berühmt dafür, daß er zehn Konversationen gleichzeitig betreiben konnte. In seinem goldenen Turm hielt er jeden Abend eine Stunde lang Audienz. Er saß dann den zehn Besuchern gegenüber, schaute niemanden direkt, dennoch alle gleichzeitig an, indem er nach innen sah und sie in sich selbst fand, wo er sie mit ihren mitgebrachten Problemen kämpfen sah. Es hieß von ihm, so wie sich der Ozean in einem Wassertropfen auflösen kann, sich alle Menschen im Großen Hum auflösen können.

Der Dalai Lama stieg die Leiter hoch und betrat die Kuppel eben dieses Großen Hum. Fünf weitere hatten bereits platzgenommen. Einer von ihnen war ein hochentwickelter Lama, der drei Noten zugleich singen konnte, wobei jede Note eine andere Unterhaltung führte. Ein anderer konnte zwei Unterhaltungen gleichzeitig führen und die anderen drei jeweils nur eine. Das hieß, es fanden bereits acht Unterhaltungen statt.

Da der Dalai Lama zwei führen konnte, vervollständigte seine Ankunft die zulässige Besucherzahl, und er schloß die Tür hinter sich zu.

Die goldene Kuppel war wie ein Bienenkorb, denn alle Konversationen bestanden aus Summen. Worte waren überflüssig.

Das Summen des Dalai Lama klang eher wie ein Stöhnen. Es ging etwa so: „Ich entschuldige mich dafür, ein Fakir zu sein, der den Leuten vortäuscht, Gott in Gesichtern zu sehen, die nichts als groteske Masken sind. Ich fürchte, mein Vater wird sich eines Nachts betrinken und den Trick verraten. Dann wird das ganze Volk in Tibet wissen, daß ich nicht Gott bin, und das Land wird der Verzweiflung anheimfallen. Ich versuche, ihnen zu verstehen zu geben, daß ich nur ein Knabe vom Lande mit einem gewissen Maß an religiöser Erziehung bin und einen Glückstreffer hatte, der mir den Thron eingebracht hat. Aber sie bestehen darauf, meine Schau als Wirklichkeit zu behandeln. Je mehr ich versuche, nicht heilig zu handeln, für um so heiliger halten mich alle."

„Die Magier und Geschichtenerzähler", antwortete der Große Hum", „öffnen uns mit ihren Tricks für das Staunen. Wir werden mit rechtzeitigen Illusionen in die ewige Wirklichkeit gelockt, denn Illusionen erscheinen als verführerische Emanationen rings aus dem Oval, in welchem alle Gesichter verschwinden, wenn das Ego sich dem mystifizierenden Selbst hingibt. Groß sind die Schauspieler, die Leute auf- und absetzen können. Du entschuldigst dich für deine zwei Gesichter. Schau mich an."

Der Große Hum verwandelte sich in eine alte Frau, ein schönes Mädchen, einen grimmigen Krieger, ein Kind ... doch die Stimme blieb dieselbe, während sie fortfuhr: „Wenn du einmal von der Sklaverei deines Gesichtes frei bist, wirst du imstande sein, so viele Gesichter anzunehmen, wie du willst – nicht nur zwei oder drei, sondern tausend. Je mehr Gesichter du annimmst, um so mehr wird dein Ausdruck derselbe bleiben. Schließlich, wenn du versuchst, mir ähnlich zu sein, wie du es jetzt versuchst, wirst du feststellen, daß statt dessen ich dir ähnlich geworden bin. Doch vorher hast du noch viel zu lernen. Dich bedrücken widersprüchliche Gefühle über deine Rolle, und das wird so lange gehen, bis du jede beliebige Maske annehmen kannst, die die Welt dir aufsetzt, und sie mit Leichtigkeit trägst. Erst dann wird dein eigenes göttliches Antlitz durchscheinen. Bist du nicht ein Gott? Tragen die Götter denn nicht Masken?

Während die eine Stimme des Dalai Lama zum Großen Hum über Gesichter sprach, sprach die andere über Stimmen. „Meine Oberstimme", sagte der Knabenkönig, „ist sehr kultiviert und höflich. Sie dient dazu, die Empfindsamkeit zu verbergen, die ich schützen muß. Diese Stimme hält das Schweigen geheim, schirmt mein meditierendes Selbst vor den kleinlichen und hartnäckigen Störungen Sensationslüsterner ab. Meine Unterstimme hat mit den machtvollen niederen Begierden und dem persönlichem Drang zu tun, ein Boddhisattva zu werden."

„Ganz richtig", sagte der Große Hum. „Religiöse Zeremonien sollten von Clowns umgeben sein. Die Maske muß das Gesicht darunter parodieren, damit das Heilige nicht profanisiert und das Unsterbliche nicht mit dem Sterblichen vermischt wird. Es gibt einen alten Spruch über den öffentlichen Bereich: ‚Wenn du ein ernsthaftes Unternehmen beginnst, gehe sicher, daß die Touristen lachen; und wenn sie aufhören zu lachen, laß den Humor beginnen.' Hast du in letzter Zeit irgendwelche guten Geschichten gehört? Der alte Mönch zu deiner Linken hat mir gerade zwei lustige Geschichten zugleich erzählt, während seine Mittelstimme über Gott flüsterte."

Der Dalai Lama war verlegen. Ihm fiel keine einzige lustige Geschichte ein, die er dem Großen Hum hätte erzählen können. „Weisester von uns allen", murmelte er, „vergib mir, aber mir fällt nichts ein, das dich zum Lachen bringen könnte."

„Ich lache ja schon", sagte der Große Hum, „also entspanne dich. Ich lache schon, seit du hereingekommen bist. So viel von dem, worüber du sprichst, ist reine Clownerei. Ich weiß, daß eine deiner Stimmen unten in der Kapelle zu Gott spricht, aber die lautere ist hier oben auf dem Dach und spielt mit virtuosen religiösen Ideen und amüsiert sich mit psychologischen Analysen ihres ambivalenten Selbst. Ich weiß, daß deine Stimme der Stimmen sich nur darum sorgt, daß die Jahreszeiten im Wandel aufeinanderfolgen und die Welt nicht explodiert. Ihr liegt nichts daran, wieviele Gesichter oder Stimmen sie hat, sondern nur an der fortwährenden Schönheit des Kosmos. Bis du deinen Stil perfektioniert hast, werden nur wenige diese Stimme hören. Probiere alle Masken aus, die du möchtest, sprich in so vielen Stimmen, wie du kannst. Eines Tages wirst du fähig sein, zehn Konversationen zugleich zu führen wie ich. Dann kannst du ganz allein hier herkommen, und wir können von Angesicht zu Angesicht, von Stimme zu Stimme, eins zu eins, reden, als einzige Gegenwart, die nichts zu verbergen hat.

Als er die Leiter wieder hinunterstieg, kam dem Dalai Lama in den Sinn, wie eine einzige Stimme auf zehn verschiedene Arten gehört werden kann, wenn sie auf zehn verschiedenen Bedingungen antwortet, und er erinnerte sich, wie einst der Geist eines berühmten Guru erschien, um eine kleine, zerstrittene Gemeinschaft von Mönchen zu heilen. Alle Mönche hatten den Geist aus der Wand hervortreten sehen, gerade lange genug, um ein einziges Wort auszusprechen. Aber jeder Mönch hatte ein anderes Wort gehört. Das Ereignis ist in folgenden Gedicht festgehalten:

Der, der sterben wollte, hörte *lebe.*
Der, der leben wollte, hörte *stirb.*
Der, der nehmen wollte, hörte *gib.*
Der, der geben wollte, hörte *behalte.*
Der, der immer wachsam war, hörte *schlafe.*
Der, der immer schlafen wollte, hörte *sei wach.*
Der, der gehen wollte, hörte *bleibe.*
Der, der bleiben wollte, *nimm Abschied.*
Der, der nie sprach, hörte *predige.*
Der, der immer predigte, hörte *bete.*
Jeder lernte, wie es gewesen war,
auf jemand anderes Weg.

Pierre Delattre

DRITTER TEIL

UNSERE WAHRHEIT LEBEN

Wie wir unser Leben als Verkörperung der Weisheit und des Mitgefühls gestalten können, ist die größte Herausforderung, die sich allen spirituellen Suchern stellt. Die Wahrheiten, die wir verstanden haben, müssen ihren sichtbaren Ausdruck in unserem Leben finden. Jeder unserer Gedanken, Worte oder Taten birgt die Möglichkeit, ein lebendiger Ausdruck der Klarheit und Liebe zu sein. Es reicht nicht aus, im Besitz der Weisheit zu sein. Wenn wir überzeugt sind, Wächter über die Wahrheit zu sein, werden wir zu ihrem Gegenteil, sind auf dem direkten Weg zur Schalheit, Selbstgerechtigkeit oder Starre. Ideen und Erinnerungen enthalten keine befreiende oder heilende Kraft.

In der Erleuchtung gibt es keine Ruhestand, in dem wir von der Pension unserer vergangenen Leistungen leben könnten. Weisheit ist nur so lange lebendig, wie sie gelebt wird, Verstehen befreit nur dann, wenn es angewandt wird. Ein dicke Brieftasche voll spiritueller Erfahrungen ist nichts wert, solange sie nicht die Kraft hat, uns durch die unvermeidlichen Augenblicke der Trauer, des Verlustes und Wandels zu tragen. Wissen und Leistungen zählen wenig, solange wir noch nicht gerlernt haben, wie wir das Herz des anderen berühren und uns selbst berühren lassen können.

Wir müssen uns aber vor Schwärmerei und Idealismus hüten. Tiefe Liebe, Mitgefühl, Empfindsamkeit und Erwachen – das sind die spirituellen Möglichkeiten, die uns motivieren und anziehen. Doch wir wissen, daß es leichter ist, tausend Menschen in unseren Gedanken zu lieben, als einen einzigen Menschen in Tat und Wahrheit vollständig anzunehmen und zu lieben. Es ist nicht schwierig, denjenigen grenzenlose Toleranz und Mitgefühl entgegenzubringen, die uns nicht aktiv herausfordern. Wir geben zu, wie leicht es ist, im Lehnstuhl zu philosophieren, aber was tun wir dann? Nur mitten in unseren konkreten Beziehungen und Alltagsangelegenheiten können wir unsere Weisheit tatsächlich zum Ausdruck bringen und unser Mitgefühl beweisen.

Wir leben unbestreitbar verbunden mit allem Leben. Jedes Wort, jede Handlung erzeugt ein Kräuseln in diesen Verbindungen. Das zu verstehen, kann jeden Augenblick heilig machen. Es gibt keinen Kontakt, keine Wahrnehmung, kein Vorhaben, das ohne Folgen oder unbedeutend wäre. Jeder Kontakt ist eine Gelegenheit zur Vertiefung der Sensibilität und des Verständnisses. Unsere Spiritualität muß alle Bereiche unseres Lebens berühren. Da wir in unseren Körpern leben, sind wir sexuelle Wesen, und unsere Sexualität ist ein Vehikel, das Leben aller Wesen zu ehren und zu achten. Da wir mit-

einander in Beziehungen leben, sind wir soziale Wesen, und jede Beziehung bietet uns die Gelegenheit, mit offenem Herzen Geben und Nehmen zu lernen. Da wir bewußt oder unbewußt an den uns regierenden Strukturen teilnehmen, sind wir politische Wesen. Unsere Weisheit befähigt uns, einen Beitrag zur Schaffung von Strukturen zu leisten, die die Würde und Geistigkeit aller Wesen respektieren. Sichtbar und lebendig ist unsere Spiritualität, wenn sie jeden Aspekt unseres Lebens umfaßt.

13

Das Nichts, das Alles enthält

Es gibt diese Momente, wo wir in Ehrfurcht vor dem Mysterium des sich entfaltenden Universums stehen und uns fragen: Wo kommt das alles her? Was bedeutet das alles? Die Planeten, die Lebewesen, die Sterne, die Jahreszeiten kommen und verschwinden wieder. Jedes Ende bringt einen neuen Anfang hervor, aus jedem Tod entsteht wieder eine neue Lebensform. Wenn wir erfahren, wie unbeständig und vergänglich jede Neugeburt ist, kann uns die ungeheure zeitlose Stille und Ganzheit berühren, die alles Aufleben und Vergehen enthält und umfaßt. Das Erkennen und Wachwerden für diesen zeitlosen Raum bringt Frieden mit allen Dingen.

In den großen spirituellen Traditionen des Ostens ist das Verständnis der Leere ein wichtiger Schritt zum Erkennen der Fülle und der essentiellen Harmonie allen Lebens. Tiefes Verstehen entspringt reiner Stille. Wenn unsere Interpretationen des Universums still geworden sind, wenn wir uns nicht länger in Vegangenheit oder Zukunft projizieren, nicht mehr jemand oder etwas sein wollen, enthüllt sich eine tiefe Stille oder Ruhe, die alle Zeit und allen Raum, allen Wandel in sich trägt. Sie ist nicht das Gegenteil von Bewegung, sondern der essentielle Hintergrund, der alle Bewegung enthält und umfaßt.

Wenn wir unsere Ruhe vertiefen, den Körper- und Atemrhythmen lauschen lernen, entdecken wir, daß wir die Rhythmen der Jahreszeiten vernehmen, den Wechsel von Ausdehnung und Zusammenziehung, der allem innewohnt. Wir entdecken, daß alles Innere und Äußere im Stoff unseres Bewußtseins verwoben ist. Die wechselnden Rhythmen und Gezeiten des Universums spiegeln die ewig sich wandelnde Bewegung in uns. Wie in der Geschichte des Samurai in diesem Kapitel können wir in jedem Moment Himmel oder Hölle finden. Wir lernen das, indem wir uns leer machen und in dieser Leere schwimmen, indem wir Stille und Schweigen lieben und in dem Raum, der alles umfaßt, zum Frieden kommen.

Alle Dinge – auch wir – entstehen für eine gewisse Zeit und entschwinden dann wieder in die Leere. Unsere Kindheit und Jugend werden zu flüchtigen Momenten, die vorbeigehuscht sind. Sie sind ebenso vergangen wie die Dinosaurier, Pharaonen und Eisberge, die einst so große Bedeutung für die Welt hatten. Jeder Tag, jeder Augenblick erscheint und tritt alsbald wieder von der Bühne ab, um dem nachfolgenden Platz zu machen. In Augenblicken der Verzweiflung kann die endlose Abfolge von Entstehen und Vergehen ein Gefühl der Sinnlosigkeit, der Nichtigkeit erzeugen. Doch wenn wir still werden, staunen wir, wie das Leben sich selbst von Form zu Form, von Augenblick zu Augenblick erneuert. Zusammengehalten werden all die sich wandelnden Augenblicke und Formen von einer unwandelbaren Stille.

Die Leere offenbart das größte Paradox im spirituellen Leben. Wie der Tod ein Zeugnis für Geburt darstellt, wie das Ende auf einen neuen Anfang hinweist, so enthüllt die Leere sich als Fülle und Ganzheit. Wenn wir die Leere oberflächlich betrachten, könnten wir das Leben als Traum, Echo, Phantom oder Regenbogen abtun. Wir mögen uns einreden, daß alles Leben leer und unerheblich und daher völlig egal ist, was zu einer verächtlichen Sicht der Welt führen könnte. In solchen Zeiten ist es weise, die Lehren der großen Zenmeister zu studieren, die ihr Verständnis von Leere stolz zur Schau tragende Schüler mit einem Stockhieb begrüßten. Anschließend sollten sie dann über die Leere ihres Ärgers sprechen. Wir mögen vielleicht spüren, wie traumartig das Leben im Wesen ist, aber dennoch erleben wir seine Freuden und Leiden, Schwierigkeiten und Erfolge als hochgradig real. Für ein erfülltes und weises Leben ist es notwendig, diese beiden Dimensionen des Lebens ebenso zu verstehen und zu akzeptieren wie die zugrundeliegende Stille des Universums, die uns trägt.

Im Osten wird das Wort *Akinchina* zur Bezeichnung eines Menschen benutzt, der voll erwacht ist. Man kann es übersetzen mit „jemand, der nichts hat, nichts begehrt, auf nichts steht und zu nichts wird". Vielleicht schaudern wir entsetzt vor der Aussicht auf einen solchen Zustand zurück, setzen Leere mit Sinnlosigkeit, Vernichtung und Nichtexistenz gleich. Unser Leben besteht zum größten Teil aus Geschichten über unser Streben nach dem entgegengesetzten Zustand. Wir haben uns um Identitäten, Besitztümer und Rollen gekümmert, sind sichergegangen, daß wir wirklich jemand und etwas sind. Wir verlassen uns auf die Requisiten, die wir als Beweis für den Wert unserer Existenz ansammeln und bangen um ihren Verlust.

Wenn wir uns in die Stille versenken, entdecken wir, daß die Leere keine Angst enthält, sondern in Wahrheit voll Schönheit und Freude ist. Wenn wir in dem Raum ruhen, der unser ewig sich wandelndes Universum enthält, leben wir im Einklang mit diesem Tatbestand und finden den Beginn zu einem Leben in Harmonie. Stille bringt Ganzheit, Frieden und Wohlergehen. Wie ein hoher tibetischer Lama einmal sagte: „Wenn wir entdecken, daß wir nichts sind, entdecken wir unsere Verbundenheit mit allem."

Die Geschichten in diesem Kapitel berichten von reiner Spontaneität, Kreativität und Weisheit, die aus der Stille entstehen. Sie ermutigen uns, jenen Ort tiefster Stille und Bewußtheit in uns selbst zu entdecken. Beim Lesen der Geschichten mögen wir uns fragen, wieviel Zeit wir uns für Stille, Meditation, Gebet und Empfänglichkeit für die Natur nehmen. Welche Auswirkungen hätte es, wenn ich tiefer zuhören würde? Kann ich mehr Raum in meinen Beziehungen zulassen – Raum für die Leute um mich, damit sie sich ändern können wie die Jahreszeiten, Raum für mich selbst zur Veränderung? Kann ich in etwas Großartigem und Stillem ruhen, dem einfachen Zwischenraum zwischen jedem Atemzug? Was könnte ich an meinem Leben ändern, um die Ruhe in diesem Raum zu finden, um die Rhythmen der Welt verstehen zu lernen, eher aus meiner Mitte heraus zu leben, als mich in meinen Reaktionen zu verlieren?

ICH BIN SELBER MÖNCH, und die einzige Frage, die ich wirklich stellen wollte, war: „Was ist ein Mönch?“ Schließlich tat ich das auch, aber zur Antwort erhielt ich eine höchst seltsame Frage: „Meinst du während des Tages oder in der Nacht?“ Was könnte das bedeuten?

Als ich nicht antwortete, fing er wieder an: „Ein Mönch ist wie jeder andere auch ein Geschöpf der Zusammenziehung und Ausdehnung. Am Tage ist er zusammengezogen – hinter seinen Klostermauern, in einem Gewand genau wie die anderen alle, verrichtet die Routinearbeiten, die man von einem Mönch erwartet. Des Nachts dehnt er sich aus. Die Mauern können ihn nicht festhalten. Er bewegt sich durch die Welt und berührt die Sterne.“

„Ach“, dachte ich, „Dichtung.“ Um ihn auf den Boden zu bringen, begann ich zu fragen: „Also, am Tage, in seinem *wirklichen* Körper ...“

„Warte“, sagte er, „das ist der Unterschied zwischen uns und euch. Ihr Leute haltet in der Regel den zusammengezogenen Zustand für den wirklichen Körper, und auf eine Art ist er das auch. Aber hier beginnen wir eher vom anderen Ende, vom Ausdehnungszustand. Den Tageszustand nennen wir den ‚Angstkörper‘. Und während ihr einen Mönch eher nach seinem Benehmen während des Tages beurteilt, messen wir ihn an der Zahl der Personen und Sterne, die er des Nachts berührt.“

Vater Theophanus

ES WAR EINMAL ein Mann, der auf der Suche nach seinem innigsten Verlangen durch die Welt zog. Er wanderte von Stadt zu Stadt, von einem Reich zum anderen und suchte nach Erfüllung und nach Glücklichsein, aber all sein Umherziehen führte zu nichts. Eines Tages schließlich setzte er sich erschöpft von seiner Suche unter einen großen Baum am Fuße eines Berges. Er wußte nicht, daß es der Große Wunscherfüllende Baum war. Was immer man sich wünscht, wenn man darunter sitzt, geht sofort in Erfüllung.

Wie er in seiner Müdigkeit dort ausruhte, dachte er bei sich: „Was für ein wunderschöner Platz das ist. Ich wünschte, ich hätte hier ein Zuhause.“ Und augenblicklich erschien vor seinen Augen ein wunderschönes Haus. Überrascht und hocherfreut dachte er weiter: „Ach, wenn ich nur eine Gesellin mir zur Seite hätte, dann wäre mein Glück vollkommen", und im Nu erschien eine schöne Frau, die ihn „Ehemann" nannte und ihm winkte.

„Also erst einmal bin ich hungrig", dachte er. „Ich wünschte, es gäbe etwas zu essen." Sofort erschien eine Festtafel mit allen erdenklichen Speisen und Getränken, Hauptgänge, Gebäck, Süßigkeiten aller Art. Der Mann setzte sich und machte sich daran, seinen Hunger zu stillen, aber noch während des Mahles kam ihm, da er immer noch müde war, der Gedanke: „Ich wünschte, ich hätte einen Diener, der mich mit den restlichen Speisen bedient", und tatsächlich erschien ein Diener.

Nach Beendigung des Mahles lehnte der Mann sich mit dem Rücken an diesen wundervollen Baum und begann nachzusinnen: „Wie erstaunlich, daß alles, was ich wünsche, wahr geworden ist. Dieser Baum hat eine mysteriöse Kraft. Ich frage mich, ob ein Dämon in seinem Innern lebt". Und tatsächlich, kaum daß er zu Ende gedacht hatte, tauchte ein riesiger Dämon auf.

„O weh", dachte er, „der Dämon will mich wahrscheinlich auffressen", und genau das tat er auch.

Hindu

„Wirst du mich Schweigen lehren?" fragte ich. „Aha!" – Er schien erfreut. „Möchtest du das Große Schweigen?"

„Ja, das Große Schweigen." „Nun, was glaubst du, wo es zu finden ist?" fragte er. „Tief in meinem Innern vermutlich. Wenn ich nur tief genug in mich gehen könnte, würde ich sicher endlich dem Lärm entgehen. Aber es ist so schwer. Wirst du mir helfen?" Ich wußte, er würde es tun. Ich konnte sein Interesse spüren, und sein Geist war so still. – „Also, ich bin dort gewesen", antwortete er. „Ich habe Jahre verbracht, hineinzugehen. Tatsächlich kostete ich das Schweigen dort. Aber eines Tages kam Jesus – vielleicht war es meine Einbildung – und sagte nur zu mir: ‚Komm, folge mir.' Ich ging heraus und bin nie zurückgekehrt."

Ich war sprachlos. „Aber das Schweigen ..."

„Ich habe das Große Schweigen gefunden und verstanden, daß der Lärm im Innern war."

Vater Theophanus

EIN LANGER SCHREI um Mitternacht bei der Moschee, ein sterbender Schrei.

Der junge Mann, der dort sitzt, hört und denkt:
„Jener Klang macht mir keine Angst. Warum sollte er?
Es ist der Trommelschlag, der ein Fest ankündigt!
Er meint, wir sollten die Freudensuppe kochen!"
Er hört jenseits seiner Todesangst, zur Einung.
„Es ist jetzt Zeit für jenes Verschmelzen in mir,
oder Zeit, meinen Körper zu verlassen."
Er springt auf und ruft zu Gott:
Wenn Du menschlich sein kannst, komm in mich, jetzt!
Das Signal eines Todesschreis reißt ihn hoch.
Es regnet Gold, viele Sorten, aus allen Richtungen,
Goldmünzen, flüssiges Gold, Goldtuch, Goldbarren.
Sie türmen sich auf und blockieren fast die Türen der Moschee.
Der junge Mann arbeitet die ganze Nacht, um das Gold
in Säcken wegzuschaffen und zu vergraben,
und kommt zurück für mehr.
Während alledem liegen die furchtsamen Kirchgänger im Schlaf.

Wenn du denkst, ich rede über tatsächliches Gold,
bist du wie die Kinder, die so tun,
als ob Scherben von zerbrochenem Porzellan Geld sind,
so daß sie jedesmal, wenn sie Scherben sehen, an Geld denken,
so wie du das Wort Gold hörst und denkst „Wie gut".
Das ist das andere Gold, das in deiner Brust glüht, wenn du liebst.
Die verzauberte Moschee ist dort drinnen,
und der durchdringende Schrei ist eine Kerzenflamme auf dem Altar.
Der junge Mann ist ein Falter, der sich selbst verspielt und gewinnt.
Ein wahres Menschenwesen ist nicht menschlich!
Diese Kerze verbrennt nicht. Sie erleuchtet.
Es gibt Kerzen, die sich selbst und sich gegenseitig verbrennen,
Andere riechen überraschend nach Rosen in einem Zimmer,
und du bist nur ein Fremder, der gerade hereingewandert ist.

Rumi

Ein grosser, harter Samurai ging einmal einen kleinen Mönch besuchen. „Mönch", sagte er in einem Ton, der sofortigen Gehorsam gewohnt ist, „lehre mich etwas über Himmel und Hölle!"

Der Mönch sah zu dem mächtigen Krieger auf und entgegnete voller Verachtung: „Dich etwas über Himmel und Hölle lehren? Überhaupt nichts könnte ich dich lehren. Du bist schmutzig. Du stinkst. Deine Klinge ist rostig. Du bist eine Scham und Schande für die Klasse der Samurais. Geh mir aus den Augen. Ich kann dich nicht ertragen."

Der Samurai war wütend. Er zitterte, wurde ganz rot im Gesicht, war sprachlos vor Wut. Er zog sein Schwert und hob es in die Höhe, um den Mönch damit zu erschlagen.

„Das ist die Hölle", sagte der Mönch sanft.

Der Samurai war überwältigt. Das Mitgefühl und die Ergebenheit dieses kleinen Mannes, der sein Leben hergab, um ihm diese Lehre zu geben und ihm die Hölle zu zeigen! Langsam senkte er sein Schwert, erfüllt von Dankbarkeit und plötzlichem Frieden.

„Und das ist der Himmel", sagte der Mönch sanft.

Zen

Eines Tages hörte Mulla Nasrudin, daß er eine besondere Botschaft vom Sheikh von Basra erhalten habe. Als er sie abholen wollte, sollte er sich zunächst ausweisen.

Nach seiner Identität befragt, angelte Nasrudin in seiner Hosentasche und holte einen Messingspiegel hervor. Er schaute hinein und rief aus: „Jawohl, das bin tatsächlich ich, Sie können mir die Nachricht ruhig geben!"

Sufi

Nasrudin hielt eine Armendiät aus Kichererbsen und Brot. Sein Nachbar, der ebenfalls beanspruchte, ein Weiser zu sein, lebte in einem Luxushaus und hielt üppige Mahlzeiten, die er vom Kaiser persönlich empfing.

Der Nachbar sagte zu Nasrudin: „Wenn du nur lerntest, dem Kaiser zu schmeicheln und untertänig zu sein wie ich, brauchtest du nicht von Kichererbsen und Brot zu leben."

Nasrudin antwortete: „Und wenn du nur lerntest, von Kichererbsen und Brot zu leben wie ich, brauchtest du dem Kaiser nicht zu schmeicheln und untertänig zu sein."

Sufi

DER TEUFEL ERSCHIEN einem Bruder in der Verkleidung eines Lichtengels und sagte: „Ich bin der Engel Gabriel und bin dir gesandt worden." Der Bruder sagte jedoch zu ihm: „Schau, ob du nicht zu jemand anderem gesandt wurdest. Ich verdiene gewiß nicht, daß mir ein Engel gesandt wird." Der Teufel verschwand augenblicklich.

Wüstenväter

AUSSERHALB DES DORFES lebte eine große und gefährliche Schlange, die einen Mann getötet und andere mit ihrem giftigen Biß verwundet hatte. Ein umherwandernder Heiliger, der berühmt war für sein gutes Herz, kam in der Nähe vorbei und blieb für einige Tage dort. Die Dorfleute beklagten sich lauthals über ihre Schlange und waren tatsächlich darauf bedacht, ihr nachzustellen und falls möglich sogar zu töten.

Wo werde ich sie finden? fragte der Heilige, der sich sofort auf den gefürchteten Weg machte in die Richtung wo die Schlange lebte. Mit seinem großen liebenden Herzen rief der Heilige die Schlange zu sich und schalt sie, daß sie soviel Zerstörung anrichtete. Und nun, wegen des Schadens, den du angerichtet hast, möchten dich viele Menschen umbringen. Aber wenn du mir versprichst, nicht mehr zu beißen, werde ich die Dorfleute dazu bewegen, ihre Schlangenjagd abzublasen.

Einige Monate später kroch eine geschlagene und geschundene Schlange in die Hütte des Heiligen, der dem Dorf gerade wieder einen Besuch abstattete. Nachdem ich mit dem Beißen aufhörte, begannen die Dorfbewohner mit mir zu spielen. Da ich nicht reagierte, fingen die Kinder an, auch mit Stöcken und Steinen nach mir zu werfen. Schau mich an. All das weil du mir verboten hast zu beißen.

Mein Freund, sagte der Heilige weise"Ich sagte, du solltest nicht beißen, aber ich verbot dir nicht zu zischen!

Hindu

WAS DIE BUDDHANATUR ANGEHT, gibt es keinen Unterschied zwischen Sünder und Heiligem... Ein erleuchteter Gedanke und man ist Buddha, ein dummer Gedanke und man ist ein gewöhnlicher Mensch.

Zenmeister Hui Neng

EINE JUNGE SCHÜLERIN machte sich zur Aufgabe, die Meditation der Herzensgüte zu erlernen. Sie saß in ihrem kleinen Zimmer und füllte ihr Herz mit liebender Güte für alle Wesen, aber jeden Tag, wenn sie im Basar ihr Essen holen wollte, wurde ihre Herzensgüte von einem der Ladeninhaber schwer geprüft, der sie täglich mit unwillkommenen Liebkosungen überschüttete. Eines Tages konnte sie es nicht länger ertragen und scheuchte den Ladeninhaber mit ihrem erhobenen Schirm die Straße hinunter. Zu ihrer größten Verlegenheit kam sie an ihrem Lehrer vorbei, der am Straßenrand stand und das Spektakel beobachtete. Zutiefst beschämt blieb sie vor ihm stehen und erwartete, daß er sie wegen ihres Zornes tadeln würde.

„Was du tun solltest", riet ihr der Lehrer freundlich, „fülle dein Herz mit liebender Güte, und schlage, mit soviel Achtsamkeit, als du aufbringen kannst, diesem unverschämten Kerl deinen Schirm auf den Kopf."

Buddhismus

DER EX-KAISER: „Gudo, was geschieht dem Mann der Erleuchtung und dem Mann der Illusion nach dem Tode?"

Gudo: „Wie sollte ich das wissen, mein Herr?"

Der Ex-Kaiser: „Nun, du bist doch der Meister!"

Gudo: „Ja, aber kein toter!"

Zen

Eines Tages ging der berühmte Schwertkämpfer und Zenanhänger Tesshu zu Dukuon und berichtete ihm triumphierend, er glaube, daß alles, was existiert, leer ist, es weder du noch ich gibt, usw. Der Meister hörte schweigend zu, bis er plötzlich seine lange Tabakpfeife ergriff und Tesshu auf den Kopf schlug.

Der erzürnte Schwertkämpfer hätte den Meister auf der Stelle getötet, doch Dukuon sagte ruhig: „Die Leere ist schnell dabei, Ärger zu zeigen, nicht wahr?"

Mit einem gezwungenen Lächeln verließ Tesshu den Raum.

Zen

Abba Nisteros der Grosse wanderte mit einem Bruder durch die Wüste. Da sahen sie einen Drachen und rannten fort. Dann sagte der Bruder zu ihm: „Hast auch du Angst, Vater?" Der alte Mann antwortete: „Ich hatte keine Angst, mein Sohn, aber es war gut für mich, vor dem Drachen wegzulaufen; sonst wäre ich nicht dem Geist eitler Selbstherrlichkeit entgangen."

Wüstenväter

In ihm war niemand. Hinter seinem Gesicht, das selbst auf den armseligen Gemälden seiner Epoche keinem anderen ähnelt, und seinen Worten, die schwärmerisch, phantasievoll und spannend waren, war nur ein Hauch von Kälte, ein von niemand geträumter Traum. Zuerst dachte er, alle Leute wären wie er, aber als er versuchte, diese innere Leere zu erklären, zeigte ihm der verständnislose Blick eines Schulkameraden seinen Fehler, und er verstand von da an, daß ein Individuum sich am besten nicht von seiner Gattung unterscheidet. Von Zeit zu Zeit hoffte er, daß Bücher ihn von seiner seltsamen Krankheit heilen könnten, und so lernte er das wenige Latein und noch weniger Griechisch, das ein Zeitgenosse als wünschenswert ansah. Später kam ihm in den Sinn, daß er in der Ausübung einer menschheitsalten Gewohnheit tatsächlich finden könnte, wonach er suchte, und im Verlauf eines langen, müßigen Juninachmittags ließ er sich von Anne Hathaway einweihen. In seinen Zwanzigern ging er nach London. Instinktiv, um zu verbergen, daß er niemand war, hatte er ein Talent entwickelt, den Trick, vorzugeben, er sei jemand. Dort in London kam er zu dem Beruf, der ihm bestimmt war – dem eines Schauspielers, der auf der Bühne steht und jemand anderen spielt, vor einem Publikum, das vorgibt, ihn für diese andere Person zu halten. Die Bühnenkunst brachte ihm einzigartiges Glück, vielleicht das erste, das er je kennenlernte, aber sobald die letzte Zeile gesprochen und der letzte Leichnam abtransportiert war, überkam ihn ein häßlicher Geschmack des Unwirklichen. Er war nicht länger Ferrex oder Tamerlan und wurde wieder zu niemand. So getrieben, begann er andere Helden und andere tragische Sagen zu ersinnen. Und während sein Fleisch in Londons Lusthäusern und Tavernen seine Bestimmung als Fleisch erfüllte, bewohnte ihn der Geist des Cäsar, der die Prophezeiung der Auguren ignorierte, und Julia, die die Lerche haßte, und Macbeth, der auf der Heide zu den Hexen sprach, die auch die Nonnen sind. Nie war jemand so viele Menschen wie dieser Mann, der wie der ägyptische Proteus alle Posen des Lebens durchlaufen konnte. Gelegentlich ließ er in einer Nische seiner Werke eine Beichte in der Gewißheit zurück, daß sie nie entziffert würde; Richard II sagt, daß er in einer Person viele Personen spielt, und in seltsamen Worten sagt Jago: „Ich bin nicht, was ich bin." Die zugrundeliegende Gleichheit von Existieren, Träumen und Schauspielen inspirierte seine berühmten Buchseiten.

Zwanzig Jahre lang hielt er in dieser eigensinnigen Halluzination durch, doch eines Tages besiegte ihn der Überdruß und das Entsetzen darüber, so viele Könige zu sein, die durch das Schwert sterben, so viele Liebende unter Sternen, die sich begegnen und trennen und am Ende so melodiös sterben. Am gleichen Tag entschied er, sein Theater zu verkaufen. Noch bevor eine Woche verging, war er in seinen Geburtsort zurückgekehrt, wo er die Bäume und den Fluß seine Kindheit wiederentdeckte, die er nie mit jenen anderen – durch mythologische Anspielungen und lateinische Ausdrücke berühmt gewordenen – Bäumen und Flüssen in Verbindung brachte, die seine Muse gefeiert hatte. Er mußte jemand sein; so wurde er zum Bühnendirektor im Ruhestand, der sein Glück gemacht hat und dem Darlehen, Gerichtsprozesse und Geldwucher Zeitvertreib bedeuten. Aus dieser Persönlichkeit diktierte er das trockene Testament, das uns überliefert wurde, in welchem er absichtlich jede Spur des Pathos oder Literarischen vermeidet. Freunde aus London besuchten ihn auf seinem Landsitz, und ihretwegen nahm er noch einmal die Rolle des Poeten an.

Es wird erzählt, daß vor oder nach seinem Tod, als er von Angesicht zu Angesicht vor Gott stand, er zu Ihm gesagt habe: „Ich, der vergeblich so viele Menschen gewesen bin, möchte ein einziger Mensch sein – ich selbst." Aus dem Wirbelwind antwortete ihm die Stimme des Herrn: „Auch ich habe kein Selbst; ich träumte die Welt, wie du deine Arbeit träumtest, mein Shakespeare, und eine der Gestalten meiner Träume bist du, der du wie ich viele Menschen bist und niemand."

Jorge Luis Borges

14

Den wahren Weg für sich entdecken

Die Wege zum Erwachen sind zahlreich, die Lehren tief und vielfältig. Führer aus Vergangenheit und Gegenwart bieten uns ihren Reichtum und die Weisheit ihrer Erfahrung an. Noch nie gab es eine Zeit, wo der spirituelle Reichtum der Jahrhunderte uns so leicht zugänglich war wie heute. Die spirituellen Landkarten sind wahr und haben Sinn für uns, allerdings nur, wenn wir die Reise tatsächlich unternehmen.

Wir entdecken schon bald, daß es keine Einheitskarte zur Erleuchtung gibt. Jeder von uns ist einzigartig, mit einzigartigen Begabungen und Stärken. Es reicht nicht, denen nachzueifern, die den Weg vor uns gegangen sind. Es hat keinen Zweck, uns an dem Modell eines anderen zu orientieren, ganz gleich wie sehr wir dessen spirituelle Größe bewundern. Die fundamentale Botschaft jedes großen spirituellen Lehrers ist die, daß wir durch unsere eigenen Augen sehen und den Weg selber reisen lernen müssen.

Andere lehren uns die Grundbegriffe, die für den Beginn jedes authentischen spirituellen Unternehmens nötig sind, nämlich Integrität, Mitgefühl und Achtsamkeit. Doch wir müssen selber entdecken, wie wir diese zur Blüte bringen. Die Karte ist nicht die Reise. Ein chassidischer Rabbi namens Zashu sagte seinen Schülern: „Wenn ich sterbe, wird Gott mich nicht fragen, ob ich in meinem Leben wie Moses oder Josua war. Er wird mich fragen, ob ich Zashu war." Klar sehen und achten, was jetzt hier in unserem Leben ist, unsere eigenen inneren Talente erfüllen und darbringen – das ist unser spiritueller Weg. Unser Leben einen Ausdruck innerer Herzenswerte werden lassen, kennenlernen und pflegen, was uns wach macht – das ist unser Weg.

Das muß jeder von uns selber tun. Wie sehr wir uns auch danach sehnen, niemand kann uns die Freiheit liefern, niemand außer uns selbst kann unser Herz öffnen. Aber wir können uns von anderen inspirieren und motivieren lassen, die spirituelle Reise zu unternehmen und zu unserer eigenen zu machen. Ein spiritueller Weg ist authentisch, wenn wir lernen, jeden Tag ein größeres Maß an Freude, Harmonie und Klarheit in unser Leben zu bringen. Wenn wir aus der eigenen Erfahrung lernen, daß der Weg uns zur Transformation befähigt und uns befreit, wissen wir, daß er echt ist.

Die Geschichten in diesem Kapitel handeln von denen, die auf verschiedene Arten an verschiedenen Orten ihren eigenen wahren Weg entdeckt haben. Sie ermutigen uns zum Fragen, lassen uns Glaubenssysteme und Modelle durchschauen und bringen die Authentizität und Einfachheit des spirituellen Lebens zum Vorschein.

In den Geschichten wird auch die große spirituelle Frage gestellt, was wir der Erde zurückgeben möchten, was wir als Beitrag zum Wohlergehen unserer Welt anbieten können. Wenn wir einen Weg finden, der uns aufweckt, finden wir auch ungeheure Dankbarkeit. In so vieler Hinsicht wurde für uns gesorgt, in großen und kleinen Dingen. Wir wurden getragen, geführt, geliebt. Das weise Herz sehnt sich danach, zu geben, zu tragen und für die Welt zu sorgen, die uns ernährt hat. Was wir anzubieten haben, mag durch Schweigen oder Handeln geschehen, aber immer ist es das Geben, das uns ermöglicht, unsere Zeit hier mit soviel Liebe und Mitgefühl wie möglich auszufüllen.

Wenn wir die Geschichten lesen, können wir über unser eigenes Leben nachsinnen. Lassen wir uns von unserem Herzen führen? Leben wir in einer Integrität und Liebe, die erfüllt, was wir als wahr erkannt haben? Was ist unser eigener wahrer Weg und was könnte es bedeuten, jenem Trommler zuzuhören, jenen Weg tatsächlich zu gehen? Was müssen wir vielleicht ändern, um das zu tun?

In der Stadt Savatthi in Nordindien hatte der Buddha ein großes Zentrum, wo die Menschen zum Meditieren hinkamen und sich seine Reden über das Dharma anhörten.

Ein junger Mann kam jeden Abend in seine Vorträge. Jahrelang kam er und hörte dem Buddha zu, setzte aber die Unterweisungen nie in die Praxis um.

Nach einigen Jahren kam dieser Mann eines Abends etwas früh und traf den Buddha allein an. Er ging auf ihn zu und sagte: „Mein Herr, ich habe eine Frage, die immer wieder auftaucht und mir Zweifel bereitet."

„Oh? Auf dem Weg des Dharma sollte es keine Zweifel geben, lasse sie klären. Was ist deine Frage?"

„Mein Herr, seit vielen Jahren komme ich nun in euer Meditationszentrum und habe bemerkt, daß Euch viele Einsiedler umgeben, Mönche und Nonnen, und noch viel mehr weltliche Bürger, Männer wie Frauen. Einige von ihnen kommen seit Jahren zu Euch. Einige von ihnen haben, wie ich sehen kann, gewiß das Ziel erreicht und haben ganz eindeutig die volle Befreiung erlangt. Auch kann ich sehen, daß andere in ihrem Leben einige Veränderung erfahren haben. Sie haben die volle Befreiung erlangt. Aber mein Herr, ich bemerke auch, daß eine große Anzahl von Leuten, mich selber eingeschlossen, genau so sind wie sie waren, oder vielleicht noch schlimmer. Sie haben sich überhaupt nicht geändert, oder jedenfalls nicht zum Besseren. Warum sollte das so sein, mein Herr? Die Leute kommen zu Euch, einem so großen Mann, der voll erleuchtet ist, so mächtig, so voller Mitgefühl. Warum gebraucht ihr Eure Macht und Euer Mitgefühl nicht, um sie alle zu befreien?"

Der Buddha lächelte und sagte: „Junger Mann, wo wohnst du? Wo ist dein Heimatort?"

„Mein Herr, ich wohne hier in Savatthi, der Hauptstadt des Staates Kosala."

„Ja, aber deine Gesichtszüge verraten, daß du nicht aus diesem Teil des Landes stammst. Wo kommst du ursprünglich her?"

„Ich komme aus der Stadt Rajagaha, der Hauptstadt des Staates Magadha. Vor einigen Jahren kam ich nach Savatthi und ließ mich hier nieder."

„Und hast du alle Verbindungen mit Rajagaha abgebrochen?"

„Nein, mein Herr, ich habe noch Verwandtschaft dort. Ich habe Freunde dort. Ich habe Geschäfte dort."

„Dann mußt du sicher häufig von Savatthi nach Rajagaha gehen?"

„Ja, mein Herr. Viele Male im Jahr besuche ich Rajagaha und kehre nach Savatthi zurück."

„Wenn du so viele Male den Weg von hier nach Rajagaha gereist bist, wirst du den Weg gewiß gut kennen?"

„O ja, mein Herr, ich kenne ihn sehr gut. Fast könnte ich sagen, daß ich den Weg nach Rajagaha auch mit verbundenen Augen finden würde, so oft bin ich ihn gegangen."

„Und deine Freunde, die dich gut kennen, wissen vermutlich, daß du aus Rajagaha stammst und dich hier niedergelassen hast? Sie wissen auch, daß du oft nach Rajagaha reist und wieder zurückkommst, und daß du den Weg von hier nach Rajagaha aufs beste kennst?"

„O ja, mein Herr. Alle, die mir nahestehen, wissen, daß ich oft nach Rajagaha gehe und daß ich den Weg bestens kenne."

„Dann kommt es gewiß vor, daß einige von ihnen zu dir kommen und dich bitten, ihnen den Weg von hier nach Rajagaha zu erklären? Verheimlichst du irgend etwas, oder schilderst du ihnen den Weg ganz klar?"

„Was gäbe es da zu verheimlichen, mein Herr! Ich schildere ihnen den Weg so klar, wie ich kann: Erst gehst du nach Osten und dann in Richtung Benares, dann weiter geradeaus, bis du nach Gaya kommst und dann Rajagaha. Ich erkläre alles sehr einfach, mein Herr."

Und diese Leute, denen du so klare Anweisungen gibst, erreichen sie alle Rajagaha?"

„Wie kann das sein, mein Herr? Die, die den ganzen Weg bis zum Ende gehen, nur die werden Rajagaha erreichen."

„Das ist es, was ich dir erklären möchte, junger Mann. Die Leute kommen zu mir, weil sie wissen, da ist jemand, der den Weg von hier zum Nirvana gegangen ist und ihn bestens kennt. Sie kommen zu mir und fragen: Was ist der Weg zum Nirvana, zur Befreiung?" Und was gäbe es zu verheimlichen? Ich erkläre ihnen alles ganz deutlich: Das ist der Weg. Wenn jemand nur mit dem Kopf nickt und sagt, ‚Gut gesprochen, ein sehr guter Weg, aber ich werde keinen Schritt darauf tun, ein wundervoller Weg, aber ich mache mir nicht die Mühe, ihn zu gehen', wie kann jemand so das Ziel erreichen?"

„Ich trage niemanden auf meinen Schultern, um ihn an das letzte Ziel zu bringen. Niemand kann einen anderen auf den Schultern zum letzten Ziel tragen. In Liebe und Mitgefühl kann er höchstens sagen, ‚Also, so ist der Weg, und so bin ich ihn gegangen. Arbeite du auch, gehe du ihn auch, und du wirst das Ziel erreichen.' Aber jeder Mensch muß ihn selber gehen, muß jeden Schritt des Weges selber tun. Wer einen Schritt gemacht hat, ist einen Schritt näher am Ziel. Wer hundert Schritte gemacht hat, ist hundert Schritte näher am Ziel. Wer alle Schritte auf dem Weg gemacht hat, hat das letzte Ziel erreicht. Du selbst mußt den Weg gehen."

Früher Buddhismus

WIR MÜSSEN UNS gewahr sein, wie die Leute zur Nachahmung ihrer Lehrer neigen. Sie werden zu Kopien, Abzügen, Klischees. Wie in der Geschichte von dem Pferdetrainer des Königs. Der alte Trainer starb, und der König stellte einen neuen ein. Unglücklicherweise hinkte der Mann beim Gehen. Neue und wunderschöne Pferde wurden ihm gebracht, und er trainierte sie aufs feinste – traben, springen, Kutschen ziehen. Aber jeder neue Hengst begann zu lahmen. Schließlich ließ der König den Trainer zu sich rufen, und als er eintrat, sah er, wie der hinkte, verstand alles und stellte sofort einen neuen Trainer ein.

Buddhistisch

DER GROSSE PERSISCHE DICHTER JALALUDDIN RUMI hatte einen außergewöhnlichen Lehrer namens Schams. Schon als Kind schien Schams anders zu seien. Seine eigenen Eltern waren sich uneins, ob sie ihn ins Kloster oder ins Land der Narren schicken sollten. Sie wußten nicht, was mit ihm zu tun sei.

Als er erwachsen war, erzählte er ihnen die Geschichte von dem Entenei, das von der Henne gefunden und ausgebrütet wurde. Die Henne zog das Entlein mit den anderen Küken auf. Eines Tages gingen sie zum See. Die Ente ging geradewegs ins Wasser, schwamm und tauchte, während die Henne ängstlich am Ufer blieb. Schams sagte zu seinen Eltern: „Nun, Vater und Mutter, habe ich meinen Platz gefunden. Ich habe gelernt, im Meer zu schwimmen, auch wenn ihr an der Küste bleiben müßt."

Persisch

„Der Hauptgrund, warum viele Menschen unglücklich sind, ist darin zu suchen, daß sie eine erstaunliche aber offensichtliche Befriedigung aus ihren Leiden gewinnen", sagte der Meister.

Dann erzählte er, wie er einmal auf einer Bahnfahrt im oberen Bett eines Liegewagens die Nacht verbrachte. Es war ihm unmöglich einzuschlafen, da von unten her ein ständiges Stöhnen an sein Ohr drang: „Ach, bin ich durstig ... ach, bin ich durstig ...!"

Da das Stöhnen kein Ende nehmen wollte, sondern im Gegenteil immer lauter wurde, kletterte der Meister schließlich die Leiter hinunter, ging durch den ganzen Zug zum Speisewagen, kaufte zwei Becher Bier, ging den langen Weg zu seinem Abteil zurück und reichte dem geplagten Mitreisenden die beiden Becher.

„Hier ist etwas zu trinken!"

„Wunderbar, Gott sei Dank!"

Der Meister stieg die Leiter hinauf und streckte sich mit einem Seufzer aus. Kaum hatte er die Augen geschlossen, hörte er es von unten stöhnen: „Ach Gott, war ich durstig ... ohweh, war ich durstig!"

Sufi

Zwei Schüler eines alten Rabbi hatten ein Streitgespräch über den wahren Weg zu Gott. Der eine sagte, daß der Weg auf Anstrengung und Energie aufbaue. „Du mußt dich voll und ganz hingeben, mit aller Anstrengung dem Weg des Gesetzes folgen. Beten, aufmerksam sein, rechter Lebenswandel." Der zweite Schüler war nicht einverstanden. „Er ist ohne alle Anstrengung. Die basiert nur auf dem Ego. Er ist reine Selbstaufgabe. Dem Weg zu Gott folgen, aufwachen, heißt, alle Dinge loszulassen und die Lehre zu leben. Nicht mein, sondern Dein Wille."

Da sie sich nicht einigen konnten, wer nun recht hatte, gingen sie zu ihrem Meister. Er hörte zu, wie der erste Schüler den Weg der rückhaltlosen Anstrengung pries, und auf seine Frage: „Ist das der wahre Weg?" entgegnete der Meister: „Du hast recht." Der zweite Schüler war ganz aufgebracht und beschrieb mit schönen Worten den Weg der Selbstaufgabe und Loslösung. Als er fertig war, fragte er: „Ist das nicht der wahre Weg?" und der Meister entgegnete: „Du hast recht." Ein dritter Schüler, der dabeisaß, sagte: „Aber Meister, sie können nicht beide rechthaben", und der Meister lächelte und sagte: „Du hast auch recht!"

Chassidisch

Epilog zur Odyssee: Wie das Ruder gepflanzt wurde

NUN BEGANN ODYSSEUS, den von Zeus befohlenen Frieden und guten Willen einzurichten, erfreute sich der langersehnten Vereinigung mit Penelope, sah das junge, strahlende Mannestum seines Sohnes mit an wie auch das heitere Alter seines Vaters.

Doch allmählich, wie die Jahre vergingen, überkam ihn eine ständig zunehmende Rastlosigkeit. Nach seines Vaters Tod fühlte er sich freier und begann zu träumen. Er träumte davon, neue Länder zu entdecken, noch einmal nach Westen, über die Herkulessäulen hinaus dem unbekannten Südmeer zuzusegeln. (Das ist der Epilog, den Dante sich als den gewählten Tod des Ulysses vorstellte.) Athene hatte ihn zuvor beschützt, würde sie es nicht wieder tun? Er hatte die letzten Angriffe seines Feindes Poseidon niedergeschlagen, und dieser einst beleidigte Gott hatte die Verwundung seines Sohnes Polyphem inzwischen sicher vergessen. Langsam und unbewußt kehrte die Arroganz zurück, die seine langen Leiden verursacht hatte – wie sie es immer tut, arbeitete sie in seinen besten menschlichen Eigenschaften, in seiner Sehnsucht nach dem Sehen und Erkennen all der Wunder der Schöpfung, nach dem Verstehen von Dingen, die den meisten Menschen verborgen bleiben. Geliebt von seinen Untertanen und mit seinem zum Mann herangewachsenen Sohn, der für die Sicherheit des Landes sorgen konnte, erwog er nun, in einem schnellen gutgebauten Schiff mit einigen seiner Freunde und einer vertrauenswerten Mannschaft eine weitere Reise über das weindunkle Meer zu unternehmen. Penelope würde ihn verstehen, und sie wäre jetzt keiner Gefahr mehr ausgesetzt.

Eines Tages saß er allein auf einer hohen Klippe und schaute hinaus aufs Meer, während in seinem Kopf lauter Pläne brodelten. Er würde es nicht länger aufschieben. Die Sonne war heiß. Er fand einen Baum und legte sich in seinem Schatten zur Ruhe nieder. Seine Entscheidung war getroffen, und schon bald schlief er ein und hatte einen Traum.

Im Traum wurde er nicht von einer Kriegsgöttin ermutigt, sondern von einer Erinnerung. Noch einmal stand er wie vor langer Zeit an der Grenze zur Dunkelheit des Hades, noch einmal schlachtete er ein schwarzes Mutterschaf und goß das Blut aus, damit die Schatten zu ihm sprächen, und noch einmal hörte er die Stimme von Tiresias, dem blinden Seher.

„Odysseus", sagte der alte Mann, „du schläfst wahrhaftig – und ich meine nicht deinen Körper, sondern diesen deinen listigen Verstand, der deine große Gabe von den Göttern ist. Oft hast du ihn mißbraucht und dir selbst und anderen großes Leid gebracht, doch nun stehst du an der Schwelle zu hohem Alter, und die Ausbeutungen, die du planst, kommen von deiner inneren Blindheit und nicht aus der Weisheit, die wahrhaft dein ist. Ich bin die Stimme der Vernunft in dir, deren Augen der äußeren Welt verschlossen sind, aber klar und nah und fern in die Bedeutungen des Lebens sehen.

Ein großer Dichter, der so blind ist wie ich, wird die Geschichte deiner Reisen von Troja durch die langen Jahre bis zur Rückkehr nach Ithaka erzählen. Ein Geschichtenerzähler, der dich unsterblich machen wird, zu einem Helden jenseits der Zeit. Doch dann wird noch ein anderer Dichter kommen, ebenso groß und unübertroffen in seinen Erzählungen, der davon berichten wird, wie er, noch lebend und geführt von einem anderen Großen, dir in der tiefen Höllengrube begegnet ist, auf ewig eingeschlossen in einer brennenden Flamme inmitten der ‚Betrüger'. Er kannte einen Teil deiner Geschichte und bat darum, mit dir zu sprechen. Dieser Dichter wird in unvergeßlichen Versen ausmalen, wie du ein letztes Mal über die Säulen der westlichen Welt hinaussegeltest in Richtung des Südpols mit hochfahrender Hoffnung und dem ständig wachsendem Ehrgeiz deines Forschergeistes, Monat um Monat, fünf Monde zusammengenommen, bis du vor dir am Horizont einen großen Berg aus dem Meer gen Himmel aufsteigen siehst. Mit Rufen der Begeisterung feuerst du deine Mannschaft an, doch da kommt eine riesige Welle aus dem Berg gerollt und zieht in ihren strudelnden Sog dein Schiff, dich selber und all deine Gefährten hinunter in die Tiefen der Schatten der Unterwelt. Der Berg ist für diesen Dichter der Zukunft das Symbol des Aufstiegs, der alle Menschen, die sich ihm nähern, wenn sie sich in Demut gürten, zur Vision Gottes in seiner Gesamtheit bringt. Zu diesem Berg und der Herrlichkeit dahinter wollte dieser Dichter kommen, der vielleicht wußte, daß das Schicksal, das, wie er sich ausmalte, dich traf, auch seines hätte sein können, wenn seine Sehnsucht nach Wissen ihn bis zum Verderben besessen hätte.

Ich werde nicht mehr sagen, außer was ich dir schon vor vielen Jahren über die andere Reise gesagt habe, zu der du nun berufen bist – einer Reise, die über die Hänge jenes Berges führt, dir aber weder Ruhm noch Ehre bringt, sondern nur Einsamkeit und Kummer. Die Wahl ist dein. Wirst du dich selbst betrügen wie Dantes Ulysses mit einer Sünde, die viel schlimmer war als die Täuschung mit dem trojanischen Pferd?"

Die Stimme verstummte, die Vision verblaßte, und Odysseus erwachte. Er saß da, während die Sonne am rotgoldenen Himmel versank, und er erinnerte sich tatsächlich. Er war entsetzt, daß Tiresias' Worte all die Jahre so vollständig aus seinem Bewußtsein verschwunden gewesen waren. Er erinnerte sich auch an viele andere Dinge, an jedes einzelne Abenteuer mit seinen Momenten voll Mut, Geschick, Treue, Stolz, List, Täuschung und Torheit. Am lebhaftesten war die Erinnerung dieser törichten Arroganz, die den Anstoß für das Böse gab, das der große Meeresgott über ihn brachte. Er erinnerte sich an den jugendlichen Starrsinn, der ihm die Ohren vor dem Bitten und Flehen seiner Mannschaft verschloß, und erkannte mit Scham, daß seine jetzige Absicht, sich sogar noch im hohen Alter den Gefahren der Jugend gewachsen zu zeigen, aus derselben Wurzel des Stolzes und der Nichtachtung aller Verwandtschaftswerte entsprang. Teilnahme an den Gefühlen seiner Frau, an den Nöten seines Volkes und dem Leben seiner Mannschaft – all das war wieder ausgelöscht. Einmal mehr sah er das Entsetzen der geschlossenen Höhle, wo der Gigant Zyklop seine Leute zwei um zwei verschlang, und der Gedanke an seine Genialität, wie er einige von ihnen und sich selbst durch einen Trick und die Blendung des Polyphem rettete, brachte ihm nicht länger die alte Genugtuung. Denn er erinnerte sich auch an andere Dinge, die er sich bisher nicht eingestanden hatte. Bis er kam, war Polyphems Leben das eines einfachen Schäfers gewesen, der seine Herde hütet, und er, Odysseus, hatte nur im Sinn gehabt, ihn zu berauben. Vor der Invasion der Männer, die er als unbekannte Bedrohung gefürchtet haben mußte, hatte er den Giganten nichts als Milch und Molke trinken und Käse essen sehen. Polyphem hatte seine Schafe und Lämmer auf eine Weise gehütet, die, wie elementar und unwissend auch immer, doch so behutsam war und für alles Sorge trug. Zum ersten Mal erlaubte sich Odysseus, die Stimme des Zyklopen nach seiner Blendung zu hören, wie er zu dem Leitwidder der Herde sprach, als der die Höhle mit dem Gewicht des unter sich an die Wolle seines Bauches geklammerten Odysseus verließ.

Süßer Vetter Widder, warum hinter den übrigen
in der Nachthöhle zurückbleiben? So verweilst du nie,
du grast vor ihnen allen und streifst in die Weite
nach der Ernte von süßem Gras und nimmst deinen
stattlichen Weg
entlang all der Ströme, bis du am Abend
eilend als erster im Pferch ankommst.
Warum nun so weit zurück? Kann es sein, daß du traerst
um das Auge deines Meisters? (Buch Neun)

Mit Scham erkannte er, wie er es in der Erinnerung vernahm, in Polyphems einfacher Brust die Empfindung für seine Tiere, und wie er um ihren Verlust getrauert haben muß – nicht aus Gier, sondern aus Liebe. Und ein fremdes, neues Mitgefühl erwachte in seinem Herzen mit einem, den er immer für nichts als einen Kannibalen und ein Tier gehalten hatte. Dann sah er sich fortsegeln, Beleidigungen zurückschleudern, rühmlich in seinem Heldenmut; und er wußte, er hätte fast mit dem Verlust seiner ganzen Mannschaft bezahlt, tatsächlich hatte er mit den Leben all der anderen in den kommenden Jahren bezahlt.

Nach den tödlichen Jahren der Belagerung Trojas und dem Sieg, den Odysseus mit der großen List des trojanischen Pferdes errang, war es vielleicht nicht verwunderlich, daß ihn seine eigene Schlauheit so aufblähte und er vor all den Jahren dieser arroganten Torheit erliegen mußte. Er hatte mit langen Jahren bitterer Erfahrung bezahlt, wußte aber, daß es keine endgültige Vergebung, keine Frieden für ihn geben könnte, wenn er diesem Fieber nach der Entdeckung des Unbekannten um jeden Preis und dem, der Unbesiegte zu sein, noch einmal erliegen und seine Freunde, seine Frau, seine Mannschaft mitreißen würde in Kummer, Verzweiflung oder Tod.

Im Zwielicht, als die Sonne im westlichen Meer versank, erhob er sich auf die Beine. Seine Wahl war getroffen. Er wußte von einer alten Legende auf der Insel, die niemand ernstnahm, derzufolge in den Binnentälern zwischen den Gebirgen ein Volk lebte, das niemals zur Küste kam, das nicht einmal wußte, daß das Meer existierte. Keiner der seefahrenden Inselbewohner war an der Erforschung des Binnenlandes überhaupt interessiert oder weit ins Innere vorgedrungen. Der blinde Seher hatte ihm gesagt, er solle ein gutgeschnitztes Ruder mitnehmen und dieses Volk aufsuchen. Er verstand nicht – noch nicht –, aber er wollte gehorchen. Eines war klar – diese Reise würde keinen Ruhm bringen. Die meisten Menschen würden sie für eine törichte Zeitverschwendung und ihn vielleicht für schon ein wenig senil halten. Nur Penelope würde verstehen und sich freuen. Er war sicher, daß sie nicht vergessen hatte, wie er ihr von Tiresias Weissagung in der Nacht ihrer Wiedervereinigung erzählt hatte, und erkannte plötzlich, daß sie unlängst, ein- oder zweimal, Worte gesprochen hatte, die ihn an seine unerfüllte Aufgabe hätten mahnen können, wäre er nicht von den glitzernden Bildern seiner Sehnsucht nach einem Wissen geblendet gewesen, das kein anderer Mensch jenseits der Grenzen der Welt besaß. Nie würde sie ihn zu einer Entscheidung drängen, aber sie wußte in ihrer Weisheit um seine Gefahr und seine Not. Und nun wurde sein Gefühl steriler Dunkelheit angesichts des endgültigen Opfers seines Heldenbildes von sich selbst aufgenommen oder sozusagen heruntergebracht in jene stille Weisheit – eine Weisheit, die ihn in den Momenten äußerster Gefahr stets gerettet hatte. Die Dunkelheit würde zurückkehren, und er hegte keine Illusionen über die bevorstehende Reise. In den wenigen Worten Tiresias klang sie leicht, aber er konnte weder ihre Länge noch die Härtefälle auf dem Weg abschätzen. Er wußte nur, daß er gehen mußte, und zwar bald und allein.

So ging er schnell heim und geradewegs in Penelopes Zimmer. Sie sah ihn an mit einer Frage in ihren Augen, und er wußte, daß sie einmal mehr in Schweigen und Angst um seine Entscheidung gebangt hatte.

Nun war ein Blick genug – da kam eine Welle der Freude, die für sie beide jedes Begehren überstieg.

Sie hielten einander und Odysseus sagte leise: „Vergib mir, Penelope, was ich dir in letzter Zeit angetan habe. Ich werde mein bestes Ruder nehmen und wieder fortgehen, doch selbst wenn ich sterben sollte, nichts kann diesmal mehr die Einheit zwischen uns gefährden."

Odysseus ging allein. Es gab keine Karten, die den Weg zeigten, nachdem er am letzten bekannten Dorf an den Hügelhängen angekommen war. Er mußte einfach ins Unbekannte hinausschreiten, den Spuren der Waldtiere folgen, die Wüsten auf müden Füßen durchqueren, entlang der Ströme zu ihrer Quelle emporklettern. An seiner Seite trug ein kleiner stämmiger Esel seine Essensvorräte und seine sparsame Wegesausrüstung.

Odysseus kämpfte sich einen unbewachsenen Gebirgspfad hinauf, bis er schließlich eine Kreuzung erreichte, wo vier Wege aufeinandertrafen und ein Fremder stand und ihn näherkommen sah. Nun hörte er die Worte, die er ersehnt, aber dennoch inzwischen fast vergessen hatte. Sie klangen in seinem Herzen wie ein Lied der Befreiung. „Was ist das für ein Dreschflegel auf deiner Schulter?" Höchst erleichtert stellte er seine Bürde ab, hielt sie auf den Griff gestützt mit der Schaufel nach oben und sah, während er seine Schultern aufrichtete, dem Fremden ins Gesicht. Zum ersten Mal fragte er sich, was diese Frage, vor der Tiresias ihn gewarnt hatte, eigentlich bedeute. Es konnte nicht einfach, dachte er, die Unwissenheit eines Mannes sein, der noch nie das Meer gesehen hat.

Der Fremde war wie ein Bauer in eine rauhe Tunika gekleidet und hielt einen Stab in der Hand, aber sein Gesicht war empfindsam, aus seinen Augen strahlte Intelligenz, und sein großzügiger Mund zeigte Humor. „Warum sprichst du von einem Dreschflegel", fragte Odysseus, „wo du doch bestens wissen mußt, daß dies ein wunderschönes Ruder ist, mit dem ich das große Wasser des uns umgebenden weindunklen Meeres zerteile?" Während er sprach, richtete er den Blick in die Ferne wie der Seemann, der den weiten Horizont absucht.

Der Fremde lächelte und antwortete: „Du hast recht, das Ruder ist mir bekannt – obwohl hier unter dir ein Dorf ist oder eher eine Siedlung, wo es niemand als solches erkennen wird. Dennoch habe ich nichts Falsches vorgegeben mit dem Wort ‚Dreschflegel'. Denn ich erkenne dich,

Herrscher Odysseus, und kenne deine Geschichte – vielleicht wirst auch du mich wiedererkennen, denn du hast mich dann und wann auf deinen Reisen gesehen. Nun bitte ich dich nur, an die Bedeutung dieses Bildes zu denken."

Odysseus sah sein Gegenüber prüfend an. „Nun, der Dreschflegel erzeugt einen Wind, mit dem zur Erntezeit die Spreu vom Korn getrennt wird. Was hat das mit einem Ruder zu tun?"

„Erinnere dich nur, was dir das Ruder in den vielen Jahren deines Lebens bedeutet hat, Odysseus. Du bist von dem Seher, der für äußere Formen blind ist, aber die Form der Dinge innen sieht und ihre Bedeutung im Leben jedes Menschen, auf diese letzte Reise eben zu dem Zweck gebracht worden, daß du am Ende dein eigenes Ruder als echten Dreschflegel erkennen magst. Weißt du nicht, daß deine Reisen, deine Leistungen und Fehlschläge, die Siege und Niederlagen, zu denen dich dein geflügeltes Schiff getragen hat, alle allmählich einen Dreschflegel für dich formten? Nun, da die Ernte eingebracht ist und du im Herbst deines Lebens stehst, ist nicht länger dein Ruder die treibende Kraft, die dich über die Meere deiner Innen- und Außenwelten trägt, sondern ein unterscheidender Geist der Weisheit, der Augenblick für Augenblick den Weizen des Lebens von der Spreu trennt, auf daß du wissen mögest, worin die Bedeutung des Weizens und der Spreu liegt und welchen Wert sie beide im Muster des Universums haben. Diese letzte Reise erschien sinnlos – eigentlich nur wie eine im Wind verwehte „Spreu", doch du hast sie trotzdem gewählt, weil du am Ende dem blinden Seher, der in deinem Herzen verborgen ist, vertrautest, wie Penelope ihm so lange vertraut hat."

Es folgte ein Schweigen, bis Odysseus sprach, und seine Augen lächelten. „Ja", sagte er, „wahrhaftig beginne ich nun durch die blinden Augen des Sehers zu sehen. Aber da das so ist, sage mir, Fremder, warum ich dieses gutgeschnitzte Ruder hier pflanzen und zurücklassen soll, wo niemand seinen Gebrauch oder seine Bedeutung kennt? Warum sollte ich es nicht heimbringen – nicht mehr für mich selber, aber vielleicht für meinen Sohn?"

„Daß du es hierläßt, ist wesentlich, Odysseus. Wenn du es deinem Sohn in die Hände geben würdest, würdest du seine Seereise durchs Leben beobachten, deine Sehnsucht nach großen Taten auf ihn übertragen. Du würdest die Jugendziele nie loslassen. Außerdem könntest du so deinen eigenen Sohn daran hindern, sich sein eigenes Ruder aus Holz zu schnitzen, seinen eigenen Weg zu finden. Es hier zu lassen, ist wie eine Gabe deiner lebenslangen Bemühungen an Menschen, die hier in solcher Einfachheit leben. Sie werden es sehen und anfangen, Fragen zu stellen – und Reisende, wie ich einer bin, werden ihnen von den großen Wassern jenseits ihrer jetzigen Horizonte erzählen – von den Wundern und Gefahren der Tiefe, von der Schönheit eines wendigen Schiffes, vom Geruch des Salzes, der sich dort findet – vom Salz, das für zukünftige Männer und Frauen immer die verborgene Weisheit, den Humor und die Würze des Geistes bedeuten wird. Sie werden diese Geschichten nicht verstehen, aber die mutigeren Geister unter ihnen werden unruhig und neugierig werden und auf der Suche nach Antworten die Heimat verlassen. Ihren einfachen, natürlichen Wurzeln entfremdet, werden sie großes Leid tragen, wie alle Männer und Frauen letztes Endes Leid tragen müssen. Eine zukünftige Legende wird davon in einem Bild über die erste Frau berichten, die dem ersten Mann den Apfel der Erkenntnis von Gut und Böse gab, von ihrer Vertreibung aus dem Paradies ihrer unbewußten Einheit mit der Natur, um die lange Reise über Land und Meer zu beginnen durch Dunkelheit und Gefahr, durch Licht und Glück, durch Zweifel und Glauben, Zwiespalt und Zusammenhalt bis zur Rückkehr. Es ist eine Rückkehr zu derselben Einfachheit und Einheit mit der Natur und dem Geist, die diese Leute hier haben, aber sie leben ohne Verständnis davon, wie das Tier und die Blume. In der Rückkehr jedoch wird die Einheit erkannt, erfahren, durch das Erwachen des Bewußtseins Gottes in jedem Mann, jeder Frau. Diese Zukunft wird nun für dich möglich, mein Freund. Komm, ich will dir helfen, ein Loch zu graben. Du hast einen Dolch, nicht wahr? Hier in der Mitte dieser Wegkreuzung ist die Erde weich."

Mit Händen und Messer machten sie sich an die Arbeit, und als das Loch tiefer wurde, sagte der Fremde, fast sang er die Worte nach Art der Barden: „Dein Ruder sehe ich nackt und bedeutungslos an diesem Ort stehen, doch wie die Jahre vergehen und Fragen entstehen und sich vermehren, sehe ich Wurzeln in die Erde treiben und grüne Triebe mit Blättern aus der Schaufel sprießen. In der Zukunft, wenn der blinde Dichter Homer mit der Geschichte über dein Leben hierher gekommen sein wird, Odysseus, werden Jahr für Jahr die Blüten und Früchte durch Äonen Zeitalter vom Baum deines Lebens brechen.

Schweigend vertieften sie das Loch, setzten das Ruder hinein, füllten es wieder mit Erde auf und sammelten am Ende Steine, um das aufrecht stehende Ruder mit einem Sockelkranz einzufassen.

„Es ist nun Zeit, deinem Feind Poseidon das Opfer zu bringen, von dem Tiresias sprach", sagte der Fremde. „Ich werde zu den Leuten im Tal gehen, die mir einen Widder und einen Stier aus ihren Herden geben, aber du selbst mußt ins Wildland gehen und den brünstigen Eber bringen. Da kann ich dir nicht helfen, aber vielleicht wird er bereit sein, mitzukommen."

„Odysseus sah in ungläubig an. „Ich muß ihn lebend bringen", sagte er verzweifelt, „doch das ist sicher unmöglich. Bogen oder Messer können nicht benutzt werden. Ich werde nur ein Seil mit Schlinge mitnehmen – und beten."

Odysseus schlug den Weg in den Wald ein. Er wußte nicht, was dieses Opfer bedeutete; drei Opfergaben der treibenden Kraft seiner Männlichkeit, die ihn durch so viele Prüfungen getragen, aber ebenso dem Stolz und Ehrgeiz und der Gier nach Erwerbungen nachgegeben hatte. Widder und Stier waren nicht schwer zu finden und zu opfern – aber der brünstige Eber? Das wilde und gefährliche Tier, das verborgen in den Wäldern seiner Seele ungesehen neue und noch tödlichere Bedrohungen durch Stolz begattete – nunmehr den Stolz auf seinen eigenen Verzicht – wie könnte er gezähmt werden!

Er hörte ein Rascheln im Unterholz und stand still. All seine Sinne, Ängste, seine Zweifel und Sehnsüchte schienen in einem Punkt reiner Aufmerksamkeit jenseits des Denkens zusammenzukommen. Er bewegte sich langsam auf einen flachen Felsen am Wegrand zu und hörte ein Geräusch, eine Art gesummte Rezitation, und voll Wunder wußte er, daß dies seine eigene Stimme war, die da sang – die den riesigen Eber rief, dessen Kopf sich nun zwischen den Bäumen zeigte. Allmählich kam die Bedrohung der schwarzen, wütenden Augen zur Ruhe und Odysseus ließ das Seil mit der Schlinge fallen. Die riesige Kreatur tauchte langsam ins Blickfeld und näherte sich dem Stein. Mit einem Stich Angst stand Odysseus unbeweglich da, bevor er es wagte, sich umzuwenden, immer noch singend, und den Weg zurückzugehen. Hinter sich hörte er das schwere Stampfen des Ebers und wußte voll Freude: „Er kommt mit Zustimmung". Der Fremde war da, als er zum Ruder kam: Ein weißer Widder und ein roter Stier waren neben ihm, und der schwarze Eber gesellte sich ruhig zu ihnen. Zusammen mit seinem Gefährten errichtete Odysseus drei Feuer, nahm das Ritualmesser und vergoß das Opferblut. Als es ausfloß, wußte er, daß die lange Feindschaft zwischen ihm und dem großen Gott Poseidon, der Erde und Meer in seiner Macht hatte, zu Ende war, und daß er und Polyphem, Sohn des Gottes, endlich eines waren in dem neuen Leben, in welchem er einzig und doch viele war, nichts und alles. Er und der andere aßen die Ritualteile des dreifachen Opfers an den Gott. Dann sagte Odysseus: „Ich lasse das Fleisch den Menschen dieses Ortes und gehe jetzt, o Fremder, der du mir nicht länger fremd bist, um das Zeremonialopfer, wie Tiresias weissagte, daheim bei meinem Volk zu feiern.“ Er rief seinen friedlich grasenden Esel und blickte zurück, um Lebewohl zu sagen, doch der Fremde war verschwunden und mit ihm alle Spuren des Opfers. Hochaufragend und gerade stand das Ruder zwischen Erde und Himmel.

So kam Odysseus nach Hause und brachte den Göttern Tag für Tag Opfer dar, jedem unter ihren griechischen Namen und Formen – Namen, die in Zeit und Raum durch die Jahrhunderte und in allen verschiedenen Kulturen der Welt verschieden sind. Auf ewig tragen sie für Männer und Frauen die Bedeutung des Lebens, sowohl menschlich als auch göttlich, und in diesen letzten Riten bejahte Odysseus gewiß die Ganzheit seiner Lebensreise, seine Bereitschaft zu sterben. Er opferte an Zeus und Hera, Apollo und Artemis, Dionysos und Aphrodite, Hephaistos, Ares, Hekate, Hades, Demeter-Persephone. Dann kam sein besonderer Dank an die großen Mächte, die ihn hauptsächlich geführt und ihn und Penelope zu ihrer jetzigen erfüllten Heiterkeit gebracht hatten – an die grauäugige Athene, die in Träumen Weisheit und Mut verliehen hatte, um beide zu retten. An Hermes, der ihm vor langer, langer Zeit das Kraut „Moli“ mit seinen schwarzen Wurzeln und milchigen Blüten gegeben hatte, den einzigen Schutz vor Zirze, die Männer in Schweine verwandelte. Hermes war auch der eine, der ihm die Befreiung von Calypso brachte und der, wie er nun wußte, ihm an der Kreuzung begegnet war und ihn an der Schwelle zum hohen Alter erweckt hatte. Als letztes erinnerte er sich und dankte Eros und Psyche, die nach viel Leiden vereint waren und „Freude“ geboren hatten.

In der darauffolgenden Zeit stelle ich mir den alten Griechen vor, wie er das einfache Leben nach Art seiner Zeit lebte, wie so viele in anderen Zeiten und Kulturen, die die Rückkehr zur Unschuld erfahren haben. Es ist ein Leben, wie wir uns vorstellen können, das sowohl zur Gänze symbolisch als auch ganz natürlich ist, leer und doch voll, spontan wie das eines Kindes und doch ständig gewählt. „Liebe und tue, wie du willst" in den Worten von St. Augustinus. So wie Tiresias es sah, erlangte er ein erfülltes hohes Alter, bis unter dem Gewicht der langen Jahre und doch leicht wie ein Windhauch der Tod sanft aus dem Meer zu ihm kam.

Helen Luke

Warum ich das magische Kloster aufsuchte? Nun, ich bin selber Mönch, und in meinem eigenen Kloster geschah etwas höchst Seltsames. Wir hatten Besuch vom Buddha. Wir bereiteten uns vor und hießen ihn aufs wärmste, dennoch feierlich, willkommen. Er blieb über Nacht, verschwand aber schon sehr früh am Morgen. Als die Mönche aufwachten, fanden sie überall an den Klostermauern Graffiti. Stellt euch das vor! Und wollt ihr wissen, was er schrieb? Ein Wort – *trivial* – *trivial* – *trivial* – überall im ganzen Kloster.

Nun, wir waren aufgebracht. Doch als ich mich beruhigte, sah ich mich um und erkannte: „Ja, es ist wahr." So viel von dem, was ich sah, war trivial wie auch das meiste von dem, was ich hörte. Aber noch schlimmer, als ich meine Augen schloß – innen war alles trivial. Mehrere Wochen lang war dies meine Erfahrung, und all meine Anstrengungen, das zu beheben, machten es nur noch schlimmer. Ich verließ mein Kloster und machte mich auf den Weg zum magischen Kloster.

Der Bruder zeigte mir alles. Zuerst die Halle des Lachens. Alles nährte die Flamme des Lachens, große Dinge wie kleine, heilige, ernste, unbedeutende. Nur Lachen dort.

Als nächstes der Raum des Kummers. Die Quintessenz bitterer Tränen – der trauernden Mutter, der Einsamen, der Bedrückten. Nur Kummer dort.

Jetzt die Halle der Worte. Worte über Worte, gesprochene und geschriebene. Für sich müssen sie einen Sinn gehabt haben, aber alle zusammen – totale Verwirrung. Ich schrie auf: „Stop! Stop!" Doch ich fügte den Worten nur Worte hinzu.

Als nächstes die große Halle der Stille. Hier gibt es keine Zeit.

Am Ende führte er mich zur Halle der Schätze. „Nimm was du willst", flüsterte er. Das Herz von Jesus, das Lächeln eines Buddha, die Weisheit Salomos, das Erbarmen Marias. Was nehmen?

Ich wählte das Herz Jesu und kehre mit ihm zu meinem Kloster zurück.

Vater Theophanus

NASRUDIN BESUCHTE EIN FUSSBALLSPIEL. Er hatte gebrüllt bis zur Halbzeit und war durstig geworden. „Ich gehe ein Glas Wasser trinken", sagte er zu seinem Freund.

„Für mich auch eins, bitte", sagte der Freund.

Nach ein paar Minuten kam Nasrudin zurück.

„Ich habe versucht, für dich Wasser zu trinken, aber nachdem ich meines getrunken hatte, stellte ich fest, daß du gar keinen Durst mehr hattest."

Sufi

IM ALTEN INDIEN legte ein junger Mann die Gelübde eines buddhistischen Mönches ab und wurde zum Bikkhu, der allen weltlichen Bestrebungen entsagt und seinen Geist unverwandt nach Innen kehrt.

Der Bikkhu lebte allein im Wald, aber hin und wieder ließ er sich im nächstgelegenen Dorf blicken, um die Almosen der Dorfleute entgegenzunehmen und die Kraft seiner Konzentration dem Wohlergehen der Gemeinde zugute kommen zu lassen.

Allein der Anblick des jungen Bikkhus mit seiner schlanken Gestalt, seinem aufrechten Gang und seinen leuchtenden Augen verdrehte einem jungen Mädchen im Dorfe dermaßen den Kopf, daß sie sich, ohne es zu wollen, auf der Stelle in den Mönch verliebte.

Zögernd begann das Mädchen, sich ihm zu nähern, worauf der Bikkhu sich gezwungen sah, ihr mitfühlend, aber unmißverständlich zu erklären, daß er das Gelübde der Enthaltsamkeit abgelegt hatte und niemals heiraten würde. Die Zeit verging, aber anstatt von ihrer unglücklichen

Liebe befreit zu werden, wurden die Gefühle der jungen Frau immer leidenschaftlicher. Bald kannte sie kein Maß mehr und erging sich in gewaltsamen Gefühlsausbrüchen, denn ihr Sehnsucht nach dem Bikkhu wuchs, je mehr er sich ihren Annäherungsversuchen entzog.

Die Verwandten und Freunde der Verliebten versuchten, sie mit allerlei Tricks zur Vernunft zu bringen; die Dorfältesten und der Bikkhu selbst gaben sich alle Mühe, ihr die Aussichtslosigkeit ihres Verlangens verständlich zu machen, aber es half alles nichts. Niemand konnte die junge Frau von ihrer verzweifelten Sehnsucht nach der Liebe des Bikkhus heilen.

Eines Tages hörte der Bikkhu dann, daß die junge Frau beschlossen hatte, sich das Leben zu nehmen. Er eilte in das Dorf und fand sie in einem dermaßen kläglichen Zustand vor, daß er nicht anders konnte, als dem Flehen der jungen Frau und den Bitten ihrer Eltern nachzugeben und in die Heirat einzuwilligen. » Ich habe das Gelübde abgelegt, mich von weltlichen Begierden abzukehren«, sagte er. »Zugleich habe ich aber auch den Bodhisattva-Schwur geleistet, demzufolge ich allen fühlenden Wesen nach bestem Vermögen helfen und ihr Leid nach Möglichkeit mitragen werde. Der Bodhisattva-Schwur ist in einer ausweglosen Situation wie dieser ausschlaggebend für mich.«

Die Heirat wurde bekanntgegeben und bald darauf vollzogen. Während der Trauzeremonie dachte der Mönch im stillen: »Was auch immer man tut, sollte so gut wie irgend möglich getan werden.«

Der bereits weitgehend selbstlos gewordene Bikkhu erwies sich als traumhaft guter Ehemann. Er las seiner Frau die Wünsche von den Augen ab und wurde mit ihrer tiefen Liebe dafür belohnt. Die beiden übernahmen das Geschäft der Korbflechterei von ihren Vorfahren, und in den kommenden Jahrzehnten bildeten sie ihre eigenen Kinder in der Kunst des Korbflechtens aus. Der Bikkhu verrichtete jede Handlung mit der meditativen Aufmerksamkeit eines Erwachten, ohne sich jedoch von seinen Mitmenschen abzusondern oder sich äußerlich von ihnen zu unterscheiden.

Das Wohlbefinden des Ehepaares machte sich schon bald auf der materiellen Ebene bemerkbar, und es dauerte nicht lange, bis sich in der ganzen Region herumgesprochen hatte, daß die handgeflochtenen Waren des ehemaligen Bikkhus von hervorragender Qualität waren und ihren Eigentümern mehr Glück als die Erzeugnisse anderer Korbflechter bringen würden.

So vergingen Jahrzehnte, in denen die Familie sich immer größeres Ansehen erwarb und der Korbflechter zum Ratgeber der Hilfesuchenden von fern und nah wurde. Die Kinder und Kindeskinder des ehrwürdigen alten Korbflechters führten das Geschäft weiter und trugen ihrerseits dazu bei, daß das kleine Dorf berühmt für seine ausgezeichneten Korbwaren wurde.

Als der Korbflechter im hohen Alter starb, folgte seine Frau ihm wenig später in die nächste Welt. Die beiden Liebenden wurden im westlichen Paradies wiedergeboren, einem glückseligen Seinsbereich von lotusgleicher Reinheit, das dem Buddha Amitabha unterseht.

Amitabha, der Strahlende und Lichterfüllte, begrüßte die Auferstandenen und ließ den Korbflechter wissen, daß er recht daran getan hatte, seine mönchischen Gelübde zu brechen, um einem Menschen das Leben zu retten. »Mit deiner selbstlos hingebungsvollen Liebe hast du den wahren Sinn der Lehren von der Entsagung demonstriert«, sprach der Buddha. »Deshalb wirst du und alle, die karmisch mit dir verbunden sind, nicht mehr lange brauchen, um in das Nirvana der entgültigen Vollendung einzugehen.«

Buddhismus

Der glückliche Prinz

Hoch über der Stadt auf einer hohen Säule stand die Statue des glücklichen Prinzen. Er war ganz mit dünnem Blattgold überzogen, als Augen hatte er zwei blaue Saphire, und an seinem Schwertknauf funkelte ein großer roter Rubin.

Weit und breit wurde er bewundert. „Er ist so schön wie ein Wetterhahn", bemerkte einer der Stadträte, der wegen seines künstlerischen Geschmacks berühmt sein wollte. „Nur nicht ganz so nützlich", fügte er hinzu, damit die Leute ihn nicht für unpraktisch hielten, was er wirklich nicht war.

„Warum kannst du nicht wie der glückliche Prinz sein?" fragte eine verständige Mutter ihren kleinen Jungen, der nach dem Mond weinte. „Der glückliche Prinz träumt nicht einmal davon, wegen irgend etwas zu weinen."

„Ich bin froh, daß es jemanden auf der Welt gibt, der ganz glücklich ist", murmelte ein enttäuschter Mann, als er die wundervolle Statue anstarrte.

„Er sieht aus wie ein Engel", sagten die Caritas-Kinder, als sie in ihren hellroten Umhängen und adretten weißen Schürzen aus der Kathedrale kamen.

„Woher wollt ihr das wissen", sagte der Mathematikmeister, „ihr habt nie einen gesehen."

„Doch, haben wir wohl, in unseren Träumen", antworteten die Kinder; und der Mathematikmeister runzelte die Stirn und sah sehr streng drein, denn er billigte nicht, daß Kinder träumen.

Eines Tages flog eine kleine Schwalbe über der Stadt. Seine Freunde waren vor sechs Wochen nach Ägypten fortgeflogen, aber dieser Vogel war zurückgeblieben, denn er hatte sich in das allerwunderschönste Schilfrohr verliebt. Er hatte es Anfang des Frühjahrs getroffen, als er einem großen gelben Nachtfalter den Fluß entlang nachflog, und war so von seiner schlanken Taille fasziniert, daß er anhielt, um mit ihm zu reden.

„Soll ich dich lieben?" fragte der Schwalbenvogel und kam direkt zur Sache. Die Schilfrohrdame antwortete mit einer tiefen Verbeugung. So flog er immerzu um sie herum, berührte das Wasser mit seinen Flügeln, daß es sich silbern kräuselte. Das war sein Werben, und es dauerte den ganzen Sommer über.

„Das ist eine lächerliche Zuneigung", zwitscherten die übrigen Schwalben, „sie hat kein Geld und viel zu viele Verwandte." Tatsächlich war der Fluß voller Schilfrohr.

Dann, als der Herbst kam, flogen sie alle fort.

Nachdem sie fort waren, fühlte er sich einsam und wurde seiner Liebesdame langsam müde. „Sie hat keine Unterhaltung", sagte er, „und ich fürchte, sie kokettiert nur, denn sie flirtet immer mit dem Wind." Und richtig, wann immer der Wind wehte, machte das Schilfrohr die anmutigsten Knickse. „Ich gebe zu, daß sie seßhaft ist", fuhr er fort, „aber ich liebe das Reisen, und meine Frau sollte es konsequenterweise auch lieben."

„Willst du mit mir kommen?" fragte er sie schließlich, aber das Schilfrohr schüttelte den Kopf, so sehr hing sie an ihrer Heimat.

„Du hast mit mir gespielt", rief er. „Ich mache mich auf zu den Pyramiden. Lebewohl!" Und damit flog er fort.

Er flog den ganzen Tag, und zur Nachtzeit kam er in der Stadt an. „Wo soll ich übernachten?“ fragte er, „ich hoffe, die Stadt hat Vorbereitungen getroffen.“

Da sah er die Statue auf der hohen Säule. „Dort werde ich mich niederlassen“, rief er, „das ist eine feine Lage mit viel frischer Luft.“ So landete er geradewegs zwischen den Füßen des glücklichen Prinzen.

„Ich habe ein goldenes Schlafzimmer“, sagte er leise zu sich selber, während er sich umschaute, und richtete sich zum Schlafen ein. Aber gerade, als er seinen Kopf unter den Flügel stecken wollte, fiel ein großer Wassertropfen auf ihn herab. „Wie seltsam“, rief er aus, „keine einzige Wolke ist am Himmel, die Sterne sind ganz klar und hell, und doch regnet es. Das Klima in Nordeuropa ist wirklich schrecklich. Das Schilfrohr liebte den Regen, aber das war reiner Egoismus.“ Da fiel ein weiterer Tropfen.

„Was nützt mir eine Statue, wenn sie den Regen nicht abhalten kann?“ sagte er, „ich muß nach einem guten Schornsteinkopf suchen.“ Er war entschlossen, fortzufliegen.

Doch bevor er seine Flügel ausgebreitet hatte, fiel ein dritter Tropfen, und er sah auf und sah – ah! Was sah er da?

Die Augen des glücklichen Prinzen waren mit Tränen gefüllt, und Tränen rannen seine goldenen Wangen hinunter. Sein Gesicht war so wunderschön im Mondlicht, daß der kleine Schwalbenvogel von Mitgefühl erfüllt wurde.

„Wer bist du?“ fragte er.

„Ich bin der glückliche Prinz.“

„Warum weinst du dann?“ fragte die Schwalbe, „du hast mich völlig durchnäßt.“

„Als ich noch lebte und ein menschliches Herz hatte“, antwortete die Statue, „wußte ich nicht, was Tränen waren, denn ich lebte im Palast Sans-Souci, wo der Kummer keinen Zutritt hat. Tagsüber spielte ich mit meinen Gefährten im Garten, und am Abend führte ich den Tanz im Großen Saal an. Rings um den Garten verlief eine sehr hohe Mauer, aber ich fragte nie, was dahinter war, alles um mich herum war so wunderschön. Meine Höflinge nannten mich den glücklichen Prinzen, und in der Tat war ich glücklich, wenn Vergnügen Glücklichsein bedeutet. So lebte ich, und so starb ich. Und nun, da ich tot bin, haben sie mich hier so hoch oben aufgestellt, daß ich all die Häßlichkeit und all das Elend meiner Stadt sehen kann, und obwohl mein Herz aus Blei ist, kann ich mir nicht helfen und muß weinen."

„Was! Ist er nicht aus gediegenem Gold?" sagte die Schwalbe zu sich selbst. Er war zu höflich, solche persönlichen Bemerkungen laut zu äußern.

„Weit von hier", fuhr die Statue mit leiser melodischer Stimme fort, „weit von hier in einer kleinen Gasse gibt es ein Armenhaus. Eines der Fenster ist offen, und durch dieses Fenster kann ich eine Frau an einem Tisch sitzen sehen. Ihr Gesicht ist hager und erschöpft, und sie hat rauhe rote Hände, ganz zerstochen von der Nadel, denn sie ist eine Näherin. Sie stickt Passionsblüten auf ein Satingewand für die lieblichste Kammerzofe der Königin, damit sie es beim nächsten Hofball tragen kann. In einer Ecke des Zimmers liegt ihr kleiner Sohn krank im Bett. Er hat Fieber und fragt nach Apfelsinen. Seine Mutter hat nichts, was sie ihm geben könnte, außer Flußwasser, deshalb weint er. Schwalbe, Schwalbe, kleine Schwalbe, willst du ihr nicht den Rubin aus meinem Schwertknauf bringen? Meine Füße sind an diesem Sockel befestigt, und ich kann mich nicht bewegen."

„Ich werde in Ägypten erwartet", sagte die Schwalbe. „Meine Freunde fliegen den Nil rauf und runter und reden mit den großen Lotusblumen. Schon bald werden sie ins Grab des großen Königs schlafen gehen. Der König persönlich liegt dort in seinem verzierten Sarg. Er ist in gelbes Leinen gewickelt und mit Spezereien einbalsamiert. Um seinen Hals ist eine Kette aus grünem Jade, und seine Hände sind wie welke Blätter."

„Schwalbe, Schwalbe, kleine Schwalbe", sagte der Prinz, „willst du nicht eine Nacht bei mir bleiben und mein Bote sein? Der Junge ist so durstig, und die Mutter ist so traurig."

„Ich glaube, ich mag keine Jungen", antwortete die Schwalbe. „Letzten Sommer, als ich am Fluß weilte, waren da zwei freche Jungen, die Müllersöhne, die immer Steine nach mir warfen. Sie trafen mich natürlich nie, wir Schwalben sind viel zu gute Flieger, und außerdem komme ich aus einer Familie, die für ihre Behendigkeit berühmt ist; aber dennoch war es ein Zeichen mangelnden Respektes."

Doch der glückliche Prinz sah so betrübt aus, daß der kleine Vogel noch einmal Mitgefühl empfand. „Es ist sehr kalt hier", sagte er, „aber eine Nacht will ich bei dir bleiben und dein Bote sein."

Danke, kleine Schwalbe", sagte der Prinz.

Also pickte die Schwalbe den großen Rubin aus dem Schwert des Prinzen und flog mit ihm im Schnabel fort über die Dächer der Stadt.

Er kam am Turm der Kathedrale vorbei, wo die weißen Marmorengel gemeißelt wurden. Er kam am Palast vorbei und hörte den Klang des Tanzens. Ein wunderschönes Mädchen trat mit seinem Geliebten auf den Balkon. „Wie schön sind die Sterne", sagte er zu ihr, „und wie wunderbar ist die Kraft der Liebe!"

„Ich hoffe, mein Kleid wird rechtzeitig für den Staatsball fertig sein", antwortete sie, „ich habe Passionsblüten als Stickerei bestellt, aber die Näherinnen sind so faul."

Er kam am Fluß vorbei und sah die Laternen an den Masten der Schiffe baumeln. Er kam am Ghetto vorbei und sah die alten Juden miteinander Handel treiben und das Geld in Kupferschalen abwägen. Am Ende kam er an dem Armenhaus an und schaute hinein. Der Junge wälzte sich fiebernd im Bett hin und her, und die Mutter war eingeschlafen, sie war so erschöpft. Er hüpfte hinein und legte den großen Rubin auf den Tisch neben den Fingerhut der Frau. Dann flog er sachte rund ums Bett und befächelte die Stirn des Jungen mit seinen Flügeln. „Wie kühl mir ist!" sagte der Junge, „es muß mir wohl besser gehen", und fiel in einen köstlichen Schlummer.

Dann flog die Schwalbe zurück zum glücklichen Prinzen und erzählte ihm, was er getan hatte. „Seltsam", bemerkte er, „aber mir ist ganz warm, obwohl es so kalt ist."

„Das ist, weil du eine gute Tat getan hast", sagte der Prinz. Der kleine Schwalbenvogel fing an zu denken und schlief dann ein. Denken machte ihn immer schläfrig.

Als der Tag anbrach, flog er zum Fluß hinunter und nahm ein Bad. „Was für ein bemerkenswertes Phänomen!" sagte der Ornithologieprofessor, als er über die Brücke ging. „Eine Schwalbe im Winter!" Darüber schrieb er einen langen Brief an die Lokalzeitung. Jedermann zitierte ihn, er war voll so vieler Worte, die sie nicht verstehen konnten.

„Heute nacht fliege ich nach Ägypten", sagte die Schwalbe, froh und ausgelassen über diese Aussicht. Er besuchte alle öffentlichen Denkmäler und saß lange Zeit auf der Kirchturmspitze. Wo immer er hinkam, schilpten die Spatzen und sprachen zueinander: „Was für ein vornehmer Fremder!" Und die Schwalbe amüsierte sich sehr.

Als der Mond aufging, flog der kleine Vogel zurück zum glücklichen Prinzen. „Hast du irgendwelche Aufträge für Ägypten?“ rief er, „ich mache mich gerade auf den Weg.“

„Schwalbe, Schwalbe, kleine Schwalbe“, sagte der Prinz, willst du nicht noch eine Nacht bei mir bleiben?“

„Ich werde in Ägypten erwartet“, antwortete die Schwalbe. „Morgen werden meine Freunde den zweiten Katarakt hinauffliegen. Das Flußpferd lauert dort im Schilfrohr, und auf einem großen Granithaus sitzt der Gott Memnon. Die ganze Nacht beobachtet er die Sterne, und wenn der Morgenstern erscheint, gibt er einen einzigen Freudeschrei von sich, und dann ist er still. Am Mittag kommen die gelben Löwen hinunter zum Wasser, um zu trinken. Sie haben Augen wie grüner Beryll, und ihr Brüllen ist lauter als das Tosen des Wasserfalls.“

„Schwalbe, Schwalbe, kleine Schwalbe“, sagte der Prinz, „weit weg in der Stadt sehe ich einen jungen Mann in einer Dachkammer. Er ist über einen Tisch gebeugt, der mit Papieren übersät ist, und in einem Glas neben ihm steht ein Strauß verwelkter Veilchen. Sein braunes Haar hat feste Lokken, seine Lippen sind wie ein Granatapfel, und er hat große, verträumte Augen. Er versucht, ein Stück für den Direktor des Theaters zu Ende zu bringen, aber er friert zu sehr, als daß er noch schreiben könnte. Auf dem Rost brennt kein Feuer, und der Hunger hat ihn schwach gemacht.

„Ich werde noch eine Nacht bei dir warten“, sagte die Schwalbe, die wirklich ein gutes Herz hatte. „Soll ich ihm auch einen Rubin bringen?“

„Leider nein! Jetzt habe ich keinen Rubin mehr“, sagte der Prinz, „meine Augen sind alles, was mir noch bleibt. Sie sind aus seltenen Saphiren gemacht, die vor tausend Jahren aus Indien mitgebracht wurden. Picke einen von ihnen heraus und nimm ihn mit zu ihm. Er wird ihn an den Juwelier verkaufen und davon Feuerholz kaufen und sein Stück beenden.“

„Lieber Prinz“, sagte die Schwalbe, „das kann ich nicht tun“, und begann zu weinen.

„Schwalbe, Schwalbe, kleine Schwalbe“, sagte der Prinz, „tue, was ich dir befehle.“

So pickte die Schwalbe das Auge des Prinzen aus und flog fort zur Dachkammer des Studenten. Es war leicht genug, hineinzukommen, denn das Dach hatte ein Loch. Der kleine Vogel schoß hindurch und kam in das Zimmer. Der junge Mann hatte seinen Kopf in den Händen vergraben, so hörte er das Flattern der Vogelflügel nicht, und als er aufsah, fand er den wunderschönen Saphir auf den welken Veilchen liegen.

„Ich fange an, gewürdigt zu werden“, rief er, „das ist von einem großen Bewunderer. Nun kann ich mein Stück beenden“, und er sah ganz glücklich aus.

Am nächsten Tag flog die Schwalbe zum Hafen hinunter, setzte sich auf den Mast eines großen Dampfers und beobachtete, wie die Seeleute riesige Truhen mit Tauen aus dem Laderaum zogen. „Hau ruck!“ riefen sie jedesmal, wenn eine Truhe hochkam. „Ich fliege nach Ägypten!“ rief die Schwalbe, aber es kümmmerte niemanden, und als der Mond aufging, flog er zurück zu dem glücklichen Prinzen.

„Ich bin gekommen, dir Lebewohl zu sagen“, rief er.

„Schwalbe, Schwalbe, kleine Schwalbe“, sagte der Prinz, „willst du nicht noch eine Nacht bei mir bleiben?“

„Es ist Winter“, antwortete die Schwalbe, „und bald wird der eisige Schnee kommen. In Ägypten scheint die Sonne warm auf die grünen Palmen, die Krokodile liegen im Schlamm und schauen sich träge um. Meine Kameraden bauen ein Nest im Tempel des Baalbek, und die rosa und weißen Tauben beobachten sie und gurren einander zu. Lieber Prinz, ich muß dich leider verlassen, aber ich werde dich nie vergessen, und im nächsten Frühling werde ich dir zwei wunderschöne Juwelen zurückbringen für die beiden, die du weggegeben hast. Der Rubin wird roter sein als eine rote Rose, und der Saphir wird so blau sein wie das weite Meer.“

„Unten auf dem Platz“, sagte der glückliche Prinz, „steht ein kleines Streichholzmädchen. Sie hat ihre Streichhölzer in den Rinnstein fallen lassen, und sie sind alle verdorben. Ihr Vater wird sie schlagen, wenn sie kein Geld nach Hause bringt, und sie weint. Sie hat keine Schuhe und Strümpfe, und ihr kleiner Kopf ist unbedeckt. Picke mein zweites Auge aus und gib es ihr, und ihr Vater wird sie nicht schlagen.“

„Ich will noch eine Nacht bei dir bleiben“, sagte die Schwalbe, „aber ich kann dein Auge nicht auspicken. Dann wärest du völlig blind.“

„Schwalbe, Schwalbe, kleine Schwalbe“, sagte der Prinz, „tue, wie ich dir befehle.“

So pickte der kleine Vogel das zweite Auge des Prinzen aus und sauste los. Er schoß an dem Streichhölzmädchen vorbei und ließ das Juwel in ihre Handfläche gleiten. „Was für ein schönes Stück Glas!" rief das kleine Mädchen und rannte lachend nach Hause.

Dann kehrte die Schwalbe zum Prinzen zurück. „Du bist nun blind", sagte er, „deshalb will ich immer bei dir bleiben."

„Nein, kleine Schwalbe", sagte der arme Prinz, „du mußt fortgehen nach Ägypten."

„Ich will immer bei dir bleiben", sagte die Schwalbe und schlief zu Füßen des Prinzen ein.

Den ganzen nächsten Tag saß er auf der Schulter des Prinzen und erzählte ihm Geschichten über das, was er in fernen Landen gesehen hatte. Er erzählte ihm von den roten Ibissen, die in langen Reihen an den Ufern des Nil stehen und mit ihren Schnäbeln Goldfische fangen. Von der Sphinx, die so alt ist wie die Welt und in der Wüste lebt und alles weiß. Von den Kaufleuten, die langsam neben ihren Kamelen einhergehen und Bernsteinperlen in den Händen tragen. Vom König der Berge des Mondes, der so schwarz ist wie Ebenholz und einen großen Kristall anbetet. Von der großen grünen Schlange, die auf einer Palme schläft und zwanzig Priester hat, die sie mit Honigkuchen füttern, und von den Pygmäen, die auf großen flachen Blättern über einen großen See segeln und ständig mit den Schmetterlingen im Krieg liegen.

„Liebe kleine Schwalbe", sagte der Prinz, „du erzählst mir von wundersamen Dingen, aber noch wundersamer als alles ist das Leiden der Männer und Frauen. Kein Geheimnis ist so groß wie das des Elends. Fliege über meine Stadt, kleine Schwalbe, und berichte mir, was du dort siehst."

Also flog die Schwalbe über die große Stadt und sah, wie sich die Reichen in ihren schönen Häusern vergnügten, während die Bettler an den Toren saßen. Er flog in dunkle Nebenstraßen und sah die weißen Gesichter verhungernder Kinder, die teilnahmslos in die schwarzen Straßen schauten. Unter einem Brückenbogen lagen sich zwei kleine Jungen in den Armen, um sich gegenseitig warm zu halten. „Wie hungrig wir sind!" sagten sie. „Ihr dürft hier nicht liegen," schrie der Nachtwächter, und sie wanderten in den Regen hinaus.

Dann flog er zurück und erzählte dem Prinzen, was er gesehen hatte.

„Ich bin mit feinem Gold überzogen", sagte der Prinz, „das mußt du abziehen, Blatt für Blatt, und es meinen Armen geben. Die Lebenden denken immer, daß Gold sie glücklich machen kann."

Blatt für Blatt des feines Goldes zog die Schwalbe ab, bis der glückliche Prinz ganz stumpf und grau aussah. Blatt für Blatt des feinen Goldes brachte er den Armen, und die Kindergesichter wurden immer rosiger, und sie lachten und spielten auf der Straße. „Jetzt haben wir Brot!" riefen sie.

Dann kam der Schnee, und nach dem Schnee kam der Frost. Die Straßen sahen aus, als wären sie aus Silber, sie glänzten und glitzerten. Lange Eiszapfen hingen wie Kristalldegen von den Dachrinnen der Häuser, alle gingen in Pelzen einher, und die kleinen Jungen trugen rote Mützen und liefen mit ihren Schlittschuhen auf dem Eis.

Dem armen kleinen Schwalbenvogel wurde kälter und kälter, aber er wollte den Prinzen nicht verlassen, er liebte ihn zu sehr. Er pickte die Krumen vor der Tür des Bäckers auf, wenn der Bäcker nicht hinschaute, und versuchte sich warmzuhalten, indem er mit den Flügeln schlug. Doch schließlich wußte er, daß er sterben würde. Er hatte gerade noch genug Kraft, noch einmal auf die Schulter des Prinzen zu fliegen. „Lebewohl, lieber Prinz", murmelte er", läßt du mich deine Hand küssen?"

„Ich bin froh, daß du endlich nach Ägypten gehst, liebe Schwalbe", sagte der Prinz, „du bist zu lange hier geblieben. Aber du mußt mich auf die Lippen küssen, denn ich liebe dich."

„Ich gehe nicht nach Ägypten", sagte die Schwalbe. „Ich gehe zum Haus des Todes. Der Tod ist der Bruder des Schlafes, nicht wahr?"

Und er küßte den glücklichen Prinzen auf die Lippen und fiel tot zu seinen Füßen nieder.

In diesem Moment ertönte im Innern der Statue ein seltsames Krachen, als ob etwas zerbrochen wäre. In der Tat war das bleierne Herz einfach entzwei gebrochen. Es war wirklich ein furchtbar strenger Frost.

Früh am nächsten Morgen ging der Bürgermeister unten auf dem Platz mit den Stadträten spazieren. Als sie an der Säule vorbeikamen, sahen sie zu der Statue hoch: „Du liebe Zeit! – wie schäbig der glückliche Prinz aussieht!" sagte er.

„So schäbig, wirklich!" riefen die Stadträte, die stets mit dem Bürgermeister einer Meinung waren, und sie stiegen hinauf, um sie anzuschauen.

Der Rubin ist aus seinem Schwert gefallen, seine Augen sind verschwunden, und er ist auch nicht mehr golden", sagte der Bürgermeister. „In der Tat ist er kaum besser als ein Bettler!"

„Kaum besser als ein Bettler", sagten die Stadträte. „Und hier liegt tatsächlich ein toter Vogel zu seinen Füßen!" fuhr der Bürgermeister fort. „Wir müssen wirklich eine Vorschrift erlassen, daß Vögel hier nicht sterben dürfen." Und der Stadtsekretär machte eine Notiz von dem Vorschlag.

Also holten sie die Statue des glücklichen Prinzen herunter. „Da er nicht mehr schön ist, ist er auch nicht mehr nützlich", sagte der Kunstprofessor an der Universität.

Dann schmolzen sie die Statue in einem Hochofen ein, und der Bürgermeister versammelte die Gesellschaft zu einer Konferenz, um zu entscheiden, was mit dem Metall geschehen sollte. „Wir müssen natürlich eine andere Statue haben", sagte er, „und es soll eine Statue von mir selbst sein."

„Von mir selbst", sagte jeder der Stadträte, und sie stritten untereinander. Als ich das letzte Mal von ihnen hörte, stritten sie immer noch.

„Wie seltsam!" sagte der Aufseher der Arbeitertruppe in der Gießerei. „Dieses zerbrochene Bleiherz will einfach nicht im Ofen schmelzen. Wir müssen es fortwerfen." Also warfen sie es auf einen Abfallhaufen, wo auch die tote Schwalbe lag.

„Bringe mir die beiden kostbarsten Dinge in der Stadt", sagte Gott zu einem seiner Engel, und der Engel brachte ihm das bleierne Herz und den toten Vogel.

„Du hast richtig gewählt", sagte Gott, „denn in meinem Paradiesgarten soll dieser kleine Vogel singen in alle Ewigkeit, und in meiner Stadt aus Gold soll der glückliche Prinz mich preisen."

Oscar Wilde

15

Loslassen

LOSLÖSUNG oder Loslassen gilt als die Quintessenz des spirituellen Lebens, als Herzstück der spirituellen Praxis. Loslösung bringt sofortige und tiefe Offenbarungen. Wir entdecken, wie wir, wenn wir nicht mehr voller Meinungen und Erwartungen stecken, wirklich empfänglich sind. Wenn wir keine Angst mehr vor Verlust haben, beginnen wir, uns vorbehaltlos der Welt um uns zu öffnen. In der Entdeckung des Alleinseins liegt die Entdeckung dessen, was es bedeutet, wahrhaft mit anderen zusammenzusein. Loslassen ist ein Ausdruck des Erbarmens mit uns selbst und der Liebe zu dem Universum, in dem wir leben.

Wenn wir auf diesem Weg der inneren Transformation reisen, werden wir ermutigt, uns von allem zu lösen, jede Form des Festhaltens aufzugeben. Wir werden ermutigt, unsere Beschäftigung mit der Vergangenheit, unsere Investitionen in die Zukunft, unser Klammern an die Gegenwart loszulassen. Wir werden ermutigt, auf unsere Vorstellungen, Erwartungen, Ängste und Schuldgefühle zu verzichten. Wir lernen, daß Festhalten der Weg zu Beschränkung ist, Loslassen der direkte Weg zum Aufwachen. Dieses Loslösen erlaubt uns, ganz gegenwärtig zu sein, anstatt uns mit etwas zu beschäftigen, was war oder worauf wir hoffen.

Das mag sich nach einer strengen, furchtbaren Lehre anhören. Vielleicht fragen wir uns, ob uns nach diesem Loslassen noch irgendein Sinn bleibt. Vielleicht fürchten wir, daß wir leidenschaftslos, leer und ohne Orientierung sein werden, wenn wir uns von allem gelöst haben, was uns zuvor zu unserer eigenen Definierung diente. Uns wurde beigebracht, daß ohne etwas sein mit Entbehrung gleichzusetzen ist, daß Alleinsein

Einsamkeit bedeutet. Wenn der Preis für die Freiheit diese totale Loslösung ist, mögen wir zweifeln, ob wir bereit oder auch nur fähig sind, ihn zu zahlen. Doch unsere Offenheit wird es uns bei jedem Schritt lohnen.

Im spirituellen Leben ist kein Raum für Kompromisse. Das Erwachen läßt sich nicht erfeilschen, wir können nicht, was uns gefällt, festhalten und es gegen den Verzicht auf Dinge eintauschen, die uns nicht so wichtig sind. Eine lauwarme Sehnsucht nach Erwachen reicht nicht aus, um uns durch die Schwierigkeiten im Prozeß des Loslassens zu schiffen. Es ist wichtig, daß wir verstehen, daß alles, was wir verlieren können, niemals wirklich unser war, daß alles, woran wir uns klammern, nur unser Gefängnis ist.

Das spirituelle Leben lehrt uns die Freude des Loslassens, und diese großartige Kunst dient uns in allen Lebensumständen, ob es darum geht, uns dem Räuber in unserer eigenen Höhle oder den unvermeidlichen Veränderungen in unserem Leben in Anmut zu stellen. Loslassen erlaubt uns ein weises Leben. Das Leben ist unweigerlich ein Loslöseprozeß zu immer größeren Fähigkeiten des Seins, vom Säugling zur Kindheit, Jugend und dem Erwachsensein. Wenn wir unsere Ängste und Gewohnheiten loslassen, kann eine weiträumige Weisheit auftauchen. Wenn wir durch diese Welt ständigen Wandels ziehen und Überzeugungen und Vorlieben aufgeben, bleibt als fixer Sinn unserer selbst, mit dankbarem und weitem Herzen einen Tag auf einmal zu nehmen. Das Alte freizugeben, bedeutet, daß das Neue geboren werden kann. Das ist Freiheit.

Wenn wir klar sehen, entdecken wir, daß wir nie wirklich die Besitzer, die Eigentümer der Dinge unseres Lebens sind. Unser Heim, was wir „mein" nennen, und sogar unsere Kinder sind nur auf Zeit hier bei uns. Wir leben unsere Beziehung zu ihnen entweder geschickt und weise oder besitzergreifend und unweise. Nicht einmal unser Körper gehört uns. Er ist ein Geschenk, das sich verändern wird und schließlich auf seine eigene Art freigegeben werden muß. Seine wechselnden Zyklen reflektieren ganz und gar die Natur der Welt. Weder können wir irgend etwas besitzen noch aufhalten. Wir sind aufgefordert, uns weise auf alle Dinge zu beziehen, nicht anklammernd und besitzergreifend, sondern indem wir lieben. Das bedeutet, einen Moment auf einmal loszulassen – im Geist der Liebe und der Achtung. Wenn wir wirklich gegenwärtig sein können, entdecken wir, daß das, was wir zutiefst suchen, schon immer bei uns war.

Die Freude, die die Geschichten dieses Kapitels zum Ausdruck bringen, ist die Freude, die jedes Loslassen mit sich bringt. Wenn wir die Geschichten hier lesen, können wir darüber nachsinnen, wovon wir uns am schwersten lösen können. Und warum? Was müssen wir loslassen, um freier zu leben? Wo halten wir an Ideen und Erwartungen fest, die uns daran hindern, unsere Mitmenschen ganz zu lieben? Was besitzen wir, das uns unsere Freiheit nimmt? Können wir uns die Veränderungen vorstellen, die unser Loslassen mit sich brächte?

Einst kamen Räuber in das Kloster der Wüstenväter und sagten zu einem der Ältesten: „Wir sind gekommen, dir alles wegzunehmen, was in deiner Zelle ist." Und er sagte: „Meine Söhne, nehmt soviel ihr wollt." Sie nahmen alles, was sie in der Zelle finden konnten und verschwanden. Aber sie hatten einen kleinen Sack dagelassen, der in der Zelle versteckt war. Der Älteste schnappte ihn und folgte ihnen. Er rief ihnen nach: „Meine Söhne, nehmt dies mit, das habt ihr in der Zelle vergessen!" Verwundert über die Geduld des Ältesten brachten sie alles in seine Zelle zurück, taten Buße und sagten: „Dieser hier ist wirklich ein Mann Gottes!"

Wüstenväter

Auf meinem Weg nach oben traf ich einen Bettler und gab ihm etwas Geld. Meine heilige Mutter hatte mich gelehrt, nie an einem Bettler vorbeizugehen, ohne ihm etwas zu geben. Aber er nahm meine Münze und schnipste sie mit verächtlichem Blick in die Büsche. „Ich brauche dein Geld nicht", knurrte er. „Warum gibst du mir nicht deine Langeweile?"

Was konnte ich sagen? Ich hörte mich sagen: „Ich muß meine Frau fragen." Und eilte weiter, bevor er noch mehr Verheerung in mir anrichten konnte.

Nun hatte ich andere Dinge für meine Klausur geplant, über die ich nachdenken wollte, aber seine Worte kamen immer wieder dazwischen. „Warum gibst du mir nicht deine Langeweile?"

„Nein, ich kann nicht. Das nicht. Ich muß meine Frau fragen. Kann ich dir nicht etwas anderes geben? Du verstehst meine Lage nicht. Ich tue's nicht."

Vierzig Tage lang weigerte ich mich.

Am vierzigsten Tag stand ich auf, verließ das Kloster und warf ihm meine Langeweile in den Schoß. Wißt ihr, was er sagte?

Vater Theophanus

Die Tiere hielten Versammlung und beklagten sich über die Menschen, die ihnen immer Dinge wegnahmen.

„Sie nehmen meine Milch", sagte die Kuh. „Sie nehmen meine Eier", sagte die Henne. „Sie nehmen mein Fleisch als Schinken", sagte das Schwein. „Sie jagen mich wegen meines Öls", sagte der Wal.

Schließlich sprach die Schnecke. „Ich habe etwas, daß sie mir sicher wegnehmen würden, wenn sie könnten. Etwas, das sie mehr begehren als alles andere. Ich habe *Zeit.*"

Sufi

Es war einmal eine Maus, ein geschäftiger Mäuserich, der überall suchte, mit seinem Schnurrbart das Gras streifte und sich umschaute. Wie alle Mäuse beschäftigte er sich mit Mäusedingen. Aber manchmal hörte er einen seltsamen Klang. Dann hob er den Kopf, blinzelte angestrengt, ob er etwas sah, die Schnurrbarthaare zuckten in der Luft, und er wunderte sich. Eines Tages huschte er zu einem Mäusekameraden und fragte ihn: „Hörst du ein Tosen in deinen Ohren, mein Bruder?"

„Nein, nein", antwortete die andere Maus, ohne die geschäftige Nase vom Boden zu heben. „Ich höre nichts. Ich bin jetzt beschäftigt. Rede später mit mir."

Dieselbe Frage stellte er einer anderen Maus, die ihn seltsam ansah. „Bist du verrückt im Kopf? Was für einen Klang?" fragte sie und verschwand im Loch eines umgefallenen Baumwollstammes. Der kleine Mäuserich zuckte die Barthaare und ging wieder an seine Beschäftigungen, entschlossen, die ganze Sache zu vergessen. Aber da war wieder dieses Tosen. Es war schwach, sehr leise, aber es war da! Und eines Tages entschied er, den Klang näher zu erforschen, nur ein wenig. Er verließ die anderen geschäftigen Mäuse und huschte etwas abseits, um noch einmal hinzuhören. Da war er! Er hörte angestrengt zu, als plötzlich jemand Hallo sagte.

„Hallo, kleiner Bruder", sagte die Stimme, und der Mäuserich fuhr beinahe aus seiner Haut. Er bog Rücken und Schwanz zusammen, um wegzulaufen.

„Hallo", sagte die Stimme wieder. „Ich bin's, Bruder Waschbär." Und er war es tatsächlich! „Was tust du hier ganz allein für dich, kleiner Bruder?" fragte der Waschbär. Der Mäuserich errötete und versteckte seine Schnauze dicht am Boden. „Ich höre ein Tosen in meinen Ohren, das ich erforschen will", antwortete er zaghaft.

„Ein Tosen in deinen Ohren?" entgegnete der Waschbär, während er sich zu ihm setzte. „Was du da hörst, kleiner Bruder, das ist der Fluß."

„Der Fluß?" fragte der Mäuserich neugierig. „Was ist ein Fluß?" „Komm mit mir, und ich werde dir den Fluß zeigen", sagte der Waschbär.

Der kleine Mäuserich hatte furchtbare Angst, war aber fest entschlossen, ein für allemal herauszufinden, was es mit diesem Tosen auf sich hatte. „An meine Arbeit kann ich zurückkehren", dachte er bei sich, „wenn diese Sache geklärt ist, und vielleicht hilft mir diese Sache auch bei all meinem geschäftigen Untersuchen und Sammeln. Und meine Brüder sagten alle, es sei nichts. Ich wede es ihnen zeigen. Waschbär werde ich bitten, mit mir zurückzukommen, und ich werde den Beweis haben."

„In Ordnung, mein Bruder Waschbär", sagte der Mäuserich, „führe mich zum Fluß. Ich werde mitkommen."

Der kleine Mäuserich ging mit dem Waschbären. Sein kleines Herz klopfte wild in der Brust. Der Waschbär führte ihn auf seltsame Wege, und der kleine Mäuserich roch den Duft vieler Dinge, die hier vorbeigekommen waren. Oftmals bekam er so große Angst, daß er beinahe umgekehrt wäre.

Schließlich erreichten sie den Fluß! Er war riesig und atemberaubend, an einigen Stellen tief und klar, an anderen trübe. Der kleine Mäuserich konnte nicht bis auf die andere Seite sehen, so weit war er. Er toste, sang, weinte und donnerte auf seinem Verlauf. Auf seiner Oberfläche sah der kleine Mäuserich, wie große und kleine Stücke der Welt mitgetragen wurden. „Er ist mächtig", sagte der kleine Mäuserich und suchte nach Worten.

„Er ist großartig", antwortete der Waschbär, „aber jetzt möchte ich dich einem Freund vorstellen."

An einer glatteren, flacheren Stelle war ein Seerosenpolster, leuchtend grün. Darauf saß ein Frosch, der war fast genauso grün wie das Blatt, auf dem er saß. Sein weißer Bauch hob sich klar davon ab.

„Hallo, kleiner Bruder", sagte der Frosch, „willkommen am Fluß."

„Ich muß dich nun verlassen", fiel der Waschbär ein, „aber hab keine Angst, kleiner Bruder, denn ab jetzt wird der Frosch für dich sorgen."

Und der Waschbär ging fort, um am Flußufer nach Nahrung zu suchen, die er waschen und essen könnte.

Der kleine Mäuserich trat näher ans Wasser und sah hinein. Da sah er die Spiegelung einer ängstlichen Maus.

„Wer bist du?“ fragte der kleine Mäuserich die Spiegelung. „Hast du keine Angst, so weit da draußen in dem großen Fluß?“

„Nein“, antwortete der Frosch, „ich habe keine Angst. Von Geburt an ist mir die Gabe gegeben, sowohl über dem Fluß als auch in ihm zu leben. Wenn der Wintermann kommt und diese Medizin einfriert, kann man mich nicht sehen. Aber solange der Donnervogel fliegt, bin ich hier. Um mich zu besuchen, muß man herkommen, wenn die Welt grün ist. Ich, mein Bruder, bin der Hüter des Wassers.“

„Erstaunlich!“ sagte der kleine Mäuserich schließlich und suchte wieder nach Worten.

„Möchtest du gern Medizinkraft haben?“ fragte der Frosch.

„Medizinkraft?“ fragte der kleine Mäuserich. „Ja, ja! Wenn das möglich ist.“

„Dann ducke dich so tief du kannst und dann springe so hoch du fähig bist! Du wirst deine Medizin bekommen!“ sagte der Frosch.

Der kleine Mäuserich tat, wie ihm geheißen. Er duckte sich so tief er konnte und sprang. Und als er sprang, sahen seine Augen die Heiligen Berge. Und er konnte seinen Augen kaum trauen. Aber da waren sie! Doch dann fiel er wieder hinunter und landete im Fluß!

Dort bekam er es mit der Angst zu tun und krabbelte zurück ans Ufer. Er war naß und fast zu Tode erschrocken.

„Du hast mir einen Streich gespielt“, schrie der kleine Mäuserich den Frosch an.

„Warte mal“, sagte der Frosch. „du bist nicht verletzt. Laß deine Angst und deinen Ärger dich nicht blenden. Was hast du gesehen?“

„Ich“, stammelte der Mäuserich, „ich, ich sah die Heiligen Berge!“

„Und du hast einen neuen Namen!“ sagte der Frosch. „Du bist jetzt Springmaus.“

„Danke, danke“, sagte Springmaus und dankte ihm abermals. „Ich möchte zu meinen Leuten zurückkehren und ihnen erzählen, was mir begegnet ist.“

„Gehe. Gehe nur“, sagte der Frosch. „Kehre zu deinen Leuten zurück.

Es ist leicht, sie zu finden. Bewahre den Klang des Medizinflusses in deinem Hinterkopf und gehe in entgegengesetzter Richtung zum Klang. Dann wirst du deine Mäusebrüder finden."

Springmaus kehrte in die Mäusewelt zurück. Aber es war enttäuschend. Niemand wollte ihm zuhören. Und weil er naß war und das nicht erklären konnte, da es nicht geregnet hatte, bekamen viele der anderen Mäuse Angst vor ihm. Sie glaubten, er sei aus dem Maul eines anderen Tieres ausgespuckt worden, das ihn hatte fressen wollen. Und wenn er für das Tier nicht eßbar war, dann mußte er sicher auch für sie giftig sein.

Springmaus lebte wieder unter seinesgleichen, konnte aber den Anblick der Heiligen Berge nicht vergessen. Die Erinnerung brannte Springmaus in Kopf und Herz, bis er eines Tages zum Rand des Flußlandes ging ... Von der Grenze des Mäuselandes sah er hinaus in die Prärie. Er erblickte die Adler. Der Himmel war voller Punkte, jeder ein Adler. Aber er war fest entschlossen, zu den Heiligen Bergen zu gehen. Er nahm seinen ganzen Mut zusammen und flitzte so schnell er konnte auf die Prärie. Sein kleines Herz klopfte wild vor Aufregung und Angst. Und er lief, bis er einen Salbeistrauch erreichte, ruhte aus und versuchte, Luft zu holen, als er eine alte Maus sah. Der Salbeistrauch der alten Maus war eine Oase für Mäuse. Es gab reichlich Samenkörner und Material für den Nestbau und viele Dinge, mit denen man sich beschäftigen konnte.

„Hallo", sagte die alte Maus. „Willkommen." Springmaus war erstaunt. So ein Ort und so eine Maus. „Du bist wirklich eine große Maus", sagte Springmaus mit allem Respekt, den er aufbringen konnte. „Das ist wirklich ein wunderbarer Ort. Und die Adler können dich hier auch nicht sehen", sagte Springmaus.

„Ja", sagte die alte Maus, „und hier können wir alle Wesen der Prärie sehen, Büffel, Antilope, Kaninchen und Koyote. Von hier aus kann man sie alle sehen und ihre Namen kennen."

„Das ist wunderbar", sagte Springmaus.

„Kannst du auch den Fluß und die Großen Berge sehen?"

„Ja und nein", antwortete die alte Maus mit Überzeugung. „Ich weiß, daß es den Großen Fluß gibt, aber ich fürchte, daß die Großen Berge nur ein Mythos sind. Vergiß deine Leidenschaft, sie zu sehen, und bleibe hier bei mir. Hier gibt es alles, was du wünschst, und es ist ein guter Ort zum Leben."

„Wie kann er so etwas sagen?“ dachte Springmaus. „Die Medizin der Heiligen Berge kann man nicht vergessen.“

„Danke für die Mahlzeit, die du mit mir geteilt hast, alte Maus, und danke auch, daß du dein großartiges Zuhause geteilt hast“, sagte Springmaus. „Aber ich muß die Berge suchen.“

„Du bist töricht, von hier wegzugehen. Die Prärie ist voller Gefahren! Schau nur nach dort oben!“ sagte die alte Maus mit noch größerer Überzeugung. „Sieh all die Punkte dort! Das sind Adler, und sie werden dich fangen!“

Springmaus fiel es schwer, fortzugehen, aber er nahm seine Entschlußkraft zusammen und flitzte wieder los. Der Boden war rauh. Doch er bog den Schwanz und lief mit aller Kraft. Er konnte, während er lief, die Schatten der Punkte auf seinem Rücken fühlen. All diese Punkte! Schließlich erreichte er ein Tollkirschgebüsch. Springmaus konnte seinen Augen kaum glauben. Dort war es kühl und luftig. Es gab Wasser, Kirschen und Samenkörner, Gräser für den Nestbau, Löcher zum Auskundschaften und viele, viele andere Dinge zum Sich-Beschäftigen. Und viele, viele Dinge zum Sammeln.

Er erforschte sein neues Terrain, als er etwas schwer atmen hörte. Schnell fand er heraus, wo das Geräusch herkam. Es kam von einem großen behaarten Hügel mit schwarzen Hörnern. Es war ein großer Büffel. Springmaus konnte kaum glauben, wie groß dieses Wesen war, das er da vor sich liegen sah. Er war so riesig, daß Springmaus in eines seiner großen Hörner hätte kriechen können.

„So ein majestätisches Wesen“, dachte Springmaus und kroch näher.

„Hallo, mein Bruder“, sagte der Büffel. „Danke, daß du mich besuchst.“

„Hallo, großes Wesen“, sagte Springmaus. „Warum liegst du hier?“

„Ich bin krank und liege im Sterben“, sagte der Büffel. „Und meine Medizin hat mir gesagt, daß mich nur das Auge einer Maus heilen kann. Aber, kleiner Bruder, so etwas wie eine Maus gibt es nicht.“

Springmaus bekam einen Schreck. „Eines von meinen Augen“, dachte er, „eins von meinen winzigen Augen.“ Er huschte zurück ins Tollkirschgebüsch. Doch das Atmen wurde schwerer und langsamer.

„Er wird sterben“, dachte Springmaus, „wenn ich ihm nicht mein Auge gebe. Er ist ein zu großes Wesen, als daß ich ihn sterben lassen könnte.“ So ging er dahin zurück, wo der Büffel lag, und sprach mit zittriger Stimme:

„Ich bin eine Maus. Und du, mein Bruder, bist ein großes Wesen. Ich kann dich nicht sterben lassen. Ich habe zwei Augen, und deshalb kannst du eines von ihnen haben."

Kaum hatte er das gesagt, flog das Auge von Springmaus aus seinem Kopf, und der Büffel war geheilt. Er sprang auf die Beine, daß die ganze Springmauswelt erbebte.

„Danke, mein kleiner Bruder", sagte der Büffel. „Ich weiß von deiner Suche nach den Heiligen Bergen und von deinem Besuch am Fluß. Du hast mir Leben gegeben, damit ich es weitergeben kann. Ich werde immer dein Bruder sein. Laufe unter meinem Bauch, und ich werde dich bis zum Fuß der Heiligen Berge bringen, die Punkte am Himmel brauchst du nicht zu fürchten. Solange du unter mir herläufst, können die Adler dich nicht sehen. Sie sehen nur den Rücken eines Büffels."

Sicher und vor den Punkten verborgen lief der kleine Mäuserich unter dem Büffel dahin, aber nur mit einem Auge war es angsteinflößend. Die großen Büffelhufe ließen bei jedem Schritt die ganze Welt erzittern. Schließlich kamen sie an einen Ort, wo der Büffel anhielt.

„Hier muß ich dich verlassen, kleiner Bruder", sagte er. „Ich gehöre der Prärie an und würde auf dich fallen, wenn ich versuchte, die Berge hinaufzugehen."

„Danke, ich danke dir", sagte Springmaus. „Aber weißt du, ich hatte große Angst, wie ich so mit nur einem Auge unter dir herlief. Ständig fürchtete ich deine großen die Erde erschütternden Hufe."

„Deine Angst war umsonst", sagte der Büffel. „Denn meine Art zu gehen ist die Art des Sonnentanzes, und ich weiß immer, wo meine Hufe auftreffen werden. Nun muß ich in die Prärie zurückkehren, mein Bruder. Dort kannst du mich immer finden."

Sofort begann Springmaus, seine neue Umgebung zu erforschen. Hier gab es noch mehr als an den anderen Orten. Mehr Beschäftigungen und Samenkörner und andere Dinge, die Mäuse lieben, gab es im Überfluß. Bei seinem Auskundschaften stieß er plötzlich auf einen Grauwolf, der dasaß und überhaupt nichts tat.

„Hallo, Bruder Wolf", sagte Springmaus.

Die Wolfsohren richteten sich auf, und seine Augen leuchteten. „Wolf! Wolf! Ja, das bin ich. Ich bin ein Wolf!" Doch dann verdunkelte sich sein Geist wieder, und es dauerte nicht lange, da saß er wieder still da, völlig ohne Erinnerung daran, wer er war. Jedesmal, wenn Springmaus ihn erinnerte, wer er war, war er ganz angeregt über die Nachricht, doch dann vergaß er es schon bald wieder.

„So ein großes Wesen", dachte Springmaus, „aber er hat kein Gedächtnis."

Springmaus ging zur Mitte dieses neuen Ortes und war still. Lange Zeit lauschte er seinem Herzschlag. Dann plötzlich faßte er einen Entschluß und huschte zu dem Wolf zurück.

„Bruder Wolf", sagte Springmaus.

„Wolf, Wolf!" sagte der Wolf.

„Bitte, Bruder Wolf", sagte Springmaus, „bitte hör mir zu. Ich weiß, was dich heilen wird. Es ist eines von meinen Augen. Und ich will es dir geben. Du bist ein größeres Wesen als ich. Ich bin nur eine Maus. Bitte nimm es."

Als Springmaus geendet hatte, flog sein Auge aus dem Kopf, und der Wolf war geheilt.

Tränen rannen ihm die Wangen herunter, aber sein kleiner Bruder konnte sie nicht sehen, da er nun blind war.

„Du bist ein großer Bruder", sagte der Wolf, „denn nun habe ich mein Gedächtnis wieder. Doch du bist nun blind. Ich bin der Führer in die Heiligen Berge. Ich werde dich dorthin bringen. Es gibt dort einen Großen Medizinsee, den schönsten See der Welt. Die ganze Welt ist in ihm gespiegelt. Die Menschen, die Wohnstätten der Menschen und alle Wesen der Prärien und der Himmel."

„Bitte, bringe mich dorthin", sagte Springmaus.

Der Wolf führte ihn durch den Kiefernwald zum Medizinsee. Sringmaus trank das Wasser aus dem See. Der Wolf beschrieb ihm die Schönheit dort.

„Ich muß dich hier verlassen", sagte der Wolf, „denn ich muß zurückkehren, um andere zu führen, aber ich werde bei dir bleiben, solange du wünschst."

„Danke, ich danke dir, mein Bruder", sagte Springmaus, „ich habe zwar Angst allein, aber ich weiß, daß du gehen mußt, um anderen den Weg zu diesem Ort zu zeigen."

Springmaus saß da und zitterte vor Angst. Weglaufen hatte keinen Sinn, da er blind war, aber er wußte, daß ihn hier ein Adler finden würde.

Er fühlte einen Schatten auf seinem Rücken und hörte den Klang, den Adler machen. Er machte sich bereit für den Schock. Und der Adler schlug zu! Springmaus fiel in Schlaf.

Dann wachte er auf. Die Überraschung, lebendig zu sein, war groß, aber jetzt konnte er auch sehen! Alles war verschwommen, aber die Farben waren wunderschön.

„Ich kann sehen! Ich kann sehen!“ sagte Springmaus immer wieder.

Eine verschwommene Gestalt kam auf Springmaus zu. Springmaus blinzelte angestrengt, aber die Gestalt blieb verschwommen.

„Hallo, Bruder“, sagte eine Stimme. „Möchtest du eine Medizin haben?“

„Eine Medizin für mich?“ fragte Springmaus. „Ja! Ja!“

„Dann ducke dich so tief du kannst“, sagte die Stimme, „und springe dann so hoch du kannst.“

Springmaus tat wie ihm geheißen. Er duckte sich so tief er konnte und sprang! Der Wind ergriff ihn und trug ihn in die Höhe.

„Hab keine Angst!“ rief die Stimme ihm zu. „Halte dich an den Wind und vertraue!“

Das tat Springmaus. Er schloß die Augen und hielt sich an den Wind, der ihn höher und höher trug. Dann öffnete Springmaus die Augen, sie waren klar, und je höher er kam, desto klarer wurden sie. Springmaus sah seinen alten Freund auf einem Seerosenblatt auf dem wunderschönen Medizinsee. Es war der Frosch.

„Du hast einen neuen Namen“, rief der Frosch. „Du bist der Adler.“

Indianisch

Es waren einst zwei alte Männer, die viele Jahre zusammengelebt hatten, aber nie stritten. Nun sagte der eine von ihnen: „Laß uns einmal streiten, ganz wie die anderen Leute es tun.“ Und der andere sagte: „Ich weiß nicht, wie ein Streit entsteht.“ Da sagte der erste: „Schau, ich lege einen Ziegelstein zwischen uns und sage dann, ‚das ist meiner‘, und du sagst, ‚nein, das ist meiner‘, und dann beginnt ein Streit.“ So legten sie einen Stein zwischen sich, und der eine von ihnen sagte: „Das ist meiner.“ Und dann sagte der andere: „Nein, das ist meiner.“ Und er gab zurück: „In der Tat, soll er dir gehören, so nimm ihn an dich und geh!" Und so gingen sie ihres Weges, ohne miteinander streiten zu können.

Wüstenväter

Wenn ein Mann den Fluß überquert
und ein leeres Boot an sein eigenes Kanu stößt,
wird er sich nicht ärgern,
selbst wenn er leicht in Wut gerät.
Doch sieht er einen Mann in dem Boot,
wird er ihn beschimpfen, er solle wegsteuern.
Wenn sein Ruf nicht gehört wird, ruft er noch einmal
und noch einmal und fängt an zu fluchen.
Alles nur, weil das Boot einen Insassen hat.
Doch wäre das Boot leer,
er würde weder schimpfen noch ärgerlich sein.

Wenn du dein eigenes Boot leermachen kannst,
während du den Fluß der Welt überquerst,
wird sich dir niemand entgegenstellen,
wird niemand dir schaden wollen.

Dschuang Tse

Als Ramana Maharshi im Sterben lag, kam ihm das Klagegeschrei seiner Anhänger zu Ohren. Er fragte einen seiner Leibwärter: „Warum sind sie so verzweifelt?" Sein Leibwärter antwortete: „Weil du sie verläßt, Meister." Ramana wandte sich verwundert an seinen Leibwärter: „Aber wo denken sie, daß ich hingehen könnte?"

Hindu

In Indien haben die Jäger eine bewährte Methode der Affenjagd. Eine

Kokosnuß wird ausgehöhlt, und man macht ein Loch hinein, gerade groß genug, daß die offene Hand des Affen hindurchpaßt. Dann wird die Kokosnuß mit einem verlockenden Köder in sich auf dem Boden befestigt. Kommt dann ein Affe, der das Essen in der Kokosnuß haben will – owei, sobald er es packt und in der Faust hält, kann er die Hand mit dem Köder nicht mehr aus der Kokosnuß herausziehen. So bleibt er in der Falle seiner eigenen Unwilligkeit gefangen, die Faust zu öffnen.

Hindu

Es war einmal ein Kind aus Salz, das so gern wissen wollte, woher es kam. So machte es sich auf eine lange Reise und besuchte viele Länder auf der Suche nach dem Verstehen. Schließlich kam es an die Küste des großen Ozeans. „Wie wunderbar", rief es aus und steckte einen Fuß ins Wasser. Der Ozean lockte und sagte: „Wenn du wissen möchtest, wer du bist, hab keine Angst." Das Kind ging immer tiefer ins Wasser, und mit jedem Schritt löste es sich weiter auf. Am Ende rief es aus: „Ah, nun weiß ich, wer ich bin."

Traditionell

Als der Mulla in seinem Dorf als Richter amtierte, kam eine ramponierte Gestalt in den Gerichtssaal gerannt und verlangte ihr Recht.

„Ich bin überfallen und ausgeraubt worden", rief der Mann, „gerade hier außerhalb des Dorfes. Es muß jemand von hier gewesen sein. Ich verlange, daß ihr den Schuldigen ausfindig macht. Er nahm mir meine Robe, Schwert, sogar die Stiefel."

„Laß mal sehen", sagte der Mulla, „hat er nicht dein Unterhemd genommen, das du noch trägst, wie ich sehe?"

„Nein, das hat er nicht genommen."

In dem Fall war er nicht aus diesem Dorf. Hier werden die Dinge gründlich getan. Ich kann deinen Fall nicht behandeln."

Sufi

Zwei Mönche kamen auf ihrer Heimreise an das Ufer eines reißenden Flusses, wo sie einer jungen Frau begegneten, die die Strömung nicht allein durchqueren konnte. Einer der Mönche hob sie auf seine Arme und stellte sie auf der anderen Seite sicher wieder auf die Füße. Dann setzten die beiden Mönche ihre Reise fort. Der Mönch, der den Fluß allein durchquert hatte, konnte schließlich nicht länger an sich halten und tadelte seinen Bruder: „Weißt du nicht, daß es gegen unsere Regeln ist, eine junge Frau anzufassen? Du hast die heiligen Gelübde gebrochen." Der andere Mönch antwortete: „Bruder, ich habe die junge Frau am Ufer des Flusses zurückgelassen. Trägst du sie immer noch?"

Zen

Eines Nachts drangen Diebe in Rabbi Wolfs Haus ein und packten ein, was sie fanden. Von seinem Zimmer aus sah der Zaddik zu, tat aber nichts, um sie aufzuhalten. Als sie fertig waren, nahmen sie einige Utensilien mit, darunter auch einen Krug, aus dem an jenem Abend ein kranker Mann getrunken hatte. Rabbi Wolf rannte hinter ihnen her. „Meine guten Leute", sagte er, „ was immer ihr hier gefunden habt, betrachtet es, ich bitte euch, als Geschenke von mir. Es ist nicht so, daß ich euch diese Dinge nicht gönne. Aber bitte seid vorsichtig mit dem Krug! An ihm haftet der Atem eines Kranken, und ihr könntet seine Krankheit bekommen!"

Von der Zeit an sagte er jeden Abend vor dem Zubettgehen: „All mein Hab und Gut ist Allgemeinbesitz", so daß, falls nochmals Diebe kämen, sie sich nicht des Diebstahls schuldig machen würden.

Chassidisch

Im letzten Jahrhundert besuchte ein Tourist aus den Staaten den berühmten polnischen Rabbi Hafez Hayyim.

Er war erstaunt, daß das Haus des Rabbi nur aus einem einfachen, mit Büchern gesäumten Zimmer bestand. Das einzige Mobiliar war ein Tisch und eine Bank.

„Rabbi, wo sind deine Möbel?" fragte der Tourist.
„Wo sind deine?" entgegnete Hafez.
„Meine? Ich bin doch nur auf der Durchreise."
„Das bin ich auch", sagte der Rabbi.

Chassidisch

Der Zenmeister Ryokan führte ein höchst einfaches Leben in einer kleinen Hütte am Fuße eines Berges. Eines Abends kam ein Dieb, doch nur um festzustellen, daß es dort nichts zu stehlen gab.

Ryokan kehrte zurück und erwischte ihn. „Vielleicht bist du einen weiten Weg gekommen, um mich aufzusuchen", sagte er zu dem Herumtreiber, „und solltest nicht mit leeren Händen fortgehen. Bitte nimm meine Kleider als Geschenk."

Der Dieb war verwirrt. Er nahm die Kleider und schlich fort.

Ryokan saß nackt da und schaute in den Mond. „Armer Kerl", sinnierte er, „ich wünschte, ich könnte ihm diesen wunderschönen Mond geben."

Zen

Zur Zeit des Buddha erzählt man eine Geschichte von einer jungen Frau namens Kisa Gotami, die eine Reihe von tragischen Schicksalsschlägen erlitt. Zuerst starb ihr Ehemann und ein enges Familienmitglied. Ihr blieb nur der einzige Sohn. Dann befiel ihn eine Krankheit, so daß auch er starb. In Kummer und Wehklagen trug sie den Körper ihres toten Kindes überall hin und bat um Hilfe, um Medizin, um ihn wieder lebendig zu machen, aber natürlich konnte niemand helfen. Schließlich schickte jemand sie zum Buddha, der in einem nahen Waldstück lehrte. Vor Kummer weinend näherte sie sich dem Buddha und sagte: „Großer Lehrer und Meister, bitte bring meinen Jungen zurück ins Leben." Der Buddha sagte: „Ich will es tun, aber zuerst mußt du etwas für mich tun, Kisa Gotami. Du mußt ins Dorf gehen und mir eine Handvoll Senfkörner (ein weitverbreitetes Gewürz in Indien) besorgen, woraus ich eine Medizin für dein Kind machen will. Aber noch eine Sache", sagte der Buddha, „die Senfkörner müssen aus einem Haus kommen, wo niemand gestorben ist, wo niemand ein Kind oder Eltern, Ehepartner oder Freund verloren hat."

Kisa Gotami lief ins Dorf und stürzte ins erstbeste Haus, um Senfkörner zu erbitten. „Bitte, bitte, kann ich welche haben?" Und die Leute sahen ihren Kummer und reagierten sofort. Aber dann fragte sie: „Ist irgend jemand in diesem Haus gestorben? Eine Mutter oder Tochter oder Vater oder Sohn?" Sie antworteten: „Ja, erst im letzten Jahr hatten wir einen Todesfall." Da lief Kisa Gotami fort und zum nächsten Haus. Wieder boten sie ihr Senfkörner an, und wieder fragte sie: „Ist hier jemand gestorben?" Diesmal war es die unverheiratete Tante. Und im nächsten Haus war es die junge Tochter, die gestorben war. Und so ging es Haus für Haus in diesem Dorf. Sie konnte keinen Haushalt finden, dem der Tod nicht begegnet war.

Am Ende setzte Kisa Gotami sich in ihrem Kummer nieder und erkannte, daß, was ihr und ihrem Kind geschehen war, jedem geschieht, daß alle, die geboren sind, auch sterben werden. Sie brachte den Leichnam ihres Sohnes zum Buddha zurück. Dort wurde er mit allen entsprechenden Riten beerdigt. Dann verneigte sie sich vor dem Buddha und bat ihm um Unterweisung, die ihr Weisheit und Zuflucht in diesem Reich von Geburt und Tod bringen würden, und sie nahm sich diese Unterweisungen so zu Herzen, daß sie selbst zu einer großen Yogin und Weisen wurde.

Früher Buddhismus

Es war einmal ein wanderender Fakir, der – irgendwie – einen prächtigen mit Edelsteinen besetzten goldenen Umhang besaß. Wo immer er hinging, trug er dasselbe strahlende Gewand, und da der Kreis seiner Wanderungen eigentlich recht klein war, war er den Leuten, denen er begegnete, bald überall bekannt als der „Fakir mit dem Goldenen Umhang."

Eines Tages, während er die Straße entlangzog und ein kleines Lied zum Lobe des freien Lebens der Armen Gottes sang, traf er auf eine Räuberbande. „Oho!" riefen sie. „Wenn das Leben heiliger Armut tatsächlich ein so freies ist, laß uns diesen Diener Allahs schnellstens von seinem Umhang aus Gold befreien." „Finger weg!" warnte der Fakir. „Dieser Umhang ist eine Gabe Gottes, und wer Gottes Gaben stiehlt, wird sich mit Sicherheit Seinen Zorn zuziehen." „Wir gehen das Risiko ein", lachten die Räuber, und nachdem sie ihn wegen seiner Mühe mit einem Hagel aus Tritten und Hieben bedacht hatten, zogen sie ihm seinen Goldenen Umhang aus und ritten davon.

Zerschunden und zerschlagen setzte der Fakir seinen Weg die Straße hinunter fort, nicht mehr so sicher – um die Wahrheit zu sagen –, daß Gottes Zorn seine Feinde notwendigerweise in naher Zukunft ereilen würde. Schließlich war er derjenige, der die blauen Flecken davontrug, oder nicht? Dennoch befahl er sich Allah an und ging weiter. Man stelle sich also seine Überraschung vor, als er um eine Wegbiegung kam und vor sich die Räuber, die ihn gerade überfallen hatten, tot in einer Lache ihres eigenen Blutes liegen sah. Zuerst konnte er nicht verstehen, was passiert war. Dann sah er auf und erblickte seinen Goldenen Umhang an einem Dornenbaum hängen, demselben Baum, unter dem die Räuberleichen lagen. Langsam dämmerte ihm, daß die Räuber sich gegenseitig umgebracht hatten. Sie hatten um den Besitz des Umhangs gekämpft, der, wie sie erkannten, den halben Wert verlöre, wenn sie ihn teilten. „Lob sei Allah!" rief der Fakir. „Das beweist, wie großzügig Er ist, wie gerecht im Umgang mit Seinen Dienern. Er hat mich einfach geprüft, soviel ist sicher." Der erfreute Derwisch wickelte sich aufs neue in seinen Goldenen Umhang, welchen – um die Wahrheit zu sagen – er sicher gewesen war, nie wiederzusehen. „Wie groß ist Allah! Er hat meine Feinde bestraft und mir zurückgegeben, was rechtmäßig mein ist, wie unverdient auch immer." Und der Fakir setzte seine Reise leichten Herzens fort.

Einige Tage später überquerte der Fakir die Grenze zu einem Königreich und kam in ein Tal, das von einem feindlichen König bedroht wurde. Galoppierende Ritter, Scharen von Kavallerie und Kampfgeschrei und Gefechte überall. Im Verlaufe der Schlacht wurde der Fakir von den Soldaten des eindringenden Königs gefangengenommen, und innerhalb weniger Tage fand er sich im Kerker der Burg des Königs wieder. Immerhin wurde er in einem anständigen Quartier gehalten und durfte sogar zur Audienz mit dem König, der die Derwische achtete, auch wenn er sie als

Gefangene hielt. Er erlaubte dem Fakir auch, seinen Umhang zu behalten, „denn", sagte der König, „ich bin ein reicher Mann, es wäre nicht schicklich für mich, den Umhang eines der Armen Gottes zu besitzen, ganz gleich wie wertvoll er zu sein scheint."

Der Fakir dachte, alles in allem habe er wohl Glück gehabt. Sein Gastgeber war sicher viel gnädiger, als er als Gefangener mit Recht erwarten konnte. Dennoch war er nicht zufrieden. Er empfand große Einsamkeit und sehnte sich nach seiner Familie und seinen Freunden.

Schließlich bemerkte der König seinen Kummer. „Warum bist du so betrübt, mein Freund?" fragte der König. „Gefällt dir mein Hof nicht? Bist du hier ungut behandelt worden? Hast du einen anderen Wunsch im Leben, als mein Diener zu sein, welches mein Wunsch ist?"

„O König", sagte Ibrahim – das war der Name des Fakirs –, „deine Güte und Großzügigkeit sind ohne Makel. Dennoch kann ich als Gefangener an deinem Hof nicht glücklich sein. Ich sehne mich danach, meine Frau und die Familie wiederzusehen, wer weiß, was ihnen ohne mich zustößt." „Also gut", sagte der König, „sicher kann ich deine große Zuneigung zu deinen Lieben verstehen. Aber ich kann dich nicht einfach so gehen lassen. Ich nahm dich im Krieg gefangen, also bist du rechtmäßige Beute. Aber du magst dich selber auslösen, wenn du kannst. Hast du keine Freunde, die deinen Preis bezahlen würden, keinen Besitz, den du in Bargeld verwandeln könntest? Warum nicht diesen deinen Umhang – sein Preis in Silber wäre mehr als genug, dir die Freiheit zu erkaufen." Ibrahim dachte über das Angebot des Königs nach und – nach einem inneren Kampf mit seinem Gewissen – bot er an, den Umhang mit einem der königlichen Boten zu seiner Familie mit der Anweisung zu schikken, ihn zu verkaufen und ihn von dem Erlös freizukaufen.

Der Bote reiste am Abend ab, und als die Dämmerung hereinbrach, erreichte er das Haus von Ibrahims Frau und Familie. Als seine Verwandten den Goldenen Umhang sahen und von dem Boten die Geschichte von Ibrahims Gefangenschaft hörten und des Königs Forderung nach Lösegeld, eilten sie zum Markt und verkauften den Umhang, so befürchteten sie, für beträchtlich weniger, als er wert war. Aber es war genug und mehr als genug, um die Forderung des Königs zu erfüllen, und am Abend machte sich der Bote, der den Umhang gebracht hatte, mit einer Eselsladung voll Silber auf den Weg. Er erreichte die Festung des Königs im

Morgengrauen. Als der König das Lösegeld sah, ließ er den Fakir rufen und entließ ihn mit seinem Segen, aber auch mit Bedauern. „Es tut mir leid“, sagte er, „daß es dir an unserem Hof nicht gefallen hat. Trotzdem hoffe ich, daß du deinen Aufenthalt hier bei uns nicht vergessen wirst und dich dann und wann unserer erinnerst, gewiß werden wir uns deiner erinnern.“ Ibrahim gab das Versprechen, sich zu erinnern, verbeugte sich und verließ den Königshof.

So machte sich der Fakir auf seinen weiten Heimweg. Er reiste langsam mit vielen Aufenthalten und Umwegen und in großer Niedergeschlagenheit. Selbst die Aussicht auf das Wiedersehen mit seiner Familie konnte sein Gefühl der Trostlosigkeit nicht besiegen. Die Wahrheit war, er fühlte sich fehl am Platz, ohne Sinn und verletzlich, wie er so ohne seinen Goldenen Umhang durch die Welt wanderte. „Ich habe noch keinen einzigen Menschen auf dieser Reise angetroffen, der mich mit Namen begrüßt hätte, ohne meinen Goldenen Umhang erkennt mich niemand. Um die Wahrheit zu sagen, ich kenne mich selbst kaum wieder.“ Endlich kam er an die Ausläufer der Stadt, wo seine Familie lebte. Langsam bahnte er sich seinen Weg durch die Straßen bis zur Tür seines Hauses – aber als er eintreten wollte, erhoben die Bewohner ein Geschrei. „Wer bist du, unverschämter Bettler, in ehrlicher Leute Häuser einzubrechen? Verschwinde, bevor wir den Magistrat holen!“ „Erkennt ihr mich denn nicht?“ rief der Fakir. „Ich bin euer Vetter Ibrahim.“ „Ibrahim!“ antworteten sie, „Ibrahim verrottet schon seit Jahren, und du bist nicht er! Dein Gesicht ist uns nicht vertraut – verschwinde!“

Betrübt kehrte Ibrahim auf dem Weg um, den er gekommen war. Es war also wahr! Nicht einmal seine eigene Familie erkannte ihn ohne seinen Goldenen Umhang.

Von dem Tag an wurde Ibrahim zu einem heimatlosen Wanderer durch eine Welt, die ihn nicht mehr erkannte und die ihm gleichfalls unvertraut war. Keine frohen Stimmen begrüßten ihn. Er wanderte von Land zu Land, ohne Hoffnung, ohne Identität, hatte weder ein Ziel noch die Aussicht, es zu erreichen. So vergingen die Jahre.

Eines Nachts in einem fernen Land saß Ibrahim neben einem spärlichen Feuer aus trockenen Dornbüschen an einem Lagerplatz neben der Hauptstraße. Als er so zitternd dasaß, hörte er das Geräusch herannahender Reisender, begleitet von gellenden Schreien. Erschrocken versteckte

Ibrahim sich hinter ein paar Büschen und beobachtete. Bald tauchte im Kreis des Feuerscheins eine Begräbnisprozession auf, die Träger trugen einen Leichnam auf einer bedeckten Bahre. Als sie anhielten und ihre Bürde in der Nähe des Feuers absetzten, warf sich eine Frau – offenbar die hinterbliebene Witwe – in einem Anfall von Trauer auf den Boden. Ibrahim war ganz verdattert und wußte nicht, wie er sich verhalten sollte. Jahre einsamer Reisen hatten ihn vorsichtig und mißtrauisch werden lassen, und der Anblick der finsteren Träger und der Begleitschaft erinnerten ihn allzu deutlich an vergangene Prügel. Als aber die Frau nicht aufhörte, zu lamentieren und sich hinzuwerfen, wurde sein Herz weich. Er erhob sich aus seinem Versteck und näherte sich scheu. „Ich konnte mir nicht helfen, aber dein großer Kummer rührt mich zutiefst", sagte er zu der Witwe, „kann ich irgend etwas tun, um deine Bürde leichter zu machen?" „Irgend etwas tun!" schrie die trauernde Witwe. „Als ob du oder sonst jemand jetzt etwas für mich tun könnte! Wenn du nur meinen Mann gekannt hättest, würdest du nichts dergleichen angeboten haben, so freundlich es auch gemeint war. Er war der gütigste, wunderbarste Mann, den ich je gekannt habe." Und damit brach die Frau in eine lange, weitschweifige Erzählung aus, unterbrochen von Schluchzern – die Geschichte ihres Kummers, ihr Leben, ihre Liebe zu ihrem Ehemann, die Umstände seines Todes. Ibrahim hörte mit einem Gefühl der Hilflosigkeit zu. Wie konnte jemand, so niedergedrückt von seinen eigenen Sorgen, irgend etwas tun, den Kummer eines anderen zu lindern? Sie weinte, hielt ein Loblied auf ihren Mann, und dann, um ihren Kummer noch auf die Spitze zu treiben, riß sie unter Weinen und Wehklagen die Bedekkung von der Bahre und überließ den Leichnam der Nachtluft. Zögernd und im Wissen, wie trivial und unwirksam seine Worte klingen mußten, versuchte Ibrahim, ihr zu erzählen, daß irgendwo, selbst in ihrem großen Verlust, wenigstens ein Teilchen der Gnade Gottes verborgen sein mußte, als plötzlich sein Blick auf den freigelegten Leichnam fiel. Vor Schreck fuhr er zusammen, seine Zunge versagte: Der Leichnam des Mannes trug den Goldenen Umhang!

Als sie sein Erstaunen sah, hielt die Witwe in ihrem Klagen inne. „Was hat dich so erschreckt?" fragte sie. „Was hast du gesehen?" Zitternd und kaum in der Lage, sich verständlich zu machen, erzählte Ibrahim ihr die Geschichte von dem Goldenen Umhang, in dem ihr Mann beerdigt werden sollte. Er erzählte ihr von seiner Begegnung mit den Räubern, seiner Gefangenschaft in der Königsfestung, wie er von seiner Familie verstoßen wurde und von seinen Jahren zielloser Wanderschaft. Und allmählich, während er so sprach, wurde die Witwe ruhiger und hörte auf zu weinen. Als seine Geschichte beendet war, sagte die Frau: „Die Geschichte deines Kummers zu hören, hat mir eine große Bürde vom Herzen genommen. Wie kann ich meine wenigen Tage des Kummers mit deinen Jahren des Leidens und Exils vergleichen? Ich hatte vergessen, daß der Tod nur der Beginn einer Reise ist, vergib mir mein unziemliches Benehmen."

„Stammelnd antwortete Ibrahim, daß Vergebung nicht nötig sei, wo kein Schaden ist. „Deine Geschichte war mir wie ein Wunder Allahs", sagte sie. „Wie kann ich das je entgelten? Ah! Jetzt weiß ich. Nichts kann mich zufriedenstellen, es sei denn, du nimmst den Goldenen Umhang als Geschenk an, der eher dein als der meines Mannes ist. Er hat schon die Vorräte für seine Reise bei sich, während du, armer Heimatloser, nichts und niemanden in dieser Welt hast." Demütig und unter vielem Protestieren nahm Ibrahim den Goldenen Umhang an. Als der Morgen dämmerte, zog die Begräbnisprozession weiter, und Ibrahim machte sich bereit, ihnen zu folgen. Aber was war mit dem Goldenen Umhang? Wie könnte er ihn jetzt tragen? Seine Jahre des Kampfes und Leides hatten das Herz in seiner Brust verwandelt. Aber wie könnte er ihn zurücklassen? Am Ende wickelte er den Umhang in ein Bündel, warf es auf den Rücken und nahm seine ziellose Wanderschaft wieder auf. Aber obwohl er immer noch im ungewissen über sein Ziel war, fühlte er nach seiner Begegnung mit der Witwe, daß ihm eine große Bürde vom Herzen genommen war.

Eines Tages im beginnenden Frühling, als die Sonne hoch stand und der Regen einen dünnen Teppich aus Grün über die Erde webte, traf Ibrahim, der schon vor der Dämmerung losgewandert war, unterwegs einen alten Mann von ehrwürdigem Aussehen, der einen zerschlissenen und geflickten Umhang trug. „Wohin reist du, mein Sohn", fragte er, „und was ist in dem Bündel auf deinem Rücken?" „Wohin ich reise, weiß Gott allein, Onkel. Ich habe keinen Weg außer dem, den ich mit meinen Schritten mache. Und was das Bündel auf meinem Rücken betrifft, das ist der berühmte Goldene Umhang." „Der Goldene Umhang", sagte der

Alte, „der muß zehntausend Dinare wert sein. Wie aufregend, ihn zu besitzen. Sage mir, was wirst du mit ihm tun? Wirst du ihn für seinen Gegenwert in Goldmünzen verkaufen?" „Nein", entgegnete Ibrahim. „Ah ja, ich verstehe, sehr weise, zweifellos fürchtest du, Diebe anzulocken, aber sage mir – was wirst du mit dem Umhang tun? Wirst du ihn jemandem zum Geschenk machen?"

Ibrahim war von den Fragen des Alten betroffen und überlegte, wie er antworten solle. Er würde ihn nie mehr tragen, das war sicher. Und verkauft hatte er ihn schon einmal und sich mit seinem Preis Armut eingehandelt. Warum in Allahs Namen trug er ihn auf seinem Rücken? Was blieb ihm denn anderes übrig, als ihn wegzugeben! Ich möchte lieber mit Taten als mit Worten antworten, mein Meister. Nimm ihn, er ist dein." Und Ibrahim nahm das Bündel vom Rücken, öffnete es und überreichte den Goldenen Umhang dem alten Mann.

„Was für ein wundervolles Geschenk", sagte der Alte, „glaube mir, ich habe Verwendung für ihn. Aber hier, du mußt etwas von mir annehmen, ich kann dich das nicht tun lassen, ohne meinen Dank auszudrücken." Und während er das sagte, zog der Alte seinen zerschlissenen Flickenumhang aus und reichte ihn Ibrahim. Augenblicklich kam ein Wandel über ihn. Ein großes Licht erstrahlte aus ihm. Sein Bart, der weiß gewesen war, wurde nun schwarz und glänzend. Die Juwelen und Goldfäden des Goldenen Umhangs sandten Strahlen in alle Richtungen aus, als ob sie von der Sonne berührt wären. So wurde der Alte in dem Flickengewand enthüllt als ein Engel Gottes, und Ibrahim fiel vor ihm auf den Boden.

„Nun kannst du sehen", sagte der Engel, „daß dieser Umhang, den du so hoch bewertet hast, der sich aber in den Märkten der Welt als wertlos erwies, tatsächlich all den Wert enthält, den du ihm gabst, und noch unendlich mehr. Deine Wertschätzung war eigentlich viel zu gering, dein schaler Grad der Bewunderung eine Beleidigung für die Erlesenheit dieses Gewandes. Du bewertetest ihn nur so hoch wie deine eigene Eitelkeit – während er in dir das Wissen Allahs sah. Darum kam er in dein Leben und klammerte sich an dich wie ein treuer Freund und kehrte immer wieder zu dir zurück, selbst durch große Not. Aber vielleicht ist Eitelkeit gegen Wissen alles in allem kein schlechter Tausch. Jedenfalls ist nun das Gewand zu seinem rechtmäßigen Besitzer zurückgekehrt, weil es erst in diesem Moment mit offener Hand gegeben wurde, weder gestohlen noch gehandelt noch verkauft. In diesem Umhang steckt nichts als Wissen; infolgedessen mag Wissen von nun an dein Begleiter sein und dich auf deinen Reisen begleiten. Aber für das winzige Teilchen Wissen mit dem Titel ‚Die Geschichte vom Fakir mit dem Goldenen Umhang' ist die Zeit zu sprechen jetzt um."

Charles Upton

RUMI KLOPFTE AN DIE TÜR SEINES GELIEBTEN. „Wer ist da?" kam die Antwort. „Ich bin's, dein Liebhaber, Rumi", sagte er. Von innen ertönte die Stimme: „Geh weg, hier ist kein Platz für zwei von uns." Rumi ging fort zu seinen Meditationen und Gebeten. Später kehrte er zum Haus seines Geliebten zurück und klopfte wieder. „Wer ist da?" fragte der Geliebte. „Du bist's." Mit einem Willkommen wurde die Tür weit geöffnet.

Rumi

16

Lehren durch Sein

Viele der weisesten Menschen waren weder Anführer großer Gefolgschaften noch berühmte und mächtige Persönlichkeiten. Ein großer Teil tiefgreifender Heilung und Transformation, die in unserer Welt stattfinden, geht von Menschen aus, die keineswegs wegen großer Fähigkeiten oder Wundertaten bekannt sind. Es sind oft die einfachsten Leute, die großes Mitgefühl und Adel dadurch ausstrahlen, daß sie lebende Verkörperungen der Liebe und Wahrheit sind.

In der Aussage „Wenn du einen Zenmeister kennenlernen willst, mußt du seine Frau fragen“ liegt eine tiefe Wahrheit. Man erkennt uns an unseren allerpersönlichsten Handlungen, an unserer Sorgfalt, unseren Worten und Gefühlen. Wenn wir in innerer Harmonie und Frieden leben, sind alle unsere Gedanken und Handlungen organischer Ausdruck dieser Harmonie und dieses Friedens. Wer in echter Weisheit und wahrem Mitgefühl wurzelt, hat kein Bedürfnis, das von einem Podest aus zu verkünden. Er weiß, daß die einzig sinnvolle Art zu leben darin besteht, den Geist der Weisheit und des Mitgefühls an jedem Tag zum Ausdruck zu bringen.

Die Geschichten der großen Weisen und spirituellen Meister berühren uns, weil sie lebende Beispiele derselben tiefen Weisheit sind, die wir auch in uns spüren können. Sie haben entdeckt, wie sie inmitten des Chaos große Ruhe finden, wie sie auf Konflikte und Geringschätzung mit Vergebung und Anteilnahme reagieren können. In einer Welt aus Skepsis und Zynismus leben sie aus tiefstem Vertrauen und Glauben. Ihre Mission ist nicht, die Welt zu verändern oder anderen die eigene

Wahrheit aufzudrängen, sondern in Übereinstimmung mit dem zu leben, was sie als wahr erkannt haben, und dieser inneren Harmonie in allen Lebensbereichen Ausdruck zu verleihen.

Die Vorbilder der Geschichten in diesem Kapitel laden uns ein, dieselbe Harmonie in unserem eigenen Leben zu finden und zu verkörpern. Das größte Wunder im spirituellen Leben, so heißt es, ist eine Veränderung im Herzen. Unser Beitrag an die Welt besteht in der Art, wie wir andere berühren und wie wir leben, wie wir sprechen und handeln. Die Verkörperung eines weisen und liebenden Seins wird nicht durch besondere Gesten oder Zugehörigkeit zu einer bestimmten Religion oder Gemeinschaft vollzogen. Es ist viel einfacher und elementarer. Wir verkörpern es im Umgang mit unseren Nachbarn, unseren Familien, unserer Umgebung und uns selbst. Die Kraft des Herzens ist ebenso ansteckend wie der Geist der Wachheit und Integrität. Wenn wir Frieden haben wollen, müssen wir dieser Frieden sein, wenn wir Liebe in dieser Welt haben wollen, müssen wir Liebe sein. Unsere Kinder, Freunde und Gemeinschaften haben am meisten davon, wenn wir ihnen Bruder oder Schwester sind, wenn wir unsere Körper und Herzen, unsere Integrität und Aufmerksamkeit in das Zusammensein einbringen.

Als Gandhi gefragt wurde, ob er eine Botschaft an die Welt habe, sagte er: „Mein Leben ist meine Botschaft." Welche Botschaft geben wir mit unserem eigenen Leben? Welche unserer Seinsqualitäten bringen wir in die schwierigen Situationen des Lebens? Wie berühren wir unsere Freunde, Familien und Gemeinschaft ohne Worte? In welchem Geist berühren wir sie, und wie werden sie sich unserer erinnern? Wo leben wir, wo verkörpern wir unsere höchste Weisheit, Liebe und Werte? Wo tun wir es nicht? Wenn wir wahrhaft in Aufmerksamkeit und Mitgefühl leben könnten, wie würde unser Leben dann aussehen?

Ein Prophet kam in eine Stadt, um die Einwohner zu bekehren. Anfangs hörten die Leute seinen Predigten zu, doch dann blieben sie allmählich aus, bis keine einzige Seele mehr dem Propheten zuhörte, wenn er sprach. Eines Tages sagte ein Reisender zu ihm: „Warum predigst du weiter?"

Antwortete der Prophet: „Anfangs hoffte ich, diese Leute zu verändern. Wenn ich jetzt immer noch rede, dann nur, damit sie mich nicht verändern."

Sufi

Der Meister Soyen Shaku verließ diese Welt, als er 61 Jahre alt war. Er erfüllte sein Lebenswerk und hinterließ eine große Lehre, deren Reichtum weit über die der meisten anderen Zenmeister hinausging. Im Hochsommer schliefen seine Schüler tagsüber, was er übersah, ohne jedoch selber auch nur eine Minute zu vergeuden. Er war kaum zwölf gewesen, als er bereits die philosophischen Spekulationen des Tendai studierte.

Eines Sommertags war die Luft so schwül, daß der kleine Soyen seine Beine ausstreckte und einschlief, als sein Lehrer nicht da war.

Drei Stunden vergingen, bevor er plötzlich aufwachte und seinen Meister hereinkommen hörte, aber es war zu spät. Da lag er, quer über der Schwelle am Boden ausgestreckt.

„Entschuldige mich, entschuldige mich", flüsterte sein Lehrer, während er so vorsichtig über Soyens Körper stieg, als ob es sich um einen hochverehrten Gast handele. Soyen schlief nie wieder nachmittags ein.

Zen

Einst bekam ein armer Brahmane ein Kalb. Er war entzückt über das kleine Wesen. Er liebte seine sanften Augen und ungelenke, holperige Art. Er fütterte das kleine Kalb gut und überschüttete es mit Zuneigung und Fürsorge. Und das kleine Öchslein liebte den Mann ebenfalls. Und es wuchs und wuchs und wuchs, bis es ein riesiger, kräftiger Ochse war. Und doch, so groß er auch war, blieb er dennoch sanft. Wenn der Brahmane etwas befahl, tat er es – auch die schwersten Arbeiten. Mit gutem Willen zog er die Baumstämme aus den Feldern und schleppte Felsblöcke. Der Brahmane hatte so großen Gefallen an dem Ochsen, daß er ihn „Große Freude" nannte.

Eines Tages dachte Große Freude bei sich: „Mein Meister, der Brahmane, ist arm. Und hier bin ich, ein großer, starker Ochse. Ich sollte meine Stärke einsetzen, um ihm zu helfen. Ich möchte all die Güte zurückzahlen, die er mir erwiesen hat."

So ging Große Freude an das offene Fenster der Lehmhütte des Brahmanen. Vorsichtig steckte er seinen riesigen gehörnten Kopf durch den verwitterten Fensterrahmen. Dort saß der Brahmane an einem verbogenen Holztisch und besserte die zerfledderten Seiten eines Buches aus. Da sagte der gutherzige Ochse: „Lieber Meister, ich möchte dir die Jahre der Güte vergelten, die du mir erwiesen hast. Ich habe einen Plan. Bitte hör zu."

Erstaunt unterbrach der Brahmane seine Arbeit und hörte zu.

„Morgen, am Markttag", sagte Große Freude, „wenn du ins Dorf gehst, halte Ausschau nach einem wohlhabenden Kaufmann. Wette mit ihm um tausend Silberstücke, daß du einen Ochsen hast, der hundert randvoll mit Felsen, Steinen und Kies beladene Karren ziehen kann."

„Was!" rief der Brahmane aus, als er seine Stimme wiederfand, „So einen Ochsen habe ich?"

„Ja", sagte Große Freude, „in der Tat. Dieser Ochse bin ich."

„Warte, mein Freund", sagte der Brahmane, „noch niemals hat je ein Ochse eine solche Last gezogen."

„Vertraue mir", sagte der Ochse, „habe ich dich je im Stich gelassen?"

„Nein", sagte der Brahmane nachdenklich, „das hast du noch nie."

„Also dann", fuhr Große Freude fort, „mache dir keine Sorgen. Wir werden die Wette gewinnen. Du hast mein Wort."

Schließlich stimmte der Brahmane zu.

Am nächsten Tag, als die Sonne aufging, band sich der arme Brahmane die ausgetretenen Sandalen um und machte sich auf den Weg in die Stadt. Auf dem schon wimmelnden Markt schlängelte er sich durch die Stände auf der Suche nach einem guten Handel. Er fand ein Stück weißen Stoff und einige Bogen dicken Papiers, das er für einen kleinen Sack Reis bekam. Er erstand ebenfalls eine Handvoll Mais für Große Freude.

Als die Sonne höherstieg und der Tag sehr heiß wurde, verließ er schleunigst den lauten Basar. Er betrat eine kleine Teestube, wo die Kaufleute und Bauern sich versammelten, um sich während der Mittagshitze zu erfrischen.

Er setzte sich an einen Tisch. Dann nahm er seinen Mut zusammen und rief dem reichen Kaufmann zu, der gerade durch die Tür kam: „Mein Freund, willst du dich zu mir gesellen?"

„Warum nicht?" sagte der Kaufmann und setzte sich zu dem Brahmanen an den Tisch.

Nach dem Austausch von Freundlichkeiten, einigen Süßwaren und etwas Tee, holte der Brahmane tief Atem und verkündete: Ich habe einen Ochsen."

„So?" antwortete der reiche Kaufmann und leckte sich den letzten Krümel Gebäck vom Finger. „Ich habe viele Ochsen, und wenn ich dir was sagen darf, sie haben mich viel gekostet."

„Ja", sagte der Brahmane, „aber weißt du, mein Ochse ist stark!"

„Bah", sagte der Kaufmann. „Was sonst noch? Liegt es nicht in der Natur eines Ochsen, stark zu sein?"

„Natürlich", stotterte der arme Brahmane, „natürlich, aber ... aber nicht so stark wie meiner."

„Hah", schnaufte der Kaufmann und nippte an seinem Tee.

Der Brahmane fuhr fort: „Also, dieser Ochse von mir ist so stark, daß er hundert randvoll mit Felsblöcken, Steinen und Kies beladene Karren ziehen kann!"

„Unmöglich!" lachte der Kaufmann. „Ich will dir was sagen. Kein Ochse, so stark er auch ist, kann eine solche Last ziehen. Schließlich", fügte er vertraulich hinzu, „ist dies eine Welt der Maße und Gewichte. Ein Ochse ist schließlich auch nur ein Ochse. Wie alles hat er seine notwendigen Grenzen. Nein, mein Freund, das kann nicht sein."

„Es kann aber doch!" bestand der Brahmane darauf.

„Es kann nicht!" widersprach der Kaufmann.

„Laß uns wetten", sagte der Brahmane.

„Wenn du wünschst", sagte der Kaufmann.

„Eintausend Silberstücke?" schlug der Brahmane vor.

„Ausgezeichnet!" sagte der Kaufmann. „Eintausend Silberstücke. Das gilt! Also, wann sollen wir diesen deinen großartigen Ochsen testen?"

„Morgen?" fragte der Brahmane.

„Morgen, auf dem Platz. Wir wollen uns treffen, bevor die Sonne über den Mangobäumen steht. Du bringst deinen großen Ochsen, und ich werde zusehen, daß die beladenen Karren bereitstehen. Bis dann, mein Freund, guten Tag." Und damit erhob sich der Kaufmann und ging lächelnd aus dem Laden.

Schon bald war die Neuigkeit in der ganzen Stadt verbreitet. „Eintausend Silberstücke!" sagten die einen. „Einhundert Karren!" riefen die anderen. „Ein Ochse!" lachte der Rest. Das Geld wechselte die Hände, und Wetten wurden abgeschlossen. Und schließlich erwarteten alle mit Spannung den Morgen.

In jener Nacht warf sich der Brahmane besorgt im Bett hin und her. Würde er gewinnen? Würde er verlieren? Konnte Große Freude wirklich so viele beladene Karren ziehen? Schließlich sprach alles dagegen. „Ach", dachte er voller Schrecken, „auf was für einer großen Dummheit mein Leben doch beruht!"

Aber am Morgen wachte er frisch genug mit der aufgehenden Sonne auf und ging sofort zu Großer Freude in den Stall.

Da stand Große Freude und erwartete ihn ganz ruhig wie gewöhnlich, schwenkte seinen langen Schwanz in der warmen Luft und kaute zufrieden am goldgelben Stroh. Seine großen dunklen Augen sahen den Brahmanen sanft und mit so einer Spur von Humor im Blick an, als ob er sagen wollte: „So, heute gilt es also, nicht wahr? Nun, mach dir keine Sorgen, mein Freund, es wird alles gut werden." Aber heute war der Brahmane zu abgelenkt. Er stützte seine Arme auf die rauhe Kante des Ochsenstalls und starrte auf diesen großen, zufriedenen Ochsen. Flocken aus Strohstaub tanzten im warmen Sonnenlicht. Trotzdem war es kühl im Stall. Alles schien dort so stabil, so wie immer zu sein. Die dicken Lehmwände, die Holzeimer, das Yoch, die abgeschlissenen Seile, die Bürsten – wie wirklich, wie fest sie heute alle waren. Der Brahmane dachte, „vielleicht war diese Wette, vielleicht mein ganzes Leben bisher – wer weiß – nur ein Traum?!"

Er schüttelte sich. „Traum oder nicht, es gibt Arbeit zu tun!" verkündete er. Er nahm eine harte Bürste und beklopfte und bürstete mit aller Kraft die harten Muskeln auf Große Freudes Rücken, bis aus der glänzenden Haut Wolken von Staub aufstiegen. So gebürstet und gestriegelt machten sich Große Freude und der Brahmane gemeinsam auf über die Felder und die Landstraße hinunter in die Stadt.

Sie kamen an, als die Sonne gerade über die Spitze des höchsten Mangobaumes brach. Auf dem Platz war eine lärmende Menge versammelt. Und da standen die Karren und warteten. Der Brahmane war entsetzt! Noch nie hatte er so viele Karren gesehen! „Was für ein Dummmkopf war ich nur", dachte er, „auf den Rat eines Tieres zu hören. Was habe ich getan? Ich bin verloren!" Und mit diesem sinkenden Gefühl in der Magengrube trat er vor.

Die Menge teilte sich, um den Brahmanen mit Großer Freude durchzulassen. Sie schritten die ganze Karrenreihe ab. Der Kaufmann wartete auf sie. Lächelnd stand er neben dem allerersten Karren.

„So, seid ihr bereit?" fragte er.

„Gewiß. Natürlich sind wir bereit!" erwiderte der Brahmane.

Der Kaufmann winkte, und zwei Männer traten aus der Menge. Sie bückten sich und hoben das massive Joch auf Große Freudes Schultern. Sie knüpften die neuen Seile fest. In letzter Eile wurden Wetten abgeschlossen. Und tatsächlich riefen einige wenige, als sie Große Freude erblickten, aus: „Der Ochse! Der Ochse! Mein Geld auf den Ochsen!" Dann wurde es völlig still.

Es war so still, daß man die Vögel in den nahen Bäumen singen hörte. Es war so still, daß man hörte, wie der Schwanz von Große Freudes sich hin und her bewegte. Es war so still, daß man das Summen der glitzernden Fliegen hörte.

Unbeteiligt schaute Große Freude mit sanftem Blick in die gaffende Menge und schaute zu, wie die weißen Wolken dahinsegelten. Er schüttelte seinen riesigen Kopf und schnaufte laut aus, als ob er sagen wollte: „Was soll all das Getue?"

Der Brahmane, der fühlte, wie aller Augen auf sie beide gerichtet waren, stellte sich an Große Freudes Seite, hob eine Peitsche, schlug Große Freude scharf auf die Schulter und rief aus: „Los, du Biest! Du elender Lump! Tu, was ich sage! Ziehe diese Karren! Zeige deine Stärke!"

Als Große Freude jedoch den Hieb der Peitsche fühlte und des Brahmanen grobe Worte vernahm, gingen seine Augen weit auf.

„Was ist das!" dachte er. „Schläge und Flüche! Aber nicht für diesen Ochsen!" Er stemmte die Hufe fest in die Erde und stand da, angewurzelt wie ein Baum. Trotz all der Rufe und Drohungen rührte er sich nicht von der Stelle. Nicht einen Zentimeter. Er versuchte nicht einmal, die Karren zu ziehen. Unter all den Hieben stand er unbeweglich da, felsenfest. Die Menge lachte und johlte, die Leute warfen Erdklumpen und Steine, sie schrien und kreischten. Doch Große Freude rührte sich nicht.

„Ach, mein Freund, mein Freund", stieß der reiche Kaufmann hervor, während ihm die Lachtränen übers Gesicht liefen, „du hattest gewiß recht! Das ist wirklich – ha! ha! ha! – ein Ochse!"

Als das Gestoße und Geschrei endlich aufhörte, die Menge sich verlaufen hatte und der Kaufmann, der sich noch die nassen Augen wischte, ausbezahlt war – „Mehr Glück beim nächsten Mal!" spaßte er –, erst dann ließ Große Freude sich endlich losmachen und schweigend nach Hause führen.

Dort angekommen, verbarg der Brahmane den Kopf in seinen Armen und schluchzte und schluchzte vor Scham und Kummer. Da kam Große Freude wieder zum Fenster und sprach deutlich zu ihm: „Warum weinst du, mein Freund?"

Zwischen unterbrochenen Atemzügen stieß der Brahmane verbittert hervor: „Wie fragst du so etwas, du undankbares Geschöpf? Was du mir gesagt hast, habe ich getan. Aber gegen all deine Beteuerungen habe ich alles verloren. Und alles nur wegen dir! Nicht nur das, der reiche Kaufmann und die ganze Stadt haben mich auch noch ausgelacht. Du allein bist schuld daran!"

Doch Große Freude sagte traurig: „Habe ich dich im Stich gelassen? Laß mich dich etwas fragen. Habe ich je einen deiner Zäune umgestoßen? Oder einen Krug zerschlagen? Oder einen Pflug zerbrochen?"

„Nein", sagte der Brahmane und hob den Kopf. „Das hast du nie."

„Habe ich dann vielleicht jemals eines der Kinder getreten oder verletzt?"

„Nein", sagte der Brahmane wieder, „nie!"

„Habe ich dann vielleicht Dreck in die sauberen Stellen deiner Wohnung geschleppt oder vor einen geweihten Schrein?"

„Nein", wiederholte der Brahmane zum dritten Mal, „so etwas hast du nie getan. Du bist mir immer eine große Freude gewesen."

„Warum dann", fragte der Ochse Große Freude, „hast du mich geschlagen und mich Lump und Biest genannt? War das denn die Belohnung, die ich verdiente – der ich doch nur hart für dich arbeiten wollte?"

Der Brahmane wischte sich die Augen und setzte sich auf. Schweigend sah er den Ochsen an und schämte sich angesichts der Wahrheit seiner Worte.

„Du hast recht", sagte er schließlich. „Ich war ja derjenige, der dich verraten hat. Es tut mir leid."

„Nun", sagte der Ochse nicht unfreundlich, „da du nun so empfindest, laß es uns noch einmal versuchen. Aber diesmal mußt du zweitausend Silberstücke wetten."

„Mein Freund!" rief der Brahmane, „ich tue mein Bestes. Es soll so geschehen, wie du sagst!"

„Und ich werde auch mein Bestes geben", sagte der Ochse. „Denn wenn du mich nicht im Stich läßt, werde ich dich gewiß auch nicht im Stich lassen."

Am nächsten Tag lief der Brahmane in die Stadt und ging wieder in die Teestube. Der Kaufmann saß friedlich vor seinem Tee und aß Süßigkeiten.

„Darf ich mich dazugesellen?" fragte der Brahmane.

„Nur zu gerne", sagte der Kaufmann fröhlich. „Hast du mir nicht große Freude gebracht?"

„Laß uns noch einmal wetten", sagte der Brahmane.

„Was!" rief der Kaufmann erstaunt aus, „Weißt du nicht, mein Freund, wann du geschlagen bist?"

„Komm", sagte der Brahmane, „eine letzte Wette, auf den Ochsen und die Karren wie zuvor. Doch diesmal laß uns zweitausend Silberstükke wetten!"

„Also wirklich", dachte der Kaufmann bei sich, „Dummköpfe wie dieser da wachsen nicht auf jedem Baum." Schließlich sagte er achselzuckend, „wie könnte ich nein sagen?"

„Also, die Wette gilt?" fragte der Brahmane. „Wenn du wünschst", sagte der Kaufmann lächelnd.

„Ja, ich wünsche es", sagte der Brahmane voller Freude. „Morgen auf dem Platz, um dieselbe Zeit wie zuvor. Morgen, mein Freund." Er wünschte dem Kaufmann einen guten Tag und ging.

Am nächsten Morgen striegelte und bürstete und putzte der Brahmane Große Freude noch einmal. Dann führte er seinen mächtigen Ochsen wieder ins Stadtzentrum.

Die Menge hatte sich in Erwartung einigen Spaßes versammelt. Aber als Große Freude zu den Karren geführt wurde und voller Begeisterung seinen großen, gehörnten Kopf in die Luft warf, da glitzerte das Sonnenlicht plötzlich wie Feuer auf ihm, und von seinem glänzenden Rücken ging eine pulsierende Kraft aus. Sein Schwanz schien den Himmel zu peitschen wie ein Drachenschweif, und seine weitgeschwungenen Hörner zerrissen die Wolken. Jedes Haar auf seinem glänzend rotbraunen Fell richtete sich auf und knisterte elektrisch. Die Kraft von tausend Atemströmen kam aus ihm und pulsierte durch die wogende Menge, strömte von seinen schweren Hufen in die dunkle Erde und von seinem gebogenen Schwanz in die helle Morgenluft.

Die Menge staunte. „Was für ein Ochse!" riefen sie. „Vielleicht wird er es schaffen!"

Wieder wurde ihm das schwere Joch aufgelegt, wieder die dicken, neuen Seile festgebunden. Dann stellte sich der Brahmane seinem Ochsen an die Seite und hing eine Blumengirlande um Große Freudes kraftvollen Nacken, klopfte ihm auf die Riesenschulter und sagte ruhig: „Jetzt ist es Zeit, mein mächtiger Freund. Jetzt ist der Augenblick gekommen, mein großherziger Ochse, also ziehe, mein Bruder, ziehe, meine Große Freude, und laß die ganze Welt deine edle Stärke sehen."

Bei diesen freundlichen, mutmachenden Worten stemmte Große Freude glücklich seine Hufe in die warme Erde und machte die Beine steif, bis sie so fest standen wie uralte Bäume. Dann zog er und zog und *zog*, und strengte und spannte jeden Muskel und Nerv an, bis langsam, allmählich, die Räder sich zu drehen begannen. „Sie bewegen sich! Sie bewegen sich!" rief die erstaunte Menge. „Die Karren bewegen sich!" Immer schneller rollten die Karren, während Große Freude zog und zog und zog.

Der reiche Kaufmann riß die Augen weit auf. Sein Kiefer klappte ungläubig herunter, die Silbermünzen glitten ihm aus den Fingern und in den Staub. Das war unmöglich! Das konnte nicht sein!

Doch die Menge schrie: „Er hat's geschafft! Der Ochse hat gewonnen!"

Große Freude wurde immer schneller und zog die Karren einmal rund um den Marktplatz und zu den Toren der Stadt hinaus! Es rollte und rollte und rollte, er umkreiste den Ort und zog alle hundert beladenen Karren wieder durch die Tore und bis auf den Marktplatz zurück.

Alle Leute folgten ihm lachend und johlend, schlugen sich gegenseitig auf den Rücken und warfen ihre Hemden in die Luft.

Denn nie, noch nie hatten sie so etwas Ausgefallenes und Wunderbares gesehen. Der reiche Kaufmann sammelte seine Münzen wieder ein und lief mit. Und natürlich auch der arme Brahmane. Dieser würdevolle Ochse mit seiner Selbstachtung und Stärke hatte ihnen an jenem Tag wirklich allen große, große Freude gebracht.

Nun sagen manche, es muß eine ziemlich kleine Stadt gewesen sein, daß sie so einen Aufruhr um einen Ochsen und ein paar Karren veranstaltete. Andere, und vermutlich weisere, dagegen sagen, daß es immer von Bedeutung ist, wenn irgend jemand, Mensch oder Tier, uns zeigt, daß es, wenn wir unseren eigenen Weg finden und mit dem Herzen wirklich dabei sind, keine Grenzen gibt. Was glaubt ihr?

Früher Buddhismus

An einem eiskalten Wintertag fuhr Rabbi Wolf zu einer Beschneidungsfeier. Nachdem er einige Zeit im Zimmer verbracht hatte, tat ihm der Kutscher leid, der draußen wartete, so ging er zu ihm und sagte: „Komm herein und wärme dich auf." „Ich kann meine Pferde nicht allein lassen", entgegnete der Mann, während er mit den Armen schlug und mit den Beinen aufstampfte.

„Ich werde mich um sie kümmern, bis du dich gewärmt hast und mich wieder ablösen kannst", sagte Rabbi Wolf. Zuerst wollte der Kutscher nichts davon wissen, doch nach einer Weile ließ er sich vom Rabbi überreden und ging ins Haus. Dort bekamen alle, unabhängig von Rang und Namen, soviel Speise und Trank, wie sie wollten. Nach dem zehnten Glas hatte der Kutscher vergessen, wer seinen Platz bei den Pferden eingenommen hatte und blieb Stunde um Stunde. Inzwischen vermißten die Leute den Zadik, sagten sich aber, daß er wohl ein wichtiges Geschäft erledige und schon wiederkäme, sobald er fertig sei. Sehr viel später gingen die ersten Gäste. Als sie nach draußen auf die Straße traten, wo schon die Nacht hereinbrach, sahen sie Rabbi Wolf bei der Kutsche stehen, wo er mit den Armen schlug und mit den Beinen aufstampfte.

Chassidisch

Einst besuchten zwei Brüder einen alten Mann, der nicht jeden Tag zu essen pflegte. Als er die Brüder sah, hieß er sie mit Freuden willkommen und sagte: „Das Fasten hat seinen eigenen Lohn, aber wenn du um der Liebe willen ißt, erfüllst du zwei Gebote, denn du gibst deinen Eigenwillen auf und erfüllst noch dazu das Gebot, andere zu bewirten."

Wüstenväter

Es geschieht häufig, daß ich nachts aufwache und über ein ernstes Problem nachdenke und beschließe, mit dem Papst darüber zu reden. Dann werde ich hellwach und erinnere mich, daß ich der Papst bin.

Papst Johannes XXIII

Von einem Bruder, der Körbe geflochten und mit Henkeln versehen hatte, wird erzählt, daß er einen Mönch nebenan fragen hörte: „Was soll ich tun? Der Händler kommt, und ich habe keine Henkel für meine Körbe!" Daraufhin nahm er die Henkel von seinen eigenen Körben ab und brachte sie zu seinem Nachbarn mit den Worten: „Hier, die habe ich übrig. Warum machst du sie nicht an deine Körbe?" Weil es nötig war, half er, die Arbeit seines Bruders zu vollenden, und ließ seine eigene unvollendet.

Wüstenväter

In der kleinen Küche hinter dem Meditationsraum brannte auch spät am Nachmittag noch das Feuer, das die Milch und das Wasser für den tibetischen Tee in großen zerbeulten Aluminiumtöpfen auf dem Rost warmhielt. Der Lüftungsschacht über den Flammen verlief in einem Bogen, und der Rauch, der träge zu ihm aufstieg, wurde von jedem kleinen Windhauch zu einer weiteren Runde entlang der niedrigen Decke des Raumes geleitet. Wände und Decke waren längst mit einer dicken Rußschicht überzogen, und das verblassende Licht, das in die Küche einfiel, richtete an den mitternächtlichen Wänden wenig aus. Obwohl der junge Mönch sein Gesicht zum Teil der Tür zugewandt hatte, bemerkte er nicht, wie der Fremde in den Raum trat.

In der hintersten Ecke, weit weg vom Feuer, ließ sich der Fremde in der Hocke nieder, seine langen dünnen Knie ragten in die Luft, der Rükken lehnte an der Wand. Er starrte, wie er es immer tat, erbarmungslos, ohne jede Höflichkeit, die Person an, die sein Interesse beanspruchte.

Was Sherab auf den Mann aufmerksam werden ließ, war die Intensität dieses Starrens.

Er fuhr zusammen und sah von seiner Arbeit am Boden in dem orangefarbenen Plastikbecken voll halbgewaschener Tassen und Untertassen auf. Der Anblick des blassen Gesichts des Mannes mit dem langen Kiefer unter dem Saum von rotem Haar, eine wütende Frage in den Augen, durchfuhr ihn wie ein Schock.

„Dieser da ist ein bißchen verrückt", hatte der Gastherr ihm tags zuvor anvertraut. „Und hat keinen Paß. Die indische Polizei wird ärgerlich auf uns sein."

So gut er unter dem Blick des Europäers konnte, hielt Sherab sein Gesicht still. Doch er stand auf und warf sich das herunterhängende Ende seines roten Leinenschals mit einer unbewußt defensiven Geste gekonnt über die Schulter.

„Chu tsapo?" fragte er, „heißes Wasser?" Das Wasser für die Küche kam aus einem guten artesischen Brunnen, aber der Besucher aus dem Westen schien es mißtrauisch zu beäugen.

Den ganzen Tag über stand ein zweiter Topf mit Wasser auf dem Feuer, um ihre Gemüter ruhig zu halten.

Der Mann schüttelte den Kopf. Sherab stand unschlüssig auf.

„Cha? Willst du Tee? Ich jetzt Tibeti Tee mache." Der beunruhigende Mann gab keine Antwort. Er hatte sein Gesicht in den Händen vergraben. Sherab betrachtete ihn unentschieden, dann blickte er suchend die Reihe zerbeulter Alumiumutensilien entlang, die an den Wänden hingen, vorbei an den säuberlich aufgereihten blumenverzierten Thermosflaschen auf dem Tisch. Vielleicht mochte eine einfache Ablenkung den Fremden zufriedenstellen und ihn zum Gehen veranlassen.

Die plötzliche Bewegung des Mannes holte seine Aufmerksamkeit zurück. Mit einem Schock erkannte der junge Mönch, daß der Fremde zu weinen begonnen hatte. Er machte kein Geräusch, und seine Hände bedeckten noch immer sein Gesicht, doch sein Körper schauderte unter der Anstrengung des Zurückhaltens. Sherab beobachtete ihn, peinlich berührt von seinem Mangel an Selbstbeherrschung.

Schließlich ging er zu dem Fremden und hockte sich, seinen Mönchsrock zwischen den Fersen eingeschlagen, neben ihn. Er streckte seine Hand aus und berührte die zuckende Schulter.

„Du bist krank?“ fragte er sanft. Er war ziemlich sicher, daß der Mann nicht krank war. Er mühte sich, andere englische Worte zu erinnern, die besser Sympathie ausdrücken würden. Der Mann hatte nicht geantwortet.

Mit Unbehagen schaute Sherab zum offenen Eingang zur Küche. Die letzte Welle der Zimbeln und tibetischen Trompeten war verklungen. Die Gebete waren vorüber. In der Meditationshalle warteten die Mönche auf den Tee. Und der Rinpoche war bei ihnen. Er durfte nicht unterlassen, dem Meister des Haushalts, dem berühmtesten Lama vom ganzen Kloster, den Tee zu bringen.

Er erhob sich, aber der Verrückte umklammerte seine Hand. „Bitte geh noch nicht“, flehte der Mann.

Sherab war unsicher über die Bedeutung des Wortes „gehnoch“, aber „bitte“ und der Blick in des Mannes Augen waren eindeutig. Unschlüssig stand er zwischen dieser neuen Verantwortung und seiner alten.

Im Türrahmen zur Küche tauchte ein kleiner Kopf auf. Das wissende, koboldhafte Gesicht des Knabenmönchs Ngawang strahlte vor lauter Fragen. Bevor Sherab sein Dilemma aber erklären konnte, war der normalerweise zuverlässige kleine Junge schon wie ein aufgescheuchter Spatz außer Sichtweite zurück zur Meditationshalle gehuscht.

Sherab wußte, daß er etwas tun mußte, schnell. „Komm bitte“, sagte er mit neugefundender Festigkeit. Er zog den Mann sanft, aber entschlossen am Arm, bis er aufgestanden war, und führte ihn zu einer langen Bank unter dem Fenster.

„Du hier“, sagte er ihm, „ich mache Tee.“ Der Mann sah ihn an, seine entnervend blassen Augen waren voller Kummer, aber Sherab wandte sich ab.

Er arbeitete so schnell er konnte und schnitt ohne sichtbare Anspannung eine große Scheibe von dem schwarzen Block Assamtee ab, den Ngawangs Vater als Gabe für die Mönche gebracht hatte, und warf sie ins kochende Wasser. Im Butterfaß schlug er heiße Milch, bis sie vor Luft schaumig wurde, und gab sie dann, schneller als ihm lieb gewesen wäre, mit Butter dem kochenden Tee zu. Er kämpfte mit dem Salz, versuchte, es mit dem stumpfen Messerende zu lockern, als er einen Schatten über die Tür fallen spürte. Er erstarrte, während seine Hand noch in dem langen Gefäß steckte. Die älteren Mönche des Haushalts gingen vorbei. Sie hatten nicht auf den Tee gewartet.

Durch die Öffnung konnte er sehen, wie dem alten Rinpoche die Treppe zu seinem Zimmer hinaufgeholfen wurde. Die anderen Mönche zerstreuten sich. Keiner hatte durch den breiten Eingang zur Küche geschaut, nicht einmal die drei, die ihm mit dem Abendessen helfen sollten. Er bewegte sich nicht. Was hatte das zu bedeuten? Der Fremde beobachtete ihn wieder genau.

Urplötzlich wie ein Grashüpfer tauchte Ngawang wieder im Raum auf. Mit kindlich deftigen Bewegungen knallte er zwei Tassen und Untertassen auf ein kleines Tablett. Er goß eine große Kelle Buttertee in eine geblümte Thermoskanne, wartete gelassen auf sofortige Reaktion, bis Sherab eine Prise Salz in die dampfende Öffnung gab, und war verschwunden.

Als der kleine Mönch verschwand, stand der Fremde entschlossen auf. Aufgerichtet war er einen Kopf größer als Sherab und wog um ein Viertel seines Gewichts mehr. Gegen seinen Willen empfand der Sechzehnjährige einen Anflug von Angst.

Nun sprach der Mann. „Er tut so, als ob er nicht weiß, wer ich bin, aber *du* weißt es, nicht wahr?"

Sherab sah ihn unverbindlich an, während er sich noch abmühte, die schnell gesprochenen Worte zu verstehen.

Unruhig ging der Mann in dem kleinen Raum im Kreis herum. Er murmelte beim Gehen, schlug seine offene Handfläche zur Unterstützung seitlich an die Töpfe. Für Sherab klangen seine Worte wie Unsinn.

„Der indische Heilige kannte mich. Und Träume lügen nicht. Ich bin sein Lehrer, und er weiß es. Warum sagt er, er weiß es nicht?" Der Fremde klang gequält. Er schlug heftig auf den letzten Topf und wandte sich Sherab zu.

„Liegt es daran, daß ich dem Polizisten erlaubte, meinen Kopf zu berühren?" Abrupt bekam seine Stimme einen klagend bettelnden Klang, fast wie bei einem Kind. Mit unsicheren Fingern befühlte er seinen Kopf, als ob er eine kostbare Reliqie sei. „Ich bin derjenige, der verloren war", sagte er hoffnungsvoll.

Sherab dachte, er verstände schließlich, sagte aber nichts.

Die zuversichtliche Haltung des Mannes verklang langsam. Er schien nicht zu bemerken, daß Sherab keine Antwort gab. Ein anderer Gedanke nahm ihn in Anspruch, und sein Ausdruck rollte sich in Mißmut zusammen.

„Die elenden Hunde wollen nicht einmal mit mir reden. Diese amerikanischen Dreckskerle!" Er kreiste wieder durch den Raum. „Und der Rinpoche sagte: ‚Geh raus!' Er wagte es, zu *mir* zu sagen ‚Geh raus!'" Seine Stimme erhob sich frustriert: „Er ist derjenige, der rausgehen sollte! Ich bin sein Lehrer!"

Schweigend beobachtete Sherab, wie er ein drittes Mal durch den Raum kreiste. Er konnte die schnellen Schwankungen von Stolz zu Kummer und Ärger spüren. Und er zuckte zusammen, als der Mann den hohen Lama zu verfluchen begann. Es war schreckliches Karma, das dieser Europäer aussähte. Es würde ihm viel Schmerz bringen, wenn man ihn nicht bremsen könnte. Angestrengt suchte er in seinem Gedächtnis nach einer einfachen Lehre, die er auf Englisch sagen könnte, um den Mann zu beruhigen. Oft genug hatte er die Auswirkungen des Stolzes in den Mönchen um ihn beobachtet. Er selber hatte flüchtig die Symptome der Illusion gefühlt, die den Europäer im Griff hatten. War es denn nicht süß, insgeheim zu träumen, du seist ein „Tulku", ein hoch entwickeltes Wesen, das nur geboren war, um andere zu lehren? Du wüßtest, daß es nicht stimmte, wünschtest aber trotzdem, daß der Lama diese Qualität in dir anerkennen würde, daß andere dich ehren würden, wie „Tulkus" schon in der Kindheit bei den Tibetern verehrt werden. Als Mönch im Kloster wärst du ganz sicher. Früher oder später würde der Lama deine Phantasterei zerstören, so gnadenlos zuschlagen wie andere Leute mit der Fliegenpatsche. Er könnte dich verachten oder in der Öffentlichkeit lächerlich machen oder sich weigern, überhaupt mit dir zu sprechen. Es wäre eine große Demütigung. Es würde brennen wie Feuer. Es würde dich sofort heilen.

Von unvermitteltem Mitgefühl erfüllt, erkannte der junge Mönch, daß nur sehr wenige unter den Europäern, die die Lehren studieren, einen so engen spirituellen Freund hatten.

Sherab kam dem Mann näher und ergriff ihn am Arm. „Du hier bitte“, sagte er behutsam. Er schob ihn auf die Bank zurück, und der weitschweifige Monolog hörte auf. Frische Tränen füllten die Augen des Europäers. Seine Launen wechselten so schnell wie der Frühlingswind in den Bergen.

„Ich mache Tee“, besänftigte ihn Sherab.

Gemeinsam nippten sie den heißen salzbestreuten tibetischen Tee aus Metallkrügen. Sherab beobachtete den Verrückten unauffällig, als er die Abendlaterne anzündete. In ihrem Licht schien die Spannung, die sein Gesicht verzerrt hatte, nachgelassen zu haben. Er sah jünger aus und erschöpft.

„Alle Wesen haben die Buddhanatur“, brachte Sherab schließlich hervor. Er setzte die Lehre leicht in die Luft zwischen ihnen, ohne den Europäer anzusehen, mit übertriebener Demut, von der er hoffte, daß sie den Stolz des Mannes nicht wieder anstacheln würde.

„Alle Wesen meiden mich“, flüsterte der Mann. Nun sah er nur niedergeschlagen aus, erschöpft vom Kämpfen in der Verwirrung, die er selber gesponnen und genährt hatte.

Sherab blieb still und nippte seinen Tee. Er wußte, daß etwas Außergewöhnliches geschah. Nicht ein Mönch war gekommen, ihm mit dem Abendessen zu helfen. Nicht einmal der Leibwärter des Rinpoche war gekommen, sich zu beschweren. Draußen im Dunkeln konnte er die Anwesenheit der anderen, eines jeden in seinem eigenen Raum, spüren.

Ein Vers aus den Lehren kam ihm in den Sinn:

> *Wenn du ein Wesen schlechter Natur triffst,*
> *von heftigen Sünden und Leiden getrieben,*
> *wende dich nicht ab,*
> *sondern behandle es wie einen kostbaren Schatz,*
> *den man nur selten findet.*

Nachdem er dem Mann eine kleine Mahlzeit gegeben hatte, nahm er ihn wieder beim Arm. „Nun ist Schlafen“, sagte er bestimmt.

Der Mann sah ihn, schon wieder abgelenkt von einer neuen Phantasiewoge, fragend an. Aber er tat wie ihm geheißen.

Zusammen marschierten sie ins Dunkle, am Brunnen vorbei und an dem niedrigen Schuppen, wo fünf Wasserbüffel, als sie vorbeikamen, leise schnauften. Die Sterne am südlichen Himmel Indiens waren so klar wie ausgestreute Glut. Ein scharfrandiger Neumond hing tief über dem Horizont.

In seinem Zimmer zog der Europäer sich gehorsam aus und begab sich in den abgenutzten Schlafsack. Sherab ging auf die lange Veranda hinaus und zog eine der draußen aufgestapelten strohgefüllten Matratzen in den Raum. Darauf setzte er sich in mehreren Fuß Entfernung zum Bett mit gekreuzten Beinen nieder. Der Europäer sah ihm mit ausdruckslosem, kindlichem Einverständnis bei seinen Handlungen zu.

„Schlafe“, befahl Sherab. „Ich bleibe.“

Der Mann sah eine Weile zur Decke, bewegungslos, als ob, für den Moment, alle Energie seiner Selbstbeschäftigung verausgabt sei. Nach einer Weile sah Sherab, wie seine Augen geschlossen waren.

Er saß aufrecht auf der stacheligen Matratze und schloß selber die Augen. Er mußte nachdenken. Noch nie zuvor hatte er versucht, allein auf sich gestellt einer Person durch Meditation zu helfen.

In den letzten Jahren hatte er viele Texte auswendig gelernt. Er hatte Mantren für sterbende Tiere gesprochen. Er hatte bei den jüngeren Brüdern gesessen, wenn sie Fieber hatten. Aber im Unterricht über Ritual oder Philosophie mit dem hohen Lama oder im Schmelztiegel der Debattiersitzungen fühlte er, daß er gescheitert war, mehr als ein nichtssagender Schüler zu werden. Wenigstens hatte der große Lama ihn nie gelobt. Nicht ein einziges Mal, seit er mit zwölf Jahren hergekommen war, konnte er sich an ein Lob erinnern.

Mit einem Anflug von Scham schob er den unwürdigen Gedanken beiseite.

Nun war er mit diesem Fremden in seinem Elend allein und mußte versuchen zu helfen. Im schwachen Licht der Glühbirne von der Veranda konnte er das Gesicht des Mannes ausmachen. Sogar in Ruhe zuckte es noch vor Emotionen, als ob der Geist des Mannes seine Dialoge noch im Tunnel des Schlafes verfolge.

Mit Bedacht entspannte sich Sherab. Seine angespannten Beine legten sich locker auf die Matte. Er richtete seinen Rücken auf. Er atmete langsam und ließ sein Herz in Sympathie aufgehen, während er versuchte, sich die Erfahrung der Besessenheit vorzustellen. Er begann sie erst ganz subtil, dann aber mit zunehmender Stärke zu spüren. Ein Gefühl großer Einsamkeit kam, Ungerechtigkeit, Distanz zu anderen. Wie Blitzschocks kamen erhebende Momente, aufbrausende Arroganz. Es war so süß, so wichtig für diesen Europäer geworden, zu glauben, er sei außergewöhnlich. Andere, Leute die er achtete, hatten begonnen, ihn für verrückt zu halten. Trotzdem fühlte er, daß er aufhören würde zu existieren, wenn er diese Idee aufgab.

Zwischen Verzweiflung und Aufregung jagten die Gedanken des Mannes in hohem Bogen hin und her, gefangen in einer so starken Selbstbezogenheit, daß kein Raum für irgendwelche anderen Interessen blieb. Der Streß brach die Harmonie von Geist und Körper entzwei, und seltsame Körperempfindungen und mentale Bilder verstärkten seine Verwirrung – und seine Faszination. Er hatte sogar den Willen verloren, seinen Weg zur herkömmlichen Wahrheit und einfachen Neugierde zurückzugehen, wo er begonnen hatte.

Bekümmerung um das Dilemma des Europäers und mitfühlende Besorgnis überwältigten den jungen Tibeter. Sicher mußte er, wenn er die Lehren praktizieren wollte, wenigstens versuchen zu helfen. Schließlich war der Europäer zu ihm gekommen.

Er sammelte seine Konzentration, atmete langsam, ließ seinen Geist ruhig und tief werden, während er auf den Wellen des Atems ritt – ein, aus, ein, aus. Dann, mit Gefühl, betete er zu dem hohen Lama, ihm bei seinem Bemühen zu helfen.

Wie er gelehrt worden war, versuchte er den Lama in Gestalt von Chenrezig, dem Buddha des Mitgefühls, zu visualisieren. Ganz plötzlich sprang das Bild in seinen Geist, ohne Anstrengung, klarer als es ihm je zuvor gekommen war. Die weiten ruhigen Augen der Gottheit schienen ihn tatsächlich aus der Mitte des Raumes zu beobachten. Seine anmutigen Gliedmaßen waren aus weißem Licht geformt. Sie strahlten Licht in den Raum, helle Regenbogenfarben, die in weichem Glorienschein schimmerten. Mit Leichtigkeit konnte Sherab die vier Hände Chenrezigs visualisieren, wie er auf der linken Seite einen reinen Lotus, auf der anderen einen Rosenkranz aus Kristall und in der Mitte das große funkelnde Juwel hielt, das die Wünsche aller Wesen erfüllt.

Die Klarheit der Gestalt, das überwältigende Gefühl, daß sie wirklich da war, ließen den jungen Mönch vor Aufregung erschauern. Doch er faßte sich wieder, und ohne seine Konzentration zu verlieren, ließ er die Aufregung durch kühle Wachheit wegspülen. Er durfte seine Motivation nicht entwürdigen.

Als sein Gemüt still wurde, wurde seine Konzentration auf das Bild tiefer. In seiner Vorstellung machte er vor ihm die Niederwerfung und brachte dann die symbolischen Opfer all der schönen Dinge dar, die er selber jemals begehrt hatte. Er bot Blumen dar, frisches Wasser, süße Düfte. Er bot Licht dar, Essen, Klang, Liebkosung. Er bot sich selbst dar: seinen Körper, der nutzlos war, wenn er anderen damit nicht helfen würde, seine Sprache, die keinen Sinn hatte, wenn er anderen nicht den Weg weisen könnte, sein Denken, das Wurzel und Herz des Leidens war, wenn er die wahre leere Natur aller Dinge nicht klar sehen konnte. Und dann betete er zu Chenrezig, ihm die wirkliche Fähigkeit zu gewähren, einem anderen durch Meditation zu helfen.

Mit seiner Visualisierung, die nun so wirklich zu sein schien, begann im Herzen des erwachten Wesens ein Licht zu glühen. Es strahlte durch den transparenten Körper hindurch. Er fühlte ein Ausdehnen in seinem eigenen Herzen, fühlte, wie Energie durch seine Brust strömte. Und dann löste sich das Bild des Buddha in einem Lichtschauer auf und strömte in ihn ein, durch ihn hindurch, um ihn herum. In der Intensität dieser Erfahrung vergaß er völlig sich selbst. „Sherab" fiel von ihm ab wie ein Traum.

Alles, was blieb, war einfache Bewußtheit, die einen weiten Raum unendlicher Klarheit erfüllte.

Mit der Klarheit kam ein leises Summen ohne Ausgangspunkt oder Richtung, eine alles durchdringende Sanftheit. Sein Klang war *om mani padme hum ...*

Ganz allmählich ließ er zu, sich seinen eigenen Geist als diesen Klang vorzustellen. Klang wurde zu Licht. In dem durchdringenden Brennpunkt wurde das Licht zu den Buchstaben des Mantras und der geheimen Silbe Chenrezigs. Und aus diesem Bild heraus wurde der Geist von „Sherab" selber zu Chenrezig.

Lange Zeit ließ er das Bewußtsein dort ruhen, fühlte, ohne festzuhalten, den Segen darin, das Wunder. Er sah herunter auf die durchscheinende Klarheit seines Körpers, die leuchtende, von Licht skulpturierte Perfektion der Finger, Füße, der wallenden blaugrünen Robe und des weißen Lotus. Er saß in einem Raum, der so rein und offen war wie der Morgenhimmel.

Dann lenkte er die Aufmerksamkeit nach innen. Chenrezig konzentrierte sich nach innen. Er fühlte, wie er sich einer Anteilnahme öffnete, die sich durch Zeit und Raum erstreckte und ohne Grenzen war. Er ließ zu, daß er liebte, daß er jedes Wesen, das existierte, so zart liebhatte wie eine Mutter ihr neugebohrenes Kind. Ihre Fehler spielten keine Rolle. Er liebte sie leidenschaftlich, wie ein General die Stadt liebt, die er verteidigen geht. Er liebte jedes Wesen im einzelnen, wachsam, prüfend, wie ein Lehrer einen Lieblingsschüler liebt. Und er sah sie, seine kostbaren Mitmenschen, mit Entzücken als die erwachten Wesen, zu denen sie, wie sie noch nicht wußten, werden würden.

Sherab erinnerte sich an seine Absicht und visualisierte den Europäer vor sich. Er stellte ihn sich so vor, wie er tatsächlich aussah, ungepflegt, mit ungewaschenen Haaren, ohne Manieren, verspanntem Gesicht. Über dem Mann ließ er seine Besessenheit in Form von fauligem, dichtem Rauch sichtbar werden.

Während er für sich selbst das Mantra wiederholte, begann er langsam einzuatmen. Mit dem Atem zog er auch den Rauch ein, zog ihn als Chenrezig tief in seine eigene Lunge. Als der Widerwille kam, war er darauf vorbereitet. Er nahm die Schwärze noch tiefer in sich auf und machte seine Abwehr noch weiter auf bis zur völligen Betroffenheit mit dem Europäer. Der schwarze Rauch um sein Herz wurde transformiert. Mit dem Ausatmen atmete er Licht aus, ein Elixir an Weisheit, das die Gestalt vor ihm allmählich durchdrang. Mit jedem vollendeten Atemzug klärte sich die Dunkelheit um den Europäer mehr, und sein inneres Licht nahm zu.

Mit aller Kraft seiner Konzentration zog Sherab/Chenrezig die Arroganz und das Selbstmitleid aus ihm. Lebhaft stellte er sich den Mann in Veränderung vor, wie die massive Verwirrung zur Ruhe kam und sich in nichts auflöste. Er stellte sich vor, wie seine Züge sich in Sanftheit und leuchtendem Interesse entspannten. Er stellte sich seinen Körper vor, wie er sich bis zur Durchsichtigkeit klärte. Mit einer Anstrengung, daß ihm der Schweiß ausbrach, goß Sherab in einer Welle gesprochener Mantren und visualisierten Lichtes alle freudevolle Weisheit in ihn hinein, die er selber noch nicht besaß, die Weisheit Chenrezigs.

Als er fertig war, waren seine Wangen naß von Tränen. Die Anstrengung hatte seinen Geist verausgabt und durcheinandergebracht. Er wußte, daß er nicht geschickt gewesen war. Aber bevor er das Weihegebet sprach, bevor er die ins Wanken geratende Visualisierung gehen ließ, ruhte er noch ein letztes Mal in ihr.

Da schwebten zwei in allen Einzelheiten wahrnehmbare Gestalten von Chenrezig strahlend einander gegenüber, er selber und der Europäer. Von der Freude und der Vollkommenheit in diesem Bild ließ er sich erfüllen, um dann alles gehen zu lassen. Schnell sagte er das traditionelle Schlußgebet. Noch schneller und mit der geringen Konzentration, die ihm noch geblieben war, rezitierte er routinemäßig die täglichen Gebete, die der Lama ihm als Pflichtübung gegeben hatte.

Der Fremde schlief, sein Gesicht war endlich still.

Sherab schloß die Augen und lehnte sich an die Wand. Er wußte nicht, wie lange er schlief. Als Ngawangs leises Rufen ihn im Dunkeln weckte, hatte er das Gefühl, eine lange Zeit sei vergangen.

„Sherab-la, komm bitte. Rinpoche hat nach dir geschickt", flüsterte der kleine Junge.

Die Wachheit kam in einem Schock. Sherab sprang auf die Beine und folgte dem Jungen unsicher durch den Hof. Sein linker Fuß war eingeschlafen.

Mit klopfendem Herzen hielt er vor dem Vorhang inne, der vor Rinpoches Tür im Haupthaus hing. Dann schob er ihn mit einer entschiedenen Geste an die Seite und trat ein. Er fühlte sich verlegen wie an jenem Tag vor vier Jahren, als seine Eltern ihn auf seinen eigenen Wunsch aus der nahegelegenen ländlichen Flüchtlingssiedlung hierher gebracht hatten. Er riskierte nur einen einzigen schnellen Blick zum Lama, während er die drei rituellen Prostrationen vornahm. Der Lama sah ihn nicht an. Er sah auf den Rosenkranz, der sich gleichmäßig zwischen Daumen und Zeigefinger in seinem Schoß bewegte.

„Setz dich", sagte er.

Sherab gehorchte, zu mitgenommen war er, um daran zu denken, als erster zu sprechen. Er wartete.

Nach einer kleinen Weile kam Ngawang rückwärts hinein, sein kleines Hinterteil wölbte den Vorhang vor und schob ihn dann gekonnt hinter sich, als er sich umdrehte und mit einem Essenstablett eintrat. Mit einem großen Gähnen stellte er es vor Sherab. Sherab fuhr zurück.

„Rinpoche!“ tadelte er den Jungen, während er heftig auf den hohen Lama deutete, der ohne etwas vor sich dasaß. Ngawang war zu schläfrig, um das Protokoll einzuhalten.

Mit einem Wink der Hand schob der Rinpoche ihm seine Höflichkeit zurück und fuhr schweigend mit den Mantras fort.

Verlegen zwang Sherab sich, von dem Mahl zu essen und eine Tasse Tee zu trinken. Der alte Lama war in dem, was er tat, unvorhersehbar, und die Nacht war zu zermürbend gewesen, als daß er sich hungrig fühlte.

„Du warst mit dem Europäer zusammen“, stellte der Lama nüchtern fest, sobald er mit dem Essen fertig war.

Sherab sah auf, ein schwacher Eifer kam in ihm auf. Vorsichtig begann er: „Ich versuchte, ihm zu helfen“.

„Du hast ihm nicht geholfen“, sagte der Lama ohne Umschweife. „Er wird morgen derselbe sein.“

Die Worte trafen Sherab wie ein Schlag ins Gesicht, und er senkte rasch die Augen. Mit Mühe unterdrückte er erfolgreich ein Weinen, aber eine innere Woge der Verzweiflung konnte er nicht aufhalten. Was war dann der Sinn, wenn solche Bemühungen überhaupt nichts bewirkten?

Es dauerte sehr lange, bevor er sich aufraffen konnte, den Lama wieder anzusehen. Als er es tat, fuhr er nervös zusammen. Der Lama beobachtete ihn mit totaler Aufmerksamkeit.

„Es hat ihm nichts genutzt“, fuhr er fort, als ob es keine Pause gegeben hätte, „aber es ist möglich, daß er dir eine große Wohltat erwiesen hat. Heute Nacht war er dein Lehrer, und in Zukunft darfst du ihn in deinen Gebeten nie vergessen.“

Sherab starrte den Lama an.

Der normalerweise strenge Blick des Rinpoche war weicher geworden. „Du kannst ihm nicht helfen“, sagte er sanft. „Er kann nur sich selber helfen. Alles, was du tun kannst, ist, den Weg zu zeigen.“

Es folgte ein weiteres langes Schweigen. Ein junger Büffel muhte in der Ferne, und ein Hund begann zu bellen. Überrascht bemerkte Sherab, daß fast schon der Morgen graute.

Die Stimme des Lamas befahl seine Aufmerksamkeit wieder nach vorn. „Um ihm den Weg zu zeigen, mußt du den Weg kennen.“ Die alte Stimme war präzise. „Und du mußt deinen Schüler ganz genau kennen. Du kannst gehen.“

Sherab stolperte auf die Beine und wandte sich zur Tür.

„Komm her", befahl der Lama.

Bestürzt drehte der junge Mönch sich wieder zu ihm um. Er beugte sich vor, und seine Augen weiteten sich, als der Lama ihm einen weißen Schal als respektvollen Gruß um den Hals legte.

„Da", sagte der Lama. Seine warmen Hände berührten Sherab leicht auf beiden Seiten des Kopfes.

Schon mutiger schaute Sherab in sein Gesicht auf.

Die Intensität der Liebe darin überwältigte ihn. Bis auf den Grund seines Herzens durchwärmt trat er zurück, während er in höchstem Respekt die Hände an die Stirn hielt. Und floh.

Es war spät am Morgen, als der Europäer endlich aus seinem Zimmer kam. Er hatte seinen Rucksack gepackt und mit einem Seil zusammengebunden. Er pfiff, während er seinen Schlafsack auf der überdachten Veranda zusammenrollte. Als er an Sherabs Raum vorbeikam, schaute er verstohlen durch die offene Tür, und der Klang geriet ins Stocken. Als er sah, daß der junge Mönch nicht da war, wurde sein Pfeifen wieder lauter. Er ging weiter.

Im Garten sah er den alten Rinpoche mit einem Leibwärter an seinem Ellbogen spazierengehen. Zwischen seinen Brauen bildete sich eine tiefe Furche, und er wartete hinter einer Mauer, bis sie vorbei waren, während er vor sich hinmurmelte. Draußen auf dem staubigen Mittelweg des Klosters starrte er die Mönche in ihren kastanienbraunen Roben an, als sie an ihm vorbei in die andere Richtung gingen. Am Eingangstor war er allein, zögerte einen Moment und sah zurück. Die alte Bitterkeit stieg wieder in ihm hoch. Einen Moment hatte er das Gefühl, der Kummer könnte ihn überwältigen, aber dann wurde er von dem Hilfeschrei eines jungen Büffelkalbes abgelenkt. Es war aus dem Klosterbereich gestreunt und in einen Abflußgraben gerutscht, und da die Schlammwände ihm bis über die Schultern reichten, saß es in der Falle.

Ein echtes Lächeln leuchtete im Gesicht des Europäers auf, als er hinging, um das junge Tier zu streicheln, bis es ruhig geworden war. Halb hob er das Kalb, halb rollte er es über den Grabenrand. Er lachte, als es auf die Füße stolperte und mit wackeligen Schritten zu seinem Stall im Kloster zurücklief. Dann kletterte er selber aus dem Graben und klopfte sich ab. Als er den langen Weg zur Bushaltestelle in dem indischen Dorf hinunterging, pfiff er wieder.

Hinter ihm erwachten die tibetischen Langhörner stöhnend zum Leben und setzten den Beginn einer Morgenzeremonie in dem Flüchtlingslager. Hunderte von Gebetsfahnen, an Leinen zur goldenen Spitze des Klosters hin aufgespannt, flatterten in der Brise, die vom fernen Meer kam.

Francesca Hamilton

[*Anmerkung der Autorin: Die Geschichte wurde 1983 nach einem Aufenthalt im tibetischen Kloster Ganden geschrieben, das nun als Flüchtlingslager in Südindien wieder aufgebaut wurde. Die beschriebenen Meditationspraktiken „Chenrezig" und „Lhatong" sind unvollständig und nur annähernd genau. Für jene, die mehr darüber erfahren wollen, ist es ratsam, sich an einen qualifizierten „Lama" oder Lehrer des tibetischen Buddhismus zu wenden.*]

Granma hatte eine Woche gebraucht im Schaukelstuhl, der unter ihrem leichten Gewicht knarrte, wenn sie beim Krachen der Kiefernzapfen in der Feuerstelle arbeitete und summte, um die Mokassinstiefel fetigzustellen. Mit einem Hakenmesser hatte sie das Hirschleder in Streifen geschnitten, die sie um die Ränder flocht. Als sie fertig war, weichte sie die Mokassins in Wasser ein, und ich zog sie naß an und lief in ihnen auf dem Fußboden hin und her, bis sie trocken waren und sich weich und federleicht anschmiegten.

Heute morgen schlüpfte ich als letztes in die Mokassins, nachdem ich meinen Overall angezogen und meine Jacke zugeknöpft hatte. Es war dunkel und kalt – zu früh, als daß sich der morgendliche Flüsterwind in den Bäumen regte. Granpa hatte gesagt, ich könne mit auf den Pirschpfad kommen, wenn ich aufstand, aber er würde mich nicht wecken.

„Ein Mann steht morgens aus eigenem Willen auf", hatte er zu mir gesagt und nicht gelächelt. Allerdings machte Granpa bei seinem Aufstehen ziemlich viel Krach, er stieß gegen die Wand meines Zimmers und redete ungewöhnlich laut zu Granma. Das hatte ich gehört und war als erster draußen, um mit den Jagdhunden in der Dunkelheit zu warten.

„So. Du bist da." Granpa klang überrascht.

„Jawohl", sagte ich mit verhaltenem Stolz in der Stimme. Granpa deutete mit dem Finger auf die Hunde, die unruhig um uns herumsprangen. „Ihr bleibt da", befahl er, und sie zogen die Schwänze ein und winselten und bettelten, und die alte Maud brach in ein Geheul aus. Aber sie kamen uns nicht nach. Sie standen da, alle zusammen in einem armseligen Knäuel, und sahen uns hinterher, wie wir die Lichtung verließen.

Ich kannte den unteren Weg, der am Ufer des Quellbaches entlang in den Windungen und Kurven des Hohlweges bis an eine Wiese führte, wo Granpa seine Scheune und sein Maultier und eine Kuh hatte. Aber jetzt waren wir auf dem oberen Weg, der sich nach rechts gabelte und zum Berghang führte, ständig bergauf seitlich des Hohlwegs. Ich trabte hinter Granpa her und konnte die Aufwärtssteigung des Weges spüren.

Ich konnte noch etwas mehr spüren, wie Granma gesagt hatte. Mon-o-lah, die Erdmutter, kam durch meine Mokassins zu mir, ich konnte sie fühlen, wie sie hier schob und schwoll und dort schwankte und nachgab ... und die Wurzeln, die ihren Körper durchäderten, und das Leben des Wasserblutes tief in ihrem Innern. Sie war warm, federte und hob und senkte mich auf ihrer Brust, wie Granma gesagt hatte.

Die kalte Luft machte dampfende Wolken aus meinem Atem, und der Quellbach fiel weit unter uns ab. Von den nackten Zweigen tropfte das Wasser der Eisspitzen an Sägezahnrändern, und als wir höherkamen, war auch Eis auf dem Pfad. Ein graues Licht verdrängte die Dunkelheit.

Granpa blieb stehen und zeigte auf etwas neben dem Pfad. „Da ist sie – Truthahnspur – siehst du?" Ich fiel auf meine Hände und Knie und sah die Spuren: kleine Eindrücke wie von Stöckchen, die aus einer Mitte kamen.

„Nun", sagte Granpa, „werden wir die Falle aufstellen." Und er verließ den Pfad, bis er ein Stumpfloch fand.

Wir säuberten es erst von den Blättern, und dann zog Granpa sein langes Messer hervor und schnitt in den schwammigen Grund, und wir schaufelten den Dreck hoch, verstreuten ihn auf den Blättern. Als das Loch so tief war, daß ich nicht mehr über den Rand sehen konnte, zog Granpa mich raus und wir schleppten Baumäste herbei, die wir darüberlegten, und über ihnen verteilten wir Arme voller Blätter. Dann grub Granpa mit seinem Messer eine Rinne abwärts in das Loch und zurück bis zur Truthahnspur. Er nahm Samen vom indianischen Rotmais aus seiner Tasche und streute sie über die Rinne, und eine Handvoll warf er in das Loch.

„Jetzt gehen wir“, sagte er und ging weiter den Hochpfad hinauf. Eis, von der Erde hervorgespien wie ein Glasurüberzug, krachte unter unseren Füßen. Der Berg uns gegenüber kam näher, und die Vertiefung weiter unten wurde zu einem engen Schlitz, so daß der Quellbach wie die Klinge eines Stahlmessers aussah, das in den Grund der Schlucht gesunken war.

Wir setzten uns ins Laub, abseits vom Pfad, als die ersten Sonnenstrahlen die Bergspitze gegenüber der Schlucht berührten. Granpa holte ein saures Biskuit und Hirschfleisch für mich aus seiner Tasche, und während wir aßen, schauten wir dem Berg zu. Die Sonne traf auf die Spitze wie eine Explosion, die Schauer aus Glitzern und Funken in die Luft sandte. Das Glitzern der Eisbäume tat in den Augen weh, und es bewegte sich den Berg hinunter wie eine Welle, als die Sonne den Nachtschatten immer weiter nach unten trieb. Eine Späherkrähe schickte drei harte Rufe in die Luft, als Warnung, daß wir da seien.

Und jetzt kam der Berg hervor und gab Atemseufzer von sich, die in kleinen Dampfwolken in die Luft stiegen. Es sang und murmelte, als die Sonne die Bäume aus ihrer Todesrüstung aus Eis befreite.

Granpa paßte auf, wie ich auch, und lauschte, wie die Geräusche mit dem Morgenwind stärker wurden, der mit leisem Pfeifen durch die Bäume strich. „Sie erwacht zum Leben“, sagte er weich und leise, ohne seinen Blick vom Berg abzuwenden.

„Ja“, sagte ich, sie erwacht zum Leben.“ Und da wußte ich, daß ich und Granpa ein Verständnis hatten, das die meisten Leute nicht kennen.

Der Nachtschatten zog sich nach unten und über eine kleine Wiese zurück, schwer von Gras und leuchtend im Sonnenbad. Die Wiese war in die Seite des Berghangs gesetzt. Granpa zeigte in eine Richtung. Da war eine Wachtel, die im Gras flatterte und herumsprang und die Samen pickte. Dann zeigte er zum eisig blauen Himmel.

Es waren keine Wolken da, aber zuerst sah ich den Fleck nicht, der über den Rand kam. Er wurde größer. In Richtung zur Sonne, so daß der Schatten ihm nicht vorausging, flog der Vogel den Hang des Berges hinunter, ein Skifahrer auf den Baumwipfeln, die Flügel halb eingefaltet ... wie ein braunes Geschoß ... schneller und schneller, auf die Wachtel zu.

Granpa kicherte. „Es ist der alte Tal-con, der Habicht.“

Die Wachtel erhob sich schleunigst und flog in die Bäume – war aber zu langsam. Der Habicht schlug zu. Federn flogen in die Luft, und dann waren die Vögel am Boden, der Habichtkopf hob und senkte sich mit den Todeshieben. Einen Moment später stieg er mit der toten Wachtel in seinen Klauen wieder auf, den Berghang hoch und über den Rand.

Ich weinte nicht, aber ich weiß, daß ich traurig aussah, denn Granpa sagte: „Sei nicht traurig, Kleiner Baum. Das ist der *Weg*. Tal-con fing den langsameren, und so wird der langsamere keine Kinder aufziehen, die auch langsam sind. Tal-con frißt tausend Erdratten, die die Wachteleier fressen – sowohl die schnellen wie auch die langsamen Eier – und so lebt Tal-con gemäß dem *Weg*. Er hilft der Wachtel."

Granpa grub eine Süßwurzel mit dem Messer aus dem Boden und schälte sie, so daß ihr saftiger Winterproviant vor Leben tropfte. Er schnitt sie entzwei und gab mir das dicke Ende.

„Das ist der *Weg*", sagte er weich. „Nimm nur, was du brauchst. Wenn du den Hirsch nimmst, nimm nicht den besten. Nimm den kleineren und langsameren, und dann wird der Hirsch größer und stärker und dir immer Fleisch geben. Pa-koh, der Panther, weiß das, und du mußt es auch wissen."

Und er lachte „Nur Ti-bi, die Biene, legt mehr Vorräte an, als sie brauchen kann ... und dann kommt der Bär und beraubt sie, und der Waschbär und der Tscherokese. So geht es mit Leuten, die Vorräte anlegen und sich um mehr als ihrem Anteil bereichern. Es wird ihnen weggenommen werden. Und es wird Kriege deswegen geben ... und sie werden lange Reden führen, um mehr als ihren Anteil zu behalten. Sie werden sagen, eine Flagge steht für ihr Recht, das zu tun ... und Menschen werden sterben wegen solcher Worte und der Flagge ... aber die Regeln des *Weges* werden sie nicht ändern."

Wir gingen zurück den Pfad hinunter. Die Sonne stand hoch über uns, als wir an der Truthahnfalle ankamen. Wir konnten sie hören, bevor wir die Falle sahen. Sie waren da drin, kollerten und gaben laute Alarmschreie von sich.

„Da ist kein Verschluß über der Tür, Granpa" sagte ich. „Warum ziehen sie nicht einfach den Kopf ein und kommen heraus?"

Granpa streckte sich der Länge nach in das Loch und zog einen großen kreischenden Truthahn heraus, band seine Beine mit einer Klammer zusammen und grinste zu mir hoch.

„Der alte Tel-qui ist wie manche Leute. Da er alles weiß, sieht er nie nach unten, um zu gucken, was um ihn ist. Hat seinen Kopf zu hoch in die Luft gesteckt, als daß er etwas lernen könnte."

... Granpa legte sie mit zusammengebundenen Beinen auf dem Boden aus. Insgesamt waren es sechs, und jetzt zeigte er auf sie herunter. „Sie sind alle ungefähr gleich alt ... das kannst du an der Dicke des Kammes sehen. Wir brauchen nur drei, also wähle du jetzt aus, Kleiner Baum." Ich ging um sie herum, wie sie auf dem Boden zappelten. Ich hockte mich hin und studierte sie, und ging noch einmal um sie herum. Ich mußte vorsichtig sein. Ich ging auf meine Hände und Knie und kroch zwischen sie, bis ich die drei kleinsten, die ich finden konnte, herausgezogen hatte.

Granpa sagte nichts. Er nahm die Klammern von den Beinen der übrigen ab, und sie flogen davon, flügelschlagend den Berghang hinunter. Zwei der Truthähne hängte er sich über die Schulter.

„Kannst du den anderen tragen?" fragte er.

„Ja", sagte ich, nicht sicher, ob ich das Richtige getan hatte. Ein langsames Lächeln zog sich über Granpas knochiges Gesicht. „Wenn du nicht Kleiner Baum wärst ... würde ich dich ‚Kleiner Habicht' nennen."

Ich folgte Granpa den Pfad hinunter. Der Truthahn war schwer, fühlte sich aber gut an über meiner Schulter. Die Sonne hatte sich zu dem entfernteren Berg geneigt und fiel durch die Zweige der Bäume neben den Pfad, brannte goldene Muster, wo wir gingen. Der Wind hatte nachgelassen an diesem Spätnachmittag im Winter, und vor mir hörte ich Granpa eine Melodie summen. Ich hätte gern immer zu dieser Zeit gelebt ... denn ich wußte, Granpa war mit ihr zufrieden gewesen. Ich hatte den *Weg* gelernt.

Forrest Carter

Viele Schüler studierten Meditation unter dem Zenmeister Sengai. Einer von ihnen pflegte nachts aufzustehen, über die Tempelmauer zu klettern und Vergnügungsausflüge in die Stadt zu unternehmen. Sengai, der die Schlafquartiere inspizierte, entdeckte eines Nachts, daß dieser Schüler fehlte. Er entdeckte ebenfalls den hohen Hocker, den er zum Übersteigen der Mauer benutzt hatte. Sengai entfernte den Hokker und stellte sich selbst an seine Stelle.

Als der Wanderer zurückkehrte, setzte er, da er nicht wußte, daß Sengai der Hocker war, seinen Fuß auf das Haupt des Meisters und sprang auf den Boden hinunter. Als er entdeckte, was er getan hatte, war er entsetzt.

Sengai sagte: „Es ist sehr kalt am frühen Morgen. Sieh dich vor, damit du dich nicht erkältest."

Der Schüler ging nie wieder nachts aus.

Zen

Der Zenmeister Hakuin wurde von den Nachbarn als einer derer gelobt, die ein reines Leben führen.

Ein wunderschönes japanisches Mädchen, deren Eltern ein Lebensmittelgeschäft hatten, wohnte in seiner Nähe. Plötzlich, ohne Vorwarnung, fanden die Eltern heraus, daß sie schwanger war.

Die Eltern waren verärgert. Sie wollte nicht preisgeben, wer der Mann war, doch nachdem man sie nicht in Ruhe ließ, nannte sie schließlich Hakuin.

Aufgebracht gingen die Eltern zu dem Meister. „Ist das so?" war alles, was er sagte.

Als das Kind geboren war, wurde es zu Hakuin gebracht. Inzwischen hatte er seinen guten Ruf verloren, was ihn nicht beunruhigte, aber er kümmerte sich sehr gut um das Kind. Bei seinen Nachbarn besorgte er Milch und alles, was der Kleine brauchte.

Ein Jahr später konnte das zur Mutter gewordene Mädchen es nicht länger ertragen. Sie sagte ihren Eltern die Wahrheit – daß der wirkliche Vater des Kindes ein junger Mann war, der auf dem Fischmarkt arbeitete.

Mutter und Vater des Mädchens gingen unverzüglich zu Hakuin, um ihn um Vergebung zu bitten, sich in aller Form zu entschuldigen und das Kind zurückzuholen.

Hakuin war einverstanden. Als er das Kind herausgab, war alles, was er sagte: „Ist das so?"

Zen

Keichu, der grosse Zenlehrer der Meiji-Ära war das Oberhaupt von Tofuku, einer Kathedrale in Kyoto. Eines Tages besuchte ihn der Gouverneur von Kyoto zum ersten Mal.

Sein Assistent präsentierte die Visitenkarte des Gouverneurs, auf der stand: Kitagaki, Gouverneur von Kyoto.

„Mit dem Burschen habe ich nichts zu schaffen“, sagte Keichu zu seinem Assistenten. „Sage ihm, er soll verschwinden.“

Der Assistent brachte die Karte mit Entschuldigungen zurück.

„Das war mein Fehler“, sagte der Gouverneur und strich mit einem Bleistift die Worte *Gouverneur von Kyoto* durch. „Frage deinen Lehrer noch einmal.“

„Oh, ist das Kitagaki?“ rief der Lehrer aus, als er die Karte sah. „Den Burschen möchte ich sehen.“

Zen

Ein junger Mann, der gerade seine spirituelle Ausbildung beendet hatte und eifrig darauf erpicht war, Lehrer zu werden, zog in eine neue Stadt. Er versuchte zu lehren, aber niemand kam. Das einzig spirituell Interessante in der Stadt waren die vielen Anhänger eines weisen und wohlbekannten Rabbi. Frustriert schmiedete der junge Lehrer einen Plan, um den alten Meister in Verlegenheit zu bringen und selber Schüler anzuziehen. Er fing einen kleinen Vogel und ging eines Tages zu dem von vielen Schülern umgebenen Sitz des Meisters.

Er hielt den kleinen Vogel in seiner Hand und sprach den Meister direkt an. „Wenn du so weise bist, sage mir nun, ob dieser Vogel in meiner Hand tot oder lebendig ist?“ Sein Plan war folgender: Wenn der Meister sagte, daß der Vogel tot sei, würde er seine Hand öffnen, der Vogel würde fortfliegen, der Meister hätte unrecht, und die Studenten würden zu ihm kommen. Wenn der Meister sagte, daß der Vogel lebendig sei, würde er den Vogel schnell in seiner Hand zerquetschen, sie dann öffnen und sagen, „Siehe, der Vogel ist tot.“ Wieder hätte der Meister unrecht, und der junge Lehrer würde Schüler bekommen.

Er saß vor dem Meister und verlangte eine Antwort. „Sage mir, wenn du so weise bist, ist dieser Vogel lebendig oder tot?“ Der Meister sah ihn voller Mitgefühl an und antwortete ganz einfach: „Wirklich, mein Freund, das liegt ganz an dir."

Chassidisch

Rabbi Shelomo sagte: „Wenn du einen Mann aus Schlamm und Dreck herausholen willst, glaube nicht, daß es genug wäre, oben zu stehen und ihm eine helfende Hand herunterzureichen. Du mußt selber den ganzen Weg von Schlamm und Dreck hinuntergehen. Dann ergreife ihn mit starken Händen und ziehe ihn und dich selber heraus ins Licht."

Chassidisch

Es heisst, daß bald nach seiner Erleuchtung der Buddha an einem Mann auf der Straße vorbeiging, dem die außergewöhnliche Ausstrahlung und der Friede seiner Gegenwart auffiel.

Der Mann blieb stehen und fragte: „Mein Freund, was bist du? Bist du ein Wesen des Himmels oder ein Gott?"

„Nein", sagte der Buddha.

„Nun gut, bist du dann eine Art Magier oder Zauberer?"

Wieder antwortete der Buddha: „Nein."

Bist du ein Mensch?"

„Nein."

Also, mein Freund, was bist du dann?"

Der Buddha entgegnete: „Ich bin erwacht."

Buddhismus

Quellen

Die Veröffentlichung dieses Buches ist durch die Großzügigkeit von Lehrern und Traditionen der Vergangenheit und Gegenwart möglich geworden, die ihre Weisheit im Laufe von Lebensaltern mit uns geteilt haben. Jede erdenkliche Anstrengung ist unternommen worden, Erlaubnis zum Nachdruck der in diesem Band enthaltenen Geschichten zu erhalten. Den folgenden Autoren und Verlegern danken wir herzlich für die freundliche Erlaubnis, jene Geschichten wiederzugeben, die bereits veröffentlicht worden sind.

„The Banyan Deer", „The Brave Little Parrot", „Great Joy the Ox" und „King Shiva" aus *The Hungry Tigress* von Rafe Martin. Nachdruck mit Erlaubnis von Parallax Press.

„Reading a Zen Story" aus *Zen and the Ways* von Trevor Leggett. Nachdruck mit Erlaubnis von Charles E. Tuttle Co., Inc.

Parabeln aus *Zen Flesh, Zen Bones* von Paul Reps. Nachdruck mit Erlaubnis von Charles E. Tuttle Co., Inc.

Die Einleitung aus *Peacemaking Day by Day* von Mary Lou Kownacki. Nachdruck mit Erlaubnis von Pax Christi USA, Erie, PA.

Auszüge aus *The Wisdom of the Desert* von Thomas Merton, copyright © 1960. Nachdruck mit Erlaubnis der New Directions Publishing Corp.

Auszüge aus *The Way of Chuang Tzu* von Thomas Merton, copyright © 1965 by the Abbey of Gethsemani. Nachdruck mit Erlaubnis der New Directions Publishing Corp.

Ausüge aus *Zen: Poems, Prayers, Sermons, Anecdotes.* Nachdruck mit Erlaubnis von Doubleday, a division of Bantam, Doubleday, Dell Publishing Group, Inc.

Interviews von Lucien Stryk, Hrsg., Takashi Ikemoto, Übers., copyright © 1965 by Lucien Stryk und Takashi Ikemoto. Nachdruck.

Auszüge aus *The Song of the Bird* von Anthony de Mello, copyright © 1982 by Anthony de Mello, S. J.

Auszüge aus *Desert Wisdom* von Yushi Nomura, copyright © 1982 von Yushi Nomura, Einleitung copyright © 1982 by Henri J. M. Nouwen.

Auszüge aus *Who Dies* von Stephen Levine, copyright © 1982 by Stephen Levine: Nachdruck mit Erlaubnis von Doubleday, a division of Bantam, Doubleday, Dell Publishing Group, Inc.

„Where there´s a will ...", „Costly", „Names", „How to catch Nasrudin", „How to keep it going" und „Tried to fool him" aus *The Subtleties of the Inimitable Nasrudin* von Idries Shah. Nachdruck mit Erlaubnis von Octagon Press Ltd., London.

„Everything and Nothing" aus *Labyrinths* von Jorge Luis Borges, copyright © 1962 by New Directions Publishing Corp.

Auszug aus *Old Age* von Mrs. H. Luke. Nachdruck mit Erlaubnis von Parabola: The Magazine of Myth and Tradition.

„As a Physician ..." von Rachel Naomi Remen. Nachdruck mit Erlaubnis der Autorin.

„The Tale of the Fakir with the Golden Cloak." Nachdruck mit Erlaubnis von Charles Upton.

„The Fool", „Judgment" und „Saved his Life" von *The Exploits of the Incomparable Nasrudin* von Idries Shah. Nachdruck mitErlaubnis von Octagon Press Ltd., London.

Auszug aus *The Miracle of Mindfulness* by Thich Nhat Hanh, copyright © 1975, 1976 von Thich Nhat Hanh. Nachdruck mit Erlaubnis von Beacon Press.

Mortal Lessons von Richard Selzer, copyright © 1974, 1975, 1976 by Richard Selzer. Nachdruck mit Erlaubnis von Simon & Schuster, Inc.

Auszug aus *And There Was Light* von Jacques Lusseyran, copyright © 1963 by Jacques Lusseyran, copyright der engl. Übersetzung © 1963 by Little, Brown and Company. Nachdruck mit Erlaubnis von Little, Brown and Company.

„A Kind Word Turneth Away Wrath" von Terry Dobson. Nachdruck mit Erlaubnis von Richard Heckler, Lomi School Bulletin.

„A Visit from the Buddha", „A Creature of Contraction and Expansion", „What Do They Really Need", „The Great Silence" und „Boredom" aus *Tales of a Magic Monastery* von Theophane the Monk, copyright © 1981 by Cistercian Abbey of Spencer, Inc. Nachdruck mit Erlaubnis der Crossroad/Continuum Publishing Group.

Auszug aus *Chop Wood, Carry Water* von Rick Field, unter Mitarbeit von Peggy Taylor, Rex Weyler und Rick Ingrasci, copyright © 1984 by Jeremy P. Tarcher, Inc. Nachdruck mit Erlaubnis von St. Martin´s Press, Inc.

The Different Drum von M. Scott Peck, M. D., copyright © 1987. Nachdruck mit Erlaubnis von Simon & Schuster, Inc.

Myla & Jon Kabat-Zinn

Mit Kindern wachsen

Die Praxis der Achtsamkeit in der Familie

In diesem richtungweisenden Buch zeigen Myla und Jon Kabat-Zinn, langjährige Schüler von Thich Nhat Hanh und Jack Kornfield, daß das Leben mit Kindern ein eigener spiritueller Weg von ungeahnter Tiefe und Erfüllung sein kann.

Die behandelten Themen sind sehr vielfältig und reichen von grundsätzlichen Überlegungen bis hin zu vielen praktischen Beispielen und konkreten Hinweisen für ein harmonisches Leben mit Kindern. Das Buch kann Eltern schon während der Schwangerschaft eine wertvolle Hilfe sein, begleitet sie durch die Höhen und Tiefen der ersten Jahre, gibt wertvolle Hinweise, wie Kinder, die in die Schule gehen, unterstützt werden können, und zeigt, daß es selbst dann nicht zu spät sein muß, neue Wege zu gehen, wenn die Kinder erwachsen sind.

Die innere Arbeit der Achtsamkeit in der Familie ist eine tiefe spirituelle Praxis und „Mit Kindern wachsen" von Myla und Jon Kabat-Zinn ist ein außerordentlich wertvolles Buch, das alle Eltern inspirieren und unterstützen wird.

THICH NHAT HANH

Endlich ein emotional intelligenter Ratgeber für Eltern! Myla und Jon Kabat-Zinn bieten uns einen zutiefst kraftvollen und weisen Weg zur Kultivierung einer nährenden und achtsamen Atmosphäre in der Familie.

DANIEL GOLEMAN
(Autor des Buches: *Emotionale Intelligenz*)

Dieses herausragende Buch bietet allen Eltern eine überaus wertvolle Unterstützung. Es ist ein ganzes Bankett von tiefen und zugleich praktischen Geschichten, Beispielen und Hinweisen, die das Herz einer jeden Familie nähren werden.

JACK KORNFIELD

Joseph Goldstein

Vipassana Meditation

Die Praxis der Freiheit

Dieses Buch ist die Essenz aus zwanzig Jahren Erfahrung in der Leitung buddhistischer Mediatationskurse. Es umfaßt eine große Bandbreite von Themen, die von Meditierenden immer wieder aufgebracht werden, enthält einige besonders beliebte Lehrgeschichten, grundlegende buddhistische Lehren und Antworten auf die meistgestellten Fragen.

„Vipassana Meditation" wird von allen begrüßt werden, die den Wunsch in sich tragen, ein Leben in Achtsmakeit zu führen.

JON KABAT-ZINN

Dieses Buch enthält weise und höchst praktische Hinweise für alle, die ihren Geist durch Meditiation befreien möchten.

DANIEL GOLEMAN
(Autor des Buches *Emotionale Intelligenz*)

Auf wunderbar einfache und direkte Weise beschreibt Joseph die Praxis der Achtsamkeit, die Einsicht und tiefe Freude ermöglicht.

STEPHEN LEVINE
(Autor des Buches *Wer stirbt*)
